● 科技发展态势分析国别报告系列丛书

德国
科技创新态势分析报告

A Review of Science, Technology and Innovation Policy in the Federal Republic of Germany

德国科技创新态势分析报告课题组 ◎编著

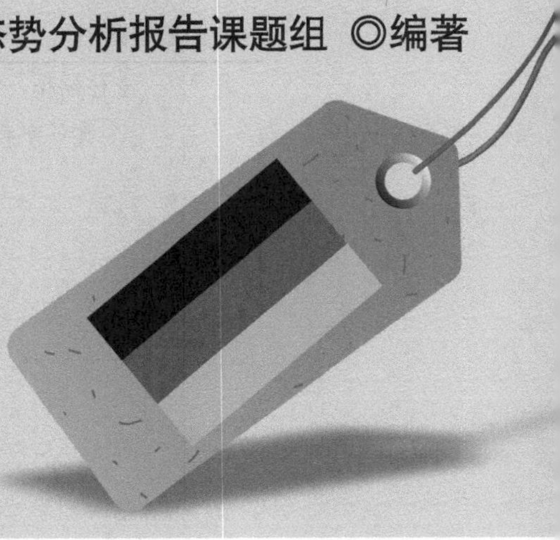

科学出版社
北 京

图书在版编目（CIP）数据

德国科技创新态势分析报告／德国科技创新态势分析报告课题组编著.—北京：科学出版社，2014.5
（科技发展态势分析国别报告系列丛书）
ISBN 978-7-03-040126-7

Ⅰ.①德… Ⅱ.①德… Ⅲ.①技术革新-研究报告-德国 Ⅳ.①F151.643

中国版本图书馆 CIP 数据核字（2014）第 046416 号

责任编辑：邹 聪 王昌凤／责任校对：赵桂芬
责任印制：赵 博／封面设计：无极书装

科学出版社 出版
北京东黄城根北街 16 号
邮政编码：100717
http://www.sciencep.com
天津市新科印刷有限公司印刷
科学出版社发行 各地新华书店经销
*
2014 年 5 月第 一 版 开本：720×1000 1/16
2025 年 4 月第六次印刷 印张：18 1/2
字数：343 000
定价：98.00 元
（如有印装质量问题，我社负责调换）

德国科技创新态势分析报告课题组

组　　长　潘教峰

副 组 长　张晓林　黄　群（常务）

成　　员　黄　群　陈乐生　葛明义
　　　　　胡智慧　葛春蕾

丛书编写说明

当今世界，科技发展日新月异，经济全球化不断加快，世界主要国家都积极创新科技发展战略、改革科技发展机制、部署重大科技创新计划、加强科研基础设施建设、培养科技创新人才，以科技发展带动社会经济发展，提升各自国家在全球的国际竞争力。我国科技发展要实现自主创新、重点突破、支撑发展、引领未来，必须把握世界科技发展规律，熟悉各国科技战略和发展态势，有效利用全球科技资源，在国际科技发展中提高科技战略规划的前瞻度，掌握科技竞争合作的主动权。

为了便于大家了解世界主要国家的科技发展态势，为规划科技战略、布局科技创新、开展科技合作提供借鉴，我们组织编写了“科技发展态势分析国别报告系列丛书”，由科学出版社陆续出版发行。这套丛书将系统全面地介绍美国、英国、德国、韩国、日本、法国、俄罗斯、澳大利亚、印度、巴西、加拿大、北欧、中南欧等国家和地区的科技体制、科技发展态势、科技政策与战略、科技创新举措，分析研究各国的优势领域和科技创新的主要成功经验。

丛书的作者主要来自中国科学院发展规划局和国家科学图书馆，长期从事科技发展战略、科技发展态势、科技政策与机制的研究。丛书编写组在对有关国家科技发展长期跟踪的基础上，广泛调研相关国家的科技发展战略、科技机制与机构、科技产出、科技资源和科技政策，并利用科技文献数据和科技产出计量学方法等的统计计算，翔实和系统地展现了相关国家科技发展的基本态势和特色优势。

希望“科技发展态势分析国别报告系列丛书”能够为关注世界科技发展、关注我国科技创新和国际科技合作的人们提供有益的参考。

丛书主编　潘教峰

2010 年 4 月

序

Foreword

德国是欧洲大陆的强国之一，国土面积为357万多平方公里。据德国联邦统计局网站显示，2012年底其总人口为8023万人，其中外来移民数量总计达36.9万人。同年，德国国内生产总值（GDP）初值为26 450亿欧元，人均GDP为32 289欧元。

德国科研实力雄厚，创新层出不穷，被称为创意之国。在基础研究领域，20世纪30年代以前，德国诺贝尔奖获得者人数始终保持在获奖者总数的20%左右——包括伦琴、爱因斯坦在内，40年代至今保持在10%左右。截至2012年，德国共有81位诺贝尔奖获得者，且68人是因自然科学或医学研究成就而获奖的；在应用研究领域，德国的机械制造、生物医学、医疗技术、环境科学、车辆制造、工程学、纳米技术、光学技术、微系统技术、神经科学、生物技术和工程技术等均居全球之首。

德国是高度发达的工业国家，经济实力居欧洲首位，在国际上也仅次于美国、中国和日本，是世界第四大经济强国，排在美国、中国之后的世界第三大贸易国。2000~2013年，德国的研发投入从500亿欧元增长到了近800亿欧元，增幅为60%，创历史新高；其研发投入占GDP的比例从2.47%增长到2.98%。2011年其研发人员达到了35.7万人（全时当量），比2010年增长了35.9%。

一个民族的文化深刻反映着该民族的文明传统和趋同心理，并且能够克服时空乃至社会制度的局限，主导该民族的行为准则和行为方式。德意志民族所具有的深厚的创新文化底蕴，以及思维严谨、注重效率、办事认真、遵守纪律、尊重个性、崇尚科学与创新的优良传统，共同为建立创新型国家奠定了坚实而长久的基础。

中国与联邦德国于1972年10月11日建交。在西方国家中，联邦德国是最早与中国开展科技合作的国家之一。早在1978年10月9日，双方就签订了《中华人民共和国政府和德意志联邦共和国政府科学技术合作协定》；德国还是中国引进技术最多的国家之一，科技贸易为中德两国及中国与欧洲的经济技术合作及其各个领域的频繁交往作出了巨大贡献。2011年6月，中德两国政府又进一步将双方的教育与研究合作推上了一个新的台阶。

本书共分为八章，系统和全面地介绍了德国当今科技的基本概况，读者能从本书中了解到德国目前的科研管理创新体系，科研机构、高等院校和企业研发机构的创新活动，国家重大科技发展战略与计划，联邦政府创新政策的最新动向，以及国际科技合作政策和中德双边合作的有关情况。

本书内容丰富，材料翔实，时效性强。

潘教峰同志负责丛书规划、内容体系设计、内容研究指导和审阅通稿；张晓林同志协助进行内容体系设计；黄群同志负责研究与编写的具体组织；本书的初稿主要由黄群同志执笔撰写，陈乐生、葛明义、胡智慧、葛春蕾参与资料搜集、内容咨询和部分章节撰写。

在本书编写过程中，我们参考了国内外专家和学者的大量研究资料与文献，尤其参考了大量德国联邦政府的研究报告和定期发表的且内容广泛的研究成果文献资料。

我们衷心希望本书能够成为广大科技工作者和在校大学生了解德国科技基本情况的实用指南，为分析和研究德国科技政策与战略提供参考，为促进和加强中德两国的科技交流与合作发挥桥梁和纽带作用，并同时成为中国科学院宏观决策的有益借鉴，为把我国建设成为科技创新型国家尽绵薄之力。

德国科技创新态势分析报告课题组
2013年6月

目 录
Contents

第一章
绪 论

第二次世界大战后，德国被美国、英国、法国和苏联占领。1949 年 5 月 23 日，由英国、美国和法国占领的德国西部地区颁布了《德意志联邦共和国基本法》（简称《基本法》），建立了德意志联邦共和国。同年 10 月 7 日，苏军占领的德国东部地区成立了德意志民主共和国。1990 年 10 月 3 日，根据德意志联邦共和国和德意志民主共和国签订的“统一条约”，德意志民主共和国加入德意志联邦共和国，从而结束了 1945 年以来德国的分裂状态，实现了德国的统一。统一后的德国在地理和经济实力上都是欧洲的中心。

德国是一个十分注重法制的联邦制国家，由于德国宪法规定了科学的独立地位，因此，迄今，政府始终只能以经济资助方式来积极调控和推进国家研究机构、社会研究组织、大学、工业企业和私人研究机构的科研工作，进而有效地引导着德国的科学技术和研发活动沿着正确、迅速、高效的方向发展。

自第二次世界大战结束到 20 世纪 80 年代，德国政府①的科技政策先后经历了恢复与新建科学机构、大学和科研活动，科研工作为提高产品的国际竞争能力、促进国民经济结构合理化服务，以及科研活动以促进社会价值合理化为目标的三次重大调整，使德国由一个战败国迅速发展成为一个工业大国和科技强国。

自 1998 年以来，研究与教育一直是德国政府治国方略的重中之重：一方面体现在用于研发方面的经费明显大幅度提高；另一方面体现在不仅维持和扩大了经济界的技术能力，同时，也促使它们在全球竞争中形成了自己的特色。德国研究体制的实际状况显示，鉴于国际研究地位竞争的日趋激烈，德国的研究与创新活动需要持续不断的高速发展。自 21 世纪初以来，在政府政策宏观调控与资助计划的积极引导下，德国的创新体系出现了结构不断调整完善、创新成果转化加快及教育科研趋于与国际接轨等特点，并取得了

①德国在第二次世界大战后分裂为联邦德国和民主德国，本书所提及的 1949 ~ 1990 年这一时期的德国政府如无特别说明，均指联邦德国政府

丰硕的成果。

组成德国科研景观的重要成分之一是为数众多的研究所和资助机构。大量的科技中介服务机构不断强化与大学、科研机构和工业界的交流与合作，在促进科研成果转化和产业化方面发挥了积极的作用。尤其在重要的科研领域，主要由德国联邦及州政府资助的四大公益科学组织——马克斯·普朗克科学促进学会（简称马普学会，MPG）、德国亥姆霍兹国家研究中心联合会（简称亥姆霍兹联合会，HGF）、弗朗霍夫协会（FhG）和莱布尼茨科学联合会（WGL）——发挥了大学难以发挥的巨大作用；它们与大学和经济界紧密合作，从事具有国际水准的基础研究和应用研究。

进入21世纪以后，德国中长期研究与技术政策的核心是：发展用于工业生产和服务行业的尖端技术，保证市场竞争能力；抓住机遇，加快迈向信息化社会的步伐；大力发展生物科学与技术，力争成为欧洲生物科技第一强国；保持在环境技术、能源技术和交通技术方面的优势，做到可持续发展和继续提高德国研究开发活动的国际化程度。

2010年7月，德国联邦政府推出了“2020高科技战略”，大力推进技术创新，并立足于应对全球性挑战，把研发与创新的重点聚集于气候与能源、营养与健康、安全及通信等领域，以期为解决21世纪人类面临的最重要问题作出贡献，而德国科学界与经济界则是解决这些重大问题的开路先锋。

在科技投入方面，为了实现欧盟关于“到2010年研发经费占GDP的3%”的目标，在过去的几年里，即使是在经济危机时期，德国政府和企业依旧持久地加大着对研发的投入和对高等院校与大学外研究机构的资助，这才使德国得以取得今天这样的巨大成就。迄今，德国政府始终不渝地在为实现“里斯本战略”① 目标而努力，并且最终将在2015年把德国教育和研发总费用占GDP的比例提高到10%（其中教育占7%，研发占3%）②。

从研发活动的人力资源方面看，2009年德国从事研发的人员已经达到了53.46万人（全时当量），比2000年提高了9.3%。③ 德国一直谋求其科研与

①为加快经济改革、促进就业，欧盟15国领导人于2003年3月在葡萄牙首都里斯本举行特别首脑会议，达成并通过了一项关于欧盟十年经济发展的规划，即“里斯本战略”

②Bundesministerium für Bildung und Forschung. Ideen. Innovation. Wachstum: Hightech-Strategie 2020 für Deutschland. http://www.bmbf.de/pub/hts_2020.pdf[2010-07-14]

③Gemeinsamen Wissenschaftskonferenz. Dritte Fortschreibung des Berichts “Steigerung des Anteils der FuE-Ausgaben am nationalen Bruttoinlandsprodukt bis 2010 als Teilziel der Lissabon-Strategie”. http://www.gwk-bonn.de/fileadmin/Papers/GWK-Heft-12-Lissabon-Strategie-Dritte-Fortschreibung.pdf[2010-06-20]

教育的世界最高水平地位。为了实现这一目标，德国政府除了加强立法及依据高校的教学科研成果和培养科学后备力量的业绩进行拨款之外，还推出了一系列加强与深化改革青年人才培养战略、吸引优秀外国高新科技人才的政策和措施。为提高德国科研基地的知名度和吸引力，政府致力于吸引外国高尖端人才到德国工作，为此，政府还数次修订移民法，放宽了技术移民政策，为外国高级人才进入德国从事科研活动“开绿灯”，从而使德国的科研水平得以不断提高。此外，德国政府还专门设立了用于招徕国际顶尖科学家的“国际研究基金奖”。

近年来，德国科学出版物的绝对数量（按每百万居民产出量计算）始终保持着稳定的增长，并且从2000年到2008年增长了28%。2000年德国出版物的百万人口产出量仅为美国的92%，到2010年就以102%的骄人成就超越了美国；与此同时，在与日本的国际比较中，德国的优势则已经从143%扩大到了186%，而且这一差距还有继续拉大的趋势。德国的科学出版物得到了国际社会的高度关注和认同。在科学研究组织出版物的影响方面，德国科学论文在国际上的他引率（按研究领域分）平均为20%~60%。尽管在SCI论文的质量测定中德国与英国、瑞典和加拿大处于同一水平，但在出版物数量的稳定增长方面，德国仍跻身于领跑者的行列。

无论是在早期的德意志帝国和魏玛共和国时期，还是在第二次世界大战以后，德国创新系统的定位基本上没有太大的变化。尤其是在高附加值技术领域，德国注重科学研究的文化氛围与鼓励和保护发明创造活动、以科技推动生产和增加出口之间的关系是相当紧密的，这一点在汽车制造、机械制造和化学工业中最能体现出来；在尖端技术领域，专利和创新因素则直接影响着外贸结果。换言之，德国的科技成就及国际市场的专门化等，都直接与创新体系的“产出”有关，即研发密集型领域、专利保护系统及科学技术产出领域的专门化等，都与外贸成就有着紧密的联系。研究表明：专利保护的目的通常是提高出口机会和防止在进口替代领域出现仿造者。所以，技术优势通常能够直接反映国内市场的创新动力、研发的国际分工，以及在工业生产和创新活动中的重点设置。

在技术创新方面，德国每年在欧洲专利局登记的专利数量明显领先于其他欧洲国家。欧洲专利局的专利申请有20%多来自德国，按人口比例和经济实力算，德国的专利申请与日本和美国相当。世界专利市场上近20%的专利是德国人的专利。这使德国成为世界上最大的技术产品出口国。《2010年德国技术能力报告》关于世界市场上重要专利产出的统计显示，德国每百万人口拥有专利288件，而美国只有245件，经济合作与发展组织（OECD）成员国的平均水平则仅为173件。

本书不仅在德国国家层面上从各种角度详细分析和阐述了德国科学与技术发展的态势，还重点剖析了德国科研机构的组织构架、知识与技术转移、科技人才发展战略、国际化战略、近期出台的国家科学政策和主要创新活动等情况，希望能为中国科学院等相关国内科研机构和高等院校提供参考与借鉴。

第二章 科技体制

一、科技发展史

（一）第二次世界大战前科技发展简史

虽然德国的科学技术在15世纪就已经领先于其他欧洲国家了，但德意志国家却因宗教战争而无法统一，其结果当然是阻碍了科学技术的正常发展，致使科学界的许多人或囿于泛化而枯燥的科学争论难以自拔，或沉迷于炼金术一类想入非非的推理而误入歧途。其后，独具慧眼的腓特烈二世（Friedrich II）正确地预见到了科学在国家未来成长方面的作用，开始以建设军队一样的态度来建设未来德国的科学。他采取的首要措施就是从法国大量引进科学技术和科学家，并尽一切力量来扶持本国的科技力量；继而，不仅派出了大量优秀的科技人才去英法等国考察，学习这些国家的先进技术，而且将对智力和科学技术的开发作为制度固定了下来。借此，德国不仅在工业革命初期成功地吸收了英国的先进技术，而且在工业革命后期又成功地开拓了新技术。到19世纪末，德国不仅已经成为世界的科技发展中心，而且科学也开始受到国人如对宗教一般的重视甚至是崇拜。就在他国的大学依旧轻视科学之时，德国的大学却已经允许科学独立地发展了，并且还在其自身的发展过程中创造出了不少有效的科研组织形式和方法，诸如实验室、研究生指导制度、研究生院、高校研究所及专业科技刊物的出版等，这些全都是德国首创的。

德国科学研究领域拥有一批著名的代表人物，如16～17世纪的开斯勒和莱布尼茨、18～19世纪的汉堡兄弟和高斯等；19世纪中叶至20世纪20年代是德国科学研究的鼎盛时期，先后涌现出一大批科学家和发明家，如在世界科学界素享盛誉的蔡斯、西门子、科赫、伦琴，以及著名的数学家雅可比等，提出欧姆定律的物理学家欧姆，发展了农业肥料技术和有机化学的化学家李比希，对化学合成技术作出重大贡献的霍夫曼，等等。在现代科学的各个领域，德国也诞生了许多卓有贡献的科学家，如理论物理学的奠基人爱因斯坦、普朗克、海森堡和玻恩等，发现电磁波并为现代电信技术奠基的赫兹，辐射化学的先驱和“核化学之父”奥托·哈恩（1944 年诺贝尔化学奖得主），现代心理学的奠基人威廉·冯特和现代生物地理学的奠基人亚历山大·冯·洪堡等。这些科研先驱不仅为德国经济的发展作出了重要的贡献，而且还首创了致力于系统科学研究的、高度专业化的科研机构。

德国科学技术的崛起奠基于化学工业的蓬勃发展，其中最重要的人物就是李比希，可以说他是德国科学家链条之源。他发明和改进了有机分析方法，准确地分析过大量的有机化合物，合成过氯仿、三氯乙醛和多种有机酸等，并开创了农业化学的研究，提出植物需要氮、磷、钾等基本元素，研究了提高土壤肥力的问题，因此他被世界农学界称为“农业化学之父”。德国的染料、化学制药及其他的化工产品也在此期间得到了迅速的发展，加上德国在基础科研方面的实力，德国的化工产品很早就享有了极高的国际声誉。

从 19 世纪末到 20 世纪初，世界物理学领域爆发了一场举世瞩目的大革命。这次革命由伦琴 1895 年发现 X 射线揭开序幕，中间经过普朗克 1900 年提出量子论，到 1905 年爱因斯坦发表了划时代的狭义相对论论文和光量子论文，全面开创了物理学革命的新局面。在普朗克和爱因斯坦的工作之后，物理学理论沿着两条路线发展，并最终导致了 20 世纪物理学两大理论支柱——相对论（狭义相对论和广义相对论）和量子力学——的建立。

德国现代工业的基础逐渐形成后，从 19 世纪中期起，产生了一批大公司，它们是德国现代工业的标志，尽管德国的大公司形成速度极快，其形成过程与英国和比利时等国却没有什么不同。最初都是从纺织部门开始，而手工业尽管落后，但也坚持到了 20 世纪 80 年代，才被迅速出现的大公司所取代。

德国科技和经济之所以能够在这一时期迅速超过英法，在一定程度上得益于德国造就了像克虏伯、西门子和詹斯这样一批集科学家、工程师和企业家于一身的优秀人才。19 世纪还出现了三大发现，即生物进化论、细胞理论和能量守恒。这时的科学已经走向成熟，基础科学的研究明显地走到了生产的前面。德国还特别注意综合利用，出现了一批联合企业，成立了康采恩式的生产体制。德国人在基础理论、重工业、化学、精密仪器及军事武器制造方面的成就，都给世人留下了深刻的印象。

电气工业的发展是与西门子和拉特瑙的名字联系在一起的。在与西门子的合作下，拉特瑙在 1883 年成立了德国爱迪生电气公司，后来逐渐脱离了西门子而成为独立的德国通用电气公司。这两个公司具有强大的技术创新能力，推动了德国电气工业的发展。正是由于这些大公司的规模性发展，德国的工业能够后来居上，迅速地赶上并超过了先起步的英、法等国。

德国于1825年在卡尔斯鲁厄创建了第一所工科大学，其后又在达姆斯塔特、慕尼黑、德累斯顿和斯图加特等地建立了一批新的工科大学，并不断培养出一批批注重实用学科的技术型专业人才。与此同时，在古典大学里，新兴的实验自然科学在全面反对唯心主义自然哲学及其观察方法方面也取得了令人振奋的进展。出身于莱茵河畔的施万证明，动物与植物一样是由细胞构成的，而迈尔则计算出了热功当量；在波恩、海德堡和柏林大学工作的亥姆霍兹则成为生理光学与生理声学、声音与颜色感觉科学理论及现代电学的创始人。物理学家基尔希霍夫和化学家本生在海德堡共同创立了光谱分析法，从而为自然科学研究开辟了通向未来的新途径。博物学家孟德尔发现了植物遗传规律，而前炮兵军官西门子则发现了电动原理，创立了强电工程并为工业化进程开辟了前所未有的广阔天地。

在普鲁士传统的影响下，德国的实业家极为重视科学家并竭尽全力对他们的研发工作给予扶持，这就为德国的科学注入了新的活力，使基础科学和应用科学都得到了全社会的同等尊重。借助于实业家的扶持，德国科学家不仅拥有了足够的科研经费，而且享有较高的社会地位。这也是民众视科学为宗教、青年人愿意献身科学的重要原因。在那时，德国科研梯队之稳定、科学家素质之高、敬业精神之强烈，都是世所罕见的。

德国还拥有许多发明家和工程师，如欧洲活字印刷术的发明者古腾堡，盖革-米勒计数器的发明者之一盖革和全自动电子计算机的发明者楚泽等。本生完善了科学实验室常用的高温加热工具“本生灯”，齐柏林伯爵发明了“齐柏林飞船”。多位德国科学家为汽车的诞生作出过革命性的贡献，奥托发明了内燃机，狄塞尔发明了柴油引擎，戴姆勒发明了第一台快速运转的点燃式发动机和第一辆四轮汽车，本茨是汽车工业的先驱。此外还有电子工程的创立者和西门子公司的创始人西门子，火箭专家和宇宙飞行的先驱布劳恩，完成了人类第一次滑翔飞行的航天界先驱李林塔尔及容克斯。

尽管遭遇了两次世界大战的浩劫，但德国的化学工业至今仍然是世界上最强大的。当然，德国科学的发展还牵涉到国家利益，因为首先认识到战时的科学价值的便是德国。正因如此，科学有很多理由得到官方的支持；但是，就官方支持的意义而言，与拨付大量经费相比，更重要的是建立起组织完整的基础科学和高技术的教学系统。早在1914年，德国从事科学研究的学生数量就已经大大超过世界上的其他国家了，而且这些学生的质量也不亚于其他国家，在某些方面甚至更为优秀。

（二）德国统一前的科技体系

德国之所以能在第二次世界大战结束后的废墟上重建并迅速跻身于世界科技大国和经济强国之列，不仅是因为它有传统的创新文化作为心理支撑，有积极进取的科研优势作为强国手段，还因为它能够适应科学发展的规律及科技进步的新特点，创造出了有利于科学发展与技术进步的科学体制。从第二次世界大战后至两德统一，德国科技体系大体经历了3个发展阶段。

1. 恢复和重建阶段（1949～1955年）

第二次世界大战后乃至联邦德国建国初期，德国科技界的首要任务是，尽快恢复高等院校，重建科学自治机构、科研机构和科研基础设施。联邦德国成立后，科学研究工作逐渐恢复，从开始仅限于民间技术的研究，逐步发展到原子能、空间技术等高级科学技术领域。科学技术在联邦德国战后的经济复苏和社会发展中发挥了关键作用。

第二次世界大战后大学尽管被占领军当局封锁了，却并未完全受到禁止和控制研究的法规的干扰。从1945年到1946年，许多大学的校办工厂率先恢复了生产。随后，德国西部三个占领区提出了恢复高等学校，并主张高等学校要摆脱政治影响和实行自治；后来又进一步提出了把“科学自由”作为进步权利列入州宪法的要求。1949年4月21日，德国西部三个占领区的高等院校联合成立了西德大学校长会议——它是战后德国科学界保证大学在其他方面享有自主权的最重要的组织之一。至此，德国西部的高等院校终于获得了自由从事教育和研究的权利。迄今，德国高等院校大多是由州政府资助的公益性教育机构。《基本法》第五条第三款规定：教育自由应忠诚于宪法。

1948年2月26日，德国皇家威廉学会正式改组为马普学会，它是一个半官方的科学自治组织，以基础研究和一些交叉或边缘学科的研究为主，研究重点为生物学、生物化学、等离子体物理和核物理。马普学会一成立，就首先得到了当时各州政府的经费资助；自1955年起，联邦德国政府以事业费形式或通过签订研究合同为该学会提供研究经费。

1949年3月26日，民间自发组织的、专门面向工业界的科学研究促进机构——弗朗霍夫协会正式诞生了。它以应用研究为主，研究重点放在电子技术、信息技术、材料及工艺、能源、环境和情报学等领域。其经费亦由联邦和州政府共同提供。

恢复魏玛共和国时期由德国科学紧急小组对研究给予拨款的资助制度，同样是从各个占领区着手做起的，继而又自动发起了建立跨州的资助组织，当然，这也主要是集中于西部的三个占领区。1947年2月14日，在英国占领区的高等教育部门决定建立新的紧急小组，并任命了一个委员会来制定章程。其后，美、法占领区也相继建立了紧急小组。1949 年 1 月 11 日，联邦紧急小组正式成立，大学和高等专科院校，以及哥廷根科学院、海德堡科学院和巴伐利亚科学院等，都是紧急小组的成员，海德堡大学校长、法律学专家卡尔·盖勒被选为紧急小组的第一任主席。1949 年 5 月 10 日，德国研究委员会在哥廷根宣告成立——它和紧急小组执行同样的任务，即协调研究工作和分配研究经费，并向联邦和州政府提供科技政策咨询。1951 年 8 月 15 日，研究委员会和紧急小组正式合并为德国研究联合会（DFG），其成员有联邦德国大学校长联席会议的所有高等院校、各州科学院、马普学会及其他几个研究机构。起初，该联合会的任务是推动民间的科学研究工作，后来逐渐转变成如今的、主要依托联邦和州政府的财政支持、以项目经费方式支持和协调德国高等院校的科学研究活动的科学资助组织。它的主要任务是通过对研究计划提供资金，促进研究人员的合作和科技人才的培养，进而促进各个科学部门的研发。

综上所述，从 1949 年到 1955 年，德国科学与技术方面的恢复工作基本上是以重建被战争摧毁的基础设施和大学研究中心，同时恢复科学学会的工作并建立新的科研促进机构等为主要内容而展开的。而马普学会、弗朗霍夫协会和德国研究联合会的相继成立，标志着德国研究界的三大支柱正式形成。这一时期的上述主要科学活动，为后来德国的科技体制奠定了深厚的基础。

在短短几年里，德国的科学研究工作在政府和经济界的高度重视和大力支持下，得到了迅速发展。到 1955 年，除国防以外的其他科研领域已经完备。尽管当时的德国尚未成为一个主权国家，但是，注重科学研究与技术进步，无疑给德国的修复与重建经济工作带来了巨大的动力，提供了技术手段，使德国的国民经济不仅超过了本国第二次世界大战前的最高水平，而且超过了英法两国。单就其发展速度而言，连美国也望尘莫及。到 20 世纪 50 年代末，德国已成为仅次于美国的西方第二工业大国。迅速强大起来的经济实力，为德国以后的科学研究与技术进步奠定了十分坚实的基础。

2. 调整与振兴阶段（1955 ~ 1969 年）

联邦德国成立于 1949 年 8 月 14 日，但是，直到 1955 年 5 月 5 日，联邦德国才成为一个真正的主权国家。自此，德国科技事业进入了迅猛发展的时代，科技体制也完成了意义重大的转折。

1955 ~ 1969 年，是德国国民经济持续稳定增长的阶段，也是德国的科学研究与技术进步取得重大进展的阶段。

联邦政府在恢复了主权之后，不失时机地把握住了初露端倪的科技革命的脉搏，迅速成立了原子能部（1955年10月，它是第一个专门负责科技工作的联邦政府职能部门），全面恢复了核研究工作并开始进行一定规模的宇宙空间技术的研究。此举的目的，不仅在于从自身的安全出发而填补国防研究领域的空白，而且意图以促进空间研究和空间技术为先导，以尖端科技领域的突破来带动整个科学研究与技术进步事业的腾飞。其后，随着对科技主管部门的数次调整，政府对科研工作进行宏观调控的权限和力度也在不断地变大，同时，德国科技体制也逐步完成了由传统的多元分散型向集中协调型的过渡。

从1956年开始，德国联邦政府决定将各研究专业方面的资金、设备和人员集中起来建立大型国立研究中心，以加强关键领域的科学技术研究工作。1956年，物理研究中心（KFT）、材料研究中心（GKSS）和核研究中心（FZK）相继成立，目标是开发独立的核能技术。

20世纪60年代信息技术和空间技术是国际科技竞争的中心。因此，德国在1968年建立了数学和数据处理研究中心（GMD），此外，还先后成立了航空航天研究院（DLR）、高能物理研究中心（DESY）、固体材料研究中心（HMI）、等离子物理研究中心（IPP）、辐射（环境健康）研究中心（GSF）、癌症研究中心（DRFZ）和重离子研究中心（GSI，1969年）①。联邦政府的各职能部门也根据自身工作的需要设立了一批相应的研究机构。联邦和州政府还共同资助设立了一批“蓝名单”研究机构。

1957年，科学委员会成立；1962年，空间研究委员会成立；1966年，教育委员会、数据处理专业咨询委员会成立；1967年研究政策顾问委员会成立；1968年臭氧层委员会成立。这一时期，德国的工业企业也从自身生存和发展的需要出发，纷纷建立了自己的技术革新和技术开发机构；此外，独立的私人研究机构也大量产生。到20世纪60年代末，德国已经建立起了集中协调型的科技体制，多层次、配套齐全的科研结构也已经基本定型。

这一阶段的前半期，根据宪法关于科学独立的原则和社会市场经济制度的竞争原则，联邦政府的科技政策以建立各种研究中心来加强和促进基础研究设施和尖端技术研究、恢复和扩建科研基础和大学为核心，并辅以引进先进技术，以推动科研、教育和经济的发展。

这一时期，马普学会也得以迅速地发展壮大起来。刚创办的时候（1948

---

①这些机构成立后名称几经变迁（英文缩写名称未变），本书在特定时间段使用当时的名称，篇幅所限，不再给出变迁过程中所有用名

年）其预算总额大约为700万马克，仅有25个研究所和研究机构；到1960年6月，也只有40个研究所和研究机构，总计约2600名员工，其中包括750名科学家，年度预算近8000万马克。然而，到1966年，马普学会的研究机构就已经增加到了52个；到60年代末，已有8000多名员工，其中包括约2000名科学家；到1970年，马普学会的年度预算已经猛增至4亿马克，是1960年的5倍。

3. 发展阶段（1970～1989年）

进入20世纪70年代以后，德国科技体制进入了巩固发展阶段。1970年，联邦-州教育与研究促进委员会（BLK）成立了，它是专司协调联邦政府与州政府之间的科技政策和规划的常设机构。1972年，为了进一步强化政府对科技工作进行宏观调控的职能，德国成立了联邦研究技术部（1998年又改名为联邦教育与研究部）。这时，政府改变了不支持民用技术研究工作的立场，制定了一系列优惠政策，鼓励和扶持工业企业的研究机构开发新产品和新技术，使德国工业企业研究机构在数量和质量上都发生了巨大的变化，成为德国应用技术研究的主力军。1974年，德国又设立了由联邦总理和各部部长组成的内阁教育、科学和技术工作委员会，负责协调联邦政府内部各职能部门间的科技政策。此外，各州政府对科研事业均有一定的管理权限，在法律规定的范围内不受联邦政府的干预。

自20世纪70年代起，生物技术受到各国政府的普遍重视。1976年德国生物技术研究中心（GBF）成立，从而把微生物学、细胞生物学、基因技术、天然物质化学和生物工艺等学科有效地组织起来，形成了在生物学和生物技术研究领域开展联合攻关的新局面，极大地推动了德国生物技术的发展。至此，GMD、DLR和GBF这三大研究中心成为对德国的科技进步和经济发展具有深远影响的，信息技术、空间技术和生物技术三大基础研究领域中的三支核心力量。

1980年，联邦政府又投资建立了极地海洋研究中心（AWI），重点从事有关全球生态与环境方面的生化基础研究。1990年10月3日两德统一后，在对原东德科学院系统的科研机构进行改组和重建的基础上，联邦政府还于1991年底在新联邦州建立了生物医学研究中心（MDC）、环境研究中心（UFZ）和地学研究中心（GFZ）。至此，德国联邦政府一共建立了16个大型国家研究中心，并使它们成为德国尖端领域基础研究的主力军。此外，自20世纪80年代起，德国还陆续建立起60多个科技园区和80多个科技中心、创新中心，数以千计的技术转移咨询机构遍布各地，大大推动了德国的技术创新和技术转移活动的发展。广大中小企业在第二次世界大战之后为德国创造了大量财富和就业岗位，使德国前所未有地富裕起来。①

（三）20世纪90年代后的科技体制建设

20世纪90年代初，德国完成了统一。这使得德国的科研工作面临着来自内部的新挑战：建设全德统一、高效率的科技体制。其时，不仅东部的科技体制需要按照西部的基本模式改造和重建，即便是在西部，原有科技体制也存在一些难以适应新形势要求的问题。因此，能否在保持德国经济和科技世界领先地位的前提下，迅速完成对东部地区经济和科学体制的改造与重建，也是对德国经济和科技实力的严峻考验。进入90年代后，不仅多元化、独立和分散制等使德国经济和科学获得成功的基本准则得到继续奉行，同时，辅以科学竞争、课题集中和跨专业研究合作，加之对各类科研机构组织上的现代化改造等，就德国的科技实力而言，除了具有深厚坚实的基础外，德国的科研机构也已经具备了迎接21世纪科技挑战的条件。

统一后德国国家创新体系建设的一个重要任务，就是重建东部新联邦州的教育与科技体制，恢复或者改组东部新州的企业研发机构，为建成一个富强、有创造性和国际竞争力的东部打下科学政策方面的基础。其核心内容是：组织国内外专家对东部科研机构进行评估，并以此为基础进行精简和改组；建立技术创业中心，扶助科研型企业，促进科研成果向商品转化；立即把西部的科研资助计划扩展到东部，重点是环境保护、医疗卫生和文物保护；鼓励国际合作；振兴新联邦州的高等教育，加强新联邦州大学的基础研究和培养新一代的科学家；迅速地设立高等专科学校、扩大迄今受到忽视的学科和让高水平的研究人员重返大学。

在德国政府的竭力支持下，重建东部科技体制的工作迅速取得了显著成果：德国统一后，大量师资尤其是法学和经济学师资从西部迁往东部；“高等学校改革计划”提供了13亿欧元推动新联邦州的高校进行改革；除建立新型的高等专科学校外，学术研究部分重新与高校教育实现了一体化，进而促进了德国东部高校与经济界的合作。截至2005年底，德国新联邦州已有综合性大学17所（占全国综合性大学的16.5%）、艺术和音乐大学12所（占全国艺术大学的22.6%），以及新建立的高等专科学校21所（占全国高等专科院校的12.2%）；在校生总数大约为30万人，约占全德国高等院校在

---

①黄群.1989.联邦德国的科技体制与科技政策.科学学译丛，(4)：40～44

校生总数的15%。同时，围绕知名大学——如耶拿大学和莱比锡大学的生物科学、德累斯顿工业大学的电器和信息学、马格德堡大学的机械制造等——的技术优势，成立了80多个技术和创业者中心。同时，东部德国原有的科研资源也按照联邦德国的科研体制进行了重新组合，经过合理配置，在东部德国建立了一批新的世界一流的科研机构，进一步充实和完善了德国科研的学科结构和布局。

时至今日，德国东部的科学组织已经像西部一样密集了，东部研究机构的经费份额也基本上实现了与整个科学组织的财政经费持平——尽管东部地区的人口仅占德国总人口的1/4。

在近20年里，新联邦州还创建了9个联邦研究机构及2个科学院（柏林-布兰登堡科学院和莱比锡下萨克森科学院）和莱奥波迪纳国家科学院。此外，大学外科研组织在新联邦州和柏林共建了60多个研究机构。

在这期间，新联邦州的科学与创新基地始终在蓬勃发展，而且这一发展还远远地跨越了国界的限制，诸如波茨坦的“国际气候研究和可持续发展中心”、哈勒的“国家科学院”、德累斯顿的“硅谷”、德国中部的“太阳谷”和格赖夫斯瓦尔德的“太阳能国际聚变研究中心”等，都是最好的典范。

到21世纪初，新联邦州已经具有了一定的“实力”。那里有非常优良的高等院校、研究机构和企业网络——特别是光电子学、机械与基础建设、健康经济和生物技术等创新行业的网络。此外，东部的中小企业也扮演了重要的角色，与西部类似的公司相比，它们更多、更频繁和更顽强地进行着研发活动，而且更强有力地实现了企业的网络化；在东部一些州，中小企业提供的研究支出占到经济界研究支出的一半之多，而西部州的中小企业这个值却只有约7%。

2006~2007年，德国联邦政府的首要目标，是建设具有强大国际竞争力的德国研究体系。其发展趋势的显明特点是：不断加强研究机构整合的力度，突出研究特色，加强德国研究区位的国际影响；创造最佳科研条件与环境，竭力吸引国际顶尖科研人才；大力推动科学知识与技术的转移和应用。

国家层面科技体制改革的宗旨在于强化联邦政府对科学技术的发展进行宏观调控和协调的能力：

（1）在不违背《基本法》关于“科学家自由”和“科学自治”基本原则的前提下，利用科研资助和税收优惠引导国家的科学技术朝着政府关注的方向发展；

（2）使国家科技发展目标与欧盟科技发展目标相一致；

（3）支持研究机构、高等院校与经济界的研发合作；

（4）在科技国际化进程中提高德国的国际地位、科技竞争力和影响力。

德国大学外研究机构与高等院校的合作，除“项目合作”明显加强之外，还在不断探索新的合作模式。例如，两机构的“联合”表明大学与大学外研究机构正在跳出一般性“项目合作”的窠臼，开始了谋求共同发展战略、和谐共建的大胆尝试；而在“杰出计划”中，则有70%的精英大学和50%的研究生院与马普研究所建立了合作伙伴关系；此外马普研究所和综合性大学的共建机构——国际马普研究学院，有效地提高了所在地的科学吸引力，从而越来越受到国际科学委员会的关注。

二、科技立法

第二次世界大战后的德国，走的是一条科技立国、科技兴国之路，却没有一部专门的科技法。因此，除了《基本法》及《专利法》、《版权法》等一系列与科技有关的法律之外，德国许多专项法律、法规之中都有促进科技进步、保障经济发展的规定。德国是一个十分注重法制的联邦制国家，在为教育、研发和创新政策、计划及创新措施提供资金问题上，联邦政府和16个州政府之间均依法签署了有关资助责任、任务、范围及比例的正式协定。

（一）德国宪法

《基本法》是德意志联邦共和国的治国大法。1948年7月1日，美、英、法三国军事长官向西占区的11位州总理递交了《法兰克福文件》，要求西占区的政治家们召开“制宪会议”制定“宪法”。但由于当时德国尚处于分裂状态，政治家们建议召开临时性的“议会委员会”，制定一部临时性的“基本法”（而不是“宪法”）。1948年9月1日，各州议会选举产生的65位议员及西柏林5位无表决权的代表组成了议会委员会，开始了制定和审查《基本法》的工作。1949年5月8日，议会委员会以52票赞成、12票反对、1票弃权正式通过了《基本法》，并于5月23日公布生效。《基本法》确定了德国的五项基本制度：共和制、民主制、联邦制、法制国家和社会福利制度。1955年，随着西方9国《巴黎协定》的签署，美、英、法结束了对联邦德国的“占领制度”，《基本法》才正式具有全国最高法律效力，成为联邦德国的根本大法。《基本法》曾在1956年和1968年作过两次较大的修改。1990年8月在民主德国加入联邦德国的统一条约的基础上，重写了《基本法》的序言和最后条款。自1990年10月3日起，《基本法》成为统一后的德国基本大法，即国家宪法。2006年，德国通过了联邦制改革法案，采取“以权力换权力”的办法，重新调整和明确了联邦与各联邦州的管辖权限，将部分立法权下放到联邦州，同时减少了主要代表各州利益的联邦参议院的立法参与权和审批权，从而提高了政府决策能力和立法效率。《基本法》还规定，科研与教学自由；而决定研究方向并承担其后果，则首先是科学界自己的事情。

1994 年 10 月，对《基本法》作了两德统一后的第一次修订，其后在 1995 年 11 月 3 日、1997 年 10 月 20 日、1998 年 3 月 26 日、1998 年 7 月 16 日和 2000 年 11 月 29 日，又对《基本法》连续进行了五次修订和调整。

（二）德国主要涉及科技的专项法

1. 知识产权相关法律

德国十分注重根据本国的经济社会发展需求和企业特点制定有关知识产权方面的法律。专利保护是德国知识产权保护的重要组成部分，其立法具有悠久的历史——1877 年即公布了该国历史上第一部专利法。迄今，作为传统技术发明专利和生物产品专利之统称的德国专利主要由 1980 年 12 月 16 日颁布的《专利法》进行管理。该法共 146 条，涉及申请、专利局和专利法院设置、侵权处理等，内容十分庞杂。2009 年 5 月 28 日，在保留争议的前提下，德国联邦议会通过了将《专利法》加以“简化和现代化”的专利法修订条款——《德国专利法之简化和现代化法》并于当年 10 月 1 日正式生效。该法涉及《专利法》、《雇员发明法》、《商标法》、《著作权法》等诸部法律的最新修改。修改内容包括取消国内送达全权代表、简化专利无效程序和雇主获得职务发明的程序、调整专利资费计算方法等。同时根据中小企业发展的需要，德国实行了适用于小发明创造的、保护实用新型和外观设计知识产权的法律制度——就现实意义而言，这项法律是专门针对中国的实用新型和新颖外观专利“丛林战”而设立的。

德国原《雇员发明法》生效于 1957 年 10 月 1 日，此后基本上没有大的修改。该项法律界定了职务发明和非职务发明，规范了企业和雇员在技术创新、知识产权保护、应用及收益方面的责任、义务及补偿方法等。但是，尽管该项法律主旨在于确保德国企业的创新竞争力，可其中关于权利归属的过分复杂的规则和费时的程序，均在一定程度上妨碍了发明的应用。为了简化雇主与雇员在职务发明归属上的处理程序，《德国专利法之简化和现代化法》对相应的规则和程序进行了修改，依照该法第 6 条第 2 款的规定，在接到雇员披露其发明之后的四个月内，倘若雇主并未声明放弃该项发明，则视为雇主主张对该发明的权利（修订之前的规定则是：逾期未作出权利主张声明的，则视为放弃该发明）。综观世界各国，德国的雇员发明制度无疑具有一定的典型性。从实施效果来看，它规定了职务发明人必须将发明成果向雇主通报，雇主必须在一定时间内作出是否要求有关权利的选择，这就迫使雇主要认真考虑该职务发明创造是否具有较好的应用前景，有利于促进职务发明人与雇主双方积极行使权利，调和双方的利益，形成雇主与职务发明人的互动，加快了社会的技术进步。

世界的第一部现代版权法是1837年生效的《普鲁士版权法》。德国现行《版权法》则是在1965年颁布并于1974年修订的。德国版权制度只承认作者本人可以享有原始版权，具有比较典型的大陆法系特点。德国《版权法》既保护作者的精神权利，也保护艺术作品的版税追续权。同时，在世界现行版权法中，最早对家庭录音及录像制品的法律地位作出规定的就是德国的《版权法》。在版权作品的利用方面，德国不仅有《版权法》，而且有《出版合同法》。《版权法》调节一般的版权许可证交易，而《出版合同法》则调节作者与出版者之间的版权许可证交易。德国《版权法》不仅不允许转让精神权利，也不允许转让全部经济权利，即在版权存续期间不允许“买断版权”；所有关于版权许可的合同，无论是否独享版权，都必须对时间、地域或权项加以限制，不允许在版权保护期内把全部版权发放给某个特定的“人”。

德国是《保护文学和艺术作品伯尔尼公约》与《世界版权公约》的成员国，另外还参加了《保护录音制品制作者防止未经许可复制其录音制品公约》、《保护表演者、录音制品制作者和广播组织的国际公约》和《播送由人造卫星传播载有节目信号的公约》。

其他相关法律法规还有《实用新型法》、《外观设计法》和《德国专利商标局专利管理条例》、《德国专利商标局条例》，以及2005年1月实施的《生物材料递交专利申请管理条例》等。另外，作为欧盟成员国和世界贸易组织成员国，欧盟有关知识产权的规定、世界知识产权组织和世界贸易组织的有关知识产权的主要条约和协议也适用于德国，如《巴黎公约》、《专利合作条约》、《欧洲专利公约》、《共同体专利公约》、《为专利批准程序呈送微生物备案以取得国际承认布达佩斯条约》、《专利国际分类协定》和《工业品外观设计国际分类洛迦诺协定》等。①

2. 能源相关法律

德国政府在2000年4月通过了《可再生能源法》。这部里程碑式的法律，如今已成为全球40多个国家相关法律的模板。该法规定，新能源占德

①张韬略，黄洋．2009．《德国专利法之简化和现代化法》评述——浅析德国专利法律的最新修改．http://law. tongji. edu. cn/index. php? classid=2446&newsid=3229&t=show[2010-01-19]

国全部能源消耗的比例最终要超过 50%，并为此制定了政府补助、新能源发电无条件入网、新能源与传统能源非对等税收等一系列非常规政策，全力扶植新能源企业的发展。同时，《可再生能源法》的出台还改变了德国能源结构的版图。

此后，德国政府陆续修订和颁布了一批促进和规范新能源与可再生能源发展的法规，如《生物质发电条例》、《能源供应电网接入法》、《能源投资补贴清单》、《太阳能电池政府补贴规则》、《能源行业法》、《促进可再生能源生产令》、《可再生能源取暖法》、《建筑节能法》等。这些政策措施不仅使新能源和可再生能源可以优先以固定费率入网，降低了企业发展新能源和可再生能源的风险，还通过各种政府补贴，激励民众广泛开发利用新能源和可再生能源，极大地提高了企业新能源和可再生能源产品的竞争力。

德国新能源和可再生能源开发利用方面的法律法规涵盖了许多领域，诸如交通、建筑、供电、采暖等，并且在相关法律法规中明确规定了新能源和可再生能源开发利用的目标和任务。例如，供电领域的法律法规中明确规定了新能源和可再生能源的发展目标——到 2020 年利用新能源和可再生能源发电的比例至少要达到 35%，并在 2050 年达到 80%；同期，新能源和可再生能源最终占能源消费的比例要从 18% 提高到 60%。又如，采暖方面的法律和法规规定了新能源和可再生能源供热在各个阶段应达到的具体目标——到 2020 年新能源和可再生能源供热要占全部供暖的 14%。此外，《生物燃料配额法》规定，为实现交通领域的减排目标，必须使生物燃料利用达到一定的比例。

德国还非常重视根据新情况和新变化对既有的法律和法规进行及时的修订和调整，并在所有与能源有关的法律、法规中都增设了促进新能源和可再生能源开发利用的条款。

3.《科学时间合同法》

《科学时间合同法》于 2007 年 4 月 18 日生效。该法为在德国高等院校和科研机构工作的绝大多数科学家提供了最基本的法律保障。官方统计数据显示，截至 2009 年底，在德国高等院校工作的科学工作者共有 14.6 万名，其中 83% 签订了有时限工作合同。

2009 年，联邦教研部认为，在立法程序已经完成、新法生效一段时间之后有必要对适用《科学时间合同法》关于“时限”的规定及其效应进行一次检查与评估。这次评估的结果认为，关于“无条件”提供工作及关于最高时限的规定，不仅是《科学时间合同法》最重要的核心内容，而且也是促进科学工作者在高等院校或大学外研究机构实现“有时限就业”的重要手段。

联邦议院通过《科学时间合同法》修正案的宗旨是，对科学界关于最高工作时限的规定进行修改，确立了新的“6+6”原则。根据修订后的《科学时间合同法》，科学工作者在取得博士学位之前，高等院校和研究机构有义务为其提供时限最短为6年的工作合同；取得博士学位后，研究机构则有义务再为其提供时限最短为6年的工作合同（医学领域的工作时限不得少于9年）。

修订后的《科学时间合同法》主要从3个方面对科学工作的特殊时限作了修改：①除新的“6+6”年限规定外，还为第三者经费项目参与者提供了相应的附加时限；②规定了更优越的家庭政策，对需要照顾孩子的科学家，每个孩子的照顾期限可以延长两年；③废弃了有关人事方面一些过时的概念和与之相关的规定。除高校教师普遍受惠之外，这一修改对广大学术人员都是极为有利的。

随着《科学时间合同法》的生效，新推出的规则是适用的、解决相关社会问题最可靠的手段，由此科学家与雇主得以保持一种有时限的雇佣关系，将有助于推动立法目标与社会实践的融合，既有益于培养青年科学家，又有益于缓解科学家就业方面的紧张局面。截至2010年底，在与科学工作者签订的有时限劳动合同中，按照新规定时限签署的为5%～10%。①

4.《科学自由法》

2012年5月2日，德国联邦内阁通过了有关大学外研究机构预算灵活化的法案，即《科学自由法》。依据该法，公共科研机构可以在其经营管理方面获得越来越多的自主性和灵活性，不仅增加了有效利用科研资源和提供相应奖励的可能性，同时废除了一批不必要的陈规旧制。

德国通过该法确定了一个重大的发展方向，即让科研机构能够在未来的全球竞争中成功立足。该法是进一步加强德国科学国际吸引力的信号。根据该项法案，科研机构可以比以往更灵活、更有效、目标取向更明确地使用其经费。创新研究很难遵循一种固定模式，自治活动的余地对成功创新的影响是非常巨大的。根据该项法案，有关研究机构将在人员费、事业费与投资经费方面实行“财政包干制”（亦称“一揽子财政”）。同时，其人事制度也将得到改善，即通过非公共来源的大量第三者经费赢得或留住高水平的研究人员。根据该项法案，科研机构还可以通过更为简捷快速的批准程序从企业的投资中获益，即使想要建设新的科研大楼也应该能够更顺利地实现。总之，如果具备建设基础条件与设施项目所必需的专业知识和相应的监督机

①Zeitvertragsgesetz hat sich bewährt. http：//www. his. de/pdf/33/WissZeitVG_ Ergebnisse_ Zusammenfassung. pdf［2011-03-15］

制，科研机构将获得更多的独立性和权利与责任。

在相关科学自由试验中积累实际经验的基础上，《科学自由法》关于扩大大学外研究活动权利的规定与提高公共机构自身责任的规定，是有着极为密切的关系的。根据该项法案，科研机构今后必须更为透明地管理其经济活动，并接受相应监测机构的监督。《科学自由法》对于接受公共经费资助的大学外研究机构（如马普学会、弗朗霍夫协会、亥姆霍兹联合会、莱布尼茨科学联合会和德国研究联合会）是非常有利的。

实际上，《科学自由法》也是德国科研国际化战略的一个组成部分，因为该法创造的条件将加强德国研究机构的国际竞争力。政府希望通过《科学自由法》来改变德国的科研环境与条件，推动德国的科学系统在国际上变得越来越强大。该项法案确立了 4 个方面的行动，包括：

第一，对德国研究机构的人员费、事业费和投资经费实行“财政包干制”。这意味着他们的所有经费都可以跨年度使用或支付，同时，也将完全取消其现有编制的限制。

第二，这些机构可以更多地把非公共来源的第三方经费用于赢得尖端研究人员，因为经费是国际最优秀人才竞争中的一个特别重要的条件。因此，德国利用《科学自由法》为科研机构提供了法定的保护措施，即在国际科学市场上根据实际情况变通地使用其经费。

第三，只有在科学界和经济界之间架起桥梁，才能使有市场的创新被付诸实施。所以，另一个重要的事情就是要为研究机构创办或入股企业创造良好的条件。如果没有了那些烦琐的批准程序，研究机构就能很顺利地入股到国内外的企业之中了。而且，有了明确规定的期限审批程序也会加快。

第四，在高度专业化范围里，重要基础设施的建造将不会因为漫长的程序而滞后了。如果科研机构具备基础设施建设项目所需的实际知识和相应的监管，那么它们就能够更独立地发起其计划。德国马普研究所已积累了这方面的良好经验。①

更多的自由并不意味着责任的减少；相反，为了提高德国科研的国际竞争力，必将增大各机构的责任，在多样化的科学监督之下将发展出更多的灵活性和更多的自治。对整个德国科学体制而言，《科学自由法》将发挥其积极的推动作用，尤其是在以下两方面将凸显其作用：

---

①Angela Merkel. Rede von Bundeskanzlerin Angela Merkel anlässlich der Jahresversammlung der Helmholtz-Gemeinschaf. http://www. bundesregierung. de/nn _ 1264/Content/E/Rede/2007/09/2007-09-12-rede-bkin-helmholtz-gemeinschaft. html[2007-09-13]

其一，在联邦政府研究机构方面，内阁希望通过《科学自由法》使政府研究机构的灵活化步入正轨，虽然只涉及其科研方面。这是政府职能研究部门的特点，第一步要做的是，每个政府所属研究机构都能形成自己独有的研究特色。所以，它们确实也希望其研究活动能够按照新的规则来实施。

其二，在已有的高等院校法律基础上，各州应该吸取积极的经验，并发出明确的资助信号，各州不必担心其高等院校享有更多独立性并承担更多的自身责任。应该允许高等院校公开要求更多的权力。实际上，今后德国高等院校的国际化战略将会得到更为积极的发展。今后，联邦政府将为高等院校提供更多的基础设施或设备资助，这是提高其国际吸引力的关键。

三、政府科学管理机构

德国国家创新体系的基础构架由 5 个系统组成，即立法系统，规划与公共投资系统，决策咨询、协调和资助系统，管理与监督系统和公益研发项目执行系统。

上述五大系统中，立法系统主要提供创新的框架条件，负责审核创新经费预算、决算；规划与公共投资系统（联邦与州政府）是国家创新体系的最高决策者和重要投资人；在决策咨询、协调和资助系统中，科学委员会、联邦-州教育规划与研究促进委员会和联邦-州研究与技术政策委员会参与政府决策的全过程，德国研究联合会除了参与决策咨询外，还是德国高等院校建设与创新活动的主要资助者——代行政府管理相关资助经费职责；管理与监督系统负责制定国家创新纲要与规划，决定创新经费的使用方向、配额，监督创新活动的进程；公益研发项目执行系统由德国公益型大科学组织及高等院校构成，是德国科研与创新活动的重要参与者（图 2-1）。

法律环境宽松完善，且有良好的科研协调机制；学术自由，机构自治，政府宏观管理协调。1969 年 5 月 12 日，联邦政府修改了《基本法》，扩大了联邦政府的教育权限，同年 10 月，成立了联邦教育及科学部，翌年 6 月 25 日，又建立了联邦-州教育计划委员会。这两个机构使联邦有可能在统一规划下实行比较深入的教育改革。联邦教育及科学部并非立法机关，它主要是通过建议和拨款来影响各州的教育事业。教育领导和管理的实权仍在各州手中。各州依据其宪法有关条款和各自的《学校法》处理教育事宜。长期以来，《基本法》规定的科研学术自由、管理自治、不受外部干扰等原则，为促进科研机构发展和提高国际竞争力奠定了法律框架。联邦制明确了联邦与各州在科研领域的权限、责任和义务。政府以政策、财政和计划等手段对科研与创新加以宏观引导。

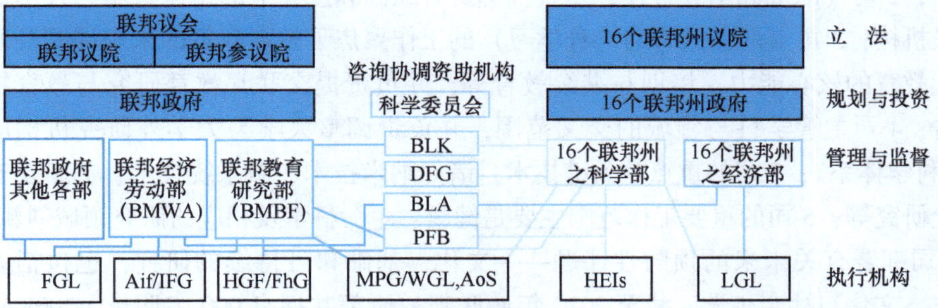

FGL：联邦政府实验室
FhG：弗朗霍夫协会
HGF：亥姆霍兹联合会
WGL：莱布尼茨科学联合会
AoS：科学院
LGL：联邦州政府实验室
DFG：德国研究联合会
AiF/IFG：工业研究协会工作联合会
BLK：联邦-州教育规划与研究促进委员会
BLA：联邦-州研究与技术政策委员会
MPG：马普学会
PHB：德国大学建筑规划委员会
HELs：高等教育机构

图 2-1　德国国家创新系统基础构架

（一）政府部门

1. 联邦教育与研究部

联邦教育与研究部（Bundesministerium für Bildung und Forschung，BMBF，简称联邦教研部）是德国联邦政府科技宏观管理部门。它的前身是1955年成立的联邦原子部，负责研究核能源的和平利用。1962年改名为联邦科学研究部。1969年再改名为联邦教育及科学部，直到1994年与联邦研究及科技部合并后才改为联邦教育与研究部。其主要任务是：制定科技政策、协调联邦各部门及各州的科技活动，制定并组织实施长远科技规划、指导科研机构的科研工作，制定有关教育的法令与政策、负责科学与教育事业的国际合作与交流。在创新政策管理方面的主要活动，是资助公共研发的基础机构建设，执行技术计划（通过“主题计划”直接推动研发）。在科研方面的任务是，促进基础研究，促进环保、能源、天气、生态、卫生、海洋、交通、航天等领域的研发，促进生物技术、信息技术、新材料、激光技术等高技术领域的研发，促进国际科技合作。

2006年初，该部进行了结构性调整，目的是提高工作能力和创新力，使教育与研究之间的交接点能更为紧密结合并集约在一起，在结构上进一步突出新的及重新调整的课题重点；同时，也能进一步捆绑和结合整体开端中的课题、重点和创新战略。调整后的联邦教研部现分为8个司（原有9个司）：中央部门主管人事、组织、基础设施、预算、调控和资助程序；1司的重点是继续制定战略性的教育与研究政策、后备力量及人才培养的横向任务、一体化和创新；2 司（欧洲和国际合作）负责捆绑所有欧洲和世界上的德国科学与技术研发机构；3 司（职业教育与终身学习）的工作聚焦于教育政策的未来课题及职业教育的核心能力、培训与继续教育等，并负责提交联邦教育研究与教育报告；4 司主管学科与领域的交叉范围，并负责调整大学与大学外研究机构的“科学体系”；5 司的重点是关键技术，诸如纳米技术、微系统技术、创新及安全研究等；6 司的重要工作范围主要是健康、生命科学及相应的研究领域创新；7 司部署有关未来的预防性课题——文化、基础和可持续的研究，也包括人文、文化与社会科学。截至 2010 年底联邦教研部共拥有 900 名职员，2008 年的预算为 91.87 亿欧元，到 2011 年已增加到了 116 亿欧元。

教育与研究是建设德国未来的基础，所以由联邦教研部推动的教育、科学与研究是对确保德国生活富裕的一个主要贡献。到 2010 年，新政府对联邦教研部的职能再次进行了调整，把一些贴近应用的高新技术划入经济技术部，联邦教研部的职能更加侧重教育和基础研究。由两个联邦部共同参与科学技术管理，皆在提高德国政府对研发的影响；同时还要使大学研究和大学外研究更有力地相互联系起来，以期在欧洲与世界各地的研究与教育范围内出现更多的德国人。①

2. 联邦经济技术部

2002 ~ 2005 年，联邦经济部与其他政府部门合并成联邦经济与劳工部，现称联邦经济技术部（Bundesministerium für Wirtschaft und Technologie）。其任务主要集中于制订竞争政策、能源、航空和多媒体方面的研发计划，并且为中小企业的研发计划提供经费支持，包括为工业研究机构协会范围内的联合工业研究院、所提供财政支持，特别是在经济活动的众多领域执行中小企业的合作研究计划。

联邦经济技术部还负责制定面向行业——诸如能源、运输、环境和保健等各个领域——的创新政策。创新活动还会受到竞争政策、税收制度、市场自由竞争机制及劳工法等外部整体框架结构的影响，这些相关行业政策的制定责任则是由联邦政府的若干部共同承担的。

联邦经济技术部部级领导由经济部长、议会国务秘书和两位被任命的国务秘书组成。其中议会国务秘书在政治领域代表部长，并同时作为德国航空和宇航方面的政府协调人，另外两位国务秘书负责司局的有关工作。部内设有 8 个司：分管综合服务的中央司，分管经济政策的 1 司，分管中小企业政

①http://www.bmbf.de

策、手工业、服务业和自由职业的2司，分管能源的3司，分管工商业经济、工业和环保的4司，分管对外经济和欧洲政策的5司，分管工艺技术及革新政策和新联邦州的6司，分管通信和邮电的7司。全部雇员约1500人。

此外，为了配合8个司开展工作，联邦经济技术部还设立了3个服务性的对外经贸咨询机构，它们是：负责监督执行进口方面法律法规的联邦经济局，管理和监督外经交往的联邦出口局，联邦外贸信息局则为感兴趣的企业提供现实、具体的国外市场信息。从市场调查到贸易联系、托收程序和海关条例等，它们为外经贸企业提供范围十分广泛的咨询。

联邦教研部于1998年重组后，航空、能源、核安全等技术领域被划归原联邦经济劳动部。因此，联邦经济劳动部除重点资助中小企业研发、技术创新、资助成立技术型企业外，还按照联邦教研部的项目管理模式，在一些国家研究中心、德国工程师协会技术中心设立了7个“项目协调及管理单位”，负责技术创新计划、项目的管理等。例如，在德国宇航研究中心设立了“航空研究技术项目协调管理单位”，在尤利希研究中心设立了“能源研究技术项目协调管理单位”，在卡尔斯鲁厄研究中心设立了“放射性物质最终储存项目协调管理单位”等。①

（二）联邦政府咨询管理机构

1. 联邦-州教育规划与研究促进委员会

1970年，联邦和州政府之间通过一项“管理协议”成立了联邦-州教育规划委员会（BLK）。按照《基本法》的规定，联邦和各州政府都有权力和责任支持科研。为了共同协调和资助全国的科研活动，加强联邦与州政府之间的情况交流和相互支持，1975年通过《关于共同促进科学研究的框架协定》追加了任务——研究促进。1976年4月5日，联邦和州政府共同将其更名为“联邦-州教育规划和研究促进委员会”（Die Bund-Länder-Kommission für Bildungsplanung und Forschungsförderung，BLK）。它是一个政府委员会，与各州的专业部长级会议密切协作，负责研究和教育领域的协调。

BLK由联邦教研部部长、各州的科研主管部长，以及有关的科学组织和国家大型研究中心的代表组成，主要任务是研究并解决科研活动中出现的经费、编制等具体问题。在创新和技术政策领域，这是一个常设的政策性论坛，用来商讨与联邦与州政府共同相关的教育和研究促进方面的问题，并把

---

①http://www.bmwi.de

他们的建议提供给上面所提到的各个政府机构的首脑。根据1975年的协定的规定，联邦和州政府的代表要定期通报在促进科研活动中所采取的原则、措施和科研机构、科研项目的规划情况，力求两级政府在科研规划和科技决策时能够协调一致。

2007年12月BLK结束了自己的使命，被现今的科学联席会议所取代。

2. 德国科学委员会

德国科学委员会（成立于1957年）是由联邦和州政府共同建立的专事科研决策与协调的常设机构。科学委员会设最高议会（政策决策咨询）、学术委员会（科学技术咨询）和政府委员会（协调联邦与各州政府之间的科技政策），以及执行委员会和工作小组——负责日常科技咨询事务（图2-2）。科学委员会的主要任务是：向联邦政府提供有关教育与科学发展政策、大学与独立科研机构的组织结构、发展方向与任务等方面的咨询报告；根据政府的委托，对重大科研项目、大宗科研投资、科学组织及其科研成果等进行评估、审核，并提交评审报告；为政府职能部门编制国家科研预算提供咨询意见。该委员会是为联邦、州提供咨询的独立科学政策委员会，又是德国科学评估的权威机构；受联邦、州教育规划和促进科研委员会委托，科学委员会负责组建了由各国专家组成的国际评估委员会，先后对莱布尼茨科学联合会、马普学会、国家大研究中心联合会（现称为亥姆霍兹联合会）和弗朗霍夫协会进行了评估。评估对加强科研机构管理、保证科学质量、提高效率，进而提高整体科研水平和技术创新力，起着十分重要的推动作用。①

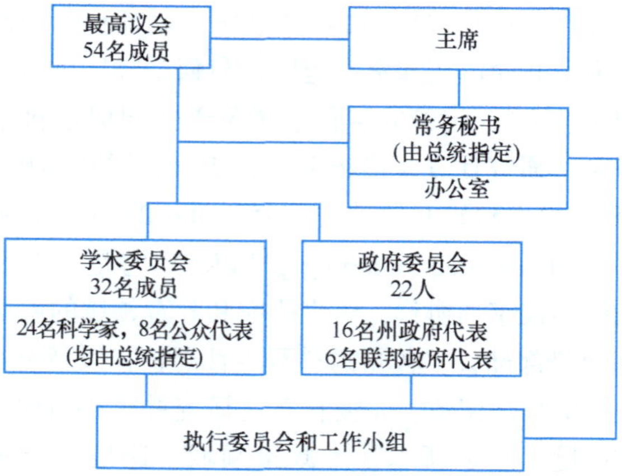

图2-2　德国科学委员会组织结构

①http://www.wissenschaftsrat.de

3. 科学研究与技术创新委员会

1995 年，在科尔总理倡议下成立了由科学界、经济界、政界代表组成的科学研究与技术创新委员会。该委员会的设立，标志着德国政府的最高层领导已经开始直接参与有关科技发展的重大问题的决策。这将有助于进一步加强政府与科技界、教育界和经济界的合作，有利于共同制定科技发展战略，以便对重要技术创新领域达成共识并提出行动计划。迄今该委员会是德国最高层次的科技决策与协调机构，它由联邦总理亲自挂帅，由总理直接任命的委员会成员均是来自政界、科学界和经济界的高层人士。联邦教研部部长和经济技术部部长是该委员会中政府的常任代表。

四、国家创新体系各单元

在德国，企业是创新的主体，分工有序、特色鲜明的科研机构，以及高校、专业信息机构、图书馆则是企业创新的重要知识来源。组成德国科研景观的重要成分之一是为数众多的研究所和资助机构。它们与大学和经济界紧密合作，从事国际水平的基础研究和应用研究。

德国的研究与创新基地是分散集中型的，科研在十分不同的国立与准国立公共机构中运行。首先是高等院校，即综合性大学和专科高等院校。大学研究的特征是课题与方法宽泛，专科大学研究的重点在应用性研究。大学的另一个主要任务是科学接班人的培养。除在大学的科研之外，大学外研究机构也分布广泛，特别是各具特色和研究重点的四大著名研究组织——马普学会、弗朗霍夫协会、亥姆霍兹联合会和莱布尼茨科学联合会，则是对大学研究的重要补充和强力支撑。经济界是德国研究与创新基地中的重要支柱，德国每年投入的研究经费，2/3 来自经济企业。

（一）联邦政府研发机构

德国国家元首是联邦总统，政府的首脑则是联邦内阁总理。德国崇尚“小政府、大社会”行政理念，始终致力于建设“精干政府”，并将联邦政府的主要职能定位于制定政策、提供信息、组织协调和检查监督等方面，其余行政事务则由联邦州政府负责。至 2010 年，德国联邦政府共有 14 个行政部门，分别是财政部，外交部，内政部，司法部，国防部，卫生部，经济技术部，教育与研究部，经济合作与发展部，劳工和社会事务部，交通、建设和城市发展部，食品、农业和消费者保护部，家庭、老人、妇女和青年事务部，环境、自然保护和核安全部。

联邦政府不仅支持大学、大学外研究机构和产业部门的研发活动，还要自己搞研究。内阁各部在各自主管范围内建立了多个直属研发机构——完全由联邦政府预算提供经费的研究机构，是为其主管部门的决策和相关研究任务服务的专门机构，主要履行与研发活动有关联的多样化的科学研究与服务职责，并从事其主管部所涉研究领域中的专项研发活动——为科学决策、科研协调和监督提供咨询建议、参考数据、工艺流程和标准或相应的督导手段，并负责行业标准的审核、相关的检查与审验和为第三方及公众提供其他的服务。其中有诸如属于外交部的德国考古研究所，属于联邦环境、自然保护和核安全部的辐射防护局，属于联邦经济技术部的物理技术研究院等。

截至2008年底，德国联邦政府各部委共有47个研发机构（表2-1），其中依据“公法”建立的有40个，依据“私法”建立的有7个——它们主要与某个联邦部保持长期的“挂靠”合作关系；共拥有18 043名雇员，其中研发人员为5449人。在2008年度的预算中，联邦政府研发机构的总决算为13.7亿欧元，其中直接用于研发的经费为6.4亿欧元。机构式研究资助在联邦政府总预算中占13.4%。

表2-1　德国联邦政府研发机构名单

联邦总理府（BK）	1. 德国科学与政策基金会（SWP）的国际政策安全研究所，柏林（联邦政府文化与媒体（BKM）受托者） 2. 联邦东欧德国文化历史研究所（BKGE），奥尔登堡
内政部（BMI）	3. 联邦人口研究所（BIB），威斯巴登 4. 联邦体育科学研究院（BISp），波恩
经济技术部（BMWi）	5. 联邦物理技术研究所（PTB），不伦瑞克和柏林 6. 联邦材料研究与检测研究所（BAM），柏林 7. 联邦地球科学与原料研究所（BGR），汉诺威
劳工和社会事务部（BMAS）	8. 联邦劳动保护与职业病学研究院（BAuA），多特蒙德 9. （联邦劳动署）劳务市场与职业研究所（IAB），纽伦堡
食品、农业和消费者保护部（BMELV）	10. 联邦人工栽培植物研究所（JKI），不伦瑞克 11. 联邦动物健康研究所（FLI），里姆斯岛 12. 马克思·鲁布纳研究所（MRI），联邦营养与食品研究院，卡尔斯鲁厄 13. 德国冯·杜能联邦农业林业及渔业研究所（vTI），不伦瑞克 14. 联邦风险评价研究所（BfR），柏林 15. 德国生物研究中心（DBFZ），莱比锡
国防部（BMVg）	16. 联邦国防放射生物研究所，慕尼黑 17. 联邦国防微生物学研究所，慕尼黑 18. 联邦国防药理与毒理学研究所，慕尼黑 19. 联邦国防医疗劳动与环境保护研究所，柏林

续表

国防部（BMVg）	20. 联邦国防运动医学研究所，瓦伦多夫 21. 联邦国防救护中央研究所第四所，科布伦茨 22. 德国空军航空医学研究所，菲斯滕费尔德布鲁克 23. 海军航运医学研究所，克龙沙根 24. 联邦国防军水下声波与地球物理研究所（FWG），基尔 25. 军事科学保护技术研究所（WIS），明斯特 26. 联邦材料、炸药与燃油科学研究所（WIWEB），埃尔丁 27. 联邦国防社会科学研究所，施特劳斯贝格 28. 军史研究局（MGFA），波茨坦 29. 联邦地球情报事业局（AGeoBw），欧斯基尔辛
家庭、老人、妇女和青年事务部（BMFSFJ）	30. 德国青年研究所（DJI），慕尼黑 31. 德国老龄问题中心（DZA），柏林；社会工作和社会教育研究所（ISS），法兰克福
交通、建设和城市发展部（BMVBS）	32. 联邦公路研究院（BASt），贝尔吉施-格拉德巴赫 33. 联邦水文学研究院（BfG），科布伦茨 34. 联邦水利研究院（BAW），卡尔斯鲁厄 35. 德国气象服务站（DWD），奥芬巴赫 36. 联邦海运和水文地理局（BSH），汉堡 37. 联邦建筑事务和土地规划局（BBR），波恩
环境、自然保护和核安全部（BMU）	38. 联邦环境局（UBA），柏林 39. 联邦自然保护局（BfN），波恩 40. 联邦辐射防护局（BfS），萨尔茨吉特
教育与研究部（BMBF）	41. 联邦职业教育研究所（BIBB），波恩
经济合作与发展部（BMZ）	42. 德国发展援助政策研究所（DIE），波恩
卫生部（BMG）	43. 联邦药品及医疗器械研究所（BfArM），波恩 44. 联邦疫苗与血清研究所（PEI），埃尔朗根 45. 罗伯特·科赫研究所（RKI），柏林 46. 联邦健康教育中心（BZgA），科隆 47. 德国医学文献和信息研究所（DIMDI），科隆

资料来源：Arbeitsgemeinschaft der Ressortforschungseinrichtungen. http://www. ressortforschung. de/de/ueber_uns/mitglieder/index. htm[2010-09-10]

联邦制使德国各联邦州也积极参加研发活动。原则上高校政策和高校管理由州政府负责，而在联邦层面上，则通过“联邦-州文化部长（常设）会议”对各州的高校政策进行协调，以保证全国高校政策的平衡与统一。此外，德国还有近170个州级和社区级的研究机构，它们都是依靠各州政府提供的资金维持其生存的——州立研究机构的研究范畴主要包括农业、信息学及城市规划和交通发展等。①

1. 联邦政府研发机构评价

在2005～2010年对联邦政府研发机构相继进行评估和鉴定之后，德国科学委员会于2010年底提交了最终鉴定报告。报告指出：联邦政府大多数决策都强调国际化问题，而且，无论是在法律和法令还是与之类似的文件中，均为绝大多数联邦政府研发机构规定了明确的任务，以及关于欧洲和国际层面上的活动，并特别强调了与欧盟委员会、联合国、北大西洋公约组织或其他跨国组织的合作，以及对其他国家的社会、政策和科学发展的观察与研究。此外，许多联邦政府研发机构担负着举办国际会议和与相应国际研究机构合作的任务。为使它们更好地履行其欧洲及国际层面上的任务，科学委员会建议联邦政府研发机构在国际化方面采取以下行动：

（1）协调国际活动。为了使国际组织与机构更好地了解联邦研究机构的重要职责与任务，要合理协调它们的国际活动，并在研发机构参与下检验跨部门分工的可能性。

（2）国际分工。为了更好地使用成本密集型研究基础设施的财政经费、避免可能的重复性工作、更有效和更迅速地生产对决策至关重要的知识，必须对各研发机构进行明确的国际分工。

（3）研究规划。政府职能部门应该积极参与国际层面的研究计划，尤其是“欧盟研究框架计划”。相应的国际活动均要纳入各职能部门的研究规划之中。

（4）国际合作。为了提高国际显示度并加强与科学系统的联合，研发机构要更多地开展国际合作。对主要靠从事研发来完成研究任务的研发机构，应促使其通过与外国伙伴的联合研究项目或利用出版物和参加国际会议及开辟新研究方向等发挥重大作用。而且，要通过设立灵活的职位来促进科学家的临时交流，或者由科学咨询委员会聘用外国科学家等方式来促进网络化建设。

（5）提供必需的资源。为了使研发机构能够强化和改进其国际活动，就必须为其配备必要的人力和财政资源。同时，要检验并消除行政或人事法规给国际活动造成的障碍。

（6）国际专员。为了协调和支持研发机构的国际活动，应在政府各职能

①Ressortforschung auf der Insel. Onlinemagazin an der Schnittstelle von Wissenschaft und Wirtschaft Editorials. http://www.ressortforschung.de/de/home/index.htm [2010-11-17]

部门和联邦政府研发机构内部均设置一个“国际专员”职位。

2. 联邦政府研发机构特色建设

科学委员会认为，促进联邦政府研发机构和科学界与经济界研究机构之间科研成就的比较，促使生产商或供应商竞争联邦各部的研究合同，从而使联邦各部业务范围之内的任务分配制度变得更为有效，成就评价机制更加合理，进而适宜地促进各研发机构质量保障体系的发展，有助于创造人员与预算的合适框架条件，使联邦政府研发机构能够胜任其任务并得以继续发展。

对研发机构的总评价表明，所有接受了鉴定的联邦政府研发机构，都能以其各自特定任务和特色找到自己最恰当的位置；当某一机构的任务与特色发生变化时，也能够根据其新任务由一个模式向另一个模式转换。科学委员会认为，从科学课题的相关要求出发，有些机构的研发工作所占的时间比例还偏低。必须强调的是，政策咨询及检验、标准化、规范化和许可等任务，应该尽可能由与“联邦科学研究机构”特色相符的联邦政府研发机构来承担。反之，对于联邦管理与技术研究机构而言，任务与特色均要求其承担更多的信息采集、科学追踪与评估和分配外包研发项目的任务，因此，可以允许其只有少量的自身研发活动。但即使是少量的自身研发活动也必须在规模和质量上令人满意，以确保能够维护及继续发展相关的方法与能力。科学委员会强调指出，必须更为透明地塑造联邦政府研发机构的研究领域。因此，向联邦政府提出下列建议。

联邦政府应该对研发需求进行定期的系统鉴定，并在此基础上定期进行校验，以便对是否需要建立新的或维持不变或重组或关闭联邦政府研发机构作出正确的抉择；要适时地对跨部门的合作和研发领域，包括国际活动范围进行调整；应把各机构的研究任务纳入整个科学系统的编制之内。此外，要根据一些建设性的意见来考虑是否需要为研发机构聘用外部的科学家或者拟定相关的研发项目。联邦政府还应把联邦研究经费的一定额度用于项目资助，并给予相应的联邦机构式研究资助；应该把在很大程度上是履行“职能”及“服务”任务但又必须有自己的研发活动的所有机构，都列入联邦政府研发机构的名单之中。同时，关于人员编制及预算的法律框架、与之有关联的特殊要求及其效果等，也都要公开且透明；要根据机构的特殊任务和鲜明特色来继续发展联邦研究，并要以不同的方式将联邦政府研发机构同样列入《科学自由法》的适用范围。需要特别强调的是，不能因为招徕的“第三方经费”而减少联邦政府研发机构可支配的预算经费；研发机构研发职位的设定不能因相应部门之间确定的重点而裁撤，而应该适用无限期的《科学合同法》；为了改进科学网络并保证科研质量，所有研发机构都应该配备一名科学咨询委员；进行大量研发工作的联邦机构的经费，都应纳入国家研究总预算之中。

与“联邦科学研究机构”模式相符的研发机构，应该至少将15%的研发资源和生产设施用于制订与执行自己开发的预研项目计划，此外，还要通过国内和国际出版机构发表其研究成果，并在国际专题会议上进行介绍。在与高等院校共同聘任职位时，则应担任领导职务。

与“联邦管理与技术研究机构”模式相符的联邦研究机构，应尽可能地负起研发领域的领导责任，并要重视科学家的自由性。主管联邦部门则应确保为其提供完成高质量的科学任务所需的研发专家，使其得以借助于少量的研发活动而形成相应的技术能力或掌握相关的技术方法，以保证对外发包研究项目的适宜性及项目跟踪和评价的质量，并对科学发展的形势和相关科学数据做出正确的观察与分析。

科学委员会特别强调：要对联邦政府研发机构建立的较大研究基础设施进行跨部门协调，以使外部科学家得以使用这些研究基础设施，并与各州政府共同发表有关现有基础设施的概要。继续完善并发展联邦政府研发机构的布局，促进其与科学系统的联合，不仅仅是这些机构及其主管部门而是整个科学系统都将获益。①

（二）高等院校

德国高校在国家科研与创新体系中的地位举足轻重。高等院校是德国基础研究活动的大本营。它们主要从事与教学相关的和为教学服务的基础研究活动，研究科目设置齐全，研究人员实力雄厚。除了所在州政府提供的高校经费外，重大科研项目所需的资金主要来自由德国研究联合会转拨的国家经费。德国高校既承担德国大部分的认知性和公益性基础研究任务，也从事一定数量的应用性研发活动，并由此获得一些委托研究经费和成果转让收益。

自20世纪90年代初以来，德国高校的情况已发生了巨大的变化，如今高校的自治程度已经越来越高了，而且还能获得一定的联邦政府资助；同时，德国高校也越来越重视科研质量，并且必须接受经常性的评估。

1. 高等院校的发展

德国《高等院校教育法》规定了高等教育事业和科研发展的一般性原则，以及联邦和州政府共同为高等院校提供资助经费的义务与范围。在德

①Wissenschaftsrat. Empfehlungen zur Profilierung der Einrichtungen mit Ressortforschungsaufgaben des Bundes. http://www. wissenschaftsrat. de/index. php? id=328&L=[2010-11-12]

国，除了为数不多的私立（专科性质的主要由教会、私立医院或其他私营组织创办的）高等院校和联邦国防军大学（军办），以及联邦行政专科大学（联邦政府办）之外，其余的高等院校都是各州政府创办的。德国设有州文教部长常设会议，职司解决与高等院校有关的教育体制、教育结构、教育机构和结业等方面的重大问题。德国高等院校门类繁多，归纳起来主要可分为综合性大学、技术大学或工学院、师范学院、艺术学院、音乐学院、神学院、高等专科学校和综合高等院校等类型。

综合性大学是德国高等教育体制的核心和支柱，专业设置较为齐全，以教学和科研为主。可授予学士、硕士及博士学位的高等院校，学制通常为4年以上。这类学校的毕业生需通过文凭考试——学士、硕士考试或国家考试而结束学业。评审杰出大学（Exzellenz-Universität）以科学质量、交叉学科、国际知名度和地域科研能力为标准。

技术大学或工学院（通常设置比较热门或应用性较强的专业）、师范学院、艺术学院、音乐学院、神学院则按其培养目标设置了不同的学制，一般不少于3年（大专），原则上不超过4年（本科）。

由于德国应用技术大学的学习内容紧跟现代科学技术和先进企业的需求，因此，这类大学经过严格专业训练的毕业生均具有良好的素质和业务技能，深受现代先进企业的欢迎，有非常好的就业前景。

高等专科学校（FH）是20世纪七八十年代出现的新一类颇具吸引力的3年制大学，更注重与实际有关的学习，以文凭考试结业（大专）。持有这类文凭的工程师其证书上标有“FH”记号，基本工资的起点也比本科毕业生少102欧元。但是，进入高等专科学校学习的文理高中毕业生仍占德国高校新生的40%以上，原因在于其毕业生的就业前景较之综合性大学毕业生要乐观得多，他们中的大部分人都有机会到企业界和经济界任职。

综合高等院校又称整体大学或者联合大学，即把不同类型的高校合并在一起，担负与综合性大学相同的教学与科研任务；学制分3年制和4年制两种。

2005年由联邦和州政府发起的旨在促进高等院校科学与研究的“杰出计划”（Exzellenz Initiative）启动，旨在通过该项计划再造德国顶尖大学，并以扩大尖子生培养和提升德国高校与科学的质量和地位为目标。自2006年第一资助阶段启动以来，已经为39所研究生院、37个杰出集群和9个杰出大学提供了资助，资助总额高达19亿欧元，获得资助的高校总数达到37所。

德国有许多历史悠久的大学，早在1386年，德国最古老的大学海德堡大学就已成立。根据联邦统计局调查，截至2011年底，德国共有421所高校，其中综合性大学108所，理工学院16所，艺术学院52所，神学院6所，普通高等专科学校210所，管理专科学院29所。设各类专业共400多个，大学科研的29%为自然科学，24%为医学，21%为技术工程，4%为农业科学，其余22%为人文科学和社会科学。①

2. 德国最著名的大学

1）海德堡大学

海德堡大学（Universität Heidelberg）成立于1386年，是欧洲久负盛名的国际一流大学，也是德国最古老的大学。早在16世纪的下半叶，它就成为欧洲科学文化的中心，不少科系享誉世界，是中欧地区第三所大学，历史仅次于南斯拉夫的布拉格大学和奥地利的维也纳大学。它成就了费尔巴哈、黑格尔等一大批世界知名哲学家，被誉为世界哲学家的摇篮。和欧洲许多国家的大学一样，海德堡大学没有校园，也没有校门，一座城市就是一个大学城，大学的各系各科就散落在城市街道的大街小巷里。

海德堡大学是一所国立的综合性大学，其专业设置从中世纪以来不断完备，建校之初即设有神学、法学、医学、哲学四大经典科系，并于1890年设立了第五个独立的科系——自然科学系。截至目前，海德堡大学共拥有18个院系、5个直属科研与教学机构、1所法医学院和1所预科学院。该大学的首要目标是，坚持以联系科研的教学为重点，以欧洲顶级大学身份跻身于世界顶级大学前列。2007年10月19日，它成为德国9所杰出大学之一。

海德堡还是德国乃至欧洲的一大科研基地，著名的能量守恒定律就是海德堡大学的亥姆霍兹等科学家提出的。这里先后出过23位诺贝尔奖获得者，其中11位来自海德堡大学。2008年诺贝尔生理学/医学奖由海德堡大学的哈拉尔德·楚尔·豪森教授与另两名法国学者一同获得，豪森因发现人乳突淋瘤病毒引发子宫颈癌获此殊荣。加上曾在海德堡工作和学习过的22位诺贝尔奖得主，共有55位诺贝尔奖得主的工作与海德堡密切相关。除大学研究机构外，海德堡还设有4个马普学会的研究所（原子物理、医学、天文和外国法律）、欧洲分子生物实验室、德国癌症研究中心等科研机构，其研究成果在世界上享有一定盛誉。

20世纪90年代以来，海德堡大学通过一系列科研方面的校际交流合作，在医学、生命科学、物理学、数学与信息学、法学与大众经济学等学科获得

①Bundesministerium für Bildung und Forschung. Bundesbericht Forschung und Innovation 2012. http://www.bmbf.de/pub/bufi_2012.pdf [2012-06-10]

了良好的声誉。作为第一所德国大学，海德堡大学在海外，如埃及、智利与美国马萨诸塞州等地建立了分校，以扩大学校的知名度。海德堡大学特别重视研究，在科研方面发展很快。最成功的例子是1985年建成的海德堡科技园，定位为以生命科学为核心的国际化园区，目前已经成为全球首屈一指的生物科技研究中心。海德堡大学在最近几年与德国癌症研究中心和马普学会共同设立了“桥梁式教授”职位，即该职位经费由多方共同承担。这种新的方式既有助于各科研机构之间的相互联络，吸引并留住卓越的科研人物，也同样有助于开发新的课程和设立新的研究生专业。大学与其周围科研机构的专业能力的联合在此也得以体现。

至2011年，海德堡大学已建立了一个科研与教学的全球网络，与世界上370所大学有交流计划。19个大学伙伴关系、国际研究生院与博士生院及欧洲网络［如欧洲研究型大学联盟（League of European Research Universities，LERU）和欧洲大学协会（European University Association ，EUA）的成员］显示出海德堡大学所编织的强大的国际网络。

除此之外，学校在学院、研究所与教授席层面上也有大量的科研与教学领域的合作，而且在拉丁美洲、北美洲、亚洲及中东欧均设有分支机构、联络处等。约20%的海德堡大学学生来自国外；注册的外籍博士生甚至占到了1/3。德国文化交流中心最近的报告显示，海德堡大学是被授予博士学位的外国人最喜爱的德国大学。

海德堡大学第二个重要的目标在于保持“传统式大学”的形式，并长期坚持专业的多样性。这并不是一种意识形态立场，而是一种完全实用性的立场。海德堡大学最突出的优势之一就是在不同的学术领域拥有多种多样的、最高水平的知识储存。这种多面性的知识储存可以针对新的研究问题快速进行重新组合。

德国高校目前被要求争取的“国际化”和“世界品牌质量”，海德堡大学均已经具备了。同样，它可以在国际上已经明显得到发展的研究重点方面继续建设，这些重点在很多情况下都跨越经典专业并打破了其界限。海德堡大学重要的竞争优势还在于拥有多种与校外研究机构建立联系的机会——这是由大学所在地的特性决定的：海德堡是一个比较小的城市，城市中拥有大量的校外研究机构，所以它们之间的距离也很近。

截至2010年，海德堡大学有学生与青年科学家共28 500人，职员总人数为12 812人（表2-2）。其图书馆藏书有200多万册，其中有非常珍贵的14世纪手抄本。该校2010年经费预算结构如表2-3所示。

表 2-2　海德堡大学人员结构（截至 2010 年 12 月 1 日）　　（单位：人）

项目		职员总人数	不包括医学院	学生与青年科学家		人数
总人数		12 812	7 553	（2011/2012 冬季）总数		29 488
其中：女性		5 958	3 673	其中	国际留学生	5 121
专职人员		7 518	4 099		新注册人员（2011/2012 冬季）	6 324
其中	科学工作者	5 126	2 363		国际留学生（23.8%）	1 507
	其中：女性	2 056	830		授予学位（2010 年）	1 159
	大学教授	418	269		女性（50.4%）	584
	其中：女性	66	54		国际授予学位	226
	非科学工作者	2 392	1 736		2010 年取得大学授课资格	96
	其中：女性	1 568	1 146		取得国际大学授课资格	7
其他人员		5 294	3 454		其他在读学生	14 464

注:因资料来源及统计口径不同,数据之间有一些小的误差,忽略不计。余表同,不再注

资料来源:http://www.uni-heidelberg.de/universitaet/statistik/finanzen.html

表 2-3　海德堡大学 2010 年经费预算结构　　（单位：百万欧元）

结构	大学总额	大学（不包括医学院）
州补贴	357.6	183.9
第三方经费	196.3	96.9
学费	13.0	11.3
其他收益	12.3	9.9
总计	579.2	302.1

资料来源：http://www.uni-heidelberg.de

2）慕尼黑大学

慕尼黑大学（Ludwig-Maximilians-Universität，全称为路德维希-马克西米利安-慕尼黑大学，München）坐落在慕尼黑，始建于 1472 年，是德国（具有 500 多年）历史最悠久、文化气息最浓郁的大学之一。其大学优势专业有人文与艺术、机械、科学、企业经济（财经类）、医学、法学、社会学（社科类）、物理学和化学、林学（农林类）、兽医等。慕尼黑大学知名度最高的是社会人文学科，在自然科学领域也取得了举世瞩目的成就：其分子生物基因中心实验室与慕尼黑技术大学联合建立的加速器实验室取得了世界级的成就。学校的科研人员每年荣获多项学术奖励，如德国研究联合会的“莱布尼茨奖”和“柯尔柏欧洲科学奖”。截至 2006 年，慕尼黑大学教授中已有 13 人获诺贝尔奖。

从建立至今，这所学校已经发展成为规模仅次于柏林自由大学而居德国第

二位的大学，并于2006年10月成为德国政府首批3所杰出大学之一，其他两所分别为慕尼黑工业大学（TUM）和卡尔斯鲁厄理工学院（KIT）。在世界大学学术排名榜（ARWU）上，2003～2010年，慕尼黑大学除了在2004年为德国第2名外，其余7年均为德国第1名。在美国新闻和世界报道出版的世界大学排名榜上，慕尼黑大学一直处于德国前三名的位置。在英国《泰晤士报》关于世界大学2011～2012年的排名中，慕尼黑大学排在第45名。

慕尼黑大学与世界各地的400多个著名高校伙伴都有合作。其国际化的区域重点是欧洲、北美洲和亚洲。这与其约有来自125个国家的7600名学生的情况相符。该校是来德国留学的绝大多数国外大学生的学术故乡。其外籍学生的比例占16%，其中25%的大学生来自欧洲，15%来自亚洲，6%来自南、北美洲。约1500名客座科学家在该大学从事教学与研究工作，其中洪堡基金的奖学金学生有70人，这些出类拔萃的外国科学家在德国高校科研人员中所占份额是最大的。

截至2012年1月，慕尼黑大学有约700名教授和大约3600名科学工作者，他们在全校的18个学院从事研究和教学工作，其下包括178个研究所，以及供医学院实习的诊所。在18个学院里有不同的学术机构（系、研究所）和企业部门。为了加强跨学科的合作，学术机构的成员可以合并成工作组（如研究中心）。

截至2011年初，慕尼黑大学约有学生48 180人，年度预算为4.89亿欧元（表2-4）。其中，外国留学生约占14%，他们把在这里的学习视为对其未来的投资和他们的职业生涯的跳板；该校大学生有51%分布在语言类、文化类和社会科学类专业中。慕尼黑大学共有700多名专职教授和2800多名其他教学工作者，另有近11 000名非教学科研人员分布在行政管理部门、图书馆、医院实验室和校办企业。慕尼黑大学设立了130个专业课程，为学生提供丰富的学科选择，有些课程还是德语国家大学中绝无仅有的。①

表2-4 慕尼黑大学2011年度预算与人员结构

预算结构	金额/百万欧元	学生及教职员	人数/人
总预算	485.6	学生总数	49 180
国家补贴总额	303.2	大学新生（2011夏季+ 2011/2012冬季）	10 234
其中：编制	217.6	外国留学生总数	6 949
管理预算	46.0	大学教授总数	734

①http://www.uni-muenchen.de

续表

预算结构	金额/百万欧元	学生及教职员	人数/人
教学与研究	39.7	W3/C4/C4E 级教授	377
第三方经费支出总额	114.7	W2/C3 级教授	329
德国研究联合会	40.5	W1/C2 级教授	28
杰出计划	27.4	其他科学工作者（全时制，不包括教授和大学专科医院）	2848
联邦	16.7	非科学工作者（全时制，不包括教授和大学专科医院）	2431
欧盟	9.7		
基金会教授职位	1.5		
所在州	0.5		
其他	18.4		
大学学费（2011 年度预算）	29.2		
运行费	20.1		

资料来源：Zahlen und Fakten. http://www.uni-muenchen.de/ueber_die_lmu/zahlen_fakten/index.html [2012-02-20]

（三）大学外研究机构

根据 1975 年 11 月德国联邦政府和州政府签署的《关于共同促进科学研究的框架协定》，德国联邦和州政府共同资助马普学会、弗朗霍夫协会、亥姆霍兹联合会和莱布尼茨科学联合会四大科研组织。据统计，在这些由国家资助的科研组织中的工作人员大约为 6 万人，约占联邦、州政府共同资助及联邦政府单独资助的科研人员总数的 70%。

1. 马普学会

马普学会是世界著名的基础研究机构。其下设有 80 多个研究所。马普研究所致力于自然科学、生命科学、人文与社会科学领域的基础研究。这些研究所从事着具有极大的独创性、特别研究领域优选联向的课题研究工作，并基于所获得的慷慨大方、稳定的资金来强化研究成果的应用。该学会基础研究宽泛，如此多的专业研究机构集中在一起从事自治性科学研究，从而形成一个由多个自治单元组成的联合集团，并同时拥有极其良好的跨学科氛围，能够极富建设性地向公众介绍自然科学与社会科学方面的知识。

在建立 60 周年里，马普学会仅诺贝尔奖获得者就达 17 人，在国际引文的世界排名中，仅排在哈佛大学之后而高居第二位。它成功的关键在于拥有一套能有力地保证研究质量且运作良好的决策与监督评估机制。

1）使命

马普研究所以“为大众服务和弥补大学研究的不足”为宗旨，主要从事基础研究，在自然科学、生命科学、人文与社会科学领域的研究都达到了国际最高水平。

马普学会是以注册协会形式存在的公益性私法组织，具有法律上的独立性，实行科学自治。根据章程规定，学会的任务是“通过创办研究所促进科学的进步”。所有的研究所都可以“自由和独立”地进行科学研究。

2）人力资源

2008 年，80 个马普研究所和研究机构共有 23 400 名工作人员，其中科学家有 4400 人；通过联邦和州政府及欧盟的项目资助提供经费的有 1700 人；此外，还有在马普研究所里学习和从事研究的学生、博士生、博士后和客座科学家，大约 11 300 人。总之，在人员规模上它可以与慕尼黑大学相媲美（图 2-3）①。

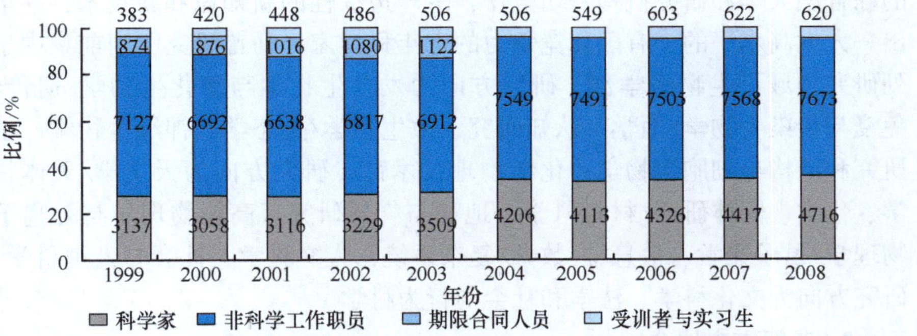

图 2-3　马普学会人员结构发展趋势（1999～2008 年）

马普学会目前（截至 2012 年 1 月）经营着 80 个研究所和研究机构；在国外设有 4 个研究所和 1 个分支机构。职员人数计 17 019 名，其中科学家 5378 名（外国科学家占 34.8%）。此外在这 80 个所里进行研究的还有奖学金生和客座科学家，共 4812 人（来自国外的占 52.4%）。合计总人数为 21 831 人。②

3）科研经费预算

马普学会 2007 年度的预算是 14.33 亿欧元。约 82% 的马普学会预算是由联邦和州（各承担 50%）提供的公共资金；另外，联邦、州政府和欧盟的项目资助金为 1.73 亿欧元（占总预算的 14% 左右）；此外，还有 7100 万欧元来自学会的自有收入，即会费和捐款（约占 5%）。

4）杰出的学科设置

马普研究所主要从事新颖的和具有创新性的、需要长期性的专项经费支持

①《2007 年马普学会年鉴》相关资料
②《2011 年马普学会年鉴》相关资料

并且不适宜在高等院校组织框架内进行或者是高等院校难以胜任的研究领域里的基础研究工作。其研究谱是不断发展的：创建新研究所是为了探寻能够“孕育未来”的科学问题及其答案；一旦某个马普研究所的研究领域被高等院校“全盘接纳”了，则该研究所的使命也就结束了——唯有“关闭”。正是这种不断的“吐故纳新”，才使马普学会在经济紧缩时期也能对新科学发展趋势保持高度的敏感性，迅速、灵活地作出反应并保有充分的科研活动余地。

目前这些研究所、研究部门和工作组在宽泛的、具有特别愿景的研究领域从事研究工作；每个研究所都有一个专项的、在其章程里给予定义的任务，诸如有关物质材料的结构、神经系统的功能性或者行星和银河外星系的产生和演变等。马普研究所在很大程度上进行交叉学科的研究，并与国内外的综合型大学和研究机构密切合作，生产边缘性的新知识和新技术，并培养出一大批高水平的、有国际竞争力的青年科学家。马普研究所当前集中于下列研究领域：生物医学部，研究方向为发育生物学与演化生物学/遗传学、免疫与传染生物学/医学、认知研究、微生物学/生态学、神经生物学、植物研究和结构与细胞生物学；化学物理技术部，研究方向为天文学/天体物理学、化学、固体研究/材料科学、地球与气候研究、高能物理学与等离子体物理学/量子光学、信息学/数学/复杂系统；人文科学、社会与人类科学部，研究方向为文化科学、法学和社会与行为科学。

2. 弗朗霍夫协会

弗朗霍夫协会是德国和欧洲水平领先的应用研究组织。它执行工业、服务企业和公共的合同研究，并提供技术信息与技术服务。该协会的目标是把研究成果转换成新产品和创新产品、新工艺和服务产业。按照联邦和州 1975 年的《关于共同促进科学研究的框架协定》，弗朗霍夫协会在合同研究范围内从事研究工作，并采用“据业绩提供经费”的方式：获得公共资助的前提之一是以“该协会从第三方的研发成就中获得的收益规模”为条件的。此外，弗朗霍夫协会在与政府签订的“研究与创新公约”里接受有关提高成绩的专项协议。

弗朗霍夫协会的职员发展趋势如下：1949 年为 3 人，1959 年为 135 人，1969 年为 1250 人，1979 年发展到 2200 人，1990 年两德统一后人员增加到了 6400 人，1999 年为 9000 人，至 2009 年发展到了 14 000 人（图 2-4）。他们分布于德国 40 多个地区的 57 个研究所之中。

弗朗霍夫研究所发展趋势如下：1955 年只有 3 个研究所，1965 年增加到了 18 个，1975 年为 27 个，1985 年达 36 个，随着 1990 年德国新联邦州的并入到 1995 年发展到了 45 个，2000 年德国信息研究技术中心（GMD）并入该协会，2005 年达到了 58 个（图 2-5）。

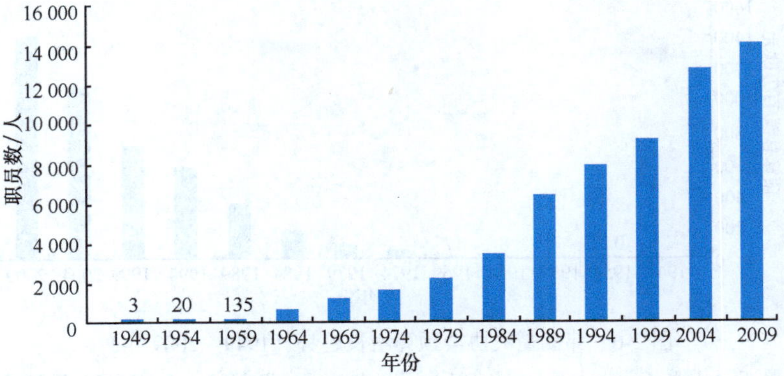

图 2-4 弗朗霍夫协会职员增长趋势

资料来源：Fraunhofer-Gesellschaft. http://60JahreFraunhofer-Gesellschaft_tcm5-113517. pdf[2009-10-12]

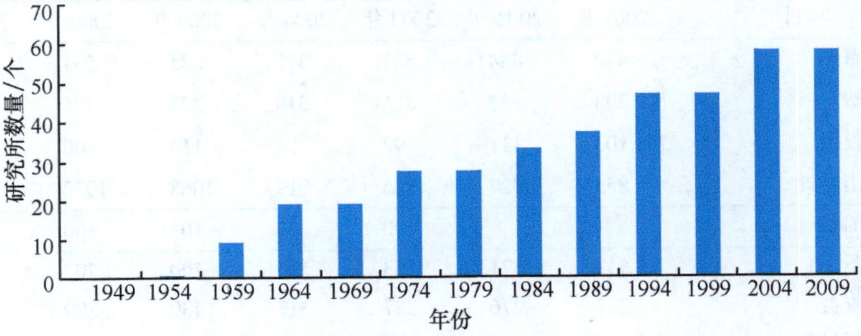

图 2-5 弗朗霍夫研究所的发展趋势

资料来源：Fraunhofer-Gesellschaft. http://60JahreFraunhofer-Gesellschaft_tcm5-113517. pdf[2009-10-12]

2009 年，弗朗霍夫协会获得财政预算总额达 14 亿欧元（图 2-6）。在美国的弗朗霍夫协会子公司年度预算达 3000 万欧元，有近 200 名员工在美国的 7 个弗朗霍夫中心工作。

弗朗霍夫协会委托研究经费的 2/3 源于与企业签约和公共研究计划，剩下的 1/3，则源于德国联邦和州政府的资助（政府的固定经费按照每年 3% 的速度增长），用于前瞻性的研发工作（这些研究领域会在 5 年或 10 年后对工业和社会产生重大的意义），添置最先进的科研设备，确保其科研水平处于领先地位，为满足企业及社会的需求不断提供高质量的研发服务（表 2-5）。弗朗霍夫协会主要靠技术能力和信誉吸引客户，有许多长期客户，其中大部分是中小企业，就业人数少于 100 人的企业客户约占 28%，500 人以内的中小企业接近 50%。

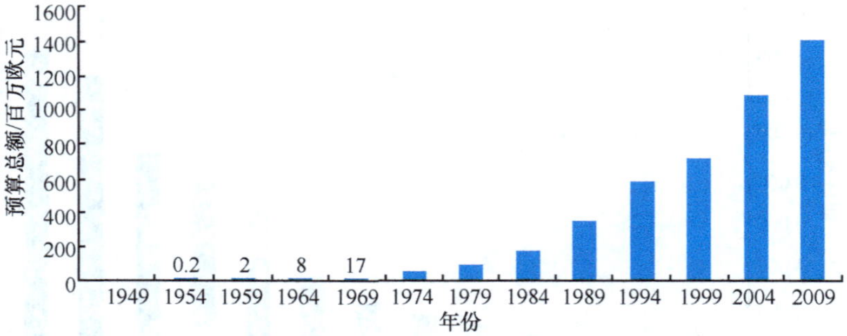

图 2-6　弗朗霍夫协会预算增长趋势（1949～2009 年）

资料来源：Fraunhofer-Gesellschaft. http://60JahreFraunhofer-Gesellschaft_tcm5-113517. pdf[2009-10-12]

表 2-5　2001～2007 年弗朗霍夫协会合同研究业绩范围的支出与收益

（单位：百万欧元）

项目	2001 年	2002 年	2003 年	2004 年	2005 年	2006 年	2007 年
人员费用	442	484	507	517	525	531	548
事业费	308	332	326	318	324	335	379
正在投资	103	111	92	84	114	100	172
经费支出合计	853	927	925	919	1068	1032	1164
核算折旧费			90	93	101	100	113
项目收益	542	571	563	575	700	702	776
经济收益	277	276	287	317	430	399	422
其他项目收益							
联邦和州	175	205	189	158	168	167	219
欧洲委员会	26	32	32	38	42	51	55
研究投资者	9	8	9	9	7	8	9
其他	55	50	46	53	53	77	71
基本经费，包括储备金	311	356	362	344	368	330	388
收益小计	853	927	925	919	1068	1032	1164

资料来源：根据《弗朗霍夫协会年鉴 2007》整理

联邦和州的机构式资助使该协会能获得和保证其“自选研究领域”的科学潜力并开发和完善创新技术。为了加强专业合作和向顾客提供相关的成果，弗朗霍夫协会将其研究所组成了 7 个面向课题的研究集团：

（1）信息与通信技术集团，13 个研究所；

（2）生命科学集团，4 个研究所；

（3）微电子技术集团，10 个研究所；

（4）表面技术和光子技术集团，6 个研究所；

（5）生产技术集团，8 个研究所；

（6）材料和建筑构件集团，11 个研究所；

（7）国防与安全研究集团，5 个研究所。

另外，弗朗霍夫协会还在合法的前提下把具有各种能力的研究所进行“跨集团捆绑”，组成“弗朗霍夫联盟”，诸如水利管理、交通、纳米技术或能源等课题联盟。协会与大学建立了紧密的合作关系，合作的标志是，与高等院校共同招聘教授或者弗朗霍夫研究所所长；弗朗霍夫研究所的试验及生产设施也是高等院校大学生最佳的实习场所，甚至还可以为大学毕业生提供在应用研究领域谋求个人发展的机会。

3. 亥姆霍兹联合会

亥姆霍兹联合会是德国唯一一个不仅能提供单个问题的解决方法，而且还能提供对科学界、社会和经济界具有重要意义的复杂性问题解决方案的科研组织。

2012 年该联合会的 18 个自然科学技术和生物医学研究中心总计有 33 619 名职员，其中科学家为 11 369 名。其年度预算为 35.8 亿欧元，其中约 70% 由联邦和州筹措（9∶1），其余 30% 的经费是由各大研究中心自身作为第三方经费招徕的。该联合会每年有 500 项新专利登记，每年在亥姆霍兹联合会各研究中心发生 30 起产权交易，每年的专利许可收入超过 1200 万欧元。

亥姆霍兹联合会是德国最大、最重要的科研机构之一，主要是在能源、地球与环境、医学健康、关键技术（超级计算机、新材料）、物质结构（大型实验物理）、航空航天与交通等六大领域里从事着眼于未来应用的基础研究，即前瞻性的国家任务为导向的研究。该联合会具备开展大型重大科学项目研究的基本条件，诸如长期规划的可能性、高水平的科学能力，以及一批卓越的、有些甚至是世界唯一的大型科学基础设施。

1）使命

使命包括：通过面向能源、地球与环境、医学健康、物质结构、航空航天与交通等领域的战略计划的尖端研究，为解决社会、科学和经济界的重大迫切问题作出贡献；与国内及国际合作伙伴联合使用大型仪器和科学基础设施，探究复杂系统研究；通过研究和技术的发展与创新应用和预防前景相结合，为塑造德国的未来作出贡献。

另外，该联合会既有技术装备平台，也有可以管理运行重大科研项目的科技管理能力，同时拥有基础研究和应用领域的杰出成果。亥姆霍兹联合会拥有粒子加速器、超级计算机和科考船等一大批先进的大型科研装备和基础设施，有些装置甚至是全世界独一无二的。每年有若干名来自世界各地的客座科学家到这里在部分世界上唯一的大型仪器上从事研究工作。联合会每年都要接待数千人次来自德国境内和境外的客座科研人员，共同利用优势装置完成科学实验。

仅在2008年就有4176名外国科学家在亥姆霍兹联合会进行研究工作。青年科学家在这里都能获得与国际大型团队聚到一起工作和使用高效基础设施促进其研究的机会。该联合会为约4400名博士研究生提供在其研究中心进行培训和及早独立工作的机会。

2）科技资源配置

2001年秋季，亥姆霍兹联合会开始从根本上重新进行战略性调整与改革，改革的目的是，更有效地利用他们在集中研究方面的巨大科学潜力。自那时起，科学项目资助开始逐渐取代机构式资助，并且实行以课题形式组织的、长期编制的、由亥姆霍兹联合会个别或者联合部署的科研项目为工作重点的全新运营机制——这些项目都是由亥姆霍兹联合会的科学家们独立制定的。亥姆霍兹联合会各研究中心的费用与人员配置情况参见表2-6。

表 2-6　2007 年亥姆霍兹联合会各研究中心的费用与人员（单位：千欧元）

名称	基本经费	第三者经费	总费用	人员总量
阿尔弗雷德·魏格纳极地与海洋研究中心	80.535	17.239	97.774	726
德国电子同步加速器研究中心	186.585	5.914	192.499	168
德国癌症研究中心	72.605	37.347	109.952	1656
德国宇航研究中心	208.762	215.887	424.649	3759
尤利希研究中心	245.054	74.642	319.696	2613
卡尔斯鲁厄研究中心	206.376	61.533	267.908	2741
吉斯达赫特研究中心	48.364	15.735	64.099	646
重离子研究中心	80.607	29.825	110.431	944
柏林物质与能源研究中心	62.660	7.885	70.545	574
传染病研究中心	28.401	19.670	48.071	479
德国健康与环境慕尼黑研究中心	92.900	23.103	116.003	1321
地学研究中心	37.357	36.079	73.437	561
环境研究中心	40.113	18.588	58.701	604
马克斯·普朗克等离子物理研究中心	50.514	16.527	67.041	742
马克斯·德尔布吕克分子医学研究中心	96.701	39.331	136.032	966
项目捆绑	32.443	14.808	47.251	638
特别任务	74.176	155.097	229.273	2 789
总计	1644.153	789.210	2433.362	21 927

这些研究中心做的是有影响力的科研，提出的科研课题从内容到目标均需提交给来自全世界范围的杰出科学家予以评审。联合会既能快速地集成不同学科的专业特长，同时也能灵活地应对新的挑战。

4. 莱布尼茨科学联合会

莱布尼茨科学联合会是德国四大著名科研机构之一。自2010年起担任主席的迈尔（Karl Ulrich Mayer）是具有极高国际知名度的社会科学家和科技管理者，也是德国有史以来担任该职务的第一位社会科学家。

截至2011年，莱布尼茨科学联合会已拥有87个成员机构，分布于各州，其中包括研究机构64个（占77%）、科学基础设施运营机构及研究博物馆等服务机构19个（占23%）。该联合会的职员总计17 259人，其中8245名科学家，比上年增加433人。根据莱布尼茨科学联合会与科学联席会议（GWK）在2008年签署的执行协议，所有的莱布尼茨机构均由联邦和州政府共同资助。①

1）任务与目标

莱布尼茨科学联合会的首要目标是为其成员机构创造最优的科研条件，通过对外代表成员的利益、加强成员研究所之间及与外部研究机构的定期信息交流和合作、建立战略研究联盟等来实现。此外，莱布尼茨科学联合会还承担着部分与科研政策或决策相关的高端咨询任务；同时，除设在伯恩的总部之外，该联合会还在柏林设立了一个办事处，并在布鲁塞尔设立了一个办公室。莱布尼茨科学联合会下属研究所和科学服务机构，根据德国《基本法》第91b条款规定，该联合会属于其任务关乎整个国家的科学政策和利益的、跨区域的科学研究机构，并由联邦和州政府共同资助（比例为50：50）。莱布尼茨科学联合会的任务是“三重性”的，即社会、政策和科学方面的研究、科学服务和知识转移。

莱布尼茨科学联合会在2009年修订后的章程中指出：根据2008年与科学联席会议签订的协议，由联邦和州政府共同资助的莱布尼茨科学联合会中的科学机构承担共同的责任并拥有共同的利益，在维护其成员机构所享有的科学、法律与经济自治等权利的基础上，莱布尼茨科学联合会促进并支持其成员机构之间的科学合作。

莱布尼茨科学联合会遵循唯一和直接的公益目标，其目标是促进科学与研究的发展。为了实现这一目标，莱布尼茨科学联合会的主要任务包括：

（1）促进成员机构的科学合作；

（2）举办研究会；

（3）举办科学会议；

（4）培养青年科学家；

---

①Leibniz-Gemeinschaf. Jahresbericht der Leibniz-Gemeinschaft 2011/2012. http://www.bmbf.de/pub/bufi_2012.pdf[2012-09-20]

（5）维护国际联系；

（6）履行联邦、州、其他科学组织和社会共同关注或深为关注的事情；

（7）进行经验与创新交流；

（8）确保和强化成员机构的品质、绩效与竞争能力，特别是要制定并贯彻执行绩效评价及科学竞争的方法与程序等；

（9）促进成员机构和其他公共机构之间的科学合作，包括创办公益性机构。

2）组织结构

莱布尼茨科学联合会的法律组织形式为注册协会，由具有法人资格、经济上独立的非大学科研机构和服务机构组成。莱布尼茨科学联合会的内设机构包括成员大会、评议会、主席团、主席、董事会、秘书长、学部、管理委员会、跨学科基础设施机构联合集团等（图 2-7）。

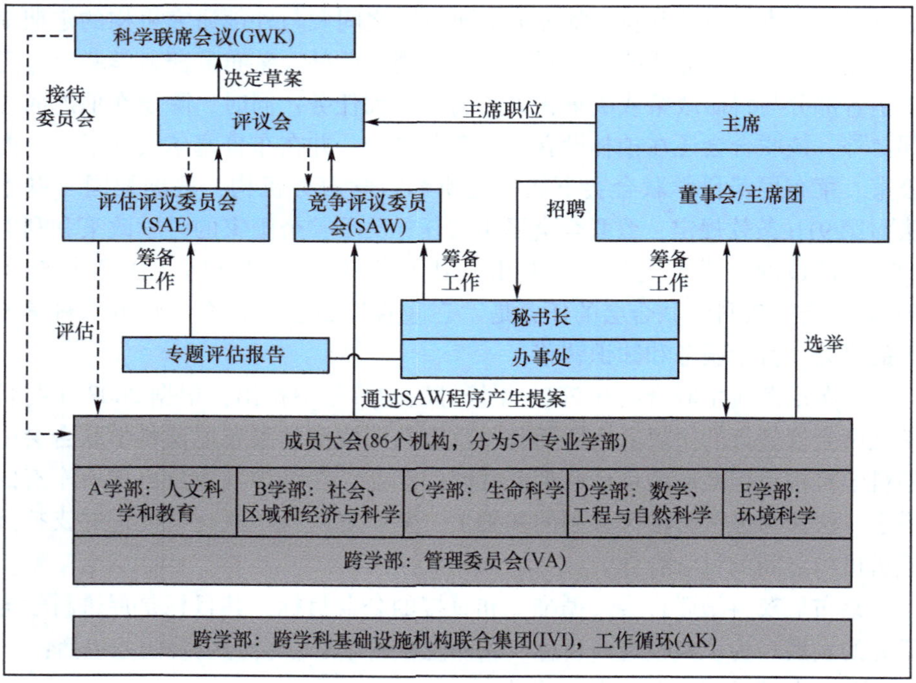

图 2-7　莱布尼茨科学联合会组织结构示意图

资料来源：http：//www. wgl. de/？ nid=str&nidap=&print=0

3）科研预算

根据与政府达成的“研究与创新公约Ⅱ”，自 2011 年起联邦和州政府将增加对莱布尼茨科学联合会的资助经费，当年年度总预算为 14 亿欧元，其 87 个研究所的机构式资助经费总额将达到 9. 24 亿欧元，其中用于重大建筑项目的为 6400 万欧元。机构式资助范围内联邦和州提供经费的比例通常是 50∶50。

莱布尼茨科学联合会管理的部分机构式资助金是通过其研究所之间的竞争程序分配到的。2011 年这部分竞争经费达到了 1200 万欧元。该联合会的预算经费按 5 个主题学部分：A. 人文科学与教育研究；B. 经济与社会科学、区域科学；C. 生命科学；D 数学、自然与工程科学；E 环境科学（表 2-7）。

表 2-7 2008 年莱布尼茨科学联合会预算分配 （单位：百万欧元）

	总计	A 学部	B 学部	C 学部	D 学部	E 学部
总预算	2171.34	129.22	152.63	286.65	395.16	122.1
机构式资助	1547.8	94.05	111.98	218.87	268.39	80.61
其余资助式资助	27.73	5.96	0	0.49	14.1	7.18
第三者经费	460.86	19.11	33.28	51.95	89.59	36.5
德国研究联合会	44.52	1.33	2.93	15.26	14.76	10.24
欧盟项目资助	25.66	0.56	5.83	5.79	8.76	4.72
经济界	58.87	4.35	7.57	9.28	33.11	4.56
联邦资助	79.72	10.78	12.47	14.73	27.15	14.59
州资助	14.19	0.81	2.09	4.43	4.85	2.01
基金会	7.47	1.28	2.39	2.46	0.96	0.38
许可证、服务等收入	162.68	16.06	7.37	15.74	37.18	4.99

资料来源：http://www.wgl.de/? nid=zuf&nidap=&print=0

4）质量管理

莱布尼茨科学联合会拥有一套独特的质量管理体系。自 2003 年起，莱布尼茨科学联合会的所有研究所至少每 7 年接受一次由外部专家进行的评价，评估专家由总部任命，约 1/3 的专家来自国外（研究所可以要求某些专家回避）。与马普学会一样，莱布尼茨科学联合会的评价方法也是采用外部专家到所评价的方法。评价工作由总部评估处直接组织评估专家到所考察 2 天，评估处工作人员负责撰写评价纪要，并可以提醒专家讨论了哪些问题，哪些问题还没有讨论等。同时，评估处工作人员还要尽量保证评价标准在各研究所的一致性。评价结果分三类：优秀、合格与不合格。评价结果为优秀的研究所 7 年后再接受评价；评价结果为合格的研究所可继续保留 3 年的经费支持，3 年后再评价；评价结果为不合格的研究所则将被关闭。评价报告呈交评议会，评议会根据评价报告向联邦和州政府提出关于是否要继续为该研究所提供资助的建议报告。

自 2007 年起，莱布尼茨科学联合会与国内外大学、产业界及其他科研机构开展了 2200 项重要的国内合作和 1300 项国际科学合作项目。目前，每年访问莱布尼茨科学联合会的外国科学家达 5000 余人，其中约有 2300 名外国科学家是到莱布尼茨科学联合会各机构进行短期研究工作的，并且其数量仍在不断增加。莱布尼茨科学联合会已经与法国、日本、韩国、加拿大和中国等国家的著名科学机构签署或正在筹备签署合作的框架协议。

（四）主要研究资助组织——德国研究联合会

德国研究联合会是机构式资助中重要的中介组织，主要负责支持大学和政府资助的公共研究机构的研究项目，是德国重要的、实行自治管理的科学管理机构之一，为加强和共同协调德国研究——诸如国际合作和科学接班人的培养等——作出了重要贡献。德国研究联合会资助大学研究项目的经费主要是由联邦和州政府共同提供的；不过，根据德国《基本法》的规定，为大学教育与研究筹措经费首先是所在州政府的义务。

项目资助是有目的地资助具体研究领域里的属于联邦科学计划范畴的专项研究项目。这种项目资助方式对大学、科研机构及企业研究都是十分有益的。它与机构式资助的区别在于，项目资助大多是短期或中期的。项目资助的执行部门主要是联邦政府委托的项目管理办公室和德国研究联合会；除管理项目资助经费外，项目管理办公室也负责相应的咨询工作。

除德国研究联合会之外，其他资助组织及研究基金会也承担了为大学和研究机构提供资助的义务。其中最重要的是来自欧盟的资助，如欧盟委员会及其管理的“欧盟研究框架计划”资助。2007 年 2 月 27 日，欧洲研究理事会接管了欧盟委员会资助科研的任务，并自“欧盟第七框架计划”开始，正式负责为相关的基础性研究提供经费。

德国研究联合会的产生要追溯于魏玛共和国时期。它是在 1920 年以“德国科学应急联合会”为名而成立的；第二次世界大战结束后，于 1949 年重建并与德国研究理事会（1951 年）合并，改名为“德国研究联合会”。1951 年 8 月 2 日德国研究联合会章程于科隆通过，1978 年 6 月 27 日于波恩得到修改。章程确立了联合会的宗旨、会员资格和会员大会、主席团、管理委员会、评议会、总委员会、同行评议专业委员会等组织机构的职责和任务。时至今日，联合会仍按其章程开展各项资助工作。

联合会的主要任务是资助高校从事高水平、难度大的跨学科的基础研究，帮助学校建立一套为研究服务的基础设施，促进德国学者的国际交流与合作，培养科研后备力量，以及协调科学界与经济界之间的合作关系。此外，促进研究人员之间的合作、培养青年科学家、就科学问题为议会和政府部门提供咨询、维护与国外科学界的合作等，也是德国研究联合会章程规定的任务。为完成这些任务，通常采用下列手段和方式：

（1）一般性资助。资助由研究人员提出的项目计划，期限为 1 ~ 3 年，可以延长。

（2）重点项目资助。资助协调不同地点多个研究人员就某一课题或项目展开的研究，资助期限一般为6年。

（3）科学家小组资助。数名科学家在一定时期内为开展某一交叉学科专门领域的创新项目而组合在一起。

（4）特别研究领域资助。一所或者多所大学的研究机构与非高校研究机构的合作，科学家在跨专业研究计划的框架下开展合作；也通过科学家和应用者之间的合作促进技术成果转让，以期将基础研究中的构想迅速变成现实。

（5）博士生培养资助。在大学设置中、长期博士生培养项目，目的在于资助青年科学家。

（6）青年科学家专项计划资助，诸如“艾米·诺特（Emmy-Noether）计划”、“取得教授资格资助计划”、“海森堡（Heisenberg）计划”等；20年来还负责颁发每年一次的、资助青年科学家的“莱布尼茨奖”——自1997年始，联邦教研部每年为该奖项提供1.5万欧元资助金。

（7）“莱布尼茨计划”。向作出杰出贡献的科学家颁发奖金式资助。

（8）创新奖。为改善新联邦州高校的研究结构而设立专项计划，以提高其工作能力，促进与非高校研究机构和经济界的合作。

（9）人文科学中心。对原民主德国科学院系统中的6个优秀人文科学机构给予项目经费上的支持。

（10）研究辅助机构。向所有科学家开放的中心研究机构。

1. 组织管理机制

德国研究联合会是一个全国性的科学自治机构，为其义务工作的学术专家和学术成员都是由选举产生的。为保证学术评审和行政工作公正而顺利地进行，并且体现公众和政府意愿，德国研究联合会成立了许多各司其职的委员会，并有政府、学术界和资助者代表参与其中；当然，为体现学术机构的特点，在所有的组织机构中，科学家都占有选票的绝对优势。德国研究联合会主要的会员机构包括64所科学大学（高校），13个大学外研究机构，7个科学研究院（州立的），3个科学协会（全国性的）。每个会员机构必须委派一名正式代表，参加每年一度的会员大会。德国研究联合会的结构如图2-8所示。

（1）评议会。德国研究联合会的科学决策机构是评议会。它由39名来自各专业方向的科学会员组成，负责商议和决定该联合会的研究政策与原则、重点项目，以及设立新的科学家小组或辅助装置。评议会关注研究领域的重大问题，并向政府、议会和有关部门提出有科学论据的咨询意见；每年发布联合会资助的重点项目，决定中期支出计划与财政计划。

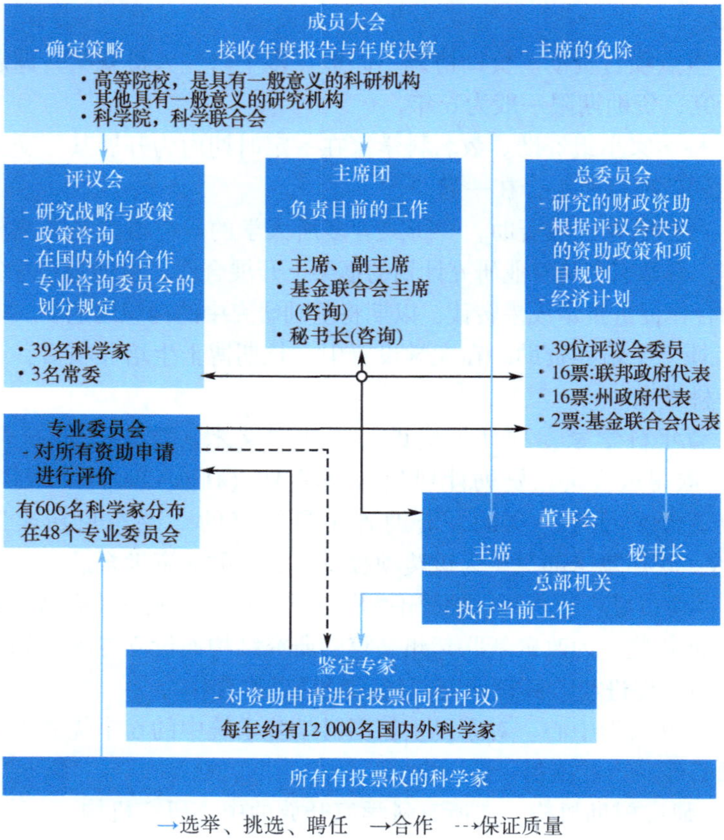

图 2-8　德国研究联合会结构图

（2）总委员会。总委员会主管研究的财政资助，并根据评议会的决议作出关于制订德国研究联合会资助政策和项目规划及经济计划的决定。该会每年制订德国研究联合会的财政计划，决定成立哪些评估委员会，分别负责哪些学科方向的申请；至于特别研究领域和研究生院，也设立了相应的批准委员会。总委员会由 39 名评议会委员、16 名州政府代表、8 名联邦政府代表（每人享有 2 票表决权，合计为 16 票），以及 2 名德国科学基金联合会的代表组成。①

（3）主席团。它包括 1 名专职主席，8 名兼职副主席，以及德国科学资助者协会主席和秘书长；主席团下还设立了理事会，其成员由主席和秘书长组成。

（4）顾问团。其主要任务是批准德国研究联合会的财政计划，审阅主席

①Deutsche Forschungsgemeinschaft. Jahresbericht 2011-Aufgaben und Ergebnisse. http://www.dfg.de/download/pdf/dfg_im_profil/geschaeftsstelle/publikationen/dfg_jb2011.pdf[2012-07-05]

团的工作报告，经主席团签署意见的年度报告和年度预算将呈交会员大会。顾问团的成员包括评议会委员、联邦和州政府代表，以及最多5名德国科学资助者协会的代表。

（5）专业委员会。它由为德国研究联合会义务工作的评估专家组成。他们承担着最主要的专业工作，要为每个申请撰写书面评价，还要参加重点项目、研究人员小组、特别研究领域等资助项目的专家评估小组并发表意见或建议。专业委员会委员是由每四年一次秘密进行的直接选举产生的，承担着德国研究联合会共186个学科方向的评估工作。这些专家必须是获得博士学位三年以上的学者，而且要在公共财政资助的研究机构中就职。根据学科方向和研究力度的不同，186个学科中的每个学科通常需要3～10名专家。目前，37个专业委员会中共有524名专家。各专业委员会所对应的领域如表2-8所示。

表2-8　德国研究联合会的专业委员会、专业领域和工作任期的科学领域（2008～2012年）

专业委员会	专业领域	科学领域
旧文化	人文科学	人文与社会科学
史学		
艺术、音乐、戏剧与传媒学		
语言学		
文学		
欧洲外语言和文化、社会与文化人类学、犹太研究和宗教学		
神学		
哲学		
教育学	社会与行为科学	
心理学		
社会科学		
经济学		
法学		
生物学和医学基础	生物学	生命科学
植物科学		
动物学		
微生物学、病毒学和免疫学	医学	
医学		
神经科学		
农业与林业学、园艺和兽医学	农林学、园艺和兽医学	

续表

专业委员会	专业领域	科学领域
分子化学	化学	自然科学
化学固体研究		
物理和理论化学		
分析学、方法学研制（化学）		
生物化学和食品化学		
聚合物研究		
液化物质的物理	物理	
光学、量子光学和原子物理、分子和等离子		
粒子、核和磁场		
统计物理和非线性动力学		
天体物理学和天文学		
数学	数学	
大气与海洋研究	地球科学（包括地理学）	
地质学和古生物学		
地球物理学和测地学		
地球化学、矿物学和结晶学		
地理学		
水研究		
生产工程学	机械制造业和生产工程学	工程科学
力学和设计机械制造		
工艺、工程化学	热科技/工艺	
热能工程、热驱动和机械		
材料科技	材料科技	
原料、物质与材料科学		
系统工程	电气工程、信息学和系统工程	
电气工程		
信息学		
土木工程学和建筑艺术	土木工程学和建筑艺术	

资料来源：Deutsche Forschungsgemeinschaft. Jahresbericht 2011-Aufgaben und Ergebnisse. http://www.dfg.de/download/pdf/dfg_im_profil/geschaeftsstelle/publikationen/dfg_jb2011.pdf[2012-07-05]

德国研究联合会总部的办公机关共有近600名工作人员，办公机关的最高负责人是秘书长。

2. 经费来源

德国研究联合会2010年度预算为23亿欧元（其中67.1%来自联邦政府，32.7%来自州政府，0.2%来自基金会和私人捐助），共资助了32 000多个项目。2011年资助总金额达27亿欧元之多，资助项目增加到了33 000个，其中新批准的项目有7000多项，并且近一半是单项资助。

2012年6月29日，德国科学联席会议决定，德国联邦政府和州政府将在2013年共同为德国研究联合会和马普学会追加提供约4亿欧元的科研经费，以兑现“研究与创新公约”中关于每年为德国5大科研机构增加经费5%的承诺。2013年，德国研究联合会的基本预算为18亿欧元，比2012年增加了5%。在此基础上，政府还为德国研究联合会增加了约8.9亿欧元，用于资助“杰出计划”（4.8亿欧元）、项目总费用（3.2亿欧元）和高校大型科研设备（8700万欧元）。这使德国联邦和州政府为德国研究联合会提供的科研资助总经费达到27亿欧元，凸显了德国研究联合会在德国科研体系中的重要性。

德国研究联合会的主要发展计划包括：①培养年轻一代的科学家；②强化跨领域的研究；③促进国际合作；④支持不同研究组织与研究机构之间的合作关系。上述4项发展计划共设立了19个重点领域：①移植医学；②功能性基因体学；③生态系统研究；④老化生物学；⑤脑部可塑性研究；⑥分子传播机制；⑦纳米技术；⑧化学分子动力学、原子与分子交互作用；⑨海岸研究；⑩材料科学（含组合化学与合成材料）；⑪玻色-爱因斯坦凝结的理论与实验研究；⑫天体粒子物理学；⑬财务数学；⑭人机互动；⑮颗粒材料技术；⑯化工制程；⑰多重尺度材料；⑱人类社会学；⑲人类矛盾与冲突之不同阶段目标的研究。

3. 资助政策的改革

2010年，德国研究联合会把实行更加自由和灵活、以质量代替数量、促进知识转移和国际化的资助政策作为重点战略方向，并采取了以下措施：

（1）为提高德国科研体系的竞争力，在联邦和州政府的“杰出计划”下资助了39所博士研究生院、37个杰出集群和9个杰出大学，资助总额达19亿欧元；

（2）为避免申请项目时只重视量化指标而忽视内容本身，在2010年初对申请资助时提交的文献数量作出限制，最多只能提交5份文献；

（3）加大了项目在知识转移方面的可资助资金额度，以促进各个领域的知识转移；

(4) 采取了促进国际化的资助政策——受资助合作项目中有 1/3 的合作伙伴来自国外，由外国专家评估的申请则超过了 16%。

随着《科学自由法》的推出，德国研究联合会各业务部门的规划和调控获得了重要的新机遇，德国研究联合会也得以比以往更好地为研究者的项目提供有吸引力的框架条件，并因经济地使用所获得的经费而维护了联邦和州政府的利益。

但是，当前的问题在于迄今人员经费的灵活性仍然受到极大的限制（包括封顶的人员费用、有时限的职员定额等），这不仅与科学自由的主导思想自相矛盾，而且使德国研究联合会各业务部门难以适应国家和国际科学基地自身的快速变化。比如，当前一些仍在使用的“规则”不仅无助于《科学自由法》，甚至常常会阻碍获得资助者使用已取得的资助经费——因为这些规则片面地强调限制人力资源，并时常据以作出缩减项目开支的决定，尽管执行项目的人员在履行其任务时已经十分注意节俭开支了。而德国研究联合会则认为，无论是研究人员还是外部承包商，都不宜采用资源取向的方式来安排研究任务。所以，必须尽可能有效地防止此类问题的发生。为此，必须彻底放弃现行的关于人员费用监控的条例，实行有利于全局控制的预算管理。

所以，德国研究联合会认为，为了能最好地完成其资助与引导科学的任务，并且不辜负政府及国人对德国未来科学的希望，还必须把《科学自由法》的主导思想进一步扩展到德国研究联合会现行的所有行政预算管理规则之中。

（五）德国工业研究联合会

在发达的市场经济中，社会中介组织的发展并不仅仅是企业或机构与市场相互作用的结果，其间还有其他多种力量在发挥着重要的交互作用，而行业协会便是一支不可小觑的力量。市场经济比较发达的国家，尤其是德国，政府的管制正在不断地被削弱，但企业之间的交易却仍在规范有序地进行，这与行业协会或联合会的协调与制约有着密切的关系，而德国工业研究协会工作联合会（Arbeitsgemeinschaft industrieller Forschungsvereinigungen Otto von Guericke e. V., AiF；简称德国工业研究联合会）则在其中发挥着举足重轻的作用。

德国工业研究联合会成立于 1954 年，最初由 12 个工业研究协会组成，现在则已发展成为涵盖 30 多个行业 106 家工业合作研究机构的德国工业合作研究组织的总部。德国工业研究联合会的成员单位完全由企业构成，其中的绝大多数又都是中小企业；它把创新型企业和来自各个专业领域的经济联合会聚集在一起，按照产业界的研究需求组织研发或联合攻关项目；其课题谱覆盖了对中小企业未来发展至关重要的所有未来技术——从生物技术到新颖材料直至资源的有效使用。

德国工业研究联合会的办事机构分别设在科隆和柏林，并拥有 130 多名雇员——他们与 54 个研究机构、800 多个研究所及 5 万余家中小企业保持着密切的联系。接受德国工业研究联合会管辖的研究机构或组织，大都是以有限责任公司形式注册的独立法人机构。

1. 使命与任务

（1）促进企业创新。企业创新是德国最宝贵的“原料”。德国工业研究联合会与来自经济界、科学界和政界的伙伴共同促进企业创新——从创意产生到研发直至转换为有市场的产品、工艺和服务，为企业研发提供全程支持、资助及服务；同时，还在实践取向的科学家和创新型企业之间架起沟通的桥梁，促使其开展研发合作。

（2）承担社会责任。促进持续的研发不仅需要新颖技术，而且还需要大胆的企业家。因此，德国工业研究联合会自觉承担扶持创新企业的任务，并鼓励企业家主动承担社会责任，通过创新业务的不断增长来促进经济繁荣和社会进步，并减轻对环境的负面影响。

（3）鉴别技术潜力。对事关中小企业未来发展的主要或重要的研究领域与技术方向进行归纳、分类、鉴别和评估。长期以来，很多对德国经济界的竞争力具有特别意义的未来主导技术，都是凭借德国工业研究联合会的鉴别产生的——它们无不直接来自中小企业的需求。为此，德国工业研究联合会坚持不断地扩展其由企业组成的基础网络。

（4）培养青年科学家。德国工业研究联合会尤为重视通过贴近工业实践的研发活动来加强对青年科学家的培养。通过参加德国工业研究联合会组织的工业研发，很多青年科学家与企业建立了密切的联系，有些则从此开始了其职业生涯。此外，凭借与科学界的密切关系，德国工业研究联合会得以为大批的企业研发人员提供了专业进修的机会，从而为他们今后的发展乃至职业晋升奠定了坚实的基础。

2. 性质与作用

作为德国最重要的研究集约型自治联盟，德国工业研究联合会与来自经济界、科学界和政府的合作伙伴共同支持不同领域的创新研究，其最大的优势在于可以沿着整个价值创造链的不同环节——从基础研究到转换为工业产品和工艺乃至技术服务——有针对性地提供由相应投资组合构成的资助手段。

德国工业研究联合会的核心部分是旨在填补基础研究与经济应用之间空白的产业联合研究（IGF），其重点是组织、跟踪或促进以企业需求或利益为取向的工业研发活动，以期为整个经济部门，尤其是跨行业的经济部门，准备新技术；其研发成果则向所有感兴趣者开放。

德国工业研究联合会的主旨是为德国中小企业的合作研究提供公共平台，中小企业可以就一些共用技术（亦称“竞争前技术”）进行合作研究；同时，中小企业所在的协会组织则负责为中小企业提供培训、咨询和信息共享服务。

德国工业研究联合会的另一项重要的任务，是组织和协调技术应用大学和中小企业的研发合作，促进产学研结成合作网络。迄今，其单位成员（即所辖的工业研究协会）已达 106 个，所以，在中小企业合作研究和结网方面，德国工业研究联合会始终发挥着非常重要的作用。

作为经济界自主管理的机构，德国工业研究联合会的中心任务是资助中小企业面向应用研发，因为中小企业是德国创新体系的重要支柱之一，是德国经济的基础。德国有 10 多万家创新型企业，其中约 95% 的企业是员工数少于 500 人的中小企业。中小企业在德国工业产值创造中发挥着不可忽视的作用，不仅向市场提供创新产品，还提供面向未来的服务并研发新的工艺，它们也是创造新的就业的重要动力。因此，德国工业研究联合会的重要作用之一，就是使中小企业能够顺利地接触新技术。

德国工业研究联合会作为基础研究与企业商业化研发之间的重要桥梁，其主要合作伙伴是德国政府（联邦经济技术部、联邦教研部及一些州的经济部），并负责政府中小企业创新项目的实施。

3. 组织结构管理机制

根据德国工业研究联合会章程的规定，总会设立成员大会、董事会、监事会、评议会、科学理事会、总干事顾问委员会、项目审查委员会、经费审核委员会、专家小组等机构，结构示意图见图 2-9。

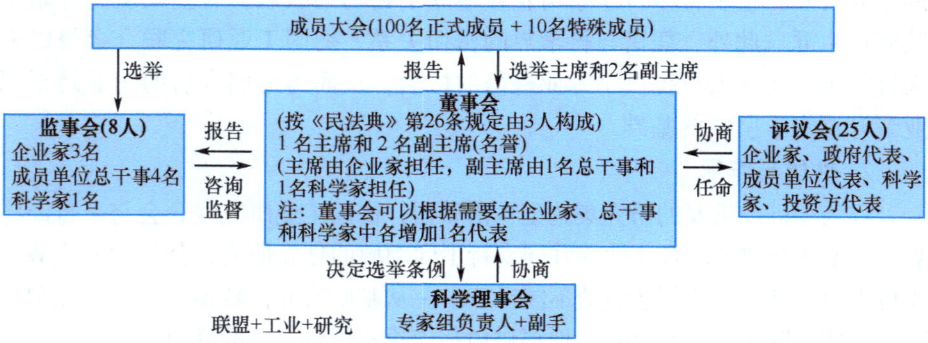

图 2-9 德国工业研究联合会结构示意图（截至 2012 年 6 月）

资料来源：http://www.aif.de/aif.html

董事会是该联合会的常设执行机构。监事会则负责商讨和监督董事会的工作，并负责审核对该联合会具有基本战略意义的决策以及其他重要的事项。监事会由8名成员组成，其中包括企业家3名、科学家1名和成员单位总干事4名。

评议会为科研政策的高端对话服务。它是联合会重要的决策机构之一，并与经济界、科学界、政府和媒体保持密切联系；负责为董事会提供战略和研究政策方面的咨询和建议，讨论联合会的长期目标及工作指导原则。此外，评议会还负责拟定在国家及国际层面上开展产业联合研究的基本原则和对策建议。评议会委员是由协会主席根据董事会成员的提名委任的。

科学理事会就科学事务为董事会出谋划策，而维护和继续发展产业联合研究则是其应担负的主要责任；此外，它还负责拟定具体的研发方向与布局、确保研究质量的举措，并大力推进知识与技术的转移。科学理事会由工业联合研究专家小组的负责人及其副手组成。目前共有6个专家小组。

德国工业研究联合会的特别成员包括以下一些：①联邦德国工业联合会（BDI）；②德国技术科学协会联合总会（DVT）；③德国工商总会（DIHK）；④德国钢铁炉渣研究协会与德国钢铁炉渣研究协会（FEhS）建筑材料研究所；⑤弗朗霍夫协会；⑥奥托·格里克的协会；⑦德国科学基金联合会（SV）；⑧德国化工业协会（VCI）；⑨德国创新企业协会（ViU）；⑩德国酵母工业实验研究所（VH）。

4. 经费来源

德国工业研究联合会的活动得到联邦政府和中小企业的资助，其资助经费主要来自联邦经济部——联邦政府为其提供的研究项目资助经费为2.5亿欧元/年。自1954年创建至2011年底，德国工业研究联合会用于开发与创新的资助经费共计85亿欧元，获资助研发项目多达18万个。近5年来，参与德国工业研究联合会项目合作的研究所就有1235个；参与其研发项目评估、研究质量鉴定的来自经济界和科学界的专家为1200人；5万多家德国中小企业从其研发成果中获益。

2009年，分配给德国工业研究联合会的公共研发资助经费为4.091亿欧元，比2008年增加了16%，从而创下了历史新高，这对德国的中小企业是极为有利的。其中，源于联邦经济技术部的工业研究资助经费为1.281亿欧元，项目管理机构（联邦经济技术部指定）的ZIM-KOOP项目及创新Ⅱ期计划（PRO INNOⅡ）先导项目经费2.485亿欧元；源于联邦教研部的专科高等院校项目经费（指定德国工业研究联合会为项目管理机构）3240万欧元。而2012年2月发表的最新统计数据则表明，2011年德国工业研究联合会执行的各类工业研发资助经费已达6.758亿欧元，其中公共资助经费提高了约22%，达到4.991亿欧元，并再次创下了历史新高。

5. 对德国工业研究联合会的评价

德国工业研究联合会是按行业部门建立的，并发挥着以下重要作用：

（1）确定、统一和协调各成员单位（一般是中小企业）的研究需要，支持其自己完成研究项目或聘请其他研究机构来完成其研究项目，并将其研究成果向各成员单位推广；

（2）预测某一工业部门的技术与市场趋势，在技术开发的所有阶段为企业提供帮助——从确定技术问题到协助获得资助和成果的商业化；

（3）通过直接或间接地向联邦政府、州政府和欧共体提出有关研究政策的意见和建议而影响政府政策的制定。

在国际上，德国工业研究联合会是欧盟面向中小企业的研发措施的“国家联络中心”，根据欧盟“面向中小企业的技术资助”规划，支持欧洲范围内中小企业的联合研究。同时，它还负责推介中东欧中小企业合作伙伴。为此，它在欧洲9个国家建立了10个联络处，这些联络处是由德国工业研究联合会、德国工商大会、弗朗霍夫协会共同负责的“技术合作网络”的重要组成部分。

自1978年以来，作为联邦经济技术部的项目协调单位，德国工业研究联合会负责该部资助的“中小企业创新能力规划”、“资助东部地区中小企业研究、开发及创新活动”等规划的执行工作，从而为中小企业的研发活动提供了强有力的支持。同时，作为联邦教研部的项目协调单位，它还负责“面向应用的应用技术大学研发规划”的执行工作，极大地推动了应用技术大学与中小企业之间的合作。

在德国政府促进中小企业发展的一揽子计划中，德国工业研究联合会扮演着十分重要的角色。它根据各项计划的轻重缓急和市场潜力，对相应的技术项目进行筛选和评价，并将具有普遍重要性的项目送到合适的研究所付诸实施，负责与研究所签订合同并全权监督研究成果向企业的转让。通过工业合作研究机构，中小企业能够以相对较低的费用使用外部的研究成果。德国工业研究联合会所属的各个合作研究机构，不仅协调企业的技术创新活动，还在创新的各个阶段——从确定技术问题、协助获得资助到技术人员的培训、成果的商业化等——为企业提供全方位的服务，加快了合作研究成果应用于工业实践的过程。

第三章
科技投入与研发产出

德国是世界第四大经济体。2011 年 3 月德国联邦统计局发布的数据显示，2010 年德国 GDP 为 24 988 亿欧元，同比增长 4.2%，人均 GDP 为 30 566 欧元。在过去的几年里，为了实现欧盟关于"到 2010 年研发经费占 GDP 的 3%"的目标，德国政府和企业持久地（即使在经济危机时期）加大了对研发的投入和对高等院校与大学外研究机构的资助，这才取得了今天的巨大成就。而 2012 年 1 月公布的联邦政府《2011 创新提升指标报告》则强调，2011 年德国经济界的创新支出达到了 1300 亿欧元的历史最高水平，较此前的历史最高纪录提高了 3% 以上；与 2008 年的 1213 亿欧元相比增加了 7%。

同年，联邦政府出版的《2012 德国研究与创新报告》也指出，由于政府、经济界和科研界共同付出了巨大的努力，在研发密集型产品的出口和世界主要市场专利方面，德国均处于世界领先地位；2010 年，在每百万人口发表的科学论文数量方面，德国首次超越了美国。这一趋势充分表明了德国高校和大学外研究机构的成果的水平正在显著提高。

一、研究与创新体系指标

德国研究与创新体系的指标数据主要包括 3 项内容：研发资源（包括研发支出经费和研发人员）、研发产出（包括出版物和专利）和经济利用研发成果的"原始"创新（图 3-1）。从事研发活动必须具备相应的资源，即高等院校、研究院所或私营经济研发机构的财政经费或人力资源，而这一人员的重要来源是完成了技术或自然科学大学课程或取得了这些专业相应学位的人；同时，科学知识及发现或技术发明所产出的出版物或专利，都属于研发产出。

如图 3-1 所示，在"研发"和"利用"之间存在一个衔接区域，它标明了研发与利用两个过程的相互交融，因此，在任何时候都不能只对其进行

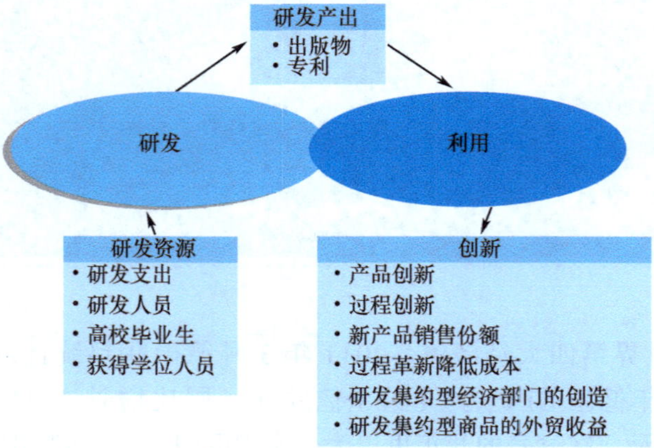

图 3-1　德国研究与创新体系投入与产出指标

资料来源："Made in Germany" der Bundesbericht Forschung und Innovation 2012. 2012-05

简单定义。研发产出，除包括知识和发现之外，还包括大量的出版物；且除了技术发明之外，也有申报和授予的大量专利。成功研发过程的最终结果是"创新"，即经济界和社会对研发产量的实际利用。而一般意义上的创新指标则包括某个时期的产品、过程或其他与创新相关的（企业）经济要素。

二、科研财政资源配置

（一）科学与研发经费来源与支出

德国把用于研发的财政经费视为特别重要的研发资源指标，并主要从 3 个方面予以考量：科学与研发支出和研发支出占 GDP 的比重（表 3-1）。

表 3-1　联邦科学与研发支出（按执行部门分）（单位：百万欧元）

执行部门	2007 年		2008 年		2009 年		2010 年	
	总额	其中研发	总额	其中研发	总额	其中研发	总额	其中研发
1. 各级政府	3 394.6	1 759.7	3 622.5	1 857.2	4 084.0	2 240.6	4 322.9	2 323.1
联邦	1 583.9	692.7	1 697.2	745.9	1 871.5	926.2	1 929.6	925.3
联邦研究机构	1 328.3	639.0	1 418.1	684.9	1 631.2	869.1	1 680.3	866.2
联邦管理机构	255.5	53.7	279.0	60.9	240.3	57.2	249.4	59.1
州与乡镇	1 810.7	1 067.1	1 925.3	1 111.3	2 212.5	1 314.4	2 393.2	1 397.8
州的研究机构	74.4	70.5	65.3	61.3	103.0	98.6	109.6	104.3
高校附属医院	1 668.1	930.6	1 798.5	991.8	2 043.5	1 156.5	2 195.6	1 224.2

续表

执行部门	2007年		2008年		2009年		2010年	
	总额	其中研发	总额	其中研发	总额	其中研发	总额	其中研发
其他州机构	36.3	34.7	35.4	32.9	36.3	32.8	49.8	40.2
区、乡大协作组合	31.9	31.3	26.2	25.3	29.6	26.5	38.3	29.2
2. 非营利机构	5 734.9	5 323.5	6 349.4	5 922.5	6 858.8	6 344.2	7 192.6	6 665.8
科学与资助组织*	2 635.2	2 532.6	3 021.2	2 912.7	3 315.1	3 147.8	3 591.1	3 395.4
HGF	2 100.1	1 944.3	2 183.5	2 021.9	2 504.1	2 333.0	2 503.4	2 343.0
其他科学机构	920.8	779.4	1 071.8	926.7	946.1	788.0	985.4	840.2
其他组织	78.8	67.2	73.0	61.2	93.5	75.4	112.7	87.2
3. 社会与经济企业	2 142.2	2 108.8	2 190.8	2 151.5	2 338.6	2 296.3	2 667.3	2 618.7
社会与经济企业	1 616.6	1 595.2	1 459.0	1 433.8	1 617.4	1 595.7	1 862.3	1 840.7
服务、企业和自由职业	525.5	513.6	731.8	717.7	721.2	700.7	804.9	777.9
4. 国外	981.0	953.1	1 029.0	1 001.4	1 188.8	1 138.3	1 235.1	1 182.7
驻外企业和团体	81.2	81.2	99.9	99.9	150.6	146.9	154.5	149.1
国际会费和其他	899.8	871.9	929.1	901.5	1 038.2	991.4	1 080.6	1 033.6
5. 相关群体	1.6	1.5	0.0	0.0	3.5	2.5	4.0	2.2
支出总额	12 254.3	10 146.7	13 191.8	10 932.6	14 473.7	12 022.0	15 421.9	12 792.5
社会集团和企业	2 142.2	2 108.8	2 190.8	2 151.5	2 338.6	2 296.3	2 667.3	2 618.7
联邦经济技术部	689.2	682.3	782.7	775.3	863.8	857.5	822.3	814.8
联邦国防部	865.0	865.0	726.9	726.9	645.2	645.2	606.6	606.6
联邦教研部	459.8	433.4	515.3	484.6	585.8	550.7	643.5	607.9

* 马普学会、弗朗霍夫协会、德国研究联合会等

资料来源：Bundesministerium für Bildung und Forschung. Bundesbericht Forschung und Innovation 2012. http://www.bmbf.de/pub/bufi_2012.pdf [2012-06-10]

表3-1显示，2007~2010年，德国各级政府投入的科学与研发经费增加了27.35%，其中的研发支出则增加了32.02%，年平均增幅接近甚至超过了8%；此外，非营利机构的科研投入增加了25.42%，其中研发支出增加了25.21%；社会与经济企业的科研投入增加了24.51%，其中研发支出增加了24.18%；利用外资（即表3-1中“国外”项）科研投入增加了25.90%，其中研发支出增加了24.09%。三方面科研投入与研发支出的年平均增幅均超过了6%。而相关群体的科研投入更是增加了150.00%，其中研发支出则增加了46.67%，年平均增幅高达11.67%。各项合计，四年来，

德国的科研投入增加了25.85%，其中研发支出增加了26.07%。

在研发资助方面，德国政府或凭借不同的优先权措施支持公共研究的进一步发展，或者有针对性地支持经济界的研发工作。在德国的研发支出总额中，公共支出的比例约占1/3，经济界特别是私营企业的支出则占到了2/3以上。德国政府的研发费用大部分流入了高等院校（39%）和大学外研究机构（48%），而为经济界及私营企业提供的研发资助仅约占13%（图3-2）。

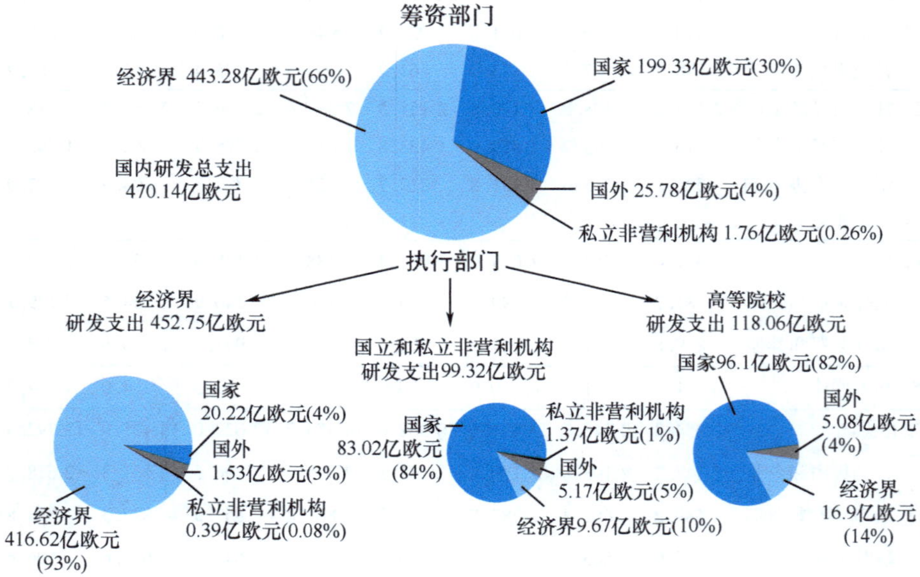

图3-2　2009年德国国内研发经费来源及配置体系

资料来源：Bundesministerium für Bildung und Forschung. Bundesbericht Forschung und Innovation 2012. http://www.bmbf.de/pub/bufi_2012.pdf [2012-06-10]

1. 科学支出结构

德国的科学支出包括研发费用及科学教育与教学和其他相近的科学活动经费，诸如科学和技术信息服务、一般的数据采集或有关可行技术项目的研究等；而州的科学与研发支出则更多地流入州与城乡从事科学与研发的机构，以及在研究、技术和创新资助措施范围内承担公共研发任务的经济部门。2009年，德国的科学与研发支出总额达到了849亿欧元，其中联邦州支出达到了216亿欧元，占总支出的25.80%。同年，德国东部各州（包括柏林）科研支出所占的比重也上升到了16州科学总支出的22.7%（表3-2）。

表 3-2 联邦科学支出增长趋势

财政来源	2002 年	2003 年	2004 年	2005 年	2006 年	2007 年	2008 年	2009 年
1. 公共预算/百万欧元								
1.1 各级政府								
a) 联邦	11 218	11 210	10 875	11 140	11 442	12 245	13 192	14 477
b) 州	19 000	19 098	18 637	18 879	19 820	19 575	20 487	21 581
其中东部和柏林	4 252	4 354	4 131	4 205	4 390	4 408	4 563	4 893
c) 乡镇 (Gv.)	193	202	202	218	201	234	306	320
1.1 合计	30 406	30 506	29 709	30 237	31 463	32 053	33 985	36 378
1.2 非营利科学组织	1 672	1 613	1 786	1 750	1 746	1 924	2 166	2 187
共计	32 079	32 120	31 495	31 988	33 209	34 052	36 152	38 565
占公共总预算的比重/%	5.2	5.2	5.1	5.1	5.2	5.3	5.4	5.3
2. 经济部门/百万欧元								
2.1 产业经济	35 904	38 060	38 394	39 569	42 281	43 769	4 689	46 019
2.2 基金会和捐赠	350	350	350	360	360	360	360	360
共计	36 254	38 410	38 744	39 292	42 641	44 129	47 250	46 379
1+2 合计/百万欧元	68 333	70 530	70 239	71 917	75 850	78 181	83 402	84 944
占 GDP 的比重/%	3.2	3.3	3.2	3.2	3.3	3.2	3.4	3.6

资料来源：Bundesministerium für Bildung und Forschung. Bundesbericht Forschung und Innovation 2012. http://www.bmbf.de/pub/bufi_2012.pdf [2012-06-10]

2009 年，经济界科学支出的比重为 55%，公共预算（包括非营利科学组织）的比重为 45%。自 20 世纪 90 年代中期以来，联邦 16 州州政府的科学支出占公共预算比重已经接近 60% 的水平，其中 2009 年（216 亿欧元）为 59%；同期联邦政府的份额则约为 40%（145 亿欧元）。德国各州的科学支出中，90% 的经费被分摊给了高等院校，而联邦政府的科学支出则主要用于大学外研究机构，其比例约为 80%（表 3-3）。

表 3-3 德国公共预算的科学支出（按任务范围分）

（单位：百万欧元）

工作范围	年份	科学总支出	联邦	州	城乡	非营利科学组织
高等院校包括大学附属医院	2004	18 435.3	2 130.0	16 305.3		
	2005	18 716.0	2 142.9	6 573.1		
	2006	19 699.2	2 218.6	7 480.6		
	2007	19 658.8	2 482.9	7 175.9		
	2008	20 588.5	2 765.1	17 823.4		2 008.0
	2009	21 734.4	3 012.3	18 722.1	2 009.0	21 734.4

续表

工作范围	年份	科学总支出	联邦	州	城乡	非营利科学组织
大学外科学与研究	2005	13 263.2	8 988.9	2 306.2	217.9	1 750.2
	2006	13 518.3	9 232.7	2 339.3	200.7	1 745.6
	2007	14 328.1	9 771.4	2 398.7	233.8	1 924.2
	2008	15 562.9	10 426.7	2 663.9	305.8	2 166.5
	2009	16 827.3	11 461.3	2 858.8	320.4	2 186.7
公共预算科学支出总计	2004	31 495.2	10 869.8	18 637.0	202.3	1 786.1
	2005	31 979.2	11 131.8	18 879.3	217.9	1 750.2
	2006	33 217.5	11 451.3	19 819.9	200.7	1 745.6
	2007	33 986.8	12 254.3	19 574.6	233.8	1 924.2
	2008	36 151.3	13 191.8	20 487.3	305.8	2 166.5
其中德国东部州和柏林	2004	7 073.0	2 529.1	4 130.6	21.0	392.3
	2005	7 256.8	2 531.0	4 205.4	23.1	497.3
	2006	7 491.0	2 609.7	4 389.6	17.2	474.5
	2007	7 781.3	2 816.4	4 407.8	20.3	536.8
	2008	8 343.0	3 158.4	4 562.7	22.9	599.0
	2009	8 994.5	3 466.8	4 893.0	24.5	610.3

资料来源：Bundesministerium für Bildung und Forschung. Bundesbericht Forschung und Innovation 2012. http://www.bmbf.de/pub/bufi_2012.pdf [2012-06-10]

德国政府研发资助的类型分为短期和中期两种；配置形式则包括以目标为导向的研究资助（即项目资助）和为科研机构提供的中、长期资助（即机构式资助，以核定编制方法进行分配）。其中，项目资助又分为直接项目资助和间接项目资助。直接项目资助是为具体研究领域内科研项目提供的资助；间接项目资助并不针对特定的课题，而是为相关的科技规划（与技术领域无关）提供资助，如开发或强化研究基础设施等，目的是支持科研机构和企业，特别是中小企业的研发活动。2005～2011年，德国的项目资助经费有了明显的大幅度增长，从40.37亿欧元增长到83.32亿欧元，实现了翻番，机构式资助也保持稳定的增长态势（表3-4、图3-3）。

表 3-4 联邦科学与研发支出（按资助类型分） （单位：百万欧元）

资助类型	2005年		2007年		2008年		2009年		2010年		2011年	
	总额	研发	总额	研发	总额	研发	总额	研发	总额	研发	总额	研发
1. 项目	4 037.4	3 746.4	4 894.3	4 508.8	5 457.4	4 973	6 149.2	5 549.3	7 068.4	6 338.2	8 331.7	7 035.5
直接	3 784.4	3 493.3	4 541.1	4 155.6	5 060.5	4 576	524.5	4 924.6	6 194.8	466.2	7 168.3	5 874.6
间接	253.1	253.1	353.2	353.2	397	397	624.7	624.7	873.6	872	1 163.4	1 160.9
2. 机构	5 241.4	5 306.5	5 414	4 530.8	5 779.3	4 838.5	6 303.2	314.9	6 364.2	5 326.6	6 611.5	559.4
科学组织	1 677.8	1 741.5	1 776.1	1 755.1	1 939	1 917.2	2 012.5	1 990.1	2 059.7	37.1	2 119.1	2 097.0
HGF	1 465.9	1 511.5	1 572.3	1 572.3	1 622.7	1 622.7	1 886.4	1 886.4	1 863	863	2 011.8	2 011.8
WGL	363.5	353.4	393.4	382.3	407.7	397.1	443.2	430.4	462.4	450.9	471.5	459.3
其他	391.7	227.6	400.6	232.5	455.8	272.9	406.1	206.6	379.5	181	371.5	185.9
联邦机构	1 342.5	563.5	1 271.7	588.5	1 354	628.6	1 555.1	801.4	1 599.6	794.6	1 637.5	805.3
3. 高校	1 046.5	225.1	1 098.3	286	1 085.8	279.1	1 094.1	275.5	1 018.6	202.2	1 130.5	321.5
4. 国际	814.7	794.2	847.6	819.8	869.3	842	927.2	882.3	970.6	925.5	966.2	919.6
5. 教研部削减											−155.9	−155.9
总支出	11 140.1	9 034	12 254	10 146	13 192	10 933	14 473.7	12 022	15 422	2 792.5	16 884	13 680
直接资助	3 784.4	3 493.3	4 541.1	4 155.6	5 060.5	4 576	5 524.5	4 924.6	6 194.8	5 466.2	7 168.3	5 874.6
经技部	583.9	574.9	632.6	621	723.3	711.1	688.2	674.9	748.0	734.8	815.4	801.2
国防部	923.5	923.2	1 097	1 097	1 000.4	1 000.4	948.2	948.2	949.5	949.5	804.1	804.1
教研部	1 793.3	1 553.1	2 283.2	1 950.3	2 713	2 286.1	3 135.5	2 604.3	3 560.3	2 912.3	4 319.6	3 119.3

资料来源：Bundesministerium für Bildung und Forschung. Bundesbericht Forschung und Innovation 2012. http://www.bmbf.de/pub/bufi_2012.pdf [2012-06-10]

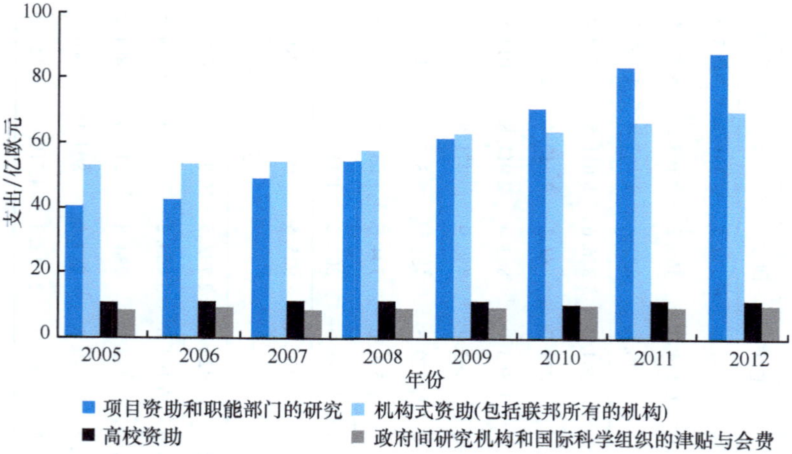

图 3-3 联邦科学总支出中资助类型分布（2005～2012 年）

资料来源：Bundesministerium für Bildung und Forschung. Bundesbericht Forschung und Innovation 2012. http://www.bmbf.de/pub/bufi_2012.pdf [2012-06-10]

如图 3-3 所示，2005～2012 年，德国科学总支出中的第三项高校资助和第四项津贴与会费几乎没有什么变化，而第二项机构式资助则呈稳定增长态势（总增幅达到 20%）；增长最为突出的是项目资助，其总增幅超过了 100%。机构式资助，尤其是项目资助迅速增长，得益于自 2006 年开始实施的“杰出计划”、“2020 年高校公约”和“研究与创新公约”（参见下文“3. 联邦和州的共同研究资助”部分）。

2. 国内研发经费增长态势

2010 年，德国的研发总支出达到了 698 亿欧元，其中，经济界的研发支出为 469 亿欧元（占 67%），高等院校的研发支出为 126 亿欧元（占 18%），大学外研究机构和政府研究机构为 102 亿欧元（占 15%）。

1991～2009 年，德国国内研发总支出占 GDP 的比例已经从 2.47% 增长到了 2.82%；而在 2000～2009 年，其国内研发总支出则从 500 亿欧元增长到了近 700 亿欧元，增幅达到了 40%（图 3-4）。

如前所述，德国公共研究的融资主要由两部分组成，机构式资助和项目资助。前者包含高等院校、大学外研究机构及联邦政府研发机构的基本经费。图 3-5 显示了德国科研经费的基本流向，其中，政府提供的研发资助，特别是项目资助通常主要用于基础研究；在特别强大的外部效果基础上，由私营部门执行的基础研究则只是在极小的范围内进行的。所以，基础研究的公共资助就显得特别重要了。

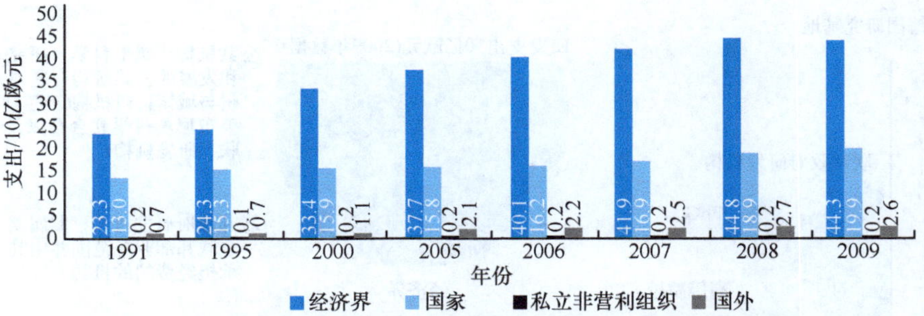

德国国内研发总支出，按照经费来源及执行研究划分(1991～2009年)

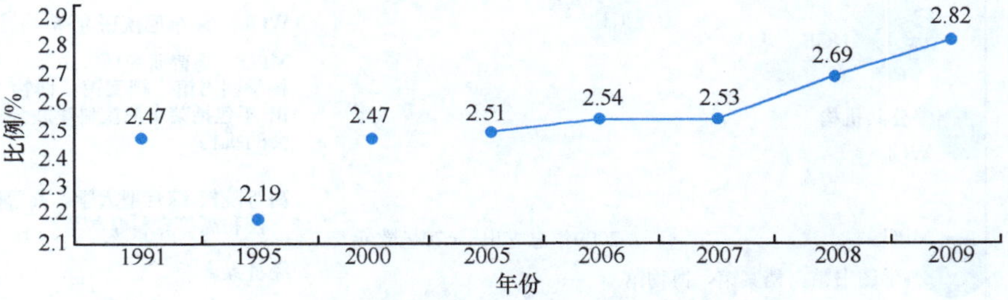

国内研发总支出占GDP的比例

图 3-4　国内研发总支出及占 GDP 的比例

资料来源：作者根据德国政府报告数据整理而成

（二）政府科研经费预算

德国联邦和州政府各自负责实施的其他计划也强有力地推进了国内的各类研发活动，如联邦政府在 2006 年发起的“高科技战略”和各州成功实施的旨在加强区域创新的新战略。欧盟里斯本会议确立的 3% 目标，也激励着各州竭力提高其研发支出。而迄今已经取得的成功，则充分证明了不同主体——联邦、州和企业——的共同努力，已经有效地增强了地区的活力与竞争力。

1. 联邦政府科研预算

由于德国宪法明确规定了科学的独立地位，因此，联邦政府始终坚持以经济资助方式来积极调控和推进国家研究机构、社会研究组织、大学、工业企业和私人研究机构的科研工作，有效地引导着本国的科学技术和研发活动朝着正确、迅速、高效的方向发展。

德国联邦各部是联邦预算的具体执行单位，财政部负责监督各部门的预算执行情况。德国政府预算程序分为预算编制、议会审议通过、各部门组织预算执行、预算的事后检查和评价等四个阶段。联邦教研部是主管国家科技发展的政府职能部门，负责制定并实施科学技术发展方针、政策，利用政策

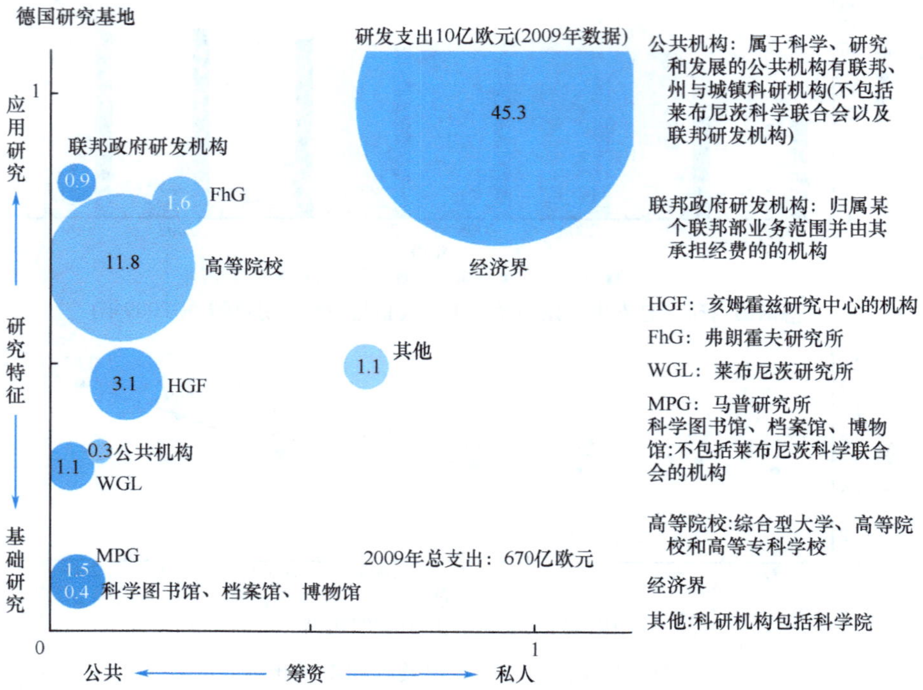

图 3-5　德国科研经费的流向

注：“融资”水平的经纬度描述了经济界占各自组织研发活动筹资的比例。纵向“研究特征”是根据出版物（每位研究人员发表的 SCI 出版物）和专利（每千名研究人员专利申请）估算出的。一个机构群越接近“0”值（最高定向是基础研究），出版物比率越高，专利比率就越低；相反，一个机构群越接近“1”值（最高定向是应用研究），专利比率越高，出版物比率就越低。横向“筹资”反映亥姆霍兹联合会、马普学会、科学图书馆、档案馆、博物馆和“其他”经费的来源及公共机构、科学图书馆、档案馆、博物馆和“其他”的“研究特征”。联邦政府研发机构，研究特征与上述行动有差异，不用估算专利与出版物比率，是根据这些机构在规范化和标准化范围里所扮演的特别角色而定的。纬向“研究特征”关于高等院校相对贴近应用的定位，特别是从高等专科院校专利比率很高而得出的。坐标体系中单个组织群的定位以其中心点坐标与纵向和横向数轴的刻度值为基准

资料来源：Bundesministerium für Bildung und Forschung. Bundesbericht Forschung und Innovation 2012. http://www.bmbf.de/pub/bufi_2012.pdf [2012-06-10]

法规和管理科研经费等手段，对国家科技活动进行宏观调控。

迄今，德国联邦政府的研发预算已经从 2005 年的约 90 亿欧元增加到了 2011 年的约 137 亿欧元。联邦政府研发预算在不同政府部门间的分配情况见表 3-5，其中，联邦教研部负责执行的研发预算约 76.50 亿欧元（56%），联邦经济技术部则约 26.21 亿欧元（19%），国防部约 9.72 亿欧元（7%）。这三个部门是联邦研发预算的主要执行单位。

表 3-5 德国联邦研发支出（按联邦政府部门分） （单位：百万欧元）

联邦政府部门	1991 年	1995 年	2000 年	2005 年	2007 年	2008 年	2009 年	2010 年	2011 年
联邦总理府	79.8	63.0	69.2	91.0	96.6	98.6	78.1	84.8	85.6
外交部	123.0	122.9	121.7	123.2	146.2	155.0	182.4	183.4	179.0
内政部	54.2	52.4	40.1	52.1	38.7	55.1	62.3	59.0	47.8
司法部	1.4	1.3	1.5	1.9	2.1	2.5	2.5	2.5	2.9
财政部	2.0	0	3.4	1.4	1.7	2.3	1.6	0.8	1.9
经济技术部	1 963.4	1 827.0	1 788.3	1 770.3	1 953.4	2 127.5	2 382.2	2 420.2	2 620.6
劳工和社会事务部	17.6	21.1	27.9	39.5	294.2	345.7	66.1	33.1	38.5
食品、农业和消费者保护部	141.6	232.6	217.0	217.1	26.3	31.2	469.5	509.0	516.0
国防部	1 632.4	1 469.5	1 192.0	1 087.5	137.2	149.8	1 121.1	1 154	972.4
家庭、老人、妇女和青年事务部	16.3	19.9	16.7	20.9	1 256.5	1 247.1	24.1	23.2	25.0
卫生部	156.1	94.7	91.5	99.6	110.1	111.7	129.4	124.4	156.4
交通、建设和城市发展部	124.6	106.8	99.9	123.6	171.4	193.4	174.8	200.6	224.9
环境、自然保护和核安全部	196.3	176.4	163.1	183.1	18.0	22.4	225.5	227.5	247.6
教研部	3 523.3	4 107.1	4 552.6	5 132.6	29.9	29.2	6 990.5	7 243.8	7 649.8
经济合作与发展部	32.6	25.4	25.9	35.1	5 808	6 359.9	33.2	33.3	34.7
一般财政管理	567.3	79.5	68.3	56.2	55.2		78.8	492.9	877
支出总计	8 631.9	8 399.7	8 479.2	9 035.1	10 145.5	10 931.3	12 022	12 792.5	13680.1

资料来源：Bundesministerium für Bildung und Forschung. Bundesbericht Forschung und Innovation 2012. http://www.bmbf.de/pub/bufi_2012.pdf [2012-06-10]

德国联邦政府提供的创新与研发经费，重点用于大学外公益性研究机构的基础研究和应用性基础研究，并主要以“机构式资助”方式流入马普学会、弗朗霍夫协会、亥姆霍兹联合会和莱布尼茨科学联合会等科学研究组织；同时，也有一部分则以“项目资助”方式被用于各类研究机构，其分配比例见图 3-6。其中机构资助包括研究资助机构（马普学会和德国研究联合会）20.56 亿欧元、亥姆霍兹联合会 18.63 亿欧元、莱布尼茨科学联合会 4.73 亿欧元、联邦各部委下属研究机构 16.74 亿欧元和其他非营利机构 3.88 亿欧元。2010 年，联邦对特定课题的直接项目资助为 56 亿欧元（90%），创下了历史新高；对开放性研发课题的间接资助则为 6 亿欧元。

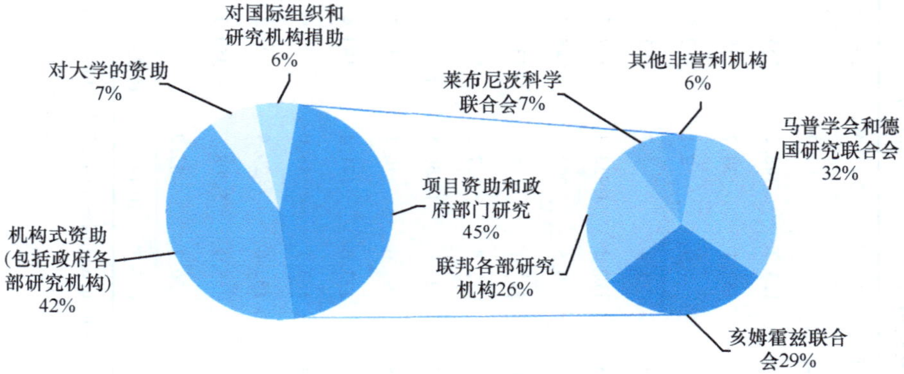

图 3-6　2010 年联邦政府科研支出比例（按资助类型分）

资料来源：Bundesministerium für Bildung und Forschung. Bundesbericht Forschung und Innovation 2012. http://www.bmbf.de/pub/bufi_2012.pdf [2012-06-10]

德国政府认为，尤为重要的是要为经济界的竞争前应用性研发活动提供必要的资助。为此，联邦政府可以随时推出不同的促进措施，通常是借助于专项计划中的项目资助来促进特定技术的发展。“中央中小企业创新促进计划”（ZIM）项目就是一个很好的例子，借助该项计划联邦政府确保为中小企业进行的研究与创新项目提供经费补贴和低息贷款。2011 年，在项目资助范围内联邦政府借助“中小企业研究与创新计划”（KMU）为中小企业提供的资助经费达到了 13 亿欧元（2008 年为 9 亿欧元）。2007 年以来，联邦政府为中小企业提供的项目资助具体情况如图 3-7 所示。

2. 联邦州的科技投入

德国联邦州政府的科学、研发支出主要是高等院校经费，即绝大部分以科研与教学基本经费的形式划拨，只有很少一部分以第三方经费形式划拨，即为德国研究联合会提供的经费和为研究生院提供的资助经费（这部分经费是按照联邦政府与州政府签署的协议按份额承担的）。2009 年各州的研发支出总额为

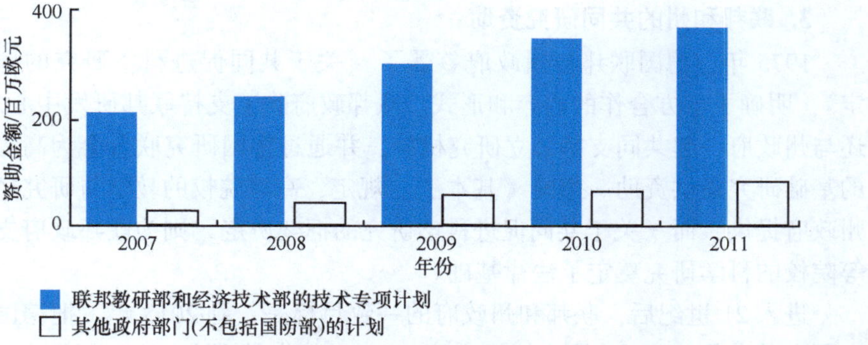

图 3-7 联邦政府通过计划支持中小企业

注：其中不包括第二期经济刺激计划的追加经费

资料来源：Bundesministerium für Bildung und Forschung. Bundesbericht Forschung und Innovation 2012. http://www.bmbf.de/pub/bufi_2012.pdf [2012-06-10]

93.66 亿欧元，与 2007 年（80.37 亿欧元）相比，增长了 16.53%。这表明各州的研发费用——无论是高等院校经费还是“共同研究资助”经费——都在持续增长（表 3-6）。

表 3-6 德国各联邦州政府研发支出的区域配置

联邦州	2005 年		2007 年		2008 年		2009 年	
	数额/百万欧元	所占比例/%	数额/百万欧元	所占比例/%	数额/百万欧元	所占比例/%	数额/百万欧元	所占比例/%
巴登-符腾堡	1036	13.4	1132	14.1	1273	14.2	1365	14.6
巴伐利亚	1100	14.2	1346	16.7	1438	16.1	1497	16.0
柏林	541	7	541	6.7	606	6.8	633	6.8
勃兰登堡	178	2.3	180	2.2	191	2.1	180	1.9
不来梅	99	1.3	93	1.2	115	1.3	131	1.4
汉堡	249	3.2	240	3	323	3.6	403	4.3
黑森	470	6.1	534	6.6	646	7.2	644	6.9
梅克伦堡-前波莫瑞	166	2.1	137	1.7	171	1.9	167	1.8
下萨克森	648	8.4	713	8.9	783	8.8	811	8.7
北莱茵-威斯特法伦	1602	20.7	1506	18.7	1717	19.2	1830	19.5
莱茵兰-普法尔茨	299	3.9	309	3.8	333	3.7	348	3.7
萨尔	106	1.4	92	1.1	89	1	91	1
萨克森	570	7.4	526	6.5	541	6	538	5.7
萨克森-安哈尔特	223	2.9	227	2.8	235	2.6	271	2.9
石勒苏益格-荷尔斯泰因	201	2.6	233	2.9	237	2.7	216	2.3
图林根	240	3.1	226	2.8	242	2.7	240	2.6
研发总支出	7728	100	8035	100	8942	100	9365	100

资料来源：Bundesministerium für Bildung und Forschung. Bundesbericht Forschung und Innovation 2012. http://www.bmbf.de/pub/bufi_2012.pdf [2012-06-10]

3. 联邦和州的共同研究资助

1975 年，德国联邦与州政府签署了《关于共同促进科学研究的框架协定》，明确了双方合作的内容和形式。联邦政府除了支持联邦研发中心之外，还与州政府一起共同支持公立研究机构，并通过德国研究联合会为高等院校的基础研究提供资助。德国《基本法》规定，高等院校的教学与研究经费由州政府提供，而《关于共同促进科学研究的框架协定》则为联邦政府支持高等院校的科学研究奠定了法律基础。

进入 21 世纪后，联邦和州政府的一致目标是，到 2015 年，把德国教育和研究总费用占 GDP 的比例提高到 10%（其中教育占 7%，研发占 3%），而下述三项计划则为此作出了决定性的贡献，即 2009 年 6 月 4 日由联邦和州政府首脑在“科学联席会议建议”的基础上通过的：①2006 年联邦和州政府通过了“2020 年高校公约”，计划执行到 2020 年，现在正实施该公约的第二计划阶段（2010～2015 年）。从 2010 年起到 2015 年，联邦和州政府必须为德国高等院校追加 54 亿欧元的资助经费，即每年 9 亿欧元。②“研究与创新公约”，现也进入第二计划阶段（2011～2015 年），该项公约规定联邦及州政府为研究机构提供的资助经费每年至少要增长 5%。为此，在 2010～2015 年，联邦和州政府将为德国大学外研究机构（主要是马普学会、亥姆霍兹联合会、弗朗霍夫协会和莱布尼茨科学联合会）追加提供总额为 49 亿欧元的专项资助。③“杰出计划”，已于 2006 年启动，现亦进入第二计划阶段（2011～2017 年）。为了进一步促进德国高等院校大力发展科学与研究，2011～2017 年，联邦和州政府将为受资助的高等院校，即通过竞争产生的杰出大学提供总额为 27 亿欧元的专项资助经费，其中联邦政府承担 75%，高校所在州政府承担 25%。

2008 年，联邦和州政府的共同研究资助经费总计为 67 亿欧元，2009 年的预算支出总额则为 73 亿欧元（增长率为 8.96%）。2009 年，联邦和州政府的共同研发支出为 214 亿欧元，占德国所有研发支出经费的 31.6%；其中的 1/3 被用于联邦和州共同研究促进的机构式资助（表 3-7）。德国政府对国立科研机构的机构式资助是经议会（依据编制）核定的人员工资、运行费、仪器设备费和基建费等，由研究机构负责执行；而项目资助则由政府委托给项目负责单位来执行，研究机构和企业均可按项目招标要求提出申请并参与项目经费的竞争。

表 3-7 联邦和州共同资助研究，机构式资助 （单位：百万欧元）

机构	2000 年			2005 年			2009 年			2010 年		
	总额	联邦	州	总额	联邦	州	总额	联邦	州	总额	联邦	州
MPG	874.3	437.2	437.2	1033.8	993.2	497.2	1212.5	16.1	596.4	1229.9	615.6	614.3
DFG	1134.3	652.6	481.7	1393.4	1 325.8	769.0	163.1	1439.7	723.4	2284.6	1540.9	743.7
FhG	271.4	224.5	46.9	457.3	425.6	360.1	581.8	472.6	109.2	552.2	428.0	124.2
科学院	10.2	9.6	9.6	43	42.9	21.5	47.3	23.6	23.7	49.3	24.7	24.6
HGF	1547.6	1355.7	192	1596.4	1602.4	1436.1	965.5	1770.6	194.9	2041.6	1846.5	195.1
AWI				164.6	86.5	78.1	100.5	91.2	9.3	97.7	87.6	10.1
DESY	72.9	65.5	7.4	98.7	164.7	148.2	190.0	73.1	16.9	198.7	181.7	17.0
DKFZ	163.9	136.1	27.8	170.4	105.0	94.3	117.6	05.9	11.7	137.8	126.0	11.8
DLR	81.1	72.9	8.2	107.6	220.6	195.5	319.7	85.5	34.2	327.0	293.4	33.6
DZNE	192.5	170.7	21.8	225.9			14.6	12.9	1.7	46.3	42.4	3.9
FZJ				470.4	247.6	222.8	303.8	73.6	30.2	297.2	273.7	23.5
KIT	239.4	207.9	31.5	233.5	234.8	209.0	248.4	21.6	26.8	244.6	217.6	27.0
GFZ	226.2	195.2	31	221	36.1	32.0	43.0	38.6	4.4	44.7	40.2	4.5
HZG	32.7	29.2	3.4	29	62.2	56.0	79.6	72.2	7.4	69.3	62.7	6.6
GSI	52	46.8	5.2	64.3	75.0	67.5	97.0	87.8	9.2	104.2	93.9	10.3
HMGU	65	58.5	6.5	79.1	91.1	82.0	99.9	90.1	9.8	114.6	103.7	10.9
HZB	78.3	70.9	7.4	90.2	65.4	59.0	96.2	87.6	8.6	92.5	82.9	9.6
HZI	59.4	53.5	5.9	61.1	37.9	34.1	46.6	42.8	3.8	44.7	40.5	4.2
IPP	29.1	26.2	2.9	36.6	85.2	76.6	94.5	84.7	9.8	98.0	88.2	9.8

续表

机构	2000年			2005年			2009年			2010年		
	总额	联邦	州	总额	联邦	州	总额	联邦	州	总额	联邦	州
MDC	95.4	78.3	17.1	83.9	44.0	39.3	63.2	57.2	6.0	68.1	61.3	6.8
UFZ	47	42.3	4.7	47.4	46.3	41.7	50.9	45.8	5.1	56.2	50.7	5.5
WGL	45.9	41.3	4.6	47.6	737.1	373.2	851.5	35.2	16.3	905.9	457.0	448.9
国家工程院	661.3	335.1	326.2	736.5			1.5	0.8	0.7	2.0	1.0	1.0
国家科学院	1.8	1.4	0.4	1.6	1.6	1.3	3.8	3.2	0.6	5.5	4.5	1.0
合计	4509.8	3016	1493.9	5262	5128.7	3458.3	6827.0	4761.8	2065.2	7071.0	4918.2	2152.8

AWI 阿尔弗雷德·魏格纳极地与海洋研究中心
DESY 德国电子同步加速器研究中心
DKFZ 德国癌症研究中心
DLR 德国宇航研究中心
DZNE 德国神经退化疾病中心
FZJ 尤利希研究中心
KIT 卡尔斯鲁厄理工学院
GFZ 地学研究中心
HZG 亥姆霍兹吉斯达赫特材料与海岸研究中心
GSI 重离子研究中心
HMGU 亥姆霍兹德国健康与环境慕尼黑研究中心
HZB 亥姆霍兹柏林物质与能源研究中心
HZI 亥姆霍兹传染病研究中心
IPP 马克斯·普朗克等离子物理研究中心
MDC 马克斯·德尔布吕克分子医学研究中心
UFZ 亥姆霍兹环境研究中心

资料来源:Bundesministerium für Bildung und Forschung. Bundesbericht Forschung und Innovation 2012. http://www.bmbf.de/pub/bufi_2012.pdf [2012-06-10]

德国联邦和州共同研究资助提供的经费绝大部分是马普学会、亥姆霍兹联合会、弗朗霍夫协会、莱布尼茨科学联合会和德国研究联合会等科学研究组织和研究资助组织的基本经费（机构式资助）。2010 年，联邦和州政府为这些机构提供的共同研究资助经费共计 71 亿欧元，其中联邦政府负担的约占 2/3。

（三）经济界研发投入增长趋势

德国企业是实现 3% 目标进程中最重要的主体，它们承担了德国近 2/3 的研发支出。在过去 10 年里，企业大幅度增加了研发投入：从 2000 年的 334 亿欧元增加到了 2010 年的近 470 亿欧元（图 3-8）。也正是由于德国企业、高校和科研机构的创新实力，德国才成为欧洲稳定的重要支柱。

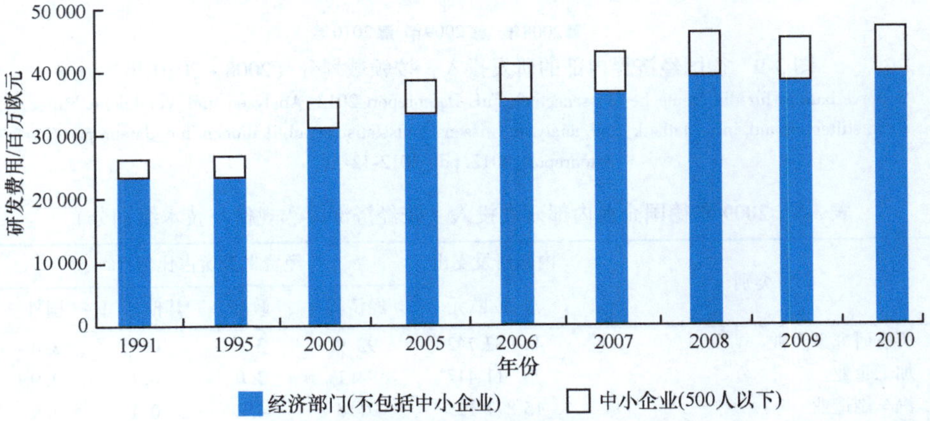

图 3-8 德国经济界研发投入增长趋势

2012 年 1 月 31 日，德国联邦政府在新公布的《2011 创新提升指标报告》中强调指出：2011 年德国经济界的创新支出高达 1300 亿欧元，创下了历史最高水平，联邦教研部部长莎宛称，对于德国而言，最重要的恰恰是在危机时期增加了对未来的投资并加快了新创意、新产品和新工艺的研发。①

在德国，技术研发仍然是大型企业的领地，而员工为 500 人以下的中小企业的内部研发投入则仅占 15%，其研发人员也仅占 20%。不过，自 2006 年以来，德国中小企业的研发投入一直在显著增长，从 5. 8 亿欧元增长到 2007 年的 65 亿欧元，增长率为 12. 2%，远远超出了全国研发投入的平均增长值。即使各个行业的研发强度一直处于变动之中，但是经济界内部研发投入增长的动力仍然主要来

①Bundesministeriums für Bildung und Forschung. Innovationsausgaben der deutschen Wirtschaft auf Spitzenniveau. http://www. bmbf. de/press/3229. php[2012-02-01]

自汽车制造业（2007年企业内部研发费用占比为36.5%），电子、数据处理仪器、光学（占比为18.9%）和化学与制药工业（占比为16.0%），在德国经济界的内部研发投入中，仅这三大行业就占到了71.4%（图3-9、表3-8）。

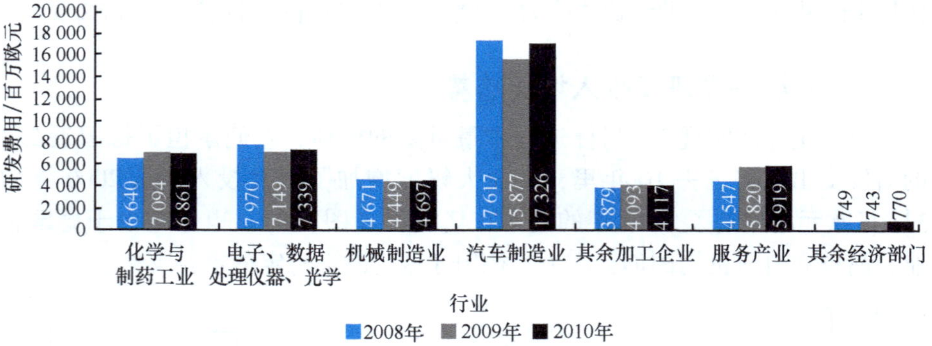

图3-9 德国经济界内部的研发投入，按领域划分（2008～2010年）

Stifterverbandes für die Deutsche Wissenschaft. FuE-Datenreport 2012: Analysen und Vergleiche. http://www.stifterverband.info/statistik_und_analysen/wissenschaftsstatistik/publikationen/fue_datenreport/fue_datenreport_2012.pdf[2012-12-12]

表3-8 2009年德国企业内部研发投入（按经济部门、规模与技术级别分）

类别	内部研发支出	经费来源所占比例/%			
	总计/欧元	经济界	政府	其他部门	国外
所有研究型企业	44 982 742	92.9	3.6	0.1	3.4
加工企业	38 711 447	94.1	3.0	0.1	2.9
汽车制造业	15 877 125	91.8	4.2	0.1	3.9
电工技术/电子	7 148 828	95.3	2.8	0	1.9
机械制造业	4 498 533	95.2	1.8	0.1	2.9
制药工业	3 895 967	99.0	0.5	0	0.6
化工	3 197 776	97.3	1.4	0	1.3
其余加工业	1 752 143	91.8	2.7	0	5.5
金属生产与加工	1 206 447	92.7	6.5	0.1	0.8
合成材料、玻璃与陶醉工业	1 134 628	94.0	1.7	0	4.2
其余经济部门	6 271 295	85.4	7.6	0.2	6.8
少于100名职员	2 371 547	83.2	12.7	0.2	3.8
100～499人	4 665 044	89.9	4.8	0.1	5.2
500～999人	2 688 345	92.0	4.3	0.1	3.7
1000人和更多人	35 257 798	94.0	2.8	0.1	3.1
尖端技术产业	12 213 754	90.8	6.9	0	2.3
高值技术产业	22 763 099	96.0	1.0	0.1	2.9

资料来源：Stifterverbandes für die Deutsche Wissenschaft. FuE-Datenreport 2012: Analysen und Vergleiche. http://www.stifterverband.info/statistik _ und _ analysen/wissenschaftsstatistik/publikationen/fue _ datenreport/fue_datenreport_2012.pdf[2012-12-12]

德国经济的特点是制造业规模庞大及出口在总体经济活动中占有举足轻重的地位。2012 年，制造业产值和出口总额在德国 GDP 中所占比重分别为 24% 和 50%。

（四）高等院校的教学与研发投入

除了经济界和大学外研究机构，高等院校是执行研发的第三大支柱。高校科研的一个特点是科研与教学紧密结合，二者相辅相成。德国高等院校的教学与研发投入主要来源于三方面：基本经费（亦称机构式经费）、第三方经费和行政收入（学费）。2009 年，德国高校的收入总计为 389 亿欧元，其中 120 亿欧元来自高校医学机构的行政管理收入。如果扣除医学机构的行政管理收入，那么当年高校融资的 73% 来源于基本经费，20% 来源于第三方经费，7% 来源于管理收入；同年，高校的教学与科研支出共计 255 亿欧元，其中研发支出为 118 亿欧元，占德国研发总支出的 17.5%。近 10 年来，德国高校基本经费的数额波动相当大，其中 2002 年增加了来源于 UMTS（销售无线移动的许可证收益）的特别经费，2003 年基本经费有所降低，2007 年则达到了历史的最低点，即使是 2009 年也仅仅回到了 2002～2003 年的水平，而自 2007 年以后的增长则应归因于“2020 年高校公约”的实施（图 3-10）。

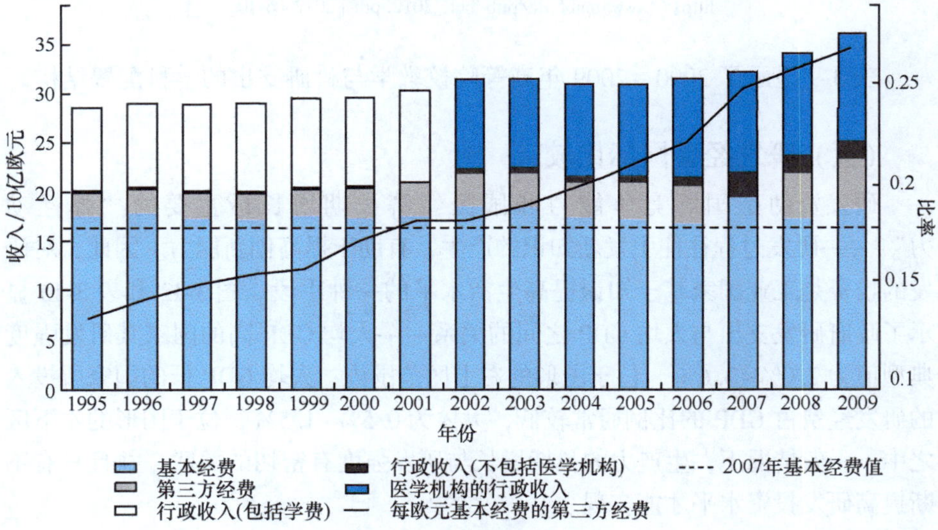

图 3-10 德国高等院校融资结构

资料来源：Bundesministerium für Bildung und Forschung. Ideen. Innovation. Wachstum：Hightech-Strategie 2020 für Deutschland. http://www.bmbf.de/pub/hts_2020.pdf[2010-07-14]

与基本经费相比，第三方经费融资已经变得越来越重要了。1995 年，在每欧元经费中，基本经费占 0.14 欧元；2009 年，在每欧元经费中，第三方经费则高达 0.27 欧元。2009 年，德国高校研发支出增加到了 45%，研发支出的增长率明显超出了高校教学与研究总支出的增长率。高校研发支出主要由国家（联邦和州）筹措（2009 年占 81%）。在德国高等院校所有的研发经费支出中，第三方经费占的比例正在显著提高，与 2001 年的占 36%（310 亿欧元）相比，2009 达到了 46.6%（这得益于联邦和州政府追加的 55 亿欧元专项资助）（图 3-11）。

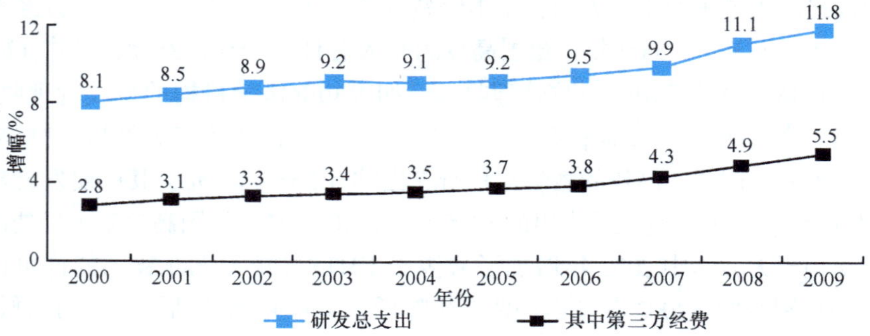

图 3-11　德国高等院校研发费用增长趋势（2000～2009 年）

资料来源：Bundesministerium für Bildung und Forschung. Bundesbericht Forschung und Innovation 2012. http://www.bmbf.de/pub/bufi_2012.pdf [2012-06-10]

表 3-9 显示了 2000～2009 年高等院校教学与科研支出的学科配置结构。

（五）研发经费国际比较

研发资助是国际竞争能力和国民经济长期增长最主要的“弹性动力”——研发过程往往引发新知识的产生，有助于提高创新能力。因此，对研发的投资是工业国家基于知识提高生活水平的一种手段。图 3-12 和表 3-10 显示了政府研发支出与人均 GDP 之间的关系——人均 GDP 高的国家其研发强度典型值为 2.0%～3.6%，位于图形的右上区范围内；人均 GDP 低的国家所投入的研发经费占 GDP 的比例通常较低，大体为 0.5%～1.5%，位于图形的左下区之中。一般情况下，生产力的长期增长与研发强度有密切的关联，并且只有不断提高研发投资水平才能实现。

即使各国遵循着不同的混合融资战略，但是 OECD 国家研发融资的分摊比例，平均起来仍然是经济界占 64%，政府至少要占到 28%；也有某些国家政府提供的研发经费占比相当高（如法国为 39%，加拿大为 34%，英国为 31%），德国政府则以提供 28% 的研发经费水平而与 OECD 国家的平均值持平。

表 3-9 德国高校教学与研究支出（按学科专业分）

机构	年份	总支出	核心机构	自然科学	工程学	医学健康科学	农业科学	人文社会科学
综合型大学和高等技术院校（不包括医学机构）教育学；理论与艺术学院	2000	118 179	36 978	30 832	1 806.5		450.2	2 780.2
	2001	12 181	40 502	31 066	1 777		447.9	2 799.4
	2002	130 358	47 262	3 107	1 824.8		465.3	2 912.4
	2003	130 603	44 717	32 432	1 858.9		487.4	2 999.1
	2004	128 685	44 493	31 938	1 803.1		456	2 966.4
	2005	129 744	51 682	29 384	1 769.5		387.4	2 710.9
	2006	13 036.1	4 644.6	32 366	1 835.5	0.5	356.7	2 962.2
	2007	14 635.5	5 128.7	3 473.4	1 992	0.5	474.6	3 566.3
	2008	15 841.1	5 498.1	3 876.5	2 171.7	0.4	23.4	3 771.1
	2009	16 697.9	6 039.0	4 004.2	2 353	0.8	72.6	3 928.3
其中东部联邦州和柏林	2000	27 536	8 828	614	458.8		118.8	679.3
	2001	2 797.8	10 041	5 875	469		109	666.7
	2002	2 761.2	9 547	6 216	485.5		105.8	662.1
	2003	2 779.5	9 331	6 259	472.6		105.4	660.8
	2004	2 849.1	9 398	6 074	459.2		109.9	644.9
	2005	3 100.4	10 334	585	445.2		92.7	623.3
	2006	3 328.0	996	6 178	482.5		93	659.8
	2007	3 351.4	1 020.7	683.3	500.1		103.5	792.8
	2008	3 328.0	1 134.7	714.6	550.6		106.6	821.6
	2009	3 351.4	1 090.0	780.4	580.0	0.2	55.2	845.6

资料来源：Bundesministerium für Bildung und Forschung. Bundesbericht Forschung und Innovation 2012. http://www.bmbf.de/pub/bufi_2012.pdf [2012-06-10]

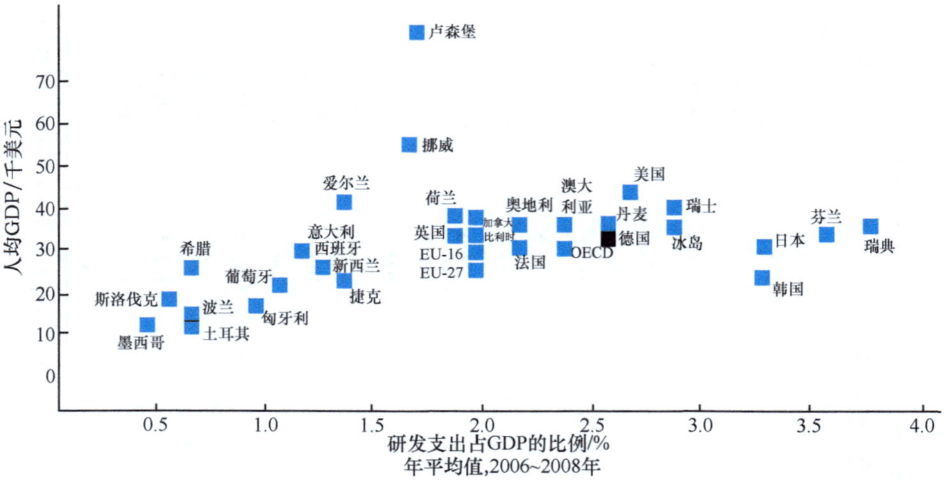

图 3-12　人均 GDP 和国家研发支出占 GDP 的比例

资料来源：Expertenkommission Forschung und Innovation. Gutachten zu Forschung, Innovation und technologischer Leistungsfähigkeit 2010. http://www.e-fi.de/fileadmin/Gutachten/EFI_2010.pdf[2010-02-25]

除了研发总支出的国际比较外，还可以通过与其他相对领先的国家（如英国、荷兰、瑞士和美国）的比较，来评价德国高校研究融资的形势及其发展情况。2009 年德国高校研发支出占 GDP 的0.49%，远远低于荷兰的0.73%和瑞士的0.72%，接近英国的0.52%，而高于美国的0.36%。1995～2009年，德国高校研发支出的年平均增长率为2.6%，低于瑞士（3%）、荷兰（4.1%）、美国（4.2%）和英国（4.7%）。在过去10年里，其他国家大学的研发支出继续提高，而德国大学实际研发支出却停滞（2003 年、2005 年）与下滑了（2004 年）。只是自 2008 年以来，德国大学实际研发支出的增长才越来越明显（图 3-13）。

欧洲大陆和盎格鲁撒克逊国家公众参与高校研究融资的强度是不相同的。2008 年，德国、荷兰和瑞士的公共经费约占年均支出的 80%，在英国和美国却只占约66%。

2001～2008 年，英国、瑞士和美国高校研究的公共融资份额保持不变；反之，德国和荷兰却在下降。同期，有些国家——主要是英国和美国——则通过基金会为领先的私立大学提供了一笔可观的资金。然而在德国——就融资而言，大学外研究机构比高等院校要更容易些。因此，在功能与专业化方面，许多德国高等院校远远落在其他公共机构之后。但在实际上，德国有能力为科研提供支撑的私人财产还是十分可观的；不过，法律框架条件的制约和德国高等院校的募捐活动不够职业化等，都使其难以充分利用这一融资资源。

表 3-10 国内研发总支出国际比较（按部分 OECD 国家的经费提供和执行部门分）

国家	年份	研发支出		经费来源所占比重/%			执行部门所占比重/%			
		数额/百万美元	占 GDP 比重/%	经济界	政府	其他	经济界	政府	高校	私立非营利组织
德国	2005	64 298.8	2.49	67.6	28.4	4.0	69.3	14.1	16.5	
	2006	70 156.4	2.53	68.3	27.5	4.2	70.0	13.9	16.1	
	2007	74 071.8	2.53	68.1	27.5	4.4	70.0	13.9	16.1	
	2008	81 849.4	2.68	67.3	28.4	4.3	69.2	14.0	16.7	
	2009	82 730.7	2.78				67.5	14.9	17.6	
芬兰	2005	5 601.2	3.48	66.9	25.7	7.5	70.8	9.6	19.0	0.6
	2006	6 061.9	3.48	66.6	25.1	8.3	71.3	9.3	18.7	0.6
	2007	6 641.5	3.47	68.2	24.1	7.7	72.3	8.5	18.7	0.6
	2008	7 472.9	3.72	70.3	21.8	7.9	74.3	8.0	17.2	0.5
	2009	7 457.8	3.96	68.1	24.0	7.9	71.4	9.1	18.9	0.6
法国	2005	39 235.7	2.10	51.9	38.6	9.4	62.1	17.8	18.8	1.3
	2006	41 969.6	2.10	52.3	38.5	9.2	63.1	16.5	19.2	1.2
	2007	44 044.8	2.07	52.3	38.1	9.6	63.0	16.4	19.5	1.2
	2008	46 262.3	2.11	50.7	38.9	10.3	62.8	15.9	20.0	1.2
	2009	47 953.5	2.21	61.9	16.3	20.6	1.2			
英国	2005	34 080.7	1.73	42.1	32.7	25.2	61.4	10.6	25.7	2.3
	2006	37 007.5	1.75	45.2	31.9	22.9	61.7	10.0	26.1	2.2
	2007	38 760.4	1.78	46.0	30.9	23.1	62.5	9.2	26.1	2.2
	2008	40 096.4	1.77	45.4	30.7	23.9	62.0	9.2	26.5	2.4
	2009	40 279.5	1.85	44.5	32.6	22.9	60.4	9.2	27.9	2.5

续表

国家	年份	研发支出		经费来源所占比重/%			执行部门所占比重/%			
		数额/百万美元	占 GDP 比重/%	经济界	政府	其他	经济界	政府	高校	私立非营利组织
意大利	2005	17 999. 0	1. 09	39. 7	50. 7	9. 7	50. 4	17. 3	30. 2	2. 1
	2006	20 186. 3	1. 13	40. 4	47. 0	12. 6	48. 8	17. 2	30. 3	3. 7
	2007	22 331. 9	1. 18	42. 0	44. 3	13. 7	51. 9	14. 5	30. 1	3. 5
	2008	24 510. 2	1. 23	45. 2	42. 9	11. 9	52. 7	12. 5	31. 6	3. 2
	2009	24 752. 6	1. 27	51. 5	13. 9	31. 4	3. 2			
瑞典	2005	10 509. 9	3. 56	63. 9	24. 5	11. 7	72. 7	5. 0	22. 0	0. 3
	2006	11 936. 9	3. 68				74. 7	4. 5	20. 6	0. 2
	2007	11 960. 5	3. 40	62. 3	24. 9	12. 7	72. 7	5. 0	22. 2	0. 2
	2008	13 448. 9	3. 70				74. 1	4. 4	21. 3	0. 2
	2009	12 494. 9	3. 62	58. 8	27. 4	13. 7	70. 4	4. 4	25. 1	0. 1
日本	2005	128 694. 6	3. 32	76. 1	16. 8	7. 1	76. 4	8. 3	13. 4	1. 9
	2006	138 612. 9	3. 40	77. 1	16. 2	6. 7	77. 2	8. 3	12. 7	1. 9
	2007	147 768. 2	3. 44	77. 7	15. 6	6. 7	77. 9	7. 8	12. 6	1. 7
	2008	148 719. 2	3. 44	78. 2	15. 6	6. 2	78. 5	8. 3	11. 6	1. 6
	2009	137 908. 6	3. 33	75. 3	17. 7	7. 1	75. 8	9. 2	13. 4	1. 6
加拿大	2005	23 090. 0	2. 04	49. 3	31. 8	18. 9	55. 8	9. 7	34. 0	0. 5
	2006	24 070. 4	2. 00	51. 1	31. 1	17. 8	56. 7	9. 7	33. 1	0. 5
	2007	24 705. 3	1. 96	49. 9	32. 1	18. 1	55. 6	9. 8	34. 0	0. 5
	2008	24 217. 6	1. 87	48. 4	34. 1	17. 5	52. 8	10. 0	36. 6	0. 6
	2009	24 551. 3	1. 92	47. 6	33. 4	19. 0	51. 7	10. 1	37. 6	0. 6

续表

国家	年份	研发支出		经费来源所占比重/%			执行部门所占比重/%			
		数额/百万美元	占 GDP 比重/%	经济界	政府	其他	经济界	政府	高校	私立非营利组织
美国	2005	323 047.0	2.57	64.3	30.2	5.4	70.0	11.9	14.0	4.1
	2006	347 809.0	2.61	65.3	29.3	5.4	71.2	11.4	13.5	3.9
	2007	373 185.0	2.67	66.2	28.3	5.5	72.2	10.8	13.1	3.9
	2008	398 194.0	2.79	67.3	27.1	5.7	72.6	10.6	12.8	3.9
	2009									

资料来源：Bundesministerium für Bildung und Forschung. Bundesbericht Forschung und Innovation 2010. http://www.bmbf.de/pub/bufi_2010.pdf[2010-06-10]

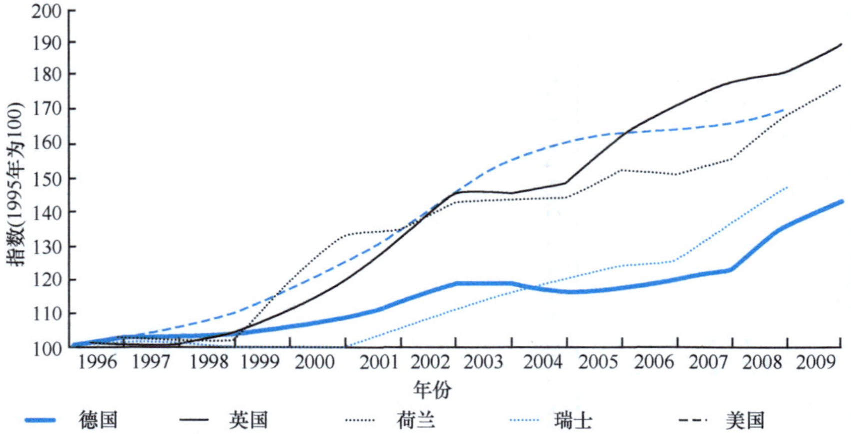

图 3-13　1996 ~ 2009 年高等院校研发支出增长的国际比较（2000 年价格）

资料来源：Bundesministerium für Bildung und Forschung. Bundesbericht Forschung und Innovation 2012. http://www.bmbf.de/pub/bufi_2012.pdf [2012-06-10]

三、研发人力资源配置

（一）研发人员配置

除研发支出外，研发人员是一个国家或研究基地的研究机构研发资源的最重要指标。2009 年，德国从事研发的人员总数为 53.45 万人（全时当量），比 2000 年增加了 9.3%（图 3-14）。

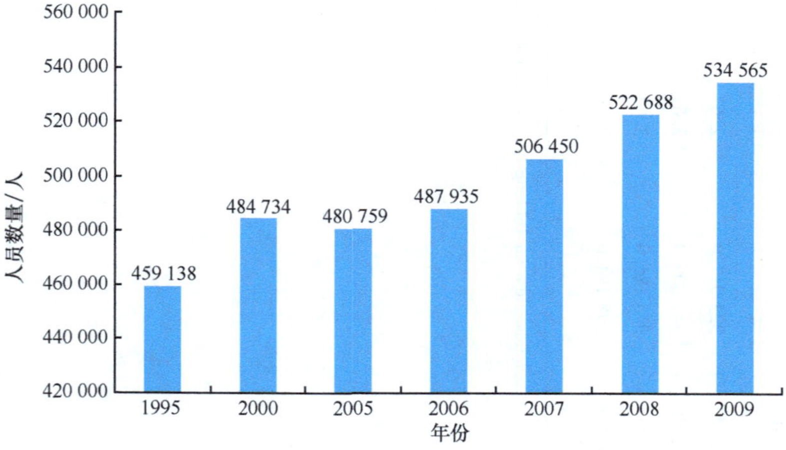

图 3-14　1995 ~ 2009 年德国研发人员增长趋势（按全时当量）

资料来源：Bundesministerium für Bildung und Forschung. Bundesbericht Forschung und Innovation 2012. http://www.bmbf.de/pub/bufi_2012.pdf [2012-06-10]

如图3-14所示，德国的研发人员总数曾在2000年达到峰值，随着其后研究机构的结构调整，在2005年略有下滑。2006年以后，借“杰出计划”、“2020年高校公约”、“研究与创新公约”的实施，德国的研发人员呈现出平稳而快速的增长态势。

2009年，巴登-符腾堡州是研发人员数量最多的一个州，共计120 674人，占16个州研发人员总数的22.6%；巴伐利亚州则以105 953人、占19.8%而位居次席（表3-11）。

表3-11 联邦各州研发人员分布及增长趋势（2005~2009年）

联邦州	2005年		2006年		2007年		2008年		2009年	
	人数/人	所占比例/%	人数/人	所占比例/%	人数/人	所占比例/%	人数/人	所占比例/%	人数/人	所占比例/%
巴登-符腾堡	110 328	23	110 910	22.7	116 234	23	119 851	22.9	120 674	22.6
巴伐利亚	99 598	20.7	102 683	21.1	98 146	19.4	102 032	19.5	105 953	19.8
柏林	27 207	5.7	28 053	5.8	26 675	5.3	27 875	5.3	29 431	5.5
勃兰登堡	6 444	1.3	6 293	1.3	6 865	1.4	7 184	1.4	7 566	1.4
不来梅	4 881	1	4 877	1	5 145	1	5 366	1	5 342	1
汉堡	11 390	2.4	11 852	2.4	12 357	2.4	12 898	2.5	13 224	2.5
黑森	39 637	8.3	41 019	8.4	44 711	8.8	46 058	8.8	46 502	8.7
梅克伦堡-前波莫瑞	4 632	1	4 543	0.9	4 786	0.9	4 725	0.9	5 479	1
下萨克森	36 890	7.7	37 493	7.7	40 952	8.1	42 137	8.1	40 349	7.6
北莱茵-威斯特法伦	76 848	16	76 926	15.8	81 583	16.1	83 643	16	86 831	16.3
莱茵兰-普法尔茨	14 909	3.1	15 243	3.1	16 761	3.3	17 071	3.3	18 052	3.4
萨尔	2 895	0.6	2 795	0.6	3 358	0.7	3 289	0.6	3 357	0.6
萨克森	20 577	4.3	20 784	4.3	23 756	4.7	24 729	4.7	24 762	4.6
萨克森-安哈尔特	6 470	1.3	6 380	1.3	6 696	1.3	6 679	1.3	7 221	1.4
石勒苏益格-荷尔斯泰因	7 913	1.6	8 019	1.6	8 164	1.6	8 386	1.6	8 932	1.7
图林根	9 785	2	9 688	2	9 871	2	10 391	2	10 489	2
联邦州合计	480 404	100	487 558	100	506 060	100	522 314	100	534 164	100
其中东部及柏林	75 116	15.6	75 741	15.5	78 648	15.5	81 582	15.6	84 125	15.7
国外	356		381		391		374		400	
总计	480 759		487 939		506 450		522 688		534 565	

资料来源：Bundesministerium für Bildung und Forschung. Bundesbericht Forschung und Innovation 2012. http://www.bmbf.de/pub/bufi_2012.pdf [2012-06-10]

2009 年，德国从事研发工作的 534 565 人中，妇女为 143 300 人，占总人数的近 27%（图 3-15），与 1995 年的占 24% 相比，妇女参加研发工作的人数显然有所提高。

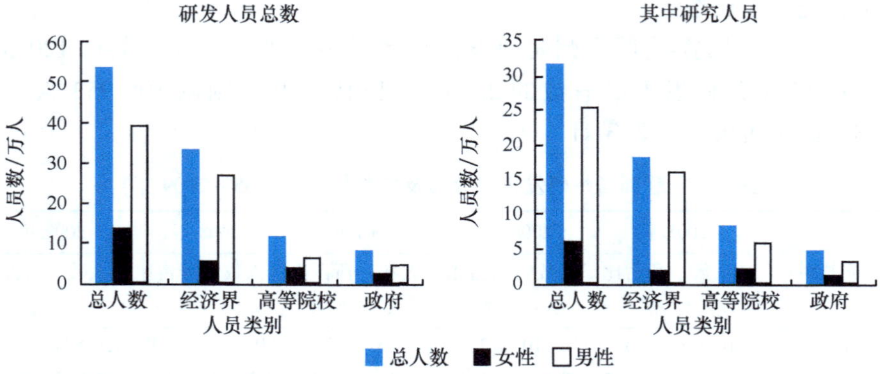

图 3-15　2009 年德国研发人员布局（按全时当量）

不同部门之间研发人员的性别差异也是较为明显的：2009 年德国高等院校的妇女约占高校研发人员的 42%，大学外研究机构及政府研究机构（即政府资助机构）妇女约占其研发人员的 38%，而在经济部门从事研发活动的妇女则仅占 19%（表 3-12）。

表 3-12　德国研发人员（按性别、部门和个人群体）　　（单位：人）

指标类型	年份	类别	人员总数	经济部门	高校部门	国家部门
i	2003	i	472 532	298 072	100 593	73 867
		w	119 740	55 145	37 294	27 301
	2004	i	471 503	298 549	96 092	76 862
		w			44 167	28 634
	2005	i	475 278	304 502	94 522	76 254
		w	12 2161	55 905	38 082	28 174
	2006	i	487 935	312 145	97 433	78 357
		w			39 916	29 388
	2007	i	506 450	321 853	103 953	80 644
		w	132 553	59 326	42 791	30 436
	2008	i	522 688	332 909	106 712	83 066
		w			41 748	31 623
	2009	i	534 565	332 491	115 441	86 633
		w	139 764	62 067	44 551	33 146

续表

指标类型	年份	类别	人员总数	经济部门	高校部门	国家部门
其中研究人员	2003	i	268 942	161 980	68 243	38 719
		w	43 855	18 035	16 162	9 685
	2004	i	270 642	162 232	65 764	42 646
		w			20 209	11 166
	2005	i	272 148	166 874	65 363	39 911
		w	46 937	18 284	18 273	10 380
	2006	i	279 822	171 063	67 273	41 486
		w			19 796	11 191
	2007	i	290 855	174 309	72 985	43 561
		w	55 243	20 846	22 296	12 101
	2008	i	30 247	180 297	76 831	45 342
		w			21 588	13 001
	2009	i	317 226	183 214	84 771	49 241

i 代表总人数，w 代表女性

资料来源：Bundesministerium für Bildung und Forschung. Bundesbericht Forschung und Innovation 2012. http://www.bmbf.de/pub/bufi_2012.pdf［2012-06-10］

如图 3-16 所示，1995～2009 年，德国经济界的研发人员保持平稳增长态势。其中分别在 2000 年和 2008 年达到峰值。在全部研发人员中，研究人员、技术人员和其他人员数量的增长，也与其发展总趋势保持同步。

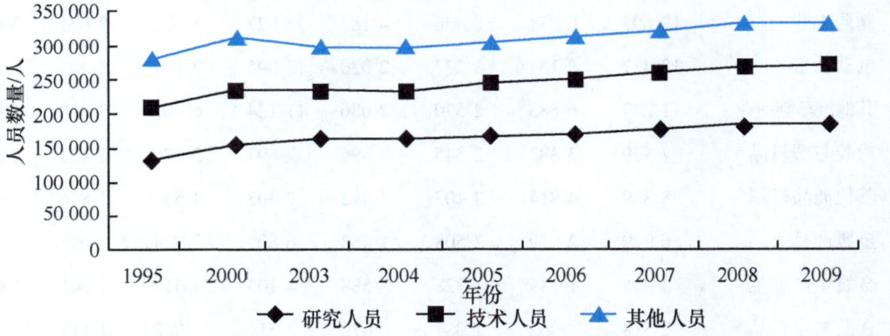

图 3-16　德国经济界研发人员发展趋势（按全时当量）

资料来源：Bundesministerium für Bildung und Forschung. Bundesbericht Forschung und Innovation 2012. http://www.bmbf.de/pub/bufi_2012.pdf［2012-06-10］

表 3-13 描述了德国经济界研发人员发展变化的情况，其中重点描绘了德国机械、电气与加工业各部门研发人员发展变化的情况。据此，图 3-17

进一步分析了德国经济界各部门研发人员发展变化的趋势，其中信息与通信位居增长之首，其后依次是能源与水供应、科技服务业、金融与保险业、建筑业和林业与渔业；不过，采矿、矿石和土壤行业的研发人员出现了较大规模的负增长，表明一些传统行业正在退出科技竞争；值得注意的是，拥有德国经济界绝大多数研发人员（27.75 万，占德国经济界研发人员的 86.23%）的机械、电气与加工业的研发人员总数也出现了负增长。对相关数据的分析显示，该领域的研究人员总数减少了 0.15%，技术人员增加了 2.93%，其他人员减少了 7.82%，表明德国经济界的研发活动正朝着更加贴近市场的方向发展，并与世界前沿技术领域的创新与发展趋势保持同步。

表 3-13　德国经济界研发人员发展情况（按领域分）　　（单位：人）

经济行业	2007 年				2009 年			
	总数	研究人员	技术人员	其他	总数	研究人员	技术人员	其他
林业与渔业	1 136	217	358	561	1 345	266	456	622
采矿、矿石和土壤	166	77	62	27	136	58	59	20
机械、电气与加工业	277 537	128 934	65 862	55 769	274 747	146 425	76 922	51 407
汽车和运输部门	86 963	51 992	15 857	19 114	87 966	52 643	15 431	19 892
数码仪器光电业	51 724	32 204	12 012	7 509	49 963	31 824	12 688	5 452
机械制造	38 756	1 968	11 479	7 597	37 874	19 256	11 868	6 751
化工	22 684	6 577	1 029	5 817	21 660	6 432	9 665	5 563
制药工业	18 691	6 071	8 436	4 183	18 927	6 632	8 671	3 624
电动装备	13 437	8 131	3 277	2 030	13 095	7 651	3 787	1 657
其他汽车制造业	11 239	6 583	2 570	2 086	11 124	6 607	2 618	1 899
橡胶与塑料品	7 829	3 387	2 345	2 096	7 697	3 236	2 421	2 041
其他商品研制	8 359	4 814	2 103	1 442	7 403	4 582	1 846	976
金属产品	6 949	2 979	2 508	1 462	6 809	2 924	2 697	1 189
金属生产加工	3 055	1 139	1 328	588	4 103	1 510	1 941	652
食品与享乐品	2 518	962	1 084	472	2 514	942	1 117	456
玻璃陶瓷矿石	2 221	939	691	592	2 292	932	855	506
木器纸印刷品	1 530	565	551	414	1 647	600	636	412
纺织服装皮革	1 264	500	473	291	1 320	505	537	278
炼焦石油加工	318	123	119	76	353	149	144	59

续表

经济行业	2007 年				2009 年			
	总数	研究人员	技术人员	其他	总数	研究人员	技术人员	其他
能源与水供应	638	350	173	115	855	540	168	146
建筑业	607	393	120	95	761	479	166	116
信息与通信	15 921	10 377	2 765	2 779	22 089	14 338	4 036	3 716
金融与保险业	1 469	861	266	342	1 899	1 116	341	442
自由职业科技服务	21 210	13 409	4 148	3 653	27 487	17 996	5 296	4 197
其余部分	3 170	1 978	549	643	3 170	1 996	560	615
总计	321 853	174 308	83 564	63 984	332 491	183 212	88 002	61 280

资料来源：Bundesministerium für Bildung und Forschung. Bundesbericht Forschung und Innovation 2012. http://www.bmbf.de/pub/bufi_2012.pdf [2012-06-10]

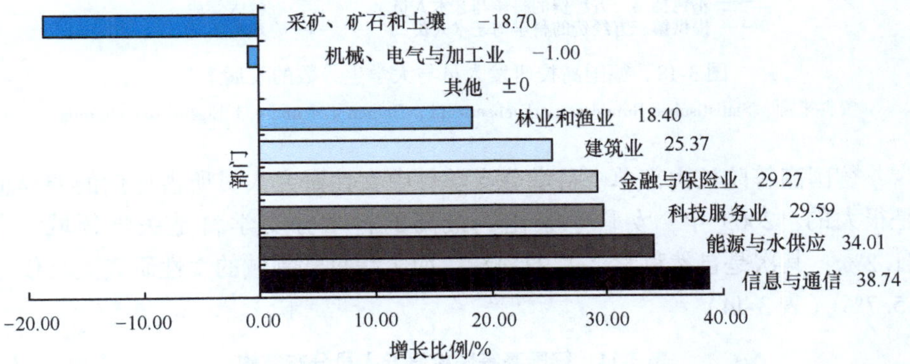

图 3-17 德国经济界各部门研发人员发展趋势（2009 年与 2007 年相比）

资料来源：Bundesministerium für Bildung und Forschung. Bundesbericht Forschung und Innovation 2012. http://www.bmbf.de/pub/bufi_2012.pdf [2012-06-10]

（二）高校和大学外研究机构研发人员

2010 年，在德国高等院校就业的研发人员为 32.44 万人（其中专职人员为 21.06 万人，兼职人员为 11.38 万人），与 2000 年相比共增加了 10.5 万人（图 3-18），增长率为 84%。实际上，从 2003 年到 2005 年，德国高校的研发总支出和研发人员总数出现了双双下滑，直到 2006 年以后才再次出现了向上攀升的发展趋势，并在 2008～2009 年实现了加速增长——以全时当量计算，德国高校的研发就业在 2008 年提高了 2.7%，2009 年甚至提高了 8.2%。从 2005 年到 2009 年，德国高校第三方经费人员占整个研发人员的比例从 50.2% 提高到了 59.2%；同期，研发支出的第三方经费比例也从 41.6% 增加到了 46.2%。

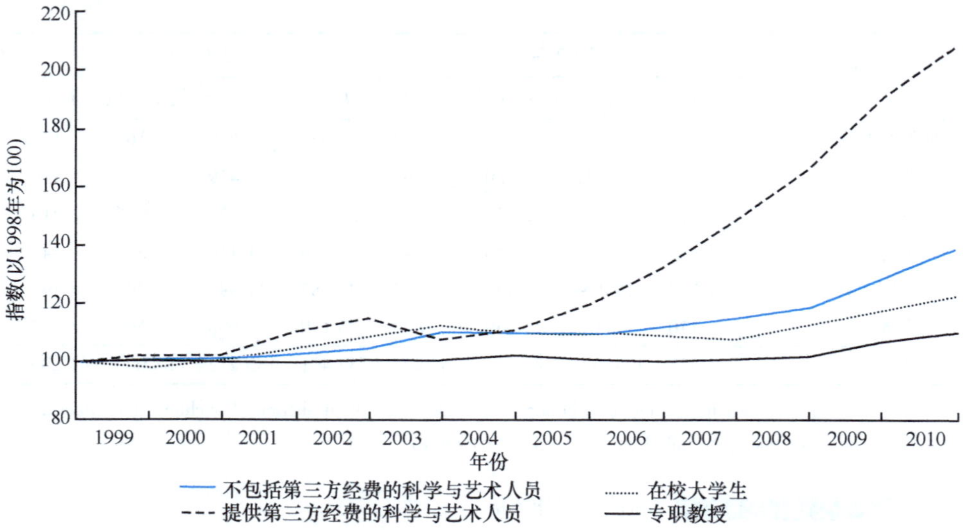

图 3-18　德国高校研发人员与大学生人数的发展态势

资料来源：Statistisches Bundesamt，Fachserie 11，Reihen 4.4 und 4.1 Eigene Berechnungen

德国高等院校内部单个科学分支学科中女性研究人员所占比例的差异也是很大的：2009 年，女科学家比例最高的科学分支学科是医学领域，占 41.2%；其次是自然科学，占 23.4%；而工程科学领域的女性研究人员仅占 15.7%（表 3-14）。

表 3-14　德国高等院校研发人员分布结构　（单位：人）

年份	项目	人员数	核心机构	自然科学	工程科学	医学	农业科学	人文社会科学
2005	总数	154 207	5 488	33 473	25 785	40 118	4 184	45 160
	女性	44 771	2 058	7 121	3 383	15 361	1 576	15 272
2006	总数	158 172	6 327	32 302	26 386	39 916	4 084	49 156
	女性	45 919	2 347	6 740	3 627	14 768	1 492	16 945
2007	总数	163 882	7 149	33 072	27 170	41 548	4 232	50 713
	女性	49 552	2 811	7 247	3 891	15 917	1 621	18 065
2008	总数	167 951	7 964	34 719	28 125	39 752	4 346	53 045
	女性	52 754	3 200	7 926	4 197	15 969	1 698	19 765
2009	总数	181 413	8 827	37 451	31 094	42 026	4 515	57 500
	女性	58 208	3 644	8 765	4 871	17 299	1 846	21 783

资料来源：Bundesministerium für Bildung und Forschung. Bundesbericht Forschung und Innovation 2012. http://www.bmbf.de/pub/bufi_2012.pdf [2012-06-10]

1. 后备人才——高校毕业生和授予学位

有关未来研发兴衰成败的一个重要资源，是攻读大学的毕业生。近年来，德国在这方面取得了可喜的成果，即大学毕业生的人数从2005年的约19.8万人增加到了2010年的约29.4万人，并以48.48%的增幅而创下了历史新高。2005年，大学毕业生占同年龄段青年的比例为19.9%，而2010年的这一比例则增加到了29.9%（表3-15）。对于未来的技术开发和市场开拓而言，特别重要的是要确保德国在数学、信息学、自然科学和工程科学等领域有足够的后备人才。

图3-19显示了各年攻读数学、自然科学、工程学的德国高校毕业生人数和占同龄群组的比例。实际上，在结束了经济不景气之后，从2005年到2010年，德国攻读工程学的大学毕业生人数有了明显提高——增加了16 794人，其增幅为48.89%，占同龄群组的比例也达到了25%。

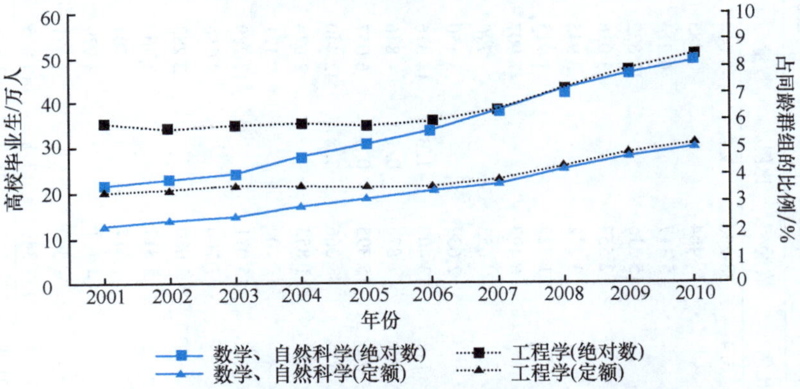

图3-19　德国高校基础科学毕业生人数发展趋势（2001～2010年）

资料来源：Bundesministerium für Bildung und Forschung. Bundesbericht Forschung und Innovation 2012. http://www.bmbf.de/pub/bufi_2012.pdf [2012-06-10]

在此期间，攻读数学和自然科学的毕业生则增加了18 663人，其增幅更是高达60.59%，并有望继续提高。

在培养高水平的后备研发人员方面，德国极为重视博士生的培养及相应的授予学位工作。而实际上，授予博士学位的数量及其比例，通常也被视为新增研发岗位的指标。在传统上，德国只设立了一种学位——博士；自20世纪90年代起开始引进国际上通行的学士学位与硕士学位。但是，在科学及教育方面的统计工作中，获得学士学位及硕士学位的人数，通常是不被统计的。因此，在德国现行文件中，除非特别注明是“学士”或“硕士”的，一般所谓“授予学位”都只涉及“博士”学位。有数据显示，2000～2010年，德国共有26万名研究生取得了博士学位。而图3-20则反映，2005年德

表 3-15　高校毕业生的绝对数和占德国同龄群组比例

专业领域	2005 年		2006 年		2007 年		2008 年		2009 年		2010 年	
	数量/人	比例/%	数量/人	比例/%	数量/人	比例/%	数量/人	比例/%	数量/人	比例/%	数量/人	比例/%
数学自然科学	30 798	3. 1	34 115	3. 4	38 230	3. 8	43 064	4. 3	47 167	4. 8	49 461	5
普通	427		513		464		285		290		323	
数学	3 904		4 526		5 117		6 214		7 164		7 411	
信息学	12 199		13 518		15 315		15 822		16 514		16 110	
物理天文学	1 908		2 201		2 557		3 036		3 728		4 225	
化学	2 801		3 242		3 272		3 945		4 770		5 104	
药学	1 814		1 887		1 727		1 915		1 779		1 929	
生物学	5 046		5 446		6 493		7 907		8 549		9 095	
地球科学	606		577		653		790		895		1 338	
地理学	2 093		2 205		2 632		3 150		3 478		3 926	
人类医学	11 952	1. 2	12 322	1. 2	13 402	1. 3	14 376	1. 4	15 204	1. 5	15 437	1. 6
兽医	871	0. 1	903	0. 1	875	0. 1	846	0. 1	950	0. 1	918	0. 1
农林营养学	5 192	0. 5	5 204	0. 5	5 395	0. 5	6 057	0. 6	6 255	0. 6	6 345	0. 6
工程学	34 355	3. 5	35 434	3. 5	38 066	3. 8	42 440	4. 3	46 626	4. 7	51 149	5. 2
普通	831		1 056		1 853		2 624		3 488		6 932	
采矿冶金工业	153		169		107		121		144		173	
机械制造、工艺	12 483		13 692		15 071		17 289		19 087		20 605	
电工学	7 020		7 235		7 700		8 356		8 825		8 883	
交通航海学	1 633		1 749		2 080		2 283		2 510		2 780	
建筑学	5 944		5 859		5 817		6 463		6 702		5 919	
空间设计	748		668		617		704		783		810	
建筑技术	4 825		4 360		4 161		3 979		4 332		4 386	
测量学	718		646		660		621		755		661	
其余科学	114 602	11. 5	124 030	12. 4	137 349	13. 8	146 805	14. 8	164 934	16. 7	170 678	17. 3
总计	197 770	19. 9	212 008	21. 1	233 317	23. 3	253 588	25. 5	281 136	28. 4	293 988	29. 8

资料来源：Bundesministerium für Bildung und Forschung. Bundesbericht Forschung und Innovation 2012. http://www.bmbf.de/pub/bufi_2012.pdf [2012-06-10]

国有2.6万名研究生取得了博士学位，而2009年取得博士学位的研究生却下降到了2.5万人——有学者认为，这一变化表明随着“杰出计划”、“2020年高校公约”、“研究与创新公约”的实施，尽管在读博士生的数量在持续增长，但是授予学位的条件却更加严格了。

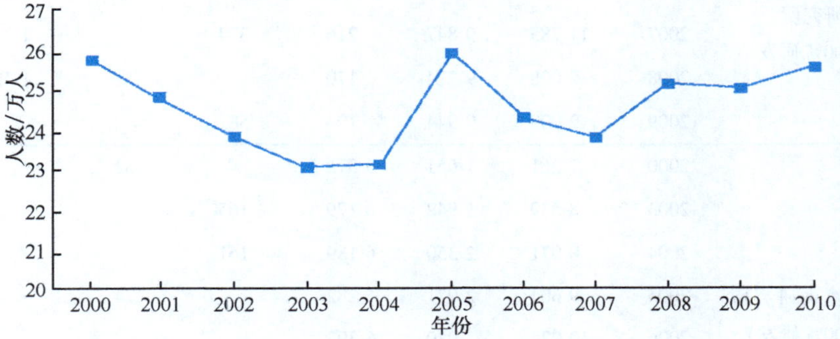

图3-20 德国取得博士学位人数变化曲线图

资料来源：Bundesministerium für Bildung und Forschung. Bundesbericht Forschung und Innovation 2012. http://www.bmbf.de/pub/bufi_2012.pdf [2012-06-10]

2. 大学外研究机构研发人员结构分布

大学外研究机构历来是德国研发活动的支撑力量——特别是马普学会、亥姆霍兹联合会、弗朗霍夫协会和莱布尼茨科学联合会，它们旗下的研究所或中心大多是世界知名的研究机构（表3-16）。

表3-16 德国大学外研究机构的研发人员（按组织和领域分）（单位：人）

机构类型	年份	人员总数	自然科学	工程学	医学	农业科学	人文与社会科学
亥姆霍兹研究中心	2000	21 699	11 909	7 313	2 275		
	2003	21 794	11 394	7 905	2 298		
	2004	21 664	11 408	7 888	2 204		
	2005	21 844	11 337	8 075	2 223		
	2006	22 757	12 119	8 004	2 414		
	2007	23 283	12 467	8 138	2 477		
	2008	23 770	12 846	8 175	2 552		
	2009	24 370	12 784	8 333	3 040		
马普研究所（100%研发）	2000	9 275	7 165		1 007		1 056
	2003	10 822	8 691		737		1 317
	2004	11 850	9 796		383		1 561

续表

机构类型	年份	人员总数	自然科学	工程学	医学	农业科学	人文与社会科学
马普研究所（100% 研发）	2005	11 775	9 954		336		1 318
	2006	11 559	9 716		307		1 359
	2007	11 785	9 847	216	324		1 398
	2008	2 008	9 774	170			1 405
	2009	2 009	9 944	194	582		
弗朗霍夫研究所（100% 研发）	2000	7 261	1 651	5 372		82	
	2003	8 539	1 942	6 179	165		
	2004	8 971	2 350	6 189	161		
	2005	9 604	2 971	6 282		74	
	2006	10 024	3 080	6 393			
	2007	10 519	3 118	6 771	325		
	2008	11 282	2 974	7 544			
	2009	13 221	3 326	8 573	546	119	656
莱布尼茨研究所	2000	10 363	5 123		1 097		2 319
	2003	9 839	5 080		1 062		2 085
	2004	9 715	4 743		983		2 244
	2005	10 128	5 218		1 052		2 298
	2006	10 983	5 678	1 041	1 017		2 520
	2007	11 016	5 964	842	960		2 562
	2008	10 836	5 984	936	758	705	2 452
	2009	11 871	6 353		1 230		2 809
公共机构（不包括图书馆、档案馆、博物馆）	2000	24 911	9 708	3 022	2 034	7 756	2 391
	2003	23 888	9 123	3 151	2 775	6 552	2 287
	2004	25 062	8 886	3 870	2 834	7 084	2 388
	2005	24 014	8 752	3 048	2 724	7 057	2 433
	2006	27 256	9 282	3 534	3 149	8 520	2 771
	2007	27 062	9 111	3 660	3 100	8 522	2 669
	2008	27 035	10 067	3 450	3 704	7 229	2 586
	2009	27 576	9 896	4 201	4 135	7 393	1 950

续表

机构类型	年份	人员总数	自然科学	工程学	医学	农业科学	人文与社会科学
	2000	9 304	722	119	98	111	8 254
	2003	9 885	930	133	128	114	8 580
	2004	9 594	911	122	125	100	8 335
科学图书馆、档案馆、博物馆	2005	9 569	814	119	93	94	8 449
	2006	9 814	868	178	98	115	8 555
	2007	9 959	880	164	99	55	8 760
	2008	10 263	942	180	104	58	8 978
	2009	10 205	819	174	104	57	9 051
	2000	12 990	3 335	5 202	474	378	3 601
	2003	13 082	3 449	4 786	465	322	4 060
	2004	13 368	4 025	4 645	581	321	3 794
其他研究机构	2005	12 557	3 644	4 444	494	297	3 677
	2006	12 365	3 046	4 502	472	353	3 991
	2007	13 101	3 813	4 412	464	392	4 020
	2008	13 981	4 074	4 490	631	467	4 319
	2009	13 376	3 956	4 263	392	461	4 304
	2000	17 532	7 675	2 256		4 211	
	2003	17 218	7 487	2 395		3 349	
	2004	17 722	7 432	3 003		3 145	
联邦部门研发机构	2005	16 734	7 365	2 291		3 121	
	2006	19 007	8 110	2 702		3 248	
	2007	19 027	8 168	2 747		3 187	
	2008	19 962	8 891	2 818		3 082	
	2009	20 501	8 736	3 650		3 070	
	2000	8 595	2 585	767	197	3 546	1 500
	2003	7 851	2 236	756	214	3 203	1 441
	2004	8 270	1 810	867	202	3 938	1 451
城乡研发任务机构	2005	7 962	1 726	757	198	3 937	1 344
	2006	8 248	1 172	832		5 272	
	2007	8 036	943	912		5 335	1 098
	2008	7 675	1 518	692	97	4 151	1 216
	2009	7 760	1 520	613		4 329	

续表

机构类型	年份	人员总数	自然科学	工程学	医学	农业科学	人文与社会科学
设在高校的研究院所	2000	5 285	1 689	1 627	750	113	1106
	2003	5 061	1 656	1 806	580	82	937
	2004	5 213	1 740	1 806	644	39	984
	2005	5 049	1 645	1 712	639	27	1 025
	2006	5 609	1 753	1 822	636	55	1 343
	2007	6 107	2 159	1 900	630	94	1 323
	2008	6 123	2 390	1 941	567	180	1 045
	2009	6 234	2 602	1 839	586	92	1 115
各年份合计	2000	95 802	22 125	7 060	9 186	17 820	3 9611
	2003	97 849	23 085	7 630	7 860	18 665	40 609
	2004	100 222	23 858	7 257	8 314	18 674	42 120
	2005	99 490	22 985	7 117	8 296	18 397	42 694
	2006	104 755	23 829	7 711	9 893	19 531	43 790
	2007	106 725	24 203	7 750	9 810	19 763	45 200
	2008	109 048	24 945	8 583	8 708	20 150	46 661
	2009	112 926	26 702	10 028	8 686	20 431	47 078

资料来源：Bundesministerium für Bildung und Forschung. Bundesbericht Forschung und Innovation 2012. http://www.bmbf.de/pub/bufi_2012.pdf [2012-06-10]

3. 各国研发人员比较

世界各国研发人员比较参见表3-17。

表3-17 世界重要国家的研发人员及其分布（按人员群体和专业范围分）

国家	年份	研究人员/人	技术与其他人员/人	研发人员		所占比例/%		
				人数/人	占每千人就业比重/%	经济界	高校	国立与准国立非营利组织部门
德国	1995	231 128	228 010	459 138	11.7	61.7	21.9	16.4
	2000	257 874	226 860	484 734	12.3	64.5	20.8	14.7
	2005	272 148	203 130	475 278	11.6	64.1	19.9	16.0
	2008	302 467	220 221	522 688	12.5	63.7	20.4	15.9
	2009	311 519	218 007	529 526	12.7	62.2	21.4	16.4

续表

国家	年份	研发人员				所占比例/%		
		研究人员/人	技术与其他人员/人	人数/人	占每千人就业比重/%	经济界	高校	国立与准国立非营利组织部门
芬兰	1995	16 863	16 771	33 634	13.4	52.9	27.2	19.9
	2000	34 847	17 757	52 604	20.2	55.9	29.4	14.7
	2005	39 582	18 675	58 257	21.8	56.6	30.0	13.4
	2008	40 879	15 819	56 698	20.8	58.4	28.2	13.4
	2009	40 849	15 220	56 069	20.8	57.5		
法国	1995	151 249	167 135	318 384	12.4	50.9	25.3	23.8
	2000	172 070	155 396	327 466	12.4	54.3	27.5	18.2
	2005	202 507	147 174	349 681	12.8	55.8	28.2	16.0
	2008	229 130	155 383	384 513	13.7	57.7	27.3	15.0
	2009							
英国	1995	145 673	131 184	276 857	9.9	52.4		
	2000	170 554	118 045	288 599	10.0	50.4		
	2005	248 599	76 318	324 917	10.8	44.8	47.0	8.2
	2008	251 932	90 154	342 086	11.0	44.5	47.8	7.7
	2009	256 124	91 362	347 486	11.1	43.6	48.6	7.8
意大利	2005	75 536	66 253	141 789	6.2	42.5	34.2	23.3
	2006	66 110	83 956	150 066	6.3	42.6	36.5	20.9
	2007	82 489	92 759	175 248	7.2	40.4	38.2	21.4
	2008	96 677	142 339	239 016	9.5	44.6	36.4	19.0
	2009	101 821	137 425	239 246	9.6	43.6	37.8	18.6
瑞典	1995	33 665	28 970	62 635	13.7	66.5	27.6	5.9
	2000							
	2005	55 090	22 614	77 704	16.5	72.2	22.8	5.0
	2008	48 220	29 329	77 549	15.8	75.8	20.1	4.1
	2009	46 892	28 955	75 847	15.5	71.6	24.9	3.5
日本	1995	673 421	274 667	948 088	14.2	60.5	30.6	8.9
	2000	647 572	249 275	896 847	13.3	64.9	25.4	9.7
	2005	680 631	216 224	896 855	13.5	68.0	23.4	8.6
	2008	656 676	226 063	882 739	13.3	70.8	20.6	8.6
	2009	655 530	222 888	878 418	13.3	70.7	21.1	8.2
加拿大	1995	87 380	57 590	144 970	9.8	56.6	29.7	13.7
	2000	107 967	60 151	168 118	10.6	62.3	26.9	10.8
	2005	136 768	81 837	218 605	12.6	65.0	26.1	8.9
	2008	148 983	93 703	242 686	13.3	65.5	25.7	8.8
	2009							

资料来源：Bundesministerium für Bildung und Forschung. Bundesbericht Forschung und Innovation 2012. http://www.bmbf.de/pub/bufi_2012.pdf [2012-06-10]

由表 3-17 可见，上述 8 国的研发人员在绝对数量方面，日本位居第一，其后依次是德国、法国、英国、加拿大、意大利、瑞典和芬兰；但在研发人员占每千人就业的比重方面，芬兰则以 20.8% 而位居世界第一（图 3-21），其后依次是瑞典 15.5%、法国 13.7%，日本和加拿大均以为 13.3% 而并列第四，德国以 12.7% 位居第六，英国（11.1%）和意大利（9.6%）分列第七和第八位（美国因数据不全而未列其中）。

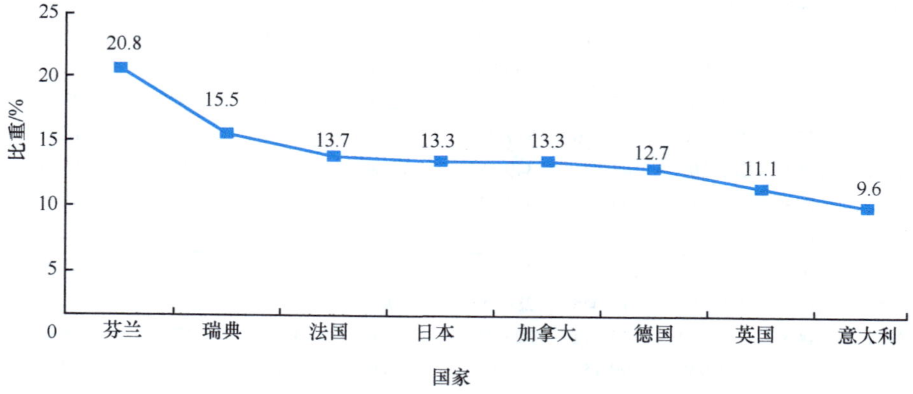

图 3-21　世界部分国家研发人员占每千人就业的比重（2009 年）

四、研发产出

出版物和专利注册的数量是评判一国科学机构能力的起点，出版物反映科学研究的成果，而专利申请则是科学界技术开发活动取得成功的佐证。对科学界而言，这两项指标在创新体系中的作用是同等重要的。

成功的研发工作往往引发新的科学知识——科学发现或技术发明。换言之，新的科学知识集中表现在科学出版物和有专利权的技术发明之中。从狭义角度看，专利是评价一国技术能力的通用标尺，而与之相对的科学出版物则是测量其科学能力的基本标准。作为重要的生产要素，“知识”的意义正在与日俱增，因此，在创新政策的语境中科学出版物早已被视为评价科学成就的重要指标了。

2012 年 5 月，德国教研部部长莎宛在向内阁提交《2012 德国研究与创新报告》时指出，由于德国政府、经济界和科研界的巨大努力，在研发密集型产品的出口和世界主要的专利市场方面，德国已经处于世界领先地位了。在每百万人口发表的科学论文数量方面，2010 年德国首次超过了美国。这一趋势充分表明在过去几年里德国高校和高校外科研机构的科研产能已经有了显著的提高。同时，也正是由于德国企业、高校和科研机构的创新实力，德国成为欧洲重要的稳定支柱。

（一）科学成就——公开出版物

技术与服务数量的增长，既依赖于知识生产，又是整个产业发展的基础。通过培养出高水平的专业技术力量和为未来的技术开发创造杰出的科学基础，德国科学界为国家创新体系的发展作出了重大贡献。

德国的科学出版物得到了国际社会的高度关注和认同。独立的国际研究——如联合国教育、科学与文化组织（简称教科文组织）的科学报告和英国皇家学会的报告等——都充分肯定了德国科学界优秀科学出版物所取得的突出业绩。在科学研究组织出版物的影响方面，德国科学论文在国际上的他引率（按研究领域分）平均为20%～60%。

在基础研究领域，德国政府已经为其提供了几乎覆盖所有专业的资助经费。在过去几年中，许多科学论文均试图证明公共资助的基础研究对私营企业所产生的作用。企业调查问卷和计量经济学研究表明，与公共资助的研究机构合作，既可以推动企业的新产品开发活动，又可以对企业的销售活动产生积极的影响。此外，在经济界和政府资助的研究之间开展充分的信息交流，也具有十分重要的意义。

人们已经注意到，2000～2010年，重要国家和地区占所有SCI出版物的比例出现了明显的下滑；反之，诸如中国、印度、巴西、韩国等新兴国家及欧盟新成员国，即欧盟12国，则均呈现稳定增长趋势。然而，尽管出自美国作者的SCI出版物的比重在2010年下滑了很多，但仅就数量而言，它们仍然具有非常大的领先优势。SCI出版物所占比重呈下滑趋势的除美国和德国之外，还有日本、法国、瑞典和英国。反之，在过去的10多年里，绝大多数新兴国家的SCI出版物所占的总份额至少翻了一番，并导致世界SCI论文比重的明显变化（图3-22）。

图3-22表明：由于东亚国家尤其是韩国和中国出版物的强劲加入，包括德国在内的传统工业国的优势正被逐渐削弱。2000～2009年，德国在所有出版物中——包含科学引文索引（SCI）在内——所占的比重下降了10%，同期，美国为-13%、法国-10%、英国-16%，而日本则是-27%；反之，中国上升了91.1%，韩国更是上升了196%。但是，与图3-22中所列国家的比较结果仍能表明，德国对国际社会继续保有着很大的学术影响力。近年来，德国科学出版物的绝对数量（按每百万居民产出量计算）始终保持着稳定的增长，并且从2000年到2008年增长了28%。

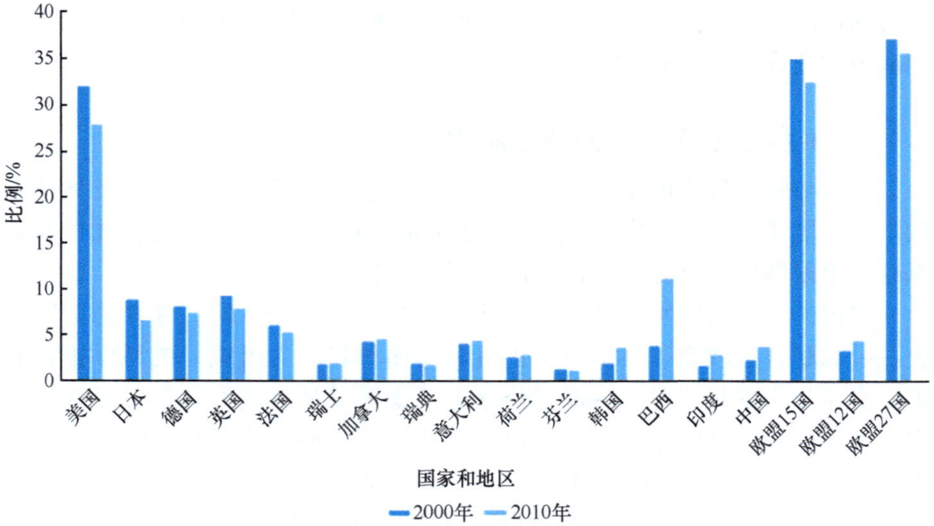

图 3-22　2000 年及 2010 年重要国家和地区在所有 SCI 出版物中所占的比例

欧盟 12 国为新加入的塞浦路斯、匈牙利、捷克、爱沙尼亚、拉脱维亚、立陶宛、马耳他、波兰、斯洛伐克、斯洛文尼亚、罗马尼亚和保加利亚；欧盟 15 国为法国、德国、意大利、荷兰、比利时、卢森堡、英国、丹麦、爱尔兰、希腊、西班牙、葡萄牙、奥地利、瑞典和芬兰；欧盟 27 国 = 15+12

资料来源：Expertenkommission Forschung und Innovation. Gutachten zu Forschung, Innovation und technologischer Leistungsfähigkeit 2010. http://www.e-fi.de/fileadmin/Gutachten/EFI_2010.pdf[2010-02-25]

同期，与出版活动有关联的专业期刊影响指数也发生了显著变化——与西方工业国家相比，新兴国家科学论文的质量正在迅速提高（图 3-23）。

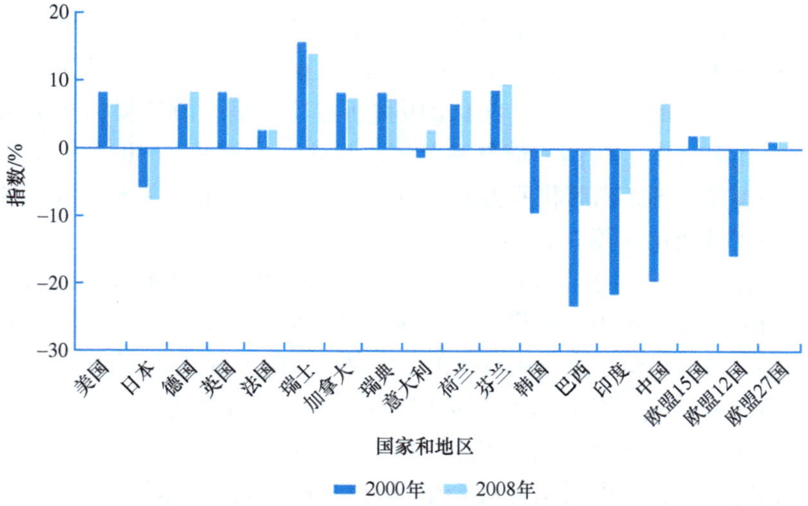

图 3-23　2000 年和 2008 年世界重要国家和地区 SCI 出版物的专业期刊影响指数

资料来源：Expertenkommission Forschung und Innovation. Gutachten zu Forschung, Innovation und technologischer Leistungsfähigkeit 2010. http://www.e-fi.de/fileadmin/Gutachten/EFI_2010.pdf[2010-02-25]

长期以来，在科学出版物例行的“三合一”（欧洲、北美、东亚）指数比较中，美国始终占据领先地位，但是近年来正在逐步丧失其优势地位。2000 年德国出版物的百万人口产出量仅为美国的 92%，到 2010 年就上升至美国的 102%，从而超越了美国。然而与日本相比，德国的优势则已经从 143% 扩大到了 186%，而且这一差距还有拉大的趋势；但是，与欧洲的平均值相比，由于欧盟 27 国的出版物数量平均增长正越来越快，因此德国的卓越地位显然正在下降——德国的优势已经从 130% 下滑到了 129%（表 3-18、图 3-24）。

表 3-18 欧盟国家、日本和美国科学出版物数量比较

（单位：份/百万人口）

国家	2004 年	2005 年	2006 年	2007 年	2008 年	2009 年	2010 年
比利时	1268	1333	1352	1425	1487	1509	1579
保加利亚	217	239	241	308	307	310	279
丹麦	1701	1770	1846	1889	1954	1982	2163
德国	929	982	1007	1029	1054	1079	1115
爱沙尼亚	523	629	616	727	739	812	911
芬兰	1612	1619	1727	1739	1772	1766	1807
法国	881	916	947	958	1009	1016	1021
希腊	693	754	859	924	964	976	965
英国	1355	1388	1450	1488	1472	1475	1493
爱尔兰	1270	1350	1464	1500	1509	1352	1477
意大利	731	763	793	848	875	894	902
拉脱维亚	151	140	140	167	189	184	181
立陶宛	252	270	348	513	521	508	503
卢森堡	389	412	488	504	721	853	1010
马耳他	125	169	175	223	292	242	270
荷兰	1417	1529	1593	1636	1694	1763	1847
奥地利	1355	1391	1452	1275	1344	1646	1725
波兰	380	378	411	446	496	501	516
葡萄牙	520	544	654	635	751	806	859
罗马尼亚	110	121	138	190	243	288	311
瑞典	1897	1951	1994	2039	2028	2047	2100
斯洛伐克	415	376	434	483	512	498	522
斯洛文尼亚	923	1105	1111	1261	1468	1448	1475
西班牙	715	766	815	864	903	949	994
捷克	563	574	651	711	772	804	868
匈牙利	473	516	539	541	585	554	524
塞浦路斯	340	379	412	491	547	680	803

续表

国家	2004 年	2005 年	2006 年	2007 年	2008 年	2009 年	2010 年
欧盟 27 国	728	756	789	816	842	852	864
日本	637	633	636	631	627	619	601
美国	1014	1044	1070	1078	1089	1084	1094

资料来源：Bundesbericht Forschung und Innovation 2010，Bundesbericht Forschung und Innovation 2011，Bundesbericht Forschung und Innovation 2012.

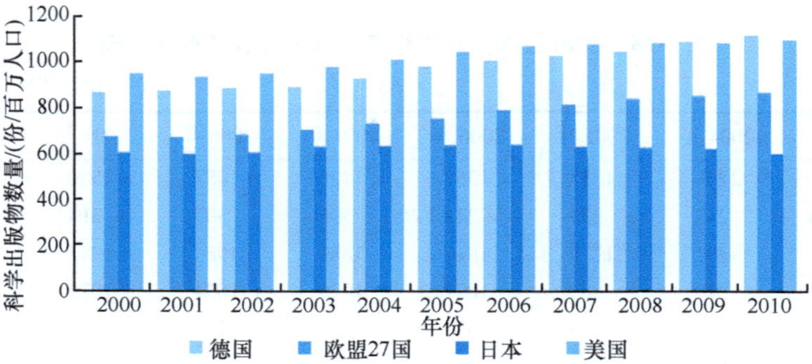

图 3-24 德国、欧盟 27 国、日本和美国的出版物比较（2000 ~ 2010 年）

资料来源：Bundesministerium für Bildung und Forschung. Bundesbericht Forschung und Innovation 2012. http://www. bmbf. de/pub/bufi_2012. pdf [2012-06-10]

到 2010 年，德国科学出版物已经在数量上超越美国而位居世界第一。同时，在世界科学出版物的影响力指标方面，各项专业化指数也均显示德国马普学会的出版物质量是非常之高的——在汤森路透集团对 2000 ~ 2010 年世界上最多“高被引论文”的研究机构的当前排名中，马普学会位居第二，排在哈佛大学之后（图 3-25）。受联邦教研部委托的科学和技术研究中心对 2010 年德国研究产出进行国际比较，其文献计量学分析显示，马普学会的“引文影响”比德国其他任何一个科学机构都明显要高。研究结果证实，马普学会的研究活动在 1990 ~ 2009 年达到了杰出水平，其出版物的影响在任何时候都至少保持在 50% 的平均值以上。

图 3-25 反映了自 1997 年 1 月 1 日起至 2010 年 12 月 31 日止，基本科学指标数据库（ESI）对世界 22 个研究领域高被引论文数量最多的 10 个顶级研究机构的排名，而马普学会则是其中唯一的一个欧洲机构。德国研究与创新专家委员会在 2010 年出版的《德国研究、创新和技术能力鉴定报告》中也强调指出：马普研究所的出版物业绩远远超出了德国其他科学组织和大学（图 3-26）；其国际显示度——各研究机构间的合作和新颖的合作形式使得其

无愧于“德国研究和科学系统的支柱”这一称谓。

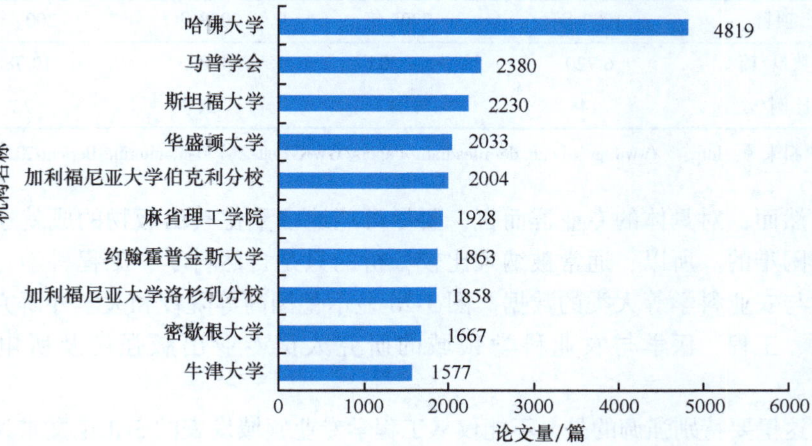

图 3-25 世界最具影响力出版物数量最高的科学机构（截至 2011 年 4 月）

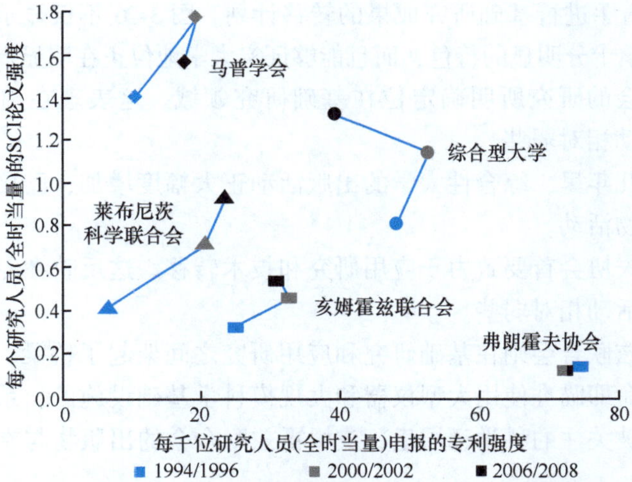

图 3-26 德国高等院校和大学外研究机构在自然与工程、医学和农业科学领域的论文与专利强度（1994～2008 年）

资料来源：Bundesministerium für Bildung und Forschung. Bundesbericht Forschung und Innovation 2012. http://www.bmbf.de/pub/bufi_2012.pdf [2012-06-10]

（二）大学和大学外研究机构的绩效

在德国，为了描述高等院校的科研绩效，通常把综合性大学的出版物及专利数据与德国四大研究机构（亥姆霍兹联合会、马普学会、莱布尼茨科学联合会和弗朗霍夫协会）的数据进行比较，结果参见表 3-19。

表 3-19　大科研组织每年公开出版物的数量及占德国出版物总数的比例

项目	1990 年	2005 年	2008 年	2009 年
数量/篇	6 720	17 205	18 833	19 788
比例/%	14	21	21	22

资料来源：http：//www. gwk-bonn. de/fileadmin/Papers/GWK-Heft-23-PFI-Monitoring-Bericht-2011. pdf

然而，对具体的专业群而言，要尽可能地去量化其出版物的成就还是有一定困难的。所以，通常被纳入比较分析的只是自然科学、工程科学、医学科学与农业科学等大类的数据。图 3-26 显示德国高等院校和大学外研究机构自然、工程、医学与农业科学领域的研究人员专业出版强度及所申请的专利。

这里要特别强调的是，不能仅从工程学专业领域发表的 SCI 论文来评价研究机构的成就，否则就会低估应用研究机构，特别是弗朗霍夫协会出版物的强度——实际上近年来弗朗霍夫研究所在基础研究领域也是很活跃的；同样，马普学会也在着手进行基础研究成果的转移计划。图 3-26 不仅显示了大学外研究机构和大学十分明显的特色，而且能够证实大学地位正在明显提高。

马普学会的研究所明确定位在基础研究领域。这表现在出版活动很强大，专利活动相对弱些。

在过去几年里，综合性大学的出版活动正大幅度增加，已接近于马普研究所的出版物活动。

弗朗霍夫协会首要致力于应用研究和技术转移。这反映在专利活动相对高些和出版活动相对弱些。

亥姆霍兹联合会则在基础研究和应用研究之间架起了桥梁。此外，该学会的原有使命即瞄准使用大型仪器和大规模科学基础设施的、系统的科学探究活动。在被关注的科学领域里，亥姆霍兹联合会的出版物与专利活动稍微弱于大学。

莱布尼茨科学联合会是独立法人机构的联合总会，其任务谱不仅包括基础研究，而且包括应用研究及信息与文献资料汇编工作、知识转移、培养、深造与继续教育和公务员咨询等。就具体专业研究而言，无论是出版强度还是专利强度，大学都要强于莱布尼茨科学联合会。当然，在过去的 15 年里，莱布尼茨研究所的出版活动也与大学一样有了显著的增长。到 2000 年底，莱布尼茨研究所正以 0. 95 的出版物强度和 23 的专利强度越来越接近于综合大学的值。弗朗霍夫研究所则有很高的专利强度，尽管每个研究人员的出版物产量很低，仍足以维持其在德国科学系统中的特有地位。马普学会以很高的出版强度（约1.6）和相对低的专利强度（17）与弗朗霍夫协会形成互补，并显示了其杰出基础研究机构的鲜明特色。

（三）技术专利

对于欧洲国家而言，向欧洲专利局（EPA）注册专利最为有利，其次是向美国专利局（USPTO）注册，最后才是向日本专利局（JPO）注册。

根据《2010年德国技术能力报告》对世界市场上重要专利产出地的统计，德国是每百万人288件，美国为245件，OECD国家的平均水平是173件。2006年，德国专利申请量占世界申请总量的11.7%，位居第三。

德国专利商标局（DPMA）公布的2009年工业产权申请的最新数字，足以反映德国发明家和企业对创新的重视程度。德国专利商标局2009年共受理发明专利申请59 583件，授予专利14 431件；与2008年的受理专利发明申请62 417件相比下降了4.5%（图3-27）。其中，80.3%的申请人来自德国，而其余的19.7%来自其他国家。

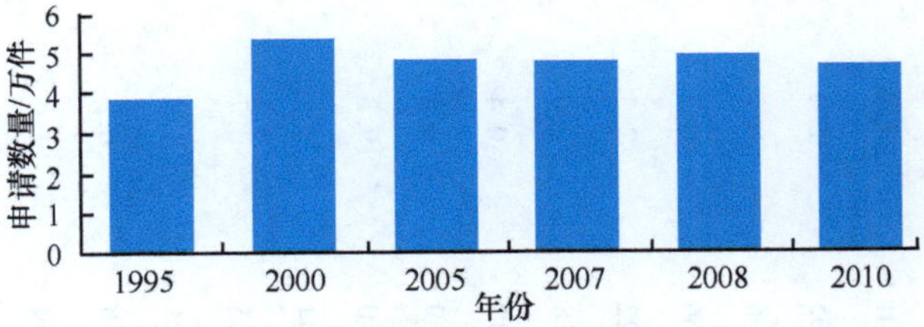

图3-27 德国专利申请数量的变化

资料来源：Bundesministerium für Bildung und Forschung. Bundesbericht Forschung und Innovation 2012. http://www.bmbf.de/pub/bufi_2012.pdf [2012-06-10]

尽管专利申请数量出现了小幅下滑，但并不表明德国的专利申请正在削弱，反而证明德国的专利申请得到了进一步强化——发明家和企业更加注重专利的效用；为防止专利的被盗用或抄袭，进一步加强了专利的完善和保护。同时，一般性的专利申请正在逐渐淡出。

截至2009年底，德国共拥有有效专利53.4万多件。与以往一样，汽车和机械工程领域仍旧是创新特别集中的领域，而再生能源技术、太阳能和风能方面的相关专利则呈现出持续增长态势。

1995~2010年德国专利申请总量及各州情况见表3-20。2009年，德国的大多数专利申请来自巴登-符腾堡州（15 532件）、巴伐利亚州（12 641件）和北莱茵-威斯特法伦州（7408件）。此外，萨克森州申请的数量为1167件，与2008年相比增长了17%，因此成为德国专利申请增长最快的一个州。

表 3-20　在德国专利商标局的申请专利总量及各州情况（1995～2010 年）

联邦州	1995 年		2000 年		2005 年		2010 年	
	专利/件	占总数的比例/%	专利/件	占总数的比例/%	专利/件	占总数的比例/%	专利/件	占总数的比例/%
巴登-符腾堡	8 411	21.9	12 486	23.3	12 828	26.5	14 813	31.5
巴伐利亚	8 375	21.8	13 301	24.9	13 688	28.3	12 969	27.6
柏林	1 345	3.5	1 265	2.4	866	1.8	903	1.9
勃兰登堡	239	0.6	396	0.7	311	0.6	301	0.6
不来梅	155	0.4	166	0.3	173	0.4	148	0.3
汉堡	712	1.9	1 222	2.3	919	1.9	905	1.9
黑森	3 860	10.1	4 818	9.0	3 402	7.0	2 411	5.1
梅克伦堡-前波莫瑞	153	0.4	212	0.4	197	0.4	155	0.3
下萨克森	2 272	5.9	3 529	6.6	2 738	5.7	2 940	6.2
北莱茵-威斯特法伦	8 532	22.2	10 330	19.3	8 151	16.9	7 506	16.0
莱茵兰-普法尔茨	1 795	4.7	2 504	4.7	2 218	4.6	1 182	2.5
萨尔	241	0.6	363	0.7	360	0.7	259	0.5
萨克森	882	2.3	1 021	1.9	847	1.8	1 136	2.4
萨克森-安哈尔特	354	0.9	466	0.9	366	0.8	312	0.7
石勒苏益格-荷尔斯泰因	563	1.5	680	1.3	600	1.2	561	1.2
图林根	488	1.3	762	1.4	703	1.5	604	1.3
总计	38 377	100.0	53 521	100.0	48 367	100.0	47 105	100.0

资料来源：Bundesministerium für Bildung und Forschung. Bundesbericht Forschung und Innovation 2012. http://www.bmbf.de/pub/bufi_2012.pdf [2012-06-10]

近年来，从总体上看，德国高等院校申请的专利在波动中呈下滑趋势；但是，从专利申请群体方面看，源自高等院校的专利申请反而保持着平稳增长态势，出现下滑的只是源自校办企业和高校教研人员的专利申请。这与德国高等院校为形成特色而加强了知识产权和专利申请的管理、注重专利利用和保护有着密切的关系。反之，大学外研究机构的专利申请则在波动中呈缓慢增长趋势（图 3-28）。

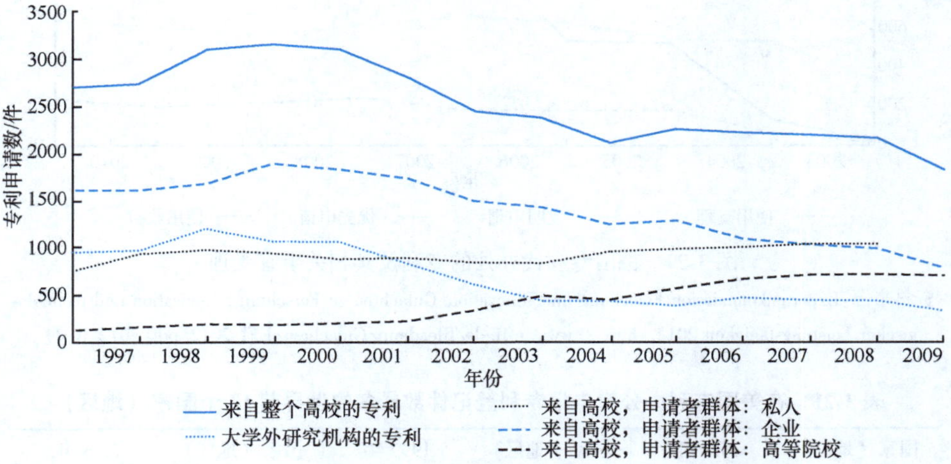

图 3-28 德国高等院校和大学外研究机构的专利申请

资料来源：Expertenkommission Forschung und Innovation. Gutachten zu Forschung, Innovation und technologischer Leistungsfähigkeit 2012. http://www. e-fi. de/fileadmin/Gutachten/EFI_2012. pdf[2012-10-11]

图 3-29 显示，在与德国专利代办处有关的四项指标方面，前三项都在平稳增长，只是“使用收益”一项在 2009 年出现了较大的下滑，这一变化显然与 2008 年的金融风暴及其后的世界经济危机有关。

在欧洲持有专利数量最多的前 10 个企业中，戴姆勒、拜尔和大众等德国企业就占据了 6 个席位。

20 多年来，在美国专利局受理的专利申请或已注册的专利中，德国仅排在美国和日本之后，始终处于世界第三位（表 3-21）。

1. 大学外研究机构的技术专利

德国的大学外研究机构是德国研发活动中不可或缺的重要力量，因而也是申报专利活动中的一支生力军。尽管从绝对数量上看，大学外研究机构专利申请远远比不上经济界和高等院校（表 3-22），但是，很多对世界技术发展产生重大影响的专利都是出自他们之手，如 MP3 技术等。

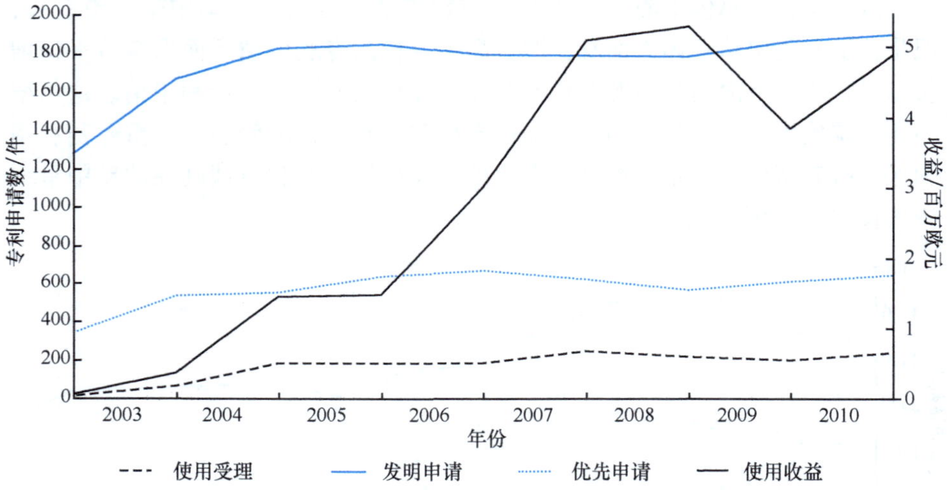

图 3-29　德国专利代办处的专利及其相关事宜受理

资料来源：Expertenkommission Forschung und Innovation. Gutachten zu Forschung, Innovation und technologischer Leistungsfähigkeit 2012. http://www.e-fi.de/fileadmin/Gutachten/EFI_2012.pdf[2012-10-11]

表 3-21　在美国专利办公室申报专利登记件数最多的世界前 12 个国家（地区）

国家（地区）	1989 年	国家（地区）	1999 年	国家（地区）	2009 年
日本	20 169	日本	31 104	日本	35 501
德国	8 352	德国	9 337	德国	9 000
法国	3 140	法国	3 820	韩国	8 762
英国	3 100	中国台北	3 693	中国台北	6 642
加拿大	1 960	英国	3 576	西班牙	6 472
瑞士	1 362	韩国	3 562	加拿大	3 655
意大利	1 297	加拿大	3 226	英国	3 175
荷兰	1 061	意大利	1 492	法国	3 140
瑞典	837	瑞典	1 401	中国	1 655
中国台北	591	瑞士	1 279	以色列	1 404
澳大利亚	501	荷兰	1 247	意大利	1 346
美国	50 184	美国	83 905	美国	82 382
全球总计	95 537	全球总计	153 485	全球总计	167 349

资料来源：Knowledge, networks and nations: Global scientific collaboration in the 21st century, 2011

表 3-22 大学外研究机构新缔结的专利协议的数量

机构	2008 年	2009 年	2010 年
弗朗霍夫协会	388	439	634
亥姆霍兹联合会	137	114	114
马普学会	62	76	64
莱布尼茨科学联合会	46	50	62

资料来源：Expertenkommission Forschung und Innovation. Gutachten zu Forschung, Innovation und technologischer Leistungsfähigkeit 2012. http://www. e-fi. de/fileadmin/Gutachten/EFI_2012. pdf[2012-10-11]

表 3-23 反映了亥姆霍兹联合会、马普学会、弗朗霍夫协会和莱布尼茨科学联合会截至 2010 年 12 月 31 日所保有的专利权协议情况。表 3-24 则反映了德国大学外研究机构来自专利权协议的收益。

表 3-23 大学外研究机构的专利协议、发明、专利数量

机构	项目	2005 年	2006 年	2007 年	2008 年	2009 年	2010 年
亥姆霍兹联合会	现有专利权协议	966	1278	1054	1137	1167	1131
马普学会	现有专利权协议	82	164	249	311	387	455
莱布尼茨科学联合会	现有专利权协议	222	580	640	220	400	462
弗朗霍夫协会	“有效”发明案例	4295	4485	4739	5015	5234	5457
	其中授予专利	2059	2211	2333	2403	2472	2276
	“存有”的许可协议	929	1148	1429	1762	2114	2426

资料来源：Expertenkommission Forschung und Innovation. Gutachten zu Forschung, Innovation und technologischer Leistungsfähigkeit 2012. http://www. e-fi. de/fileadmin/Gutachten/EFI_2012. pdf[2012-10-11]

表 3-24 大学外研究机构来自专利权协议的收益

机构	项目	2005 年	2006 年	2007 年	2008 年	2009 年	2010 年
弗朗霍夫协会	数额/百万欧元	134.0	92.0	94.0	83.4	77.0	93.0
	比率/%	30.4	20.3	20.1	17.9	15.4	17.7
	比例/%	10.8	7.4	7.1	6.1	4.8	5.5
亥姆霍兹联合会	数额/百万欧元	9.4	14.0	13.0	15.2	16.0	16.0
	比率/%	0.6	0.8	0.8	0.9	0.8	0.8
	比例/%	0.4	0.6	0.5	0.6	0.6	0.6
马普学会	数额/百万欧元	19.8	9.3	11.7	16.2	16.5	16.0
	比率/%	2.0	0.9	1.1	1.4	1.4	1.3
	比例/%	1.7	0.8	0.9	1.1	1.1	1.1
莱布尼茨科学联合会	数额/百万欧元	3.0	6.0	2.0	6.2	5.2	1.8
	比率/%	0.4	0.8	0.3	0.8	0.6	0.2
	比例/%	0.3	0.6	0.2	0.6	0.5	0.1

资料来源：Expertenkommission Forschung und Innovation. Gutachten zu Forschung, Innovation und technologischer Leistungsfähigkeit 2012. http://www. e-fi. de/fileadmin/Gutachten/EFI_2012. pdf[2012-10-11]

2. 国际重要专利的比较

通过《专利合作条约》（PCT）程序向欧洲专利局或世界知识产权组织（WIPO）申报的发明，往往被称为跨国专利，或对国际市场至关重要的专利。对以出口为导向的德国经济界而言，这类专利具有非常特殊的意义，因为它们关系到在本国市场之外的发明保护问题。

在国际重要专利或跨国专利方面，德国一直保持着很高的增长率，并往往都能达到绝对领先水平。从 2001 年至 2009 年，德国每百万居民的专利收入提高了 13%；同期，欧盟 27 国与德国的差距正在日渐加大——从约 244% 增加到了 250%。与美国相比，德国每百万居民申请的跨国专利数量，已经从 2001 年的 327 件增长到了 2009 年的 368 件，大大领先于美国的 166 件；与日本的 250 件及其下滑趋势相比，德国更是将其甩在了后面（图 3-30、表 3-25）。

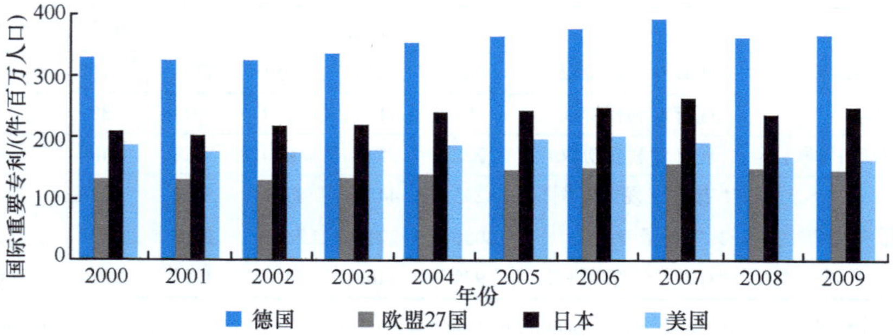

图 3-30 德国与欧盟 27 国、日本和美国的国际重要专利比较（2000～2009 年）

资料来源：Bundesministerium für Bildung und Forschung. Bundesbericht Forschung und Innovation 2012. http://www.bmbf.de/pub/bufi_2012.pdf [2012-06-10]

表 3-25 重要专利国际比较 （单位：件/百万人口）

国家	1995 年	1997 年	1999 年	2001 年	2003 年	2005 年	2007 年	2008 年	2009 年
德国	185	248	308	327	338	366	396	366	368
芬兰	191	266	362	380	328	351	396	377	371
法国	102	127	149	157	165	175	184	181	179
英国	90	109	140	147	141	139	145	135	133
意大利	50	64	78	86	93	104	109	101	95
瑞典	230	324	366	361	319	371	462	435	397
欧盟	77	101	125	134	136	147	158	149	147
加拿大	48	69	92	106	105	127	133	113	119
美国	113	139	173	180	181	200	194	170	166
日本	112	140	178	206	224	246	265	239	250

时至今日，在跨国专利注册方面，美国、日本和德国这三大工业国家依然处于领先地位，当前最大的挑战来自中国和韩国这样的新兴国家。单从绝对数量方面看，自2001年以来，中国申请者申报的跨国专利比英国和法国要多得多（图3-31）。但是，在高值技术领域，近年来中国和韩国的指标却呈现出急剧下滑的趋势（图3-32）。

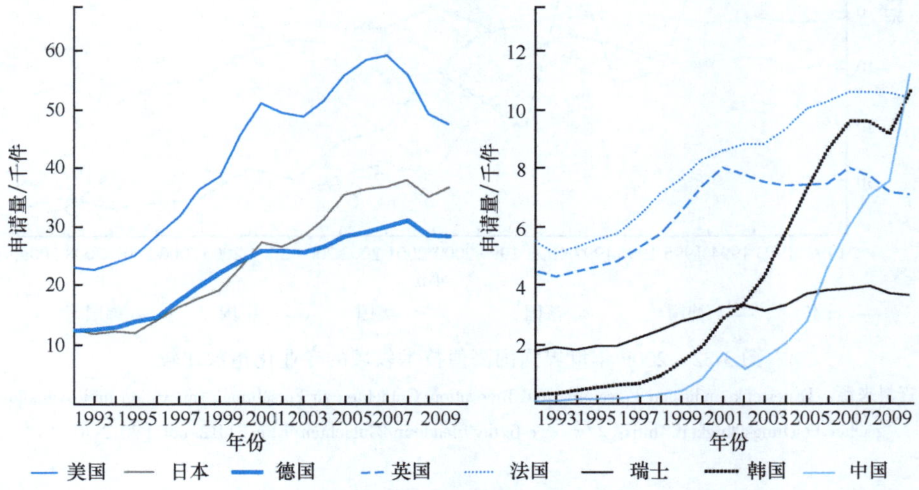

图3-31　世界强国跨国专利申请量增长比较（1993~2009年）

资料来源：Expertenkommission Forschung und Innovation. Gutachten zu Forschung, Innovation und technologischer Leistungsfähigkeit 2012. http://www.e-fi.de/fileadmin/Gutachten/EFI_2012.pdf[2012-10-11]

图3-32的"专业化指数"是根据所有跨国申请的国际专利总数计算出来的。正值或负值说明了与国际平均值相比表列国家在相关领域里所处的地位及影响。

国际比较显示，日本专业化程度正越来越高，而德国则在高值技术领域表现出相对强劲的专业化趋势。德国在高值技术领域取得的成功，首先要归功于其传统工业中的汽车制造业、机械制造业和化学工业。值得注意的是，中国、韩国和美国在高值技术领域专业化国际比较中所处的地位是十分尴尬的，并且不得不借由其在尖端技术领域专业化方面所取得的成功来谋求一种平衡。诚然，德国在尖端技术领域专业化方面所处的地位也是很不理想的，而且，无论是在尖端领域还是在高值领域，依旧落后于日本（图3-33）。

对于一国的国民经济而言，其创新能力首先取决于专利的规模（专利的绝对数量）或强度（每百万人在职人员的专利申请总件数——国际通行的专利强度指标）。因此，诸如瑞士、瑞典和芬兰这样的小国，也能立足于技术

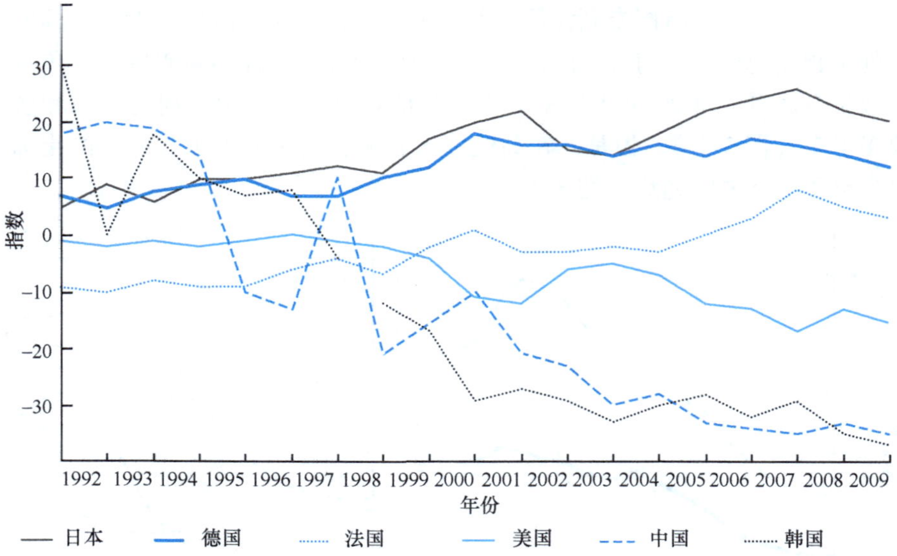

图 3-32　2009 年世界强国高值技术领域的专业化指数比较

资料来源：Expertenkommission Forschung und Innovation. Gutachten zu Forschung, Innovation und technologischer Leistungsfähigkeit. http://www.e-fi.de/fileadmin/Gutachten/EFI_ 2012.pdf [2012-10-11]

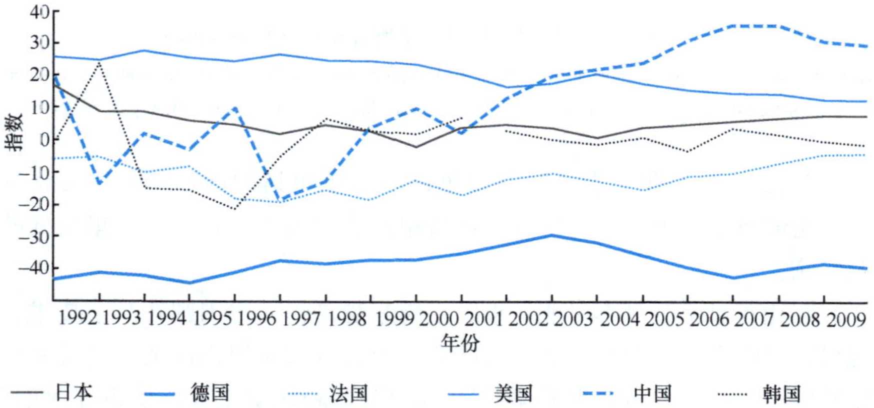

图 3-33　世界强国尖端技术领域的专业化指数的比较（1992～2009 年）

资料来源：Expertenkommission Forschung und Innovation. Gutachten zu Forschung, Innovation und technologischer Leistungsfähigkeit. http://www.e-fi.de/fileadmin/Gutachten/EFI_ 2012.pdf [2012-10-11]

取向国家的行列，并位列三甲；而德国和日本却只能退居第四位和第五位。实际上，德国的专利强度在 2008 年还位居世界第三，在 2009 年被芬兰超越了(表 3-26)。

表 3-26 2009 年高技术领域跨国申报专利的国际比较（增长率参照系：1999 年为 100）

国家	绝对量	强度	高技术强度	总增长率/%	高技术强度增长率/%
瑞士	3 644	804	389	126	130
瑞典	3 339	740	352	112	114
芬兰	1 808	736	319	96	96
德国	28 321	730	362	118	115
日本	36 707	585	334	161	163
韩国	10 650	453	236	583	598
荷兰	3 810	443	211	120	108
法国	10 405	395	200	125	129
美国	47 529	340	197	104	104
欧盟 27 国	70 169	322	156	121	119
英国	7 125	247	122	97	95
意大利	5387	234	99	127	128
加拿大	3 410	202	99	145	125
中国	11 253	14	6	1 488	968
全球总数	194 737			136	135

资料来源：Expertenkommission Forschung und Innovation. Gutachten zu Forschung, Innovation und technologischer Leistungsfähigkeit 2010. http://www.e-fi.de/fileadmin/Gutachten/EFI_2010.pdf[2010-02-25]

（四）技术贸易

目前，德国是世界出口的亚军，2009 年进出口总额达 14 822 亿欧元，顺差为 1 342 亿欧元，国民经济的外贸依存度高达 60%。在技术贸易方面，尤其是在高新技术出口方面，德国也是主要的输出国之一，全球排名仅次于美国和日本。

在专利持有人方面德国同样仅次于美国和日本，排名世界第三。科学界与经济界的紧密合作，成为德国在国际市场上取得成功的重要基础。尤其是弗朗霍夫协会的经济收益已占其总预算的 34%，从而成为欧洲研发机构的典范和标准。2010 年，德国大学外研究机构签署的新专利权协议总计为 874 项，比 2009 年增加了 29%。

德国是最大的国际合作研发经费支出国之一，同时，也是最大的技术出口国。总的来看，德国在与欧洲和中北美洲及亚洲伙伴的技术贸易中均实现了“顺差”。2008 年，德国技术贸易的顺差由 2004 年的 7.57 亿欧元增长到了 29.58 亿欧元，几乎净增了三倍。

德国将技术贸易划入服务贸易范畴，由联邦银行（央行）负责统计。按照统计口径，德国的技术贸易主要包括专利许可、研发、工程技术服务和软件数据等四项内容。根据德国联邦银行 2010 年 7 月发布的最新数据，德国技术贸易进出口总额已经从 2006 年的 574 亿欧元增长到 2009 年 738.55 亿欧元，其增幅达到了 28.67%；其中，专利许可进出口总额从 129.95 亿欧元增加到 201.09 亿欧元，其增幅更是达到了 54.74%（表 3-27）。

表 3-27　德国技术贸易进出口总额增长趋势　（单位：亿欧元）

类别		2006 年	2007 年	2008 年	2009 年
技术贸易总计	进口	269.74	292.18	305.19	334.17
	出口	304.26	329.95	374.62	404.38
	差额	+34.52	+37.77	+69.43	+70.21
专利许可	进口	74.45	81.13	86.43	102.33
	出口	55.50	59.21	69.27	98.76
	差额	-18.95	-21.92	-17.15	-3.57
研发	进口	48.31	53.19	53.09	62.67
	出口	68.89	75.37	82.93	81.26
	差额	+20.57	+22.18	+29.83	+18.59
工程技术服务	进口	73.30	71.40	72.26	81.64
	出口	100.43	103.20	117.61	120.30
	差额	+27.13	+31.80	+45.35	+38.66
软件数据	进口	73.68	86.46	93.41	87.53
	出口	79.44	92.17	104.81	104.06
	差额	+5.76	+5.71	+11.39	+16.53

在提升创新能力方面，特别卓有成效的是：以出口为导向且注重强化研究与知识的工业产业（如运输工具与机械制造业、电子工业、化学与制药产业），其新产品的销售额比例为 9.2%；强化知识的服务业（如电子数据处理/电信、工程师办公室、研发服务提供商、企业咨询、宣传等），其新型服务的销售额比例为 4.4%。因此，德国企业在国际市场上的强大阵地，不仅基于其成本优势，而且更基于突出的创新部分。这一突出的创新部分确保了国内的繁荣昌盛和更多就业岗位，同时也协助政府克服了当今世界所面临的重大挑战。“德国制造”的技术不仅有助于控制气候变化和保护资源，而且还在更持久地塑造着“德国经济贤人”的形象。

2007~2009 年，德国技术密集型产品（包括机电产品、运输设备、化学产品、光学、钟表、医疗设备、塑料、橡胶等产品）的贸易竞争力指数都在0.20以上，具有较强的比较优势和国际竞争力，德国成为该类产品的净出口国；反之，劳动密集型产品（如纺织品及原料）的贸易竞争力指数则是负数，国际竞争力较弱，德国成为该类产品的净进口国；同时，德国初级产品（食品、饮料、烟草）贸易竞争力指数接近于0，进出口基本保持平衡。

在环境技术的出口方面，德国的世界市场占有率达18%。德国的环保产品以技术含量较高的高端解决方案占主导地位。另外，在新材料研发方面，德国也处于国际先进行列，与新材料研发相关度较高的研发集约型产品占世界市场的份额也高达18%，所涉及的产业主要是汽车制造业、机器制造业、电子产业和化工产业。在研发费用占生产总值的比重为8.5%以上的尖端技术领域，德国产品占世界市场的份额为9.3%（表3-28、表3-29）。

表3-28　重要国家研发集约型产品进出口贸易显性比较优势指数*

年份	德国	法国	英国	意大利	丹麦	瑞典	芬兰	欧盟14国	瑞士	加拿大	美国	日本	韩国	中国
研发集约型产品														
1995	22	3	8	-22	-28	-10	-45	-8	14	-18	13	63	1	-80
2000	13	6	14	-24	-11	-1	-11	-1	11	-11	16	50	0	-58
2005	10	8	16	-28	-6	-1	-16	3	17	-13	21	47	19	-37
2010	13	10	17	-23	-3	-11	-21	3	21	-16	5	42	-	-39
高值技术产品														
1995	36	0	2	-14	-26	-13	-60	-5	29	-12	-2	91	-10	-92
2000	32	4	14	-14	-9	-9	-64	3	29	-11	-3	96	0	-72
2005	28	9	8	-19	-2	-3	-49	7	23	-12	4	88	12	-54
2010	30	4	20	-10	-10	-4	-24	8	18	-18	10	75	-	-56
尖端技术产品														
1995	-23	11	13	-53	-32	-6	-20	-16	-32	-39	33	20	18	-54
2000	-27	8	15	-57	-15	10	19	-8	-32	-12	39	-10	0	-43
2005	-36	6	3	-66	-15	4	26	-6	3	-17	48	-18	27	-29
2010	-33	21	10	-82	-14	-30	-11	-9	30	-10	-4	-31	-	-23

* 显性比较优势指数（revealed comparative advantage，RCA）又称出口效绩指数，是分析一个国家或地区的某种产品是否具有比较优势时经常使用的一个测度指标。该指数的含义是：一个国家某种出口商品占其出口总值的比重与世界该类商品占世界出口总值的比重之间的比率。RCA>1，表示该国此种商品具有显性比较优势；RCA<1，则说明该国商品没有显性比较优势

资料来源：Expertenkommission Forschung und Innovation. Gutachten zu Forschung, Innovation und technologischer Leistungsfähigkeit 2010. http://www.e-fi.de/fileadmin/Gutachten/EFI_2010.pdf[2010-02-25]

表 3-29　世界重要国家研发集约型专业化产品出口显性比较优势指数

年份	德国	法国	英国	意大利	丹麦	瑞典	芬兰	欧盟14国	瑞士	加拿大	美国	日本	韩国	中国
研发集约型产品														
1995	13	-3	12	-32	-49	-5	-42	-11	5	1	24	37	2	-85
2000	12	2	17	-37	-36	1	-20	-7	1	1	21	33	8	-54
2005	11	0	10	-40	-29	-8	-20	-6	6	-9	18	28	18	-19
2010	14	9	11	-34	-32	-16	-41	-5	13	-12	10	27	-	-13
高值技术产品														
1995	32	0	2	-10	-39	-5	-55	-3	27	20	4	43	-15	-88
2000	33	6	7	-8	-27	-1	-63	1	27	19	2	47	-19	-73
2005	30	8	9	-13	-24	1	-51	5	20	10	5	42	-5	-73
2010	34	5	25	-5	-26	2	-27	10	20	3	16	47	-	-53
尖端技术产品														
1995	-46	-9	24	-97	-71	-4	-20	-27	-59	-49	55	27	28	-78
2000	-35	-10	25	-113	-55	-1	18	-20	-61	-39	39	1	34	-
2005	-36	-15	13	-122	-40	-28	19	-30	36	-58	37	-3	49	36
2010	-38	15	-22	-130	-43	-60	-73	-38	-2	-49	-3	-24	-	34

资料来源：Gutachtenzu Forschung. Innovationundtechnologischer Leistungsfähigkeit. 2010

科技资源是国家重要的战略资源已逐渐成为人们的共识。只有从全球战略竞争的角度配置科技资源，才能在战略上立于不败之地。分析、学习和借鉴德国在科技资源优化配置方面的经验，无疑会对促进我国科技资源的优化配置具有现实意义。

第四章

研究与创新政策

从狭义上讲，德国国家研究与创新政策的手段主要有 5 种：一是对公共研究机构的机构式资助，包括高等院校、其他公共的研究机构等；二是财政上鼓励研究，尤其是对工业界，包括直接财政鼓励研究和实验的发展资助计划，以及调整税率等；三是基础设施建设，即技术园区、促进技术中心等；四是加强和改进技术转移的措施，内容涉及纵向与横向合作计划、网络和媒介；五是教育与继续教育，包括大学、专科与高等院校、职业学院及职业继续教育等。而从广义上理解，手段也有 5 种：①创新管理，包括支持产业部门（或公共研究所）的组织调整、支持吸收能力和创新与研究咨询；②意识形成和科学顾问，内容涉及技术评价、展望与目标等，长期有效的憧憬和科学顾问委员会；③支持创新转换市场，包括风险资本，初创公司（start-ups）、公共需求和私人需求的影响；④规则、规章制度、政策措施，包括保护法、水平、标准、服务法等和创新友好的公共协调机制、规章制度和政策范围；⑤广泛政策范围的创新催化剂，包括竞争-社会-健康-消费者-能源政策。

一、研究政策向创新政策转化

为了保持和发展自身的科技优势，德国早在科尔政府时期，就采取措施积极推动科研战略从“研究政策”向“创新政策”转化。同时，联邦教研部主持召开了“知识社会研讨会”，提出了创造知识和发展知识经济的创新战略。其后，议会通过了《高校框架法》，使教育体制改革进一步向纵深发展，以提高高校的科研创新能力并取得人才竞争的优势。施罗德政府执政后，继续推行加强教育和技术创新的政策，提出了“动员全国的创造力，使德国人充分施展创造力”的口号，并许诺在 5 年内将教育和科研投资增加一倍，目标是超过日本，赶上美国，以期通过技术创新杠杆使经济、就业走出低迷的阴影。2010 年，默克尔担任新一届联邦总理后，完全承袭了其前任

“抓人才、促创新、发展经济、增加就业”的基本方针。

德国研究政策向创新政策转移的各项措施基本被公众接受，在实施过程中加强技术能力中心和能力网络的建设也得到公众的赞同，特别是得到了企业界的支持。德国在加强传统能力的同时正在加强新领域生物技术能力中心的建设。另外，德国的“硅谷”——德国东部德累斯顿微电子研究开发和生产中心正在形成。

自1999年以来，德国科技政策调整的目标主要集中在以下两点：一是加强德国知识生产的能力，提高其地位，重点是当前热门的技术发展领域；二是加强知识在实际技术能力和经济创新中的应用，将知识尽快转换到经济中去。在这一目标下，德国政府采取了一系列措施：①加强基础研究；②加强重点研究领域；③改进研究管理；④促进战略项目研究（主导项目计划）；⑤促进技术转让和创新企业的建立；⑥建立技术能力中心和技术能力网络；⑦有侧重地推动国际合作；⑧修改补充有利于技术创新的法律；⑨积极稳步地推行大学改革。

与研究政策相比，创新政策需要更宽广的视野和更频繁的不断适应。在研究政策向创新政策转移的方针指导下，德国政府特别重视并不断在社会舆论中强调以下4个要素：①人才资本的更新和扩充；②科研基础设施和体系；③科技管理，特别是科研机构与企业、研究与实践的结合；④一种在国际竞争中具有生机的、开放的、以技术创新为核心战略的企业结构。

德国政府从改革入手推动和发展科技创新：一是改革高校。1999年政府给高校增加了2亿马克（约1.02亿欧元）投资，主要用于建设与提高教学及科研方面的多媒体应用能力，创建与国际接轨的硕士制度及相关课程，在高校内创建企业型管理结构，高校成果转化等。二是改革科研体制。推动科研院所开展创新性结构改革；有效利用资金，大力资助生物技术、信息与电子技术、航空与航天技术、环保技术等战略重点科研项目；创建“战略基金”，支持国家级研究中心与非中心之间的科学家合作；建立科研与经济界合作网络，加快科技成果的扩散。三是大力扶持技术创新型中小企业。在1999年的预算中，用于中小企业的创新资助经费就达到了3亿马克（约1.53亿欧元），比上年增加10%。联邦教研部继续在小型高新技术企业参股，以鼓励社会资金流向这些企业。凡与中小企业科研相关的高校获得的资金也增加两成。为了促进中小企业的创办，联邦教研部还与证券公司及德国复兴信贷银行（KFW）共同开通了“创新市场”服务器，为科研人员与投资合作牵线搭桥。

研究政策向创新政策转移的核心问题是科学与经济的结合。对此，人们已充分地认识到科学与经济的结合和共同作用没有足够的自我控制能力，另外，技术创新过程的线性模式仍处于想象之中，即“基础研究—应用研究—技术创新—投入市场”是不现实的。不言而喻，由一个阶段进入另一阶段、由科学向经济毫无阻力的接力赛只有在神话王国才会出现。创新政策必须担负起更多的责任，要推动知识与能力之间相互作用，从而取得成功。现代技术创新要求政府必须经常不断地对国民经济创新体系的各个部门进行检查，检查它们自身的素质、检查它们的框架条件、检查它们之间的共同作用究竟如何，从而调整和改善有关政策。

面向21世纪，德国的中长期研究与技术政策的核心是：发展用于工业生产和服务行业的尖端技术，保证市场竞争能力；抓住机遇，加速信息化社会的进程；大力发展生物科学与技术，力争成为欧洲生物科技第一强国；保持在环境技术、能源技术和交通技术方面的优势，做到可持续发展并继续提高德国研究开发活动的国际化程度。同时，保持基础研究的高水平也是当前德国政府科技政策的重点之一。此外，联邦政府积极主持开展有关环境、生态和气候等多方面的预防性研究，大力支持信息技术、生物技术、核聚变、航空等具有长期战略意义的高技术领域的科学研究工作，力求在现有条件下全面提高德国的研究与技术创新能力，促进科研成果尽快实现工业化和商品化。

二、联邦政府的政策目标、优先权及相关举措

自1998年以来，研究与教育一直是联邦政府政策的重中之重：一方面体现在联邦政府用于研发的经费明显大幅度提高，仅联邦教研部提供的教育与研究经费，2004年比1998年提高了约34%，达到97亿欧元。此前，从1992年到1998年，联邦政府用于研发的经费下降了约6.7亿欧元；而从1998年到2003年，联邦政府用于研发的经费增加了约10亿欧元。另一方面体现在联邦政府采取了必要的改革措施，有目的地重点资助研究与创新。在2004年初，政府又与经济界、工会和科学界的代表签署了新的“创新伙伴计划”，目的是进一步改进德国各阶层的研究与创新系统，消除障碍，提升德国科学与经济体制的能力。

（一）联邦政府的政策目标及优先权

1. 资助有新市场的技术

新技术能催生新产品和工艺，并能确保未来劳动力市场的就业岗位。所

以，联邦政府对具有巨大经济潜力的关键技术给予强有力的资助，特别是生物技术、纳米技术、信息与通信技术和光技术等。从1998年到2003年，纳米技术领域研究项目的资助经费增加了440%，生物技术领域（包括国际资助）的资助经费增加了80%。在与之相关的技术范围内德国企业经济的增长及其市场地位的提升证明，联邦政府的研究政策不仅维持和扩大了经济界的技术能力，同时，也促使他们在全球竞争中形成了自己的特色。

2. 加强能确保未来的研究

研究应该服务于人类，有助于人类生活质量的提高，并能持续保障人类的生活基础——对其具有重要意义的研究领域是生命科学及可持续研究。面对这种背景，联邦政府提高了对相关领域的研发资助，并且确立了新的优先权领域：一方面是建设和加强"国家基因组研究网"（NGFN）的破译，着力推动5种最重要的常见病，即心血管疾病、癌症、神经系统疾病、职业病、肿瘤与炎症的研究；另一方面是通过了一项新的可持续经济"研究框架计划"。

3. 通过有利于创新的框架条件激励经济界的研发

企业，尤其是中小企业是支持国民经济从结构变迁到技术创新，以及创造确保未来的附加就业的主要推动者。就这一方面来说，联邦政府研究政策的目标尤其重视改善年轻企业和创新企业进行研究与创新的框架条件。因此，2004年初联邦政府开始启动了"创新与中等未来技术-高技术总体规划"，采取的一条重要措施是建立股份控股基金——它是与"欧洲复兴计划"（1970年）特种基金和欧洲投资基金（EIF）联合发起的。该项基金与私人投资者共同为创办高技术企业和年轻的技术性企业提供必要的融资支持。此外，联邦政府还通过了诸如"区域创业计划"（EXIST）和"种子基金"等资助计划。科学界有效地把技术转入经济界的前提是，建设使用公共研究专利的专业性中介服务机构，并尽量把中小企业都纳入到尖端研究的网络中来。

4. 使研究基地的结构更加现代化

德国研究体制的实际状况显示，鉴于日趋激烈的国际研究地位竞争，德国的研究与创新循环需要持续不断地高速发展。为了进一步加强德国研究基地建设并使之与这一发展协调起来，保持德国科学研究在国际上的竞争力，联邦政府采取了一些有针对性的措施。

如果彻底解除了对大学外研究机构的官方干预，强化他们自己的责任感和坚定不渝地接受竞争的立场，那么他们就会展示出推动研发所需要的原动力。采用编制预算和总预算相结合的方法，就引发了更多的灵活性和研究机构的责任感，例如，对马普学会实行了编制预算，对莱布尼茨科学联合会的下属机构则减轻了管理控制，并解除了对德国研究联合会的管制。同时，在上届立法会议的任期内，已经通过了一项重要的改革措施，把对德国亥姆霍兹联合会下属各研究中心的机构式资助，改为竞争性的、根据内容标准和指标评价的、面向具体科研项目的项目式资助；竞争、透明度及保证质量和效率，都属于向亥姆霍兹联合会提供联邦和所在州政府资助经费的基本原则。

此外，根据科学委员会的提议，联邦政府对研究体制进行了必要的重组，将数学和数据处理研究中心信息技术有限公司与弗朗霍夫协会合并，创造了欧洲最大的信息技术研究机构。

德国的高等教育事业也需要根本性的结构改革。德国虽然拥有许多优秀的高等院校和研究机构，但是缺乏能够辐射全世界和吸引世界精英的顶级大学。所以，联邦政府建议德国所有的大学都能参加与顶级大学、杰出集团和研究生院资助计划有关的资助竞争。联邦和州政府计划为这一竞争计划提供19 亿欧元的资助，其中联邦政府将承担75% 的份额。

对于联邦政府各部门的直属研究机构而言，今后也将进一步增加竞争性研究经费的份额，强化其地位。2004 年 5 月，联邦政府请科学委员会对联邦各部直属研究机构进行全面评估，目的是强化竞争这一基本特征，提高研究工作的质量和效率，以便更好地完成部门研究任务。

联邦政府坚决支持购置大型仪器以提高大型基础研究设施水平——包括HALO、德累斯顿州杜塞尔多夫强磁场实验室（新超高强场实验室）、X 射线自由电子激光器（X-FEL）、把 PETRA 指环加速器改造成 DESY 的现代同步辐射源，以及达姆施塔特重离子研究中心（GSI）的加速器分期扩建项目等，同时，联邦政府也希望推动德国研究基础设施加速实现国际化。

5. 强化科学与经济之间的合作

今天，研究与创新项目早已打破了传统的技术界限和研究阶梯，通常需要借助于学科交叉性的研究工作来完成，并且在其初期就呈现出基础研究与应用研究相结合的趋势。就其意义而言，科学成果和实施创新主要体现在与更多来自经济界的伙伴，或者来自经济界和科学界的伙伴，越来越频繁地在合作范围内共同拟订课题。联邦政府通过专项计划范围内的联合研究计划、网络（如国家基因组研究网或者其他能力网）计划，以及间接的经济界研发资助计划等来激励这种合作形式。

6. 加强对德国东部的研究

德国东部各州如今也已经具备了现代公共研究基础设施，能促进全世界认可的尖端研究，特别是自 1998 年以来，联邦政府以目标明确的资助措施指导性地推动东部各州开展贴近经济实际的研究。在联邦政府关于德国东部联邦州的创新政策中，以发展“地域性企业”（联邦教研部发起的德国东部州创新首创精神行动计划）为中心，制订了各种有针对性的资助计划，并支持当地各个集团联网，增强其创新能力。由于确立了共同的研发项目，加上有远见卓识的企业管理手段，这些集团创造了在市场上的竞争优势，并形成了地域性的经济和科学特色，包括创办新企业和提供适合需求的在职培训。诸如创新地区、增长核心、创新论坛和创新能力中心等，都属于“地域性企业”（unternemen region）。

7. 加快培养科学后备力量

杰出的研究要依靠卓越的研究人员，而研究人员则需要良好的研究框架条件。所以，联邦政府特别注重培养科学界的新生力量、培训专业力量和与德国研究机构捆绑在一起的顶级科学家。

本届立法会议在任期内责成联邦政府修改了服务法，消除了继续发展研究基地的障碍，使杰出人才能够灵活选择自己步入科学职业生涯的道路；明确了教授的额定报酬，特别是为科学新生力量独立负责教学与研究提供了必要的保障，以此积极推动德国的研究和技术发展。

联邦政府还竭力推动德国科学体制中资格评定结构的改革，目标是使研究人员尽可能提早开始其独立的科学研究活动。艾米·诺特授予博士学位的大学教师后起之秀计划，以及在服务法修改范围内引入“青年教授席位”等，都是科研人员晋升制度改革的典范。此外，联邦宪法法院（Bverf G）也判决《高校框架法》第五条无效，维持了对部分大学设立的“青年教授席位”的肯定性评价，“青年教授席位”形式是在2004年12月由德国联邦议院和联邦参议院一致同意并通过的新《高校框架法》修订条款之后决定继续采纳和推广的。对于科学界的新生力量而言，从2005年1月1日起，联邦政府又为他们在教学与科研中谋求早期独立性提供了必要的法律担保。这一改革过程必须由所有的参与者来进一步推动，以像保证德国高等院校的吸引力一样保证青年科学家的国际竞争力。

8. 鼓励妇女参与研究

妇女机遇平等不仅是社会公平的需要，也是成功建设知识社会的重要因素。联邦政府的目标是：在所有的社会领域中实现妇女机遇平等。政府鼓励年轻妇女扩大其职业选择范围，尤其鼓励她们朝着自然科学–技术教育与研究的专业方向发展，提高妇女在科学与研究领导岗位上的比例，支持她们创办企业。为此，联邦政府与享受机构式资助的研究机构共同签署了关于把联邦《男女平等权利法》的基本特征套用于这些机构的协议。由此，女教授的比例从1998年的9%提高到2003年的近13%，而取得青年教授席位的妇女所占比例在2003年达到了近30%。在数学/自然科学领域，2003年入学的大学新生中女生所占比例则达到了38.6%。

（二）增加科研投入的重要促进措施

1. 对大型科研机构的研究资助稳定增长

基础研究是整个研究体制的根基，如果没有基础研究，中期性应用研究的基础也就丧失了。在基础研究中保持知识连续增长的前提是培养出一代科学界的杰出的新生力量。所以，联邦政府认为基础研究具有重大意义，并促进在公共研究机构资助、项目资助和国际捐赠范围内的利用高效大型仪器的基础研究。

基础研究必须能够自由展开。所以，联邦和各州政府首先向从事基础研究的组织提供必要的公共研究机构式经费。德国研究基地的特征是多样化、高标准和多元化：高等院校的基础研究宽泛，联邦政府通过德国研究联合会给予其资助，以持续保证科学质量和竞争；马普学会和弗朗霍夫协会等科学组织要满足基础研究及经济界所需研究的高要求；亥姆霍兹联合会下属的大研究机构拥有特别的大型仪器和相应的科学家组使用的基础设施，并从事国家和社会的预防性研究，此外，在关键技术领域，也承担经济界提出的长期研究项目；莱布尼茨科学联合会旗下的研究机构致力于特殊课题的研究；联邦直属研究机构则在特定领域开展研究，目的是获得科学知识并使之成为执行政府职能部门任务的基础。

在许多领域，诸如人文科学，当然也包括自然科学基础研究的绝大多数领域，高等院校是基础研究的重要机构，所以，促进基础研究的前提是原则上由主管高等院校的州政府为高等院校提供适宜的基本配备。在共同任务范围内，联邦政府和州政府通过德国研究联合会为高等院校提供经费，为加强德国的基础研究作出了决定性贡献。2003年联邦政府为其提供的经费为7.625亿欧元(表4-1)。

表4-1 联邦政府对德国研究机构的经费支出情况（1990～2003年）

（单位：百万欧元）

年份	德国研究联合会	马普学会	莱布尼茨科学联合会	亥姆霍兹联合会	弗朗霍夫协会
1990	377.20	303.866	203.905	1372.317	185.734
1991	413.31	317.855	215.910	1430.379	210.153
1992	457.60	354.453	354.912	1514.708	266.132

续表

年份	德国研究联合会	马普学会	莱布尼茨科学联合会	亥姆霍兹联合会	弗朗霍夫协会
1993	497.41	369.403	391.747	1584.673	284.127
1994	537.86	382.870	409.155	1580.775	320.566
1995	575.71	406.108	400.120	1563.401	337.548
1996	605.50	417.349	405.037	1590.630	317.843
1997	623.40	424.352	394.955	1618.729	304.690
1998	642.74	442.211	393.213	1625.923	313.019
1999	677.47	464.069	396.969	1657.110	329.510
2000	679.86	479.094	406.967	1689.907	355.427
2001	700.23	507.208	411.320	1776.006	417.188
2002	737.17	524.412	404.880	1688.402	484.377
2003	762.52	524.492	406.859	1708.980	488.966

资料来源：根据联邦政府与四大机构相关资料整理

此外，联邦政府在其主管范围内资助大学外研究机构的基础研究。例如，为马普学会提供一半的经费（2003 年联邦机构式经费 4.68 亿欧元），原则上为莱布尼茨科学联合会科研机构提供一半的经费（2003 年联邦经费 2.43 亿欧元），并为亥姆霍兹联合会的项目计划提供资助经费（2003 年联邦经费为 14 亿欧元）。当然，这些经费中的相当一部分都是基础研究经费。

德国联邦教研部一贯支持研究机构的科学家创办企业。自 2000 年以来，仅通过“设法减轻脱离研究机构创办的企业的生存负担”（EEF）计划（计划经费为 950 万欧元）就扶植起了 66 家高技术公司，并为近 400 人提供了就业机会。联邦教研部前部长布尔曼表示，联邦政府也要以创业者精神来促进德国经济发展和创造就业机会。马普学会和莱布尼茨科学联合会也将把联邦教研部资助计划的经验引入对其旗下创办企业的资助。联邦教研部还将为创办年轻的技术性新企业的科学家在创业者论坛上进行经验交流提供约 28 万欧元的资助经费。

2. 继续执行德国高等院校“杰出计划”和大型科研机构“研究与创新公约”

2005 年 6 月 23 日，德国联邦和各州政府在柏林通过了高等院校“杰出计划”和大型科研机构的“研究与创新公约”。联邦教研部前部长布尔曼称，由联邦政府发起的这两项计划是德国创新政策的一大成就，她说：“在联邦和州政府之间签署的这两项决议，为今后 10 年的科学与研究创造了可信赖的条件。”该协议的内容是：选拔并扶持 10 所杰出大学，新建 30 多个杰出研究机构和 40 多所研究生院，在 2006 ~ 2011 年这 6 年间，“杰出计划”

总资助经费为19亿欧元，资助顶尖科研课题研究。截至2010年，德国各大科研机构经费每年递增3%以上。

1）德国高等院校“杰出计划”的实施

经过联邦与州政府长期协商后，2005年6月23日，德国高等院校“杰出计划”开始实施。根据这项计划，联邦和州政府将为加强大学的尖端研究提供经费，具体资助路线有3条，即研究生院、杰出中心和杰出大学。相关的资助程序是由德国科学委员会和德国研究联合会共同制定的。各高校需通过竞争的方式获取资助。在精英创新的竞赛中，一批国际性突出、顶尖级人才云集的机构脱颖而出，德国作为科研基地的地位将长期得以巩固，其国际竞争力也得以持续增强。

在校外大型科研机构资助方面，德国研究联合会于2005年6月公布了资助启事，评审委员会成员名单在7月份揭晓。9月12日，德国联邦教研部为“精英创新行动——为德国打造一流大学”竞赛活动批准了第一笔经费，总计7.14亿欧元。其中7.11亿欧元拨给德国研究联合会，另外300万欧元由科学院支配。这两个机构负责接受由德国高校递交的研究生院、杰出中心及“大学顶级科研计划方案”的资助申请。2005年秋，来自不同国家的科学家们对提交的所有申请进行评估与初选。

入选“杰出计划”的每所大学每年都能得到大约2100万欧元的资助，其中包含研究生院和杰出中心的经费。如果某所高等院校有若干个杰出中心和研究生院，资助总额也将明显高于一般水平。“杰出计划”资助方式旨在尽可能地把研究资助经费集中于德国最优秀的大学。高等院校“杰出计划”除了顶级大学外，还要贯彻另外两条资助方针：一是培养科学界新生力量——重点是研究生院，年资助名额为40所，资助经费为每年100万欧元/所；二是应该资助杰出的网络，以期促进大学和科学组织加强研究合作，资助名额为30个/年，资助经费为每年650万欧元/个。

“杰出计划”的目标是建设具有国际辐射力的科学中心，包括研究生院、杰出网络和顶级大学。德国高等院校试图通过建立新的研究生院来培养未来的世界尖端研究新生力量，并希望杰出中心加强联网研究并产生足以引起国际关注的研究重点；联邦政府每年为大约30家研究网络提供1.95亿欧元的资助，以期这些杰出中心可以使卓越的研究人员聚集在一起。

第一轮德国高校“杰出计划”的招标审查阶段，德国研究联合会和科学委员会共收到了319份关于研究生院、杰出中心和扩大尖端研究的杰出大学设计申请草案，有关人士称赞它们普遍达到了很高的水平。第一轮招标的初审结果在2006年初产生，并于当年秋季复审后作出资助决定。第二轮招标计划于2006年5月开始，2007年秋季作出资助决定。

“杰出计划”竞赛活动意在推动德国高等院校实现新的突破——在战略上和未来取向上进一步发掘和发挥高等院校的整体研究潜力。

德国研究联合会和德国科学委员对收到的申请草案进行实质性审查，专门设立的国际专家委员会首先从中筛选出约占1/4的杰出中心申请草案和各约1/2的研究生院和杰出大学设计方案，并要求入围者再递交一份详尽的设计方案。其后，经过再一次鉴定，公布首批获准资助的项目。

2）“研究与创新公约”确保德国大型科研机构经费每年递增

“研究与创新公约”的目标是持续提升德国的研究地位。在“研究与创新公约”中，德国联邦和州政府允诺：在2010年之前，每年为大型科研机构（诸如马普学会、德国研究联合会、弗朗霍夫协会和莱布尼茨科学联合会）增加3%的资助经费——仅此一项，2006年的预算就增加了1.50亿欧元，重点是强化研究机构的竞争、深化科研联合和更好地培养青年一代，支持他们进一步提高研究能力并拓宽研究范围。该公约的首要目标是要为杰出的青年科学家开辟步入科学生涯的机遇，使他们得以灵活地、非常规地开始新的科学研究活动。根据公约的规定，大型科研机构可以跨越组织界限实现联网，并通过强有力的竞争方式资助杰出的青年科学家。联邦教研部前部长布尔曼称赞新公约为德国未来的研究作出了决定性的贡献，并宣称联邦政府将以高等院校“杰出计划”和大型科研机构的“研究与创新公约”开始一个为期10年的新创新时期。从2011年起，“研究与创新公约”每年为这些科研机构提供的经费递增5%。

马普学会、弗朗霍夫协会、亥姆霍兹联合会和莱布尼茨科学联合会等德国大型科研机构，以及作为资助机构的德国研究联合会将在日后得到有力的财政计划保障。而科研机构则有义务通过更好的科研成果、更多的科研合作和更有力的科研新秀扶植工作来提高质量、效率和科研水平。

联邦教研部前部长布尔曼认为，“研究与创新公约”将为德国科研在全球竞争中创造更好的机会。布尔曼强调说，当前的要务之一是在“研究与创新公约”范围内继续推行成功的EEF①模式。为此，亥姆霍兹联合会将为脱离亥姆霍兹研究中心而独立创办新企业的科学家提供最高为10万欧元的补贴费用（“EEFII”计划）。同时，弗朗霍夫协会将以“弗朗霍夫资助生存创业”（FFE）的名义开始启动相应的支持创办新公司的资助措施。

①由德国联邦教育和研究部发起的EEF基金（Erleichterung von Existenzgründungen aus Forschungseinrichtungen，EEF-Fonds）

3. 强化创新领域的资助重点：主导项目和竞争

根据科学技术的目标、项目期限、研究领域的特殊需求和当前的发展趋势，联邦政府除给予机构式资助外，还制定了各种不同的研究促进手段。为了确定重点内容，在研究资助中实行专项特别资助计划已经被证实是适用的和有效的。为了能灵活仔细地研究当前的发展趋势，并区分和阐释具体研究领域，通常会为计划项目提出期限较短的资助重点。此外，联邦政府还推出了研究主导项目及指导性规划，目的是组织比迄今更大的、与经济界联合研究的学科交叉项目和捆绑研究与经费能力。通过公开发布有关的资助重点和其他资助措施，在竞争程序基础上进行的资助已经越来越多，这就确保那些最好的、与资助重点的目标和标准相符的计划得到资助。主导项目及与之相关的设计时常能够在一个或若干个计划范围内获得资助，同样，这些项目也主要以竞争的形式公开招标。此外，联邦政府还针对中小企业和创办的技术性企业推出了一系列间接研究资助计划。

联邦政府新技术研发政策有两大目标：一是通过新技术创造未来有保障的工作岗位；二是通过新技术应用解决社会问题。联邦政府把信息与通信技术、生物技术、新材料技术、现代制造技术、激光技术、微系统技术、纳米技术和交通技术确定为21世纪确保德国经济增长、福利与就业的关键技术。在2004年启动的这场“创新攻势”中，联邦政府把研发工作的重点集中在重点创新领域。重点创新领域是指那些涵盖整个增值链的、对发展国民经济具有重大潜力的、对经济增长和创造就业有拉动作用的创新领域。通过这些重点创新领域的研发，一要使现有的优势更强，二要确保占领新的市场。因此，作为基础技术和众多领域增长发动机的信息与通信技术仍是资助的重点，将更注重与其他技术的结合及与应用的集成（如汽车、机器、服务业）。为确保和扩大现有的市场，微系统技术、激光技术、新材料技术和现代制造技术也是资助重点。为了开发新的经济增长领域，纳米电子技术和纳米材料是资助重点。联邦教研部与科技界、经济界已经共同确定出一批重点创新领域，其他的还正在进一步确定中。此外，通过新技术解决社会问题的研发项目也属于资助重点范围。

三、21世纪前5年联邦政府的创新政策

2004年初，联邦总理施罗德向社会各界发出了联邦政府与科技界、经济界和工会建立创新伙伴关系并推行创新计划的倡议。因此，联邦政府启动了一项有关“科研、教育和职业培训的创新”改革计划。所以，2004年是德国科技

发展面临重大转折和新机遇的一年，主要表现在：以创新振兴德国已达成广泛共识；科研体制改革力度不断加大；科研机构经费稳定增长；研发项目资助面向创新重点强化；持续培养、创新能力、吸引顶尖人才成为当务之急。

（一）制定创新战略目标与政策

德国2004年宣布的创新战略目标是：成为纳米技术产品头号出口国；成为创新产品、创新服务的主要出口国；建设新一代互联网；研究大脑思维，提高生活质量；实现交通智能化。为实现这一战略目标，德国联邦政府制定了相应的创新政策：

（1）重点支持有良好应用前景的技术领域并开展早期研究，加强与公众对话，以期得到公众对新技术的认同。

（2）继续开放国内外市场，完善必要的法律法规，支持经济界利用新技术开发市场，在研究和创新政策中突出未来关键技术的重要地位。

（3）调整双元制职业教育和高等教育内容，开辟有吸引力的职业教育新途径，提高对国内外顶尖科技人才、年轻科研人员的吸引力。

（4）保护和发展自主创业文化，鼓励学校设置相关课程，鼓励大学、研究人员创建企业，推动风险投资市场发展。

（5）根据中型企业实际需求调整政府创新政策，结合政府资助计划并通过适当的项目支持中型企业开展技术引进。

（6）推动高校和科研机构的应用研究成果转化，在确保政府委托研究项目的前提下，根据市场需求调整研究方向。

（7）支持产学研共同参与的研究和创新合作网络建设，吸收产业部门参与研究资助系统评估，并对资助结构进行相应调整。

（8）鼓励就未来技术建立区域技术协作中心，鼓励区域性创新互动，对经济薄弱地区给予资助倾斜，形成极具潜力和区域辐射作用的科技增长点。

（9）支持企业开展国际合作，鼓励科研机构将国际合作作为其发展战略的组成部分，采取优先资助措施，提高德国作为国际研究、创新基地的吸引力。

（二）加强教育与研究投入，提升自主创新能力

推进在职教育、扶持创新和促进东部的科技与经济发展，始终是德国政府的基本国策之一。在职教育不仅关乎国民素质，还与增加就业有着密切的关系；而发展东部的科技与经济则关乎国家的稳定和国民的切身利益；创新，不仅能够带来经济增长，促进就业，同时，也大大拓宽了在职教育的范围。2005年，德国联邦政府以提升自主创新能力为目标，推出了一批旨在改

革在职教育、实施“杰出计划”与“研究与创新公约”和加强东部创新攻势的重要措施。

1. 通过改进在职教育新计划实现职业教育改革与创新

德国在职培训是从20世纪70年代开始的，通过多年的摸索和改革，职业培训已经实现了现代化和时尚化。近年来，联邦政府新设置了180多个新职业培训科目，并使半数以上的在职年轻人学完了职业培训课程。此举使德国经济界今后专业力量的接班人有了可靠的保障。

2005年4月生效的新《职业教育法》，使德国现代职业教育体制在提高迈向未来能力的改革中跨出了重要的一步。德国联邦内阁在其会议上商定了一项有关改进在职教育的新项目计划。联邦教研部前部长布尔曼强调说，我们要继续目标明确地改善年轻人受教育的可能性。这关系到捆绑力量，尤其是在结构薄弱地区首先是赢得企业的培训岗位。联邦教研部为此提供了8000万欧元的资助。对新联邦州而言，要把新资助措施与改进资助条件相结合。新资助计划有利于在财政和结构上明显地优化联合培训资助。同时，联邦教研部还将以一项新设想和增加相关资助来保证由联邦政府和经济界上年通过的“国家培训协定”（中长期计划）所取得的成就。该部长认为，该计划的成败主要取决于经济界的义务，他们必须履行自己的承诺。

为了顺利实现德国教育市场的结构调整，德国联邦教研部决定从2005年起到2010年，追加1亿欧元的专项资助经费。联邦政府希望借助于250多个项目争取更多的企业重新参与在职培训工作，并通过培训工作大力挖掘各部门的增长潜力——尤其是创新技术，诸如生物技术与纳米技术、光学技术和微系统技术的潜力；同时那些没有能力开展在职培训的企业，也可以通过联合创新模式参与新的企业培训。联邦教研部将根据当地的实际需求来支持企业和地区在职培训的发展。布尔曼还说，现实表明经济界再也不能放弃企业培训机会了。此前，参与在职培训的企业尚不足1/3，倘若参与培训的企业能够达到40%的话，那么在德国就不存在培训问题了。

2. 继续推进“职业启动”计划

“职业启动”计划寄希望于一些地区性的培训计划，即能面向需求的并能伴随经济结构变化而灵活改变的培训计划。该培训计划应该保障企业专业力量的必要的、有效的增长，借此推进有质量结构的、确保企业可持续发展的接班人的培养。政府通过该项目经费资助促进了培训工作的地区化发展，任何企业都可以向政府申请为期两年的、不低于30万欧元的培训项目资助。为了迎接整个德国培训市场的挑战，德国联邦政府取消了东、西部培训计划的差别，并设立了4个更贴近市场的办公室，以确定当地的需求并与波恩的中心计划处共同给予相应的支持，同时，还要求各地区增强自己的责任感。

“职业启动”计划结合了迄今联邦教研部所有独立培训计划的优点，在课题与经费上都进行了扩充，重点是创建新的地区和课题培训联合会与网络，此外还涉及培训训练、外部培训管理和鼓励培训岗位的改进等。另外，在全德开展新职业培训启动活动，也有助于促进地区增加对培训项目的资助，并有可能赢得外国企业家的资助或者设立新的培训基金。该计划支持开辟新的培训形式，加强学校和通行协会，以及与周边国家的临界培训。

此外，常驻德国的外国企业能够创造众多附加的培训岗位。联邦教研部前部长布尔曼指出，外国企业在培训岗位方面有巨大的潜力，因此，我们必须使更多的外国企业家相信企业培训的优势。由于联邦教研部开展了许多相关的活动，仅在近 4 年里，常驻德国的外企就创造了约 5700 个附加培训岗位。2004 年秋季创立的“培训岗位活动”计划已经为此作出了重要贡献。联邦教研部、德国工商业总会和 14 个德-外企业联合会参加了这项计划，目标是提高外企参与培训的数量。2003 年，德国所有企业参与岗位培训的比例达到了 23.4%，而外企仅为 6%～15%。而联邦教研部的“培训结构计划”（STARegio）则特别支持外企创造新的培训岗位。为此，教研部专门启动了约 180 万欧元的新项目。

由联邦教研部资助的外企培训协调处（KAUSA）与更多的外企建立了联系。KAUSA 也组织了由联邦教研部和德国工商业总会启动的全德“伊斯兰教寺院积极培训”活动。此前在德国，愿意参加一年期在职培训的外国青年人仅占 27%——并且其中的 37% 不能坚持到培训结业，而德国企业中约有 60% 的年轻人渴望得到在职培训（不能坚持到培训结业的仅占 11.8%）。

不过，根据联邦职业教育研究所 2005 年培训岗位回顾，新订立的培训协议数量仍然出现了下滑迹象。因此，2006 年联邦教研部新任部长莎宛要求迅速扭转这一消极趋势，在 1 月 30 日的相关会议上就公约的具体内容与措施达成共识。对此，联邦教研部将采取各种不同的措施和计划来支持和确保提供更多的培训岗位，其中，仅联邦教研部的新“职业启动”计划资金就达 1 亿欧元——资助有关改进地区培训结构的创新项目和增加培训岗位。启动这一计划的宗旨是要为德国的年轻人提供更多的教育机会。该计划的目标是，促使各地区更好地关心年轻人并为他们提供培训岗位，优化各地的培训教育结构，以及为尚未开展培训的企业提供培训机会。迄今，通过“职业启动”计划的捆绑、整合和工作范围的扩大，德国的职业培训工作已经取得了显著成就，并使德国东、西部分别执行的培训计划结合成一个整体。

相关促进措施已经在较大的地方性项目范围内实施，同时，“职业启动”

计划还顾及了已经生效的《职业教育法》的改革重点：促进培训形式的创新，加强学校和协会的合作及与周边邻国的合作。

四、“创新伙伴”计划

（一）计划出台背景

创新是德国人民未来富裕和就业的基础，这已成为最广泛的共识。开发创新的产品和服务及开辟未来的市场，要求经济界、科技界和政府密切协同努力。为此，2004 年，施罗德邀请来自科技界、经济界和工会的共 17 位代表人物到总理府就如何落实政府的创新计划进行磋商。与会代表一致认为，创新是德国人民未来富裕和就业的基础，并一致同意为落实创新计划建立创新伙伴关系。随后，他们又就创新伙伴的具体任务和目标进行了磋商，确立了 5 项任务和目标，并发表了“创新伙伴”（Partnerschaft für Innoration）声明。在 2004 年 7 月的聚会上他们又商定了一些具有示范性质的项目，并商定在 2005 年提出一个创新议程。

把 200 多家知名企业、联合会和研究机构聚集在一起的“创新伙伴”计划，则捆绑了德国的创新精英，以进一步发掘德国的技术潜力并续写德国的创新历史。

参与“创新伙伴”计划的成员必须既富有科学技能，又富有战略远见，能够凭借自己的经济与技术实力，使有远见卓识的创意尽可能地以最快的速度转换成为有市场竞争力的产品。

“创新伙伴”计划的工作已在 2004 年全面启动，每个创新伙伴都为此提供人力和财政资源。民意调查显示，87% 的民众认为政府这个创新计划很重要。欲提高在国际竞争中的地位，德国必须做些什么？经济界和科学界必须在哪些方面加强合作？政府必须在哪些方面继续改进框架条件？德国又需要企业在哪些方面给予更多的投入？为了解决这一系列的主导性问题，每个伙伴既要提供人力资源又要提供财政资源。所有创新伙伴计划成员被分成了 13 个专业组，每组有 10 ~ 15 个伙伴成员，他们致力于把有前景的具体创意完善为丰富多彩的课题，并开展学科交叉性的创新项目研发活动；弗朗霍夫研究所则负责协调由经济界、政界、科学界和其他社会团体推荐的技术需求解决方案和创新建议。

（二）“创新伙伴”计划的任务

“创新伙伴”计划是由德国经济界、科学界、政界和工会联合倡议的。

该计划的宗旨是要在德国创造一种全新的创新氛围。300多位专家分15个专业组拟订了使德国处于技术领先地位的各种领域的、具体的创新项目，而“高技术创业基金”就是支持“创新伙伴”计划的“风险资本”项目。

2005年8月29日，德国经济部部长Clement在其主持召开的新闻发布会上宣布，由德国政府推动的、由德国复兴信贷银行与巴思夫公司、德国电信和西门子公司等民间企业共同成立的“高技术创业基金”正式开始运作。在其后5年里，该基金将为相关项目提供总额为2.62亿欧元的创新资助经费，其中仅联邦预算投入就高达2.40亿欧元。

“创新伙伴基金”给予企业的第一次资助经费最高不会超过50万欧元，企业创始人获取该项资助的前提是，必须能够融合一定的自有资本和次级贷款——创始人的出资额不得少于总投资的20%（新联邦州和柏林的创始人不得少于10%）。该基金也适用于利用联邦教研部的“种子基金”和EXIST-GO资助计划准备创业的未来创始人。

“创新伙伴”计划的任务有以下7个方面：

（1）确定德国未来的市场并就开发这些市场的共同举措达成一致。联邦政府将通过明智的法律规范和面向创新需求的政策，支持经济界在未来这些市场上保持技术领先的努力。

（2）确保“德国制造”这一品牌。要为“德国制造”这一品牌注入新的活力，使其在知识经济社会仍然是世界公认的质量标志。坚决反对欧盟委员会通过“欧洲制造”取代“德国制造”意见。

（3）建设新的创新文化。要利用联邦政府推动开展的“科学年”活动，唤起全民对科学研究的理解和热情，让公众更强烈地意识到科学和社会彼此的责任。

（4）创新从娃娃抓起。要通过开展面向青少年的项目，尽早唤起他们对自然科学和技术的兴趣，努力扭转自然科学和工程科学人才后继乏人的局面。

（5）积极投身教育改革。教育制度的质量决定着德国在未来世界的地位。因此，德国需要改革整个教育链条。创新伙伴将积极参加这场改革。改革的一项特别任务就是扩大照看儿童和促进儿童早期发展的能力。

（6）充分发挥人力资源特别是妇女的潜力。在人口增长停止甚至下降的背景下，将有创造力的人力资源闲置，是社会无法承受的代价。因此，创新伙伴要共同改善外部条件，让家长能兼顾职业和家庭，协调发展。同时，要充分利用年龄较大雇员的知识和经验。

（7）争取欧盟政策的配套支持。

“创新伙伴”计划的 4 项具体任务是：

（1）建立创新办公室，该办公室已于 2004 年 4 月 1 日开始工作，设在弗朗霍夫协会的劳动经济和组织研究所。

（2）企业界的创新伙伴要致力于使经济界明显增加对研发的投入，支持联邦政府系统地削减各种补贴的计划，以便把这些资源用于对未来的投资。

（3）加强对高科技企业创业者的资助力度。截至 2010 年，联邦政府将通过各种基金共斥资 5.4 亿欧元，支持高新技术企业创业者。经济界的创新伙伴将向创业者提供有经验的顾问和“商业天使”（私人风险投资家）。

（4）促进企业对学校的对口支援，创建新的创新文化。企业界的创新伙伴将利用自身的条件，为尽可能多的学校争取到企业的对口支援。通过企业的辅导，青少年可以了解经济的内在联系、最新的技术和将来的社会发展，尽早激发孩子的好奇心和发明精神。

德国政府的创新与技术政策特别重视经济界、科学界和政界之间的交流，并竭力促成创新网络参与者通过紧密合作把各种创意和方法转换成市场成熟的产品。为此，2006 年 4 月 4 日由联邦总理主持了“创新伙伴”会议。这次会议的目的是要求那些已经建立了合作关系的“创新伙伴”制定出近两年内的创新计划及与之相应的创新项目。尽管未来的“创新伙伴”也将发挥重要的作用，但是，已有的创新伙伴要尽快从“项目制定阶段”中走出来，迅速进入“项目实施阶段”。会后还在内阁中设立了创新办公室，其组织结构及职责范围参见图 4-1。

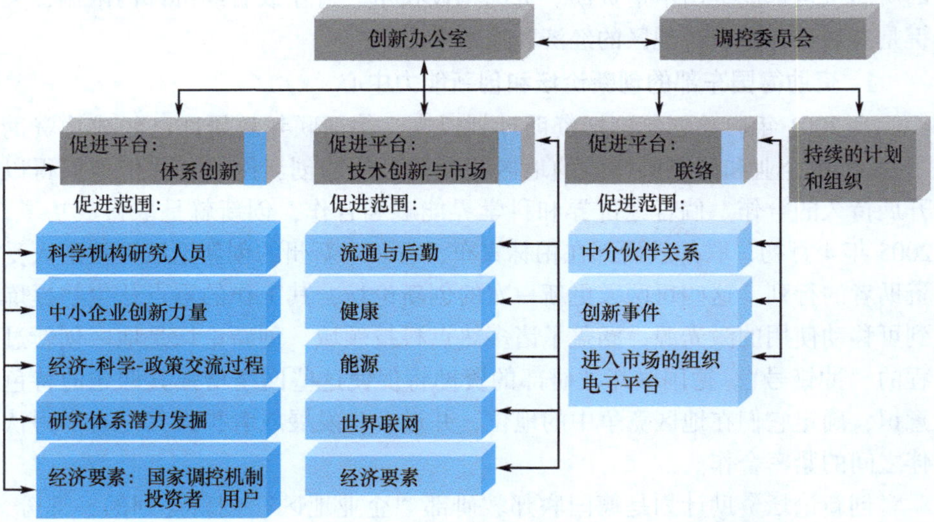

图 4-1　德国创新办公室组织结构及职责范围示意图

（三）加强新联邦州的创新攻势

促进东部的科技与经济发展，始终是德国政府的基本国策之一。德国联邦教研部把新联邦州的创新政策重点放在青年科学家和地区经济合作上。2005 年 6 月 15 日，联邦教研部部长在内阁会议上宣布，从现在起到 2012 年联邦教研部准备为“创新特色”资助计划提供 1.50 亿欧元的专项资助。该计划将促进“青年研究人员与地方企业一起开发有竞争力的技术”，联邦政府将以其创新政策有力地推动德国东部的发展。在此期间，每年有大约 1/4 的研究资助将用于德国东部。从 1999 年至 2007 年，联邦教研部仅通过创新计划就为地方企业提供了 5 亿多欧元的资助；迄今，已经动员新联邦州投入了 1 亿多欧元的经费，使 50 家新创办企业运转起来。

联邦政府特别强调了创新资助与创造工作岗位之间的关系。在参加由联邦教研部资助的教育与研究机构联盟的东部企业里，从 2000 年到 2004 年，就业人数已经增长了 10% 以上。联邦教研部希望通过“创新特色”计划在战略上巩固并扩大新联邦州创新计划业已取得的成果。该计划鼓励年青科学家以他们的研究支持对地区的未来起决定性作用的企业，并在加强合作的同时，为地区培养重要的专业力量。

“创新特色”计划的资助期限最长为 4 年。计划要求每年应该至少为 10 个经济取向的青年科学家小组的新研究项目提供必要的资助。新州的高等院校及当地马普学会、弗朗霍夫协会、亥姆霍兹联合会与莱布尼茨科学联合会的所属机构都能提出申请资助。资助不设技术、行业或者经济部门限制，关键是有利于各申请者地区的经济和技术潜力。

1. 资助德国东部的创新论坛和创新能力中心

自 2001 年启动创新论坛资助计划以来，德国联邦教研部已经成功资助了 60 个由企业和研究所构成的地区间联盟形成的创新网络，并使他们得以开展持久的合作。倘若经济界和科学界能顺利合作，创新就是取得成功了。2005 年 4 月初，联邦教研部在柏林宣布，有 8 个新州的创新论坛又被纳入受资助者的行列。这些每两天更新一次的创新论坛，其工作的重点从生物提炼到可移动使用的激光源，涵盖了诸多热点科技领域。创新论坛是地区创新过程的“冲锋号”。德国联邦教研部的资助将促使这些网络增强其课题的特色意识，确定它们在地区竞争中的地位，并进一步发展或者扩大其与有潜力伙伴之间的紧密合作。

创新论坛资助计划是德国联邦教研部“企业地区”创新计划的一部分，目的是要在新州发展具有特殊创新能力的有竞争力的地区。德国联邦教研部对新联邦州取得成功的经济与研究网络给予了有效的资助。

2. 促使德国东部青年研究人员和经济界紧密合作

对德国东部的另外一种资助措施也受到了普遍的欢迎，这就是“Inno Profile”（创新特色）计划。德国的青年研究人员团体共递交了110份设计草案，预算总经费高达2.53亿欧元。第一批资助重点是：生产技术、微系统技术和医疗技术，以及健康、生物技术和光学技术等有特强实力的技术。相当一部分资助申请书来自萨克森州（31个）和柏林-勃兰登堡地区（26个），而大部分申请书都源自大学，也不乏大学外研究机构和专科高等院校的积极参与。

无论是“创新论坛”还是“创新特色”计划，都是“企业区域”计划的组成部分。德国联邦教研部通过“企业区域”计划支持德国东部的地区联盟——2005年为该计划提供了9000万欧元的资助。

为了支持新联邦州的青年研究人员和区域经济之间的紧密合作，德国联邦教研部启动了18个相应的资助项目。到2012年，联邦教研部共为实施该项计划提供了1.5亿欧元的资助。在新联邦州，中小企业的创新能力对推动经济发展是至关重要的，但是，它们却常常缺乏合适的地区性科学环境。所以，联邦教研部通过“创新特色”竞赛活动，促使德国东部各经济区域的青年研究人员和经济界——尤其是中小企业紧密结合在一起，进而推动了科学界与经济界的专项合作，从而对所在地区的经济能力产生了影响，并系统地加强德国东部地区的创新力量。

3. 创新能力中心的建设

德国东部需要以当地的尖端研究发展经济上长期成功的、有国际竞争力的中心。条件是，这些有国际竞争力的研究中心必须在基础研究中按照未来高技术市场的方向发展，为有效的方法和技术创新打下基础。正是基于这一点，德国联邦教研部着手实施了“创新能力中心：创造杰出，确保人才”计划。

该计划的目标，是把德国东部州卓越的高等院校和研究机构改建成著名的国际研究中心。这些中心所从事的是一种超越性的、有国际竞争力的研究，同时也十分注重“创新能力”，即把研究成果转换为经济的能力。这些中心还应该对青年科学家有足够的吸引力。

该计划实施的第一阶段，即从2002年11月起，根据联邦州的建议选出12个中心（由青年科学家组成的科研小组）参与竞争招标，对每个中心（青年科学家小组）给予最多不超过25万欧元的投标资助，此外，还聘请企业顾问进行投标指导。中心投标方案设计的决定性因素取决于下述4项内容：战略性调整、组织和联网、经费提供、框架条件。

为了把国际上的顶级研究人员请到德国东部来，以便促进东部经济的持续增长，德国联邦教研部还委托高级专家评奖委员会为 6 家入选的研究中心配置 12 个青年科学家小组领导人职位；为此，在 2009 年之前，教研部为这一名为“创新能力中心：创造杰出、确保人才”的项目提供了约 5000 万欧元的经费资助。该项目是联邦教研部资助新联邦州的大学顶级能力中心“企业区域”创新倡议的一个组成部分，目标是把德国东部扩建成具有国际竞争力的研究与经济发展地区，希望该项目的实施能使一些主要在美国、英国和中国工作的优秀研究人员回到格赖夫斯瓦尔德（基因组研究）、罗斯托克（高效物质研究）、伊尔梅瑙（微结构与纳米结构传感器）、耶拿（光技术）、莱比锡（外科学）和德累斯顿（癌症研究）来接任他们各自的新工作。一些青年科学家被编排成最多由 7 人组成的若干研究组，再插入到各大学的创新能力中心。根据联邦教研部公布的数据，2005 年初已招聘了 142 位来自 24 个国家的杰出科学家。

从表面上看，德国联邦政府的创新政策似乎面面俱到，很难把握重点。仔细分析不难看出其核心问题其实只有两个：其一是“人才”，其二是“合作”（或称“联网”）。这种“以人为本”的基本国策表现了德意志文化的典型特征。

五、21 世纪初研究与创新政策的核心任务

（一）研究与创新政策的目标

国家研究与创新政策的目标之一在于支持公民长期参与研究与创新过程，并使全社会取得显著的认识进步。研究与创新政策的核心是促进研究与创新的发展和推广科学研究与技术创新的成果。研究与创新政策的重点是履行下列这些核心任务。

1. 塑造国家研究与创新体系

研究与创新要在所有国立及私立机构中广泛进行。由于发展国家研究与创新体系建设是一项长期的任务，因此，在部署相关任务时，研究与创新政策一定要考虑到国家的实际情况，并兼顾各个不同方面，例如：

（1）机构和组织的塑造与公共研究及其资助；

（2）通过支持创新活动塑造创新体系中的主体，鼓励私立机构和公共机构的合作，包括建立新型的公私合营伙伴关系；

（3）完善研究和创新资助方面的基本规则，使之有利于中介机构执行（如德国研究联合会和其他承担资助任务的项目管理组织）；

(4) 通过对资助措施的定期评估检验体系的经费投入及使用的效应和效果；

(5) 研究与创新政策、教育政策、经济政策、财政政策及其他政策范围的协调一致；

(6) 对联邦政策的各主管部门进行动态性界定，并向各职能部门扩散相关课题；

(7) 就联邦研究与创新政策和其他决策层（特别是联邦州和欧盟）进行协调。

2. 提高研究与创新对私营集团的吸引力

德国的大部分研究与创新是由私营集团（原则上是企业）来执行的。由于研究与创新知识往往具有公共财富的性质，所以，只靠市场力量是不能为研究与创新创造最优吸引力的。因此，研究与创新政策十分注重利用“创造保护”法规（如专利、样品、著作权等）来提高研究与创新对私营集团的吸引力，并支持其将相应的成果（新技术或新产品）推入市场。

当然，私营集团的创新活动也可以由“横向”或其他“选择性”资助来推动——可以申请国家的研发补贴，或者也可以通过相关的税收优惠而获得间接的、更为宽泛的“研究与创新投入资助”；当这些措施不能达到预期的特定控制效果时，研究与创新政策还可以通过“有目的地分配资源”对创新体系中的各个机构、集团和各项研究与创新活动进行直接控制。对研究与创新政策而言，权衡它们的优势与劣势及选择适合的资助措施，具有十分重要的意义。

3. 解决更高层次的社会问题

如果出于更高层次的社会原因而使某一个预定目标（如在核聚变或者宇宙研究领域）具有其合理性，那么，研究与创新政策就会预先规定出创新活动的方向。专家委员会把经济领域的持续发展（包括气候）问题均视为更高层次的社会问题，而要战胜这些巨大的社会挑战，就必须推出相应的目标明确的政策措施。就这个意义而言，研究与创新不仅是政策的目标和对象，而且还具有了作为工具来使用的特征——可以借此实现预期的政策目标（如降低二氧化碳的排放）。

4. 开辟未来前景

无论是从知识增长角度看还是价值创造角度看，研究与创新政策所涉及的范围几乎是无限的。研究与创新政策的首要任务之一，是分析新的科学研究知识和社会需求，并由此确定资助的优先权。在早期开发阶段，新技术不可能形成强有力的市场力量；然而恰恰在此时，国家行动的回旋余地比其后各阶段的活动余地要大得多。例如，为了开辟纳米技术的可能性，就必须制定“有远见的、能为远在商务成熟之前使用的新技术提供适当资助”的研究与创新政策。

当前，在经济界、科学界和公共行政管理中占绝对优势的集团（行为主体），正逐渐失去对有益于社会的“创新小径”给予必要支持的兴趣，研究与创新政策必须对这一倾向性问题给予高度关注；从“创造性摧毁”的角度看，某些创新至少能危及一部分“权力”、“影响力”或者“特色”的“既有领地”。研究与创新政策绝不能只考虑大型集团的当前利益——而必须以“我们的后代能够从研究与创新中获得哪些好处”为政策的基本出发点。总之，与国家和社会的未来发展有关的所有可行的研究活动，都迫切地需要得到研究与创新政策的有效支持。

（二）研究与创新政策的风险管理

挖掘新的创新潜力本身就带有经费风险和其他风险。对具有创新风险的社会管理活动而言，研究与创新政策是其中的一个重要角色。在某些情况下必须限制风险，以使更高层次的社会目标——诸如公民的健康和安全——得到有效的保护。但是，完美的研究与创新政策是不会回避任何代价和所有风险的。既然要参与未来的创新，就要准备承担其发展中的风险。个人利益、机构或组织的既有权益及文化特征等，都有可能引发外部风险，并促使我们加强风险管理。

1. 参与创新过程

经济体系的创新投资有多种多样的选择可能性。诸如，应用哪种技术方式或方法并不是由自然规律决定的，其中的绝大部分是由经济和社会因素决定的。对技术和创新给予资助的重要决定均需经过“议会预算委员会”的确认，而且已确定的预算不得挪作他用。研究与创新政策的目标，就是要塑造有益于创新过程的并且最终仍将持续为创新所推动的未来文明社会，并要有目的地针对科学精英或广大公众加强各项评估和技术预见工作。

2. 为创造和利用知识提供稳定的框架条件

围绕“核能利用”和最近围绕“限制科学界使用‘胚胎干细胞’”问题所进行的讨论证明，研究与创新政策的决定都是深得民心的。换言之，研究与创新政策还必须尽力推动全社会讨论相关棘手的伦理问题，以便为正在进行的研究工作和利用新知识提供长期稳定的框架条件。就这一点而言，国家研究与创新政策与“欧洲”和“区域”一级政策的协调具有同等重要的意义。

第五章
科技人才政策与措施

2005年12月，新任德国联邦教研部部长的莎宛女士在题为“把德国发展成国际精英大熔炉”的就职演说中强调，我们今后的主要目标之一，就是把德国发展成国际精英的大熔炉；为了实现这一目标，就必须使更多的人获得受教育的机会，坚定不移地培养杰出人才和增加研发投入；同时，给予那些年轻有为的、有新思想的人和德国的高等院校与研究机构更多的自由发展空间。人口的迅速膨胀警示我们：如果我们不能充分利用所有的天赋潜力，那么，德国的社会保障机制和社会创新能力就会受到极大的削弱。创新能力是德国最重要的基础，也是未来国际竞争力的保障，而争夺人才则是当今全球竞争的核心。如果德国没有足够的具有创造力并致力于创新的创造性人才，那么，即使有再好的创新战略，投入再多的钱，也无济于事。同时，创新能力的一个重要前提是能够系统地、协调一致地进行组织改革，培养人才并彰显自己的实力。

诚如莎宛所言，自从默克尔担任联邦总理以来，德国对人才的重视达到了前所未有的高度。

早在20世纪的60~70年代，德国就建立起了世界上最强有力的以高等院校为主、科研机构为辅的人才培养机制（图5-1）。诚然，与世界各国一样，高等院校从来都是培养各类人才的大本营，但是德国专项人才培养计划的执行机构则主要是五大科学组织——德国研究联合会、亥姆霍兹联合会、马普学会、弗朗霍夫协会和莱布尼茨科学联合会。其中，德国研究联合会是德国最重要的、主要为高等院校的科学研究提供政府资助经费的组织，与高等院校相关的人才培养经费，也多由该联合会负责提供与协调。

一、联邦政府人才培养与引进政策及措施

德国一直谋求其科研与教育的世界最高水平地位，然而，实现这一目标的必要前提是，德国必须能够为杰出的科学家提供最优化的科研条件，而且

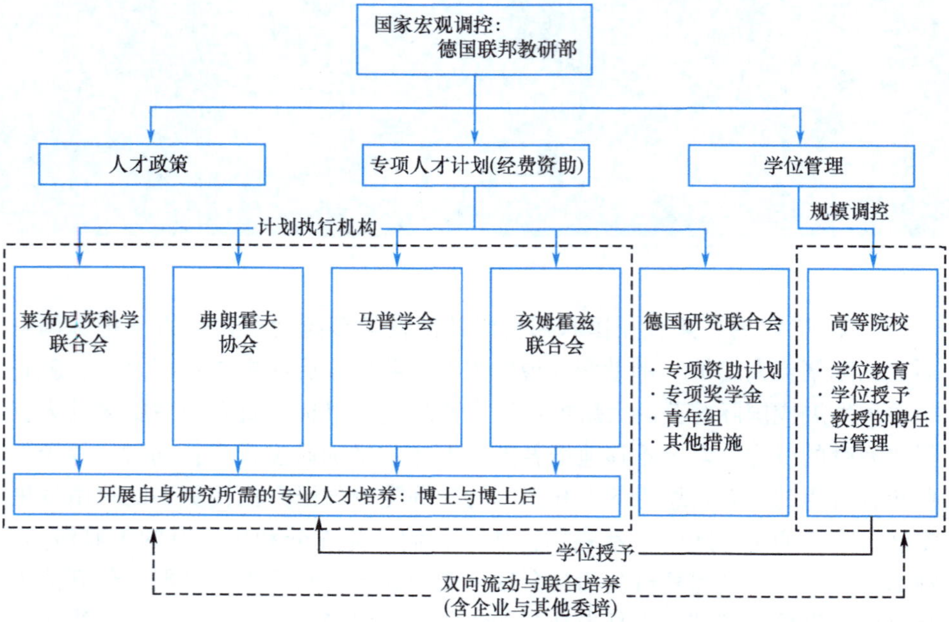

图 5-1　德国人才培养机制示意图

使本国最聪明的人都愿意以科学研究或教育作为其职业。德国政府除了加强立法及依据高校的教学科研成果和培养科学后备力量的业绩进行拨款之外，还推出了一系列吸引优秀外国高新科技人才的政策和措施。

（一）加强青年人才培养战略

德国政府培养青年人才的战略目标是：创造最佳条件使年轻人得以发挥其最佳潜力，同时为青年人才提供更多能够使其功成名就的机会；并希望借“专项计划”与“项目资助”范围内一系列不同的措施，以及规模巨大的间接资助——包括科学与中介机构资助或机构式资助等方式——来培养科学接班人。

培养青年科学家的很大一部分资助金是由联邦政府承担的，且其中大部分资助都是由不同的研究资助组织，首先是德国研究联合会负责执行的。例如，以青年科学家小组形式为青年科学家提供独立研究或继续深造机会的资助，而“研究生院”计划则使一批大学教师得以在其研究计划范围内承担或协调对博士研究生的指导任务。在联邦教研部资助的重要的未来技术领域方面（如生命科学、健康研究领域或“生物未来”计划等）的青年科学家小组还兼有以下任务：扩建科学网络，为青年科学家提供交流课题与任务的机会。此外，德国学术交流中心（DAAD）还对其“博士学位网络计划”作了调整，以便使之与正在执行中的、已经取得巨大成功的“德国大学的博士学位授予计划”相适应——该项计划有助于强化德国大学与国外高等院校的合作，并继续推动德国研究与创新地区的国际化。

2007 年 11 月，为促进科学界的男女平等，联邦教研部专门推出了“女教授计划”，致力于在未来 5 年内为德国高等院校新增 200 个女教授职位；同时，还从预算中拨出了 7500 万欧元专项资金，供科学界推进机会均等措施使用。

早在 2005 年，为了鼓励高中（及同等学力）毕业生进入高等院校深造，联邦教研部就推出了“青年人才促进”项目，即为高等院校的在读生提供联邦政府奖学金（此前高等院校的奖学金均由州政府提供）。到 2010 年，获得政府奖学金的大学生人数已经从最初的每年 1. 34 万人增加到了 2. 3 万人；联邦政府支出的奖学金总额也由 2005 年的 0. 805 亿欧元增加到了 2011 年的 1. 367 亿欧元，总增幅近 70% 。此外，攻读博士学位学生的奖学金也逐步增加到了 1050 欧元/月，从而使之能够与他们的生活费用的增加相适应。继而，联邦政府推出的“用金钱换取时间计划”则有助于在高等教育范围内使有天赋的人才的职业生涯及其家庭生活得以更好地兼容起来；有了这项计划，已为人父母的攻读博士学位者和大学生也得以享有选择全部或部分使用奖学金或基金的权利。而且，作为家庭政策组成部分的、专门针对培训阶段的青年科学家推出的特别规定——或称《科学时间合同法》，也使这些青年科学家在其人生的这一重要阶段敢于组建家庭了。

（二）深化与青年科学家培养有关的改革

2008 年联邦政府首次出台的《青年科学家培养报告》，充分肯定了德国名目繁多的后备人才培养形式及所育人才的高品质，充分肯定了主要承担青年科学家培养责任的大学和大学外研究机构的显赫功绩。该报告还特别强调：联邦政府将围绕“为德国的青年科学家创造最佳条件”议题，强化与科学界尤其是青年科学家的对话；要建立一个专门的咨询委员会；要为青年科学家培养及必要的制度改革拟定出一个首先是继续发展，进而能够最终形成德国联邦和州科学联席会议基本议事日程的制度框架。①

德国政府认为，作为青年科学家培养形势的核心要点，对于改进青年科

---

①Bundesministerium für Bildung und Forschung. Bundesbericht zur Förderung des Wissenschaftlichen Nachwuchses. http://www. bmbf. de/pub/buwin_08. pdf [2008-08-20]

学家培育工作的其他所有措施而言，推动下列改革具有重要意义。

1. 改革范围1：早期的职业生涯前景及其规划性

培养青年科学家的一个主要改革范围，在于能够在早期就为杰出的年青科学家提供可预见的科学职业生涯前景。大学和研究机构均应普遍为其员工提供良好的和可以信赖的工作条件。尤其是对于后备科学家而言，能否持久地参加科学研究并将其作为职业生涯，却是他们要在经历很长一段时间之后才能弄清楚的；即使他们已经在教学中取得了突出的成绩，大多数人也很难作出最后的抉择。所以，相应的改进或改革必须首先从职业生涯前景的角度出发，为他们及早地开辟择业道路，特别是要支持青年科学家的独立，并使他们能够借以扩大在科研与教学中自我组织的可能性。在这里，对家庭和科学生涯的兼容性问题而言，更好的规划也将发挥重要作用——包括提供（国际）流动性框架、在科研与教学中允许必要的集中等。属于改善职业前景的还有，对于走出高校并已就业了的人员，还可以支持他们重新回到科学系统就业，即允许其职业生涯规划具有多种选择性。通常情况下，提高可选岗位的透明度及其规划性也能提高“德国的科学生涯”对后备力量的吸引力。

路径：

（1）在大学学习期间，增加有关资质范围和科学职业前景的信息与咨询，尤其要加强在授予博士学位之前的探索与定位阶段的辅导。

（2）在高等院校增加“终身职位”（tenure track）。

（3）改善亲身经历过重点教学的后备科学家的职业生涯前景。

（4）在不可能直接继续培训的情况下，为进入过渡阶段的后备科学家提供支持（如借正在进行的第三者经费项目）。

（5）促进科学界的人事与组织发展。

（6）扩大青年科学家小组，设立更多的初级教授职位（尤其是终身制的）。

（7）创建接纳“附加资格”的机构职位与教授职位。

（8）进一步承认其他科学成就，并使之成为“取得大学授课资格”的条件。

2. 改革范围2：机会平等（特别是在性别及残疾方面）

成功的科学生涯的“机遇分布”仍然是非均衡的。虽然形势在不断地好转，但是当前的重要任务之一，仍然是要消除各个人际圈子中的——尤其是针对女科学家和残疾及患慢性疾病的青年科学家的不公平现象，要使所有的“人才”都能平等拥有选择科学生涯的机会。

路径：

（1）在青年科学家培养计划中贯彻“机会平等”和“同等贡献”原则。

（2）建立及扩大高等院校的“终身职位”。

（3）制定相应的制度，扩充有关改善家庭和（科学）职业生涯的兼容性措施。

（4）建立适当的残疾程度考量及相应的平衡标准（主要用于决定“选择标准”和资助的“最高期限”）。

（5）在获得第一个有就业资格的学位之后，还要根据残疾青年科学家的残疾状况尽可能满足其额外需求（技术、人员及流动援助等）。

（6）已改进并被纳入到资助措施之中的招收或聘任程序的制定、引进与检验。

（7）打破按性别区分的惯例，改进有残疾或患慢性疾病的青年科学家的信息库，并改进相应的审计、新闻报道和评估工作。

（8）实行配额制度（如在领导岗位上或专家委员会里）。

（9）针对多元化、授权和关于科学界的机会平等问题，对鉴定人进行专门性训练。

（10）对于表现出色的女大学生和残疾人（如有移民背景的或严重残疾的）进行有针对性的早期激发和促进。

3. 改革范围3：资助措施的（持续）效果

培养青年科学家方面的一个重要问题在于要关注相应的计划和资助措施，实际上这也有助于实现计划目标和高效率地使用为此制定和投入的资源。另外一个必须关注的问题则是，这些计划和资助措施究竟为改进机遇及创造潜力作出了多大的贡献，例如，关于缩短培训时间和高等院校科学工作者的年轻化是否能被证实有持续性的效果。

路径：

（1）对资助措施、资助手段及其协同作用——特别是关于“性别平等”——进行内部和外部评估。

（2）协调后备人才培养系统的建设。

（3）建设开放性报告及监控系统。

（4）针对（科学家）的提升建立一组询问和调查对象系统。

（5）为青年科学家建立购置研究书籍的识别系统（以改进教育资源不平等或者远离教育人群的实际问题）。

（6）迫切需要建立关于科学接班人的研究与鉴别机制。

（7）推进伴随（高等院校）研究及学术活动的资助计划。

（8）根据专业领域制订出每年的更新率方案，即确保年轻科学家晋升为自由教授。

4. 改革范围4：德国高等院校的国际化

德国科学与研究系统必须接受日益尖锐的国际竞争。重要的是要确保竞争力和吸引力，以便将来仍能持续不断地为德国赢得外国的一流人才及来自国外的德国一流人才。不断改善国际化和扩大国际合作也是科学创新绝对必要的前提。

路径：

（1）改善职业生涯的前景（特别是通过“终身职位制”）。

（2）积极招募国外大学的工作人员及从国外争取德国科学家，改进就业条件。

（3）加快“再次晋升”的促进工作。

（4）扩大国际研究生院。

（5）增强在德国的外国青年科学家的研究活动。

（6）使德国研究生院与外国研究生院实现国际接轨，提供双学位。

（7）促进国际科学交流（如通过客座访问、暑期学校和讨论会等）。

（8）改进对在国外研究及就业的认可度。

（9）改进相关国内外大学生和青年科学家研究与毕业考试规则的透明度。

（10）提高相关国内外职业生涯之路和资助措施的透明度。

（11）制定相应的制度，扩充有关改善家庭和（科学）职业生涯的兼容性措施。

（12）加强德国研究地位的市场研究。

5. 改革范围5：在科学与研究内外的职业发展

学术评定——特别是在授予博士学位范围之内——必须有助于介绍及获得与职业相关的能力和关键资格。由于在大学外部也能得到尊重，因此，德国的“博士”头衔确实拥有巨大的吸引力。当然，大学内部的人事与任务也会不断地发生一系列的变动，然而，最重要的是要使青年科学家能够及早地在科研、教学和自治管理中实现独立并能自我承担责任。

在努力强化终身学习、职业道路变通和职业发展可能性的改革过程中，受过高等教育者原则上应该在稍后一个阶段就尽可能早地转入科学生涯或开始其科学工作阶段。为此，科学界、经济界和管理部门必须增强职业领域的渗透性。

路径：

（1）加强对研究生和博士后的指导（重点对女科学家）。

（2）研究生扩招计划。

（3）研制、采用和试验已改进的申请资助措施、招收和聘用方法。

（4）增加高等院校的在职咨询职位（职业服务）。

（5）加强大学、经济界和行政管理部门的合作，在大学、经济界和行政管理部门的工作范围之间创造强大的渗透性（认可在大学外获得的能力和科学生涯的培训资质）。

（6）扩充大学和企业的共同（继续）教育内容。

（7）增加对跨大学、学科交叉及国际的“科学家小组”的资助。

（8）大学和科研机构要把“为青年科学家创造能够‘功成名就’的生涯”作为一项首要的任务。

德国政府相信，随着上述改革任务的完成，德国人才培养的框架条件将得到极大的改善，参与国际人才竞争的实力亦将大大提高。

（三）人才引进政策

德国政府始终认为，引进高技术人才是弥补德国人才短缺的必要手段，必须有选择地吸纳国外高层次人才和技术移民，同时积极推动教育科技体制改革，加大对国内教育科技的投入，培养更多的高新技术和管理人才。纵向分析 2000 年以来德国的人才策略可以看出，政府主要推行了三项政策并大力实施宽松的技术移民政策，为外国高级人才“开绿灯”。在培养本国人才的同时，德国政府也致力于吸引外国高尖端人才到德国工作，从而提高德国的科研水平。这三项政策的主要内容如下。

其一，提高德国作为先进的科研基地的知名度和吸引力。具体包括：资助部分德国高校的科研活动，增强其国际知名度、科研新生力量培养能力和对国内外大学生及学者的吸引力；加强学术界与经济界的联系，不断开辟新研究领域；在资金管理和员工任用上赋予非高校研究机构更多自由空间等。

其二，加强国际交流，吸引外国学者到德国搞科研。德国政府和经济学界普遍认为，高素质的人才是保持德国经济和社会发展势头的最根本动力。为了吸引“最好的大脑”，德国最近几年出了不少高招，一方面吸引外国高级人才来德国，另一方面设法留住本国人才。除了引进外，在德国留学的外国学生也是德国争取的对象。为了吸引这些毕业生，德国对有关法规进行了调整。根据新法规，外国毕业生如果被德国企业或其他单位聘用，就可以获得德国居留许可；对于暂时未找到工作的，也可获得一年的居留时间以便寻找工作。

为了让人才与用人单位接触更方便，德国人才管理部门建立了信息丰富的人才信息系统，尤其是高级人才信息系统。在系统中储存着大量各领域的用人单位求才信息和高级人才求职信息，双方可以在这里直接建立联系或进行双向选择。许多来德国工作的外国计算机人才都是通过这个途径找到工作的。

自2001年起，德国政府及研究机构投入了上亿欧元的资金，启动了“赢取大脑”工程，目的是挽留德国本土人才和吸引外国人才到德国来。为争取在国外工作的德国高级人才回国，德国于2003年又建立了专门的“德国学者组织”，专门致力于为有意回国发展的德国人才联系企业或单位。此举不但留住了大量德国籍研究人员，还招徕了美、英等国一批高水平的研究人员。而最近几年德国基因工程研究的巨大发展，就受益于“赢取大脑”工程。

德国联邦教研部与各大研究机构联手，成立了“促进教育与研究联合行动组织”，致力于推动对大学和科研机构的体制的改革，使之对人才更具有吸引力；其推出的“年轻教授计划”自2001年实施以来，已为德国高等院校聘用了800多名年轻教授，其中有不少还是外国人。国内外大量高级人才的汇聚，除了直接创造出丰硕的优秀研究成果外，还为德国的长远发展做好了铺垫。

目前，德国教研部主要通过与基金会合作，向外国杰出科学家提供高额研究资助，吸引他们赴德从事科研活动。

其三，放宽技术移民政策，为外国高级人才“开绿灯”。德国曾长期奉行限制移民的政策，但近年来一方面高技术人才大量流向美国和其他科研、创业环境优越的欧洲国家；另一方面，高税收、高福利的社会制度使德国经济不堪重负。劳动力成本过高使德国在国际竞争中处于非常不利的位置，因此德国各界最终达成共识：德国要向移民国家方向发展，并且要有选择地引进和培养急需的各类高层次人才。

2004年7月，德国《移民法》先后在联邦议院和联邦参议院顺利通过，于2005年1月1日正式生效。核心内容是在特殊情况下可给拥有高级专业水平的外国人“落户许可”，包括：①拥有特殊专业知识的科学家；②身处突出位置的教学人才或科研人员；③具有特殊职业经验的专家和处于领导岗位的工作人员。符合条件的外国人才在德国入境时就可获得无限期“落户许可”。

时至今日，德国一直在有计划、有选择地引入外国移民，以解决国内人口减少和专业劳动力紧缺等问题，并借此改变以往外来移民素质偏低和缺少监控的状况。德国移民的结构分为三类：一为可自动获得永久居留许可的“高素质人才”（每年约2万人）；二为可视情况延长居留许可的特定行业的劳动力（每年也为2万人）；三为在德国接受职业培训后被聘用的人员（每年约1万人）。上述三类人员均可申请直系亲属移居德国，其中子女年龄的限制将由18周岁降低为16周岁。此外，申请来德的外国高级管理人员、科研人员、留学生等不在上述人数限制之列。

从2009年初开始，德国政府下调了外国高级人才直接获得德国无限期居留许可的年收入标准，从8.64万欧元减少到6.48万欧元；此外，还降低了新欧盟国家大学毕业生进入德国劳动市场的门槛。对于非欧盟国家的大学毕业生，德国也不再局限于开放急需人才的IT行业劳动市场，只要某个工作岗位没有德国公民准备占用，企业就可择优录用外国员工。

（四）专项人才培养计划与资助措施

德国政府推出的专项人才培养计划通常分为两种形式：其一，在进行国家重大科研计划的招标时，明确要求中标的研究机构必须组织一定数量的优秀青年科学家参加该项目的研究工作①；其二，针对发展国民经济的特殊需求推出专项人才培养计划。近年来德国联邦政府推出的专项人才培养计划除了上述博士生和博士后计划外，还有以下几类。

1. 培养微系统技术人员的资助计划

2002年，德国联邦教研部重新确立了培养微系统技术人员的资助计划，并且为相关的6家培训与继续教育网络提供了总额达450万欧元的奖励性资助。政府帮助他们在3年时间内建成与微系统技术及一些相关迅速发展的技术并行的网络培训系统。联邦教研部推出的这一微系统技术培训与继续教育网络计划，目标是高度重视对年轻人的培养，并特别鼓励妇女的首倡精神。该培训与继续教育网络计划是“微系统技术2000+”资助计划的一部分——联邦教研部希望通过该项计划来促进德国微系统技术的发展，该计划的年资助总额为5500万欧元。

2. 青年一代纳米技术科学家培养计划

联邦教研部寄希望于在纳米技术的发展中培养出青年一代的科学家，并借助竞赛方式为青年人创造纳米技术领域的新机遇。此外，联邦政府还设立了17个竞争性纳米技术奖项，总奖金额为2700万欧元。17个奖项的开放性国际竞标方式，有助于把杰出的外国科学家引入德国，并有可能使他们长期留在德国从事科研活动。大约一半以上的获奖者将在项目资助期满（5

①近年来，德国联邦教研部的项目资助坚持两项基本原则：①必须是产学研联合体；②必须有青年科学家参与其中

年）后致力于创办新型技术企业。中标的项目涉及纳米技术的全部科学学科——从材料研究到化学和生物学及电子学。获奖的研究人员可以使用该奖金扩建自己（不挂靠研究所）的独立研究组，所获得的金额为100万～240万欧元。在中标的17个研究组里将有73位科学家及13位技术人员，并且还在研究组领导人中设立了两个青年教授席位。该项奖励是联邦教研部2004年出台的“工业和社会材料创新”（WING）专项计划的组成部分，该项计划还包括纳米技术奖，目的是加速新技术的实际应用。

3. 信息学行动计划

2002年，经联邦教研部批准，德国研究联合会通过了一项为期3年的“信息学行动计划”。该计划的目标是：通过资助自己的青年科学家小组包括青年科学家小组领导人的职位，使在高校工作的青年科学家能够较快地取得高校教师资格。凡年龄在35岁以下的、已获得博士学位的信息学家，不受国籍的限制，都可以提出资助申请，可以直接申请青年科学家小组的领导人职位（BATIa级），或者申请科学合作者职位及大学生辅助力量职位。一旦获准资助，即可以得到包括人员经费、差旅费和事业费在内的最长期限为5年的专项资助。青年科学家小组一般应该设立在高等院校里，以便由高校出面协调，或者代为申请相应的人员经费和事业费资助，其中还包括青年教授席位的资助。

4. “2008特修斯人才创意”竞赛计划

2007年10月，德国联邦经济技术部正式启动了“2008特修斯人才创意竞赛——培养未来互联网后备人才”（THESEUS）计划，从而使德国的优秀人才有机会获得关于未来互联网研究合作方面的资助。除了THESEUS联合组织之外，该项竞赛把青年科学家、大学生、学生、编程人员和态度认真的工作人员等均列为“2008特修斯人才创意”竞赛计划的资助对象。德国政府希望“2008特修斯人才创意”竞赛能为提高德国经济与研究区位的吸引力作出贡献，尤其是对缓解当前德国IT行业专业力量短缺的矛盾和积极参与国际人才竞争产生重要的影响。借助这次未来互联网新创意竞赛活动，德国向社会开放了企业和科研机构，重点是动员有才华的德国人共同探索未来的互联网服务和与之相关的重要技术问题。参赛的新创意涵盖了从教育质量分析、具体软件的实体及其技术实现到Web2.0互联网共享版怎样与发掘有意义的新颖技术相结合等30个宽泛的、多种多样的研究课题，而未来互联网服务脚本的制定则是本次招标的核心。获胜者将获得1万欧元奖金，而且其创意可以在THESEUS联合组织的企业和科研机构得以实现，并可以合作者身份参与未来互联网的开发。借助于“2008特修斯人才创意”竞赛，德国的科研机构和大学推出了多种多样的有关应用性基础技术研制和基于互联网知识的新基础设施技术标准的研究项目。

“2008 特修斯人才创意”竞赛计划的资助期限为 5 年，联邦经济技术部为其提供总额为 9000 万欧元的专项资助，资助比例为项目所需经费的 50%，参与项目研发的企业及其合作伙伴必须自行筹措所需经费的 50%。因此，该计划的总体投入规模为 1.8 亿欧元。

5. 设立国家“国际研究基金奖”招徕国际顶级科学家

2007 年 11 月底，德国联邦政府新设立的“国际研究基金奖”正式出台。这是德国政府为吸纳科技高级人才推出的又一项重大措施。

联邦教研部部长莎宛表示，希望凭借“国际研究基金奖”支持德国科学界和高等院校与国际合作伙伴结成顶级国际联盟，吸纳所有学科的国际顶级科学家到德国来工作。“国际研究基金奖”主要用于表彰所有在德国工作的且其研究工作处于世界领先地位的、各国及各学科的杰出科学家，并资助获奖者在德国高等院校进行为期 5 年的孕育未来的研究活动。该奖项由德国联邦教研部设立，并委托洪堡基金会管理和颁发。

该奖项的最高奖金额度为 500 万欧元，是迄今德国设立的奖金额度最高的国家科学奖（此前奖金额度最高的是“莱布尼茨奖”，450 万欧元）。自 2008 年起，德国每年都要向由高等院校提名并经国际评审委员会确定的 10 位科学家（国籍不限）颁发“国际研究基金奖”。由此，德国高等院校得以借助“国际研究基金奖”目标明确地加强并赢得具有战略意义的重要科研领域的国际顶级科研人才，并将其教学与高水平的研究活动推上一个新的台阶。

“国际研究基金奖”的奖金不仅可以用作向国际顶级科学家发放有竞争力的薪水，而且，绝大部分额度将主要被用于建立新的研究小组和研究结构。所以，获奖者除了要具有卓越的技能之外，其研究方向还必须与所提名高等院校的总体发展战略及规划相一致。

二、德国科学组织对青年科学家的培养

（一）政策与外部环境

青年科学家今天的创意和憧憬将对国家的未来产生决定性的影响，所以历届联邦政府都十分注重科学后备人才的培养。处于职业生涯起步阶段的所有年轻人首先都要寻找一个能够发挥其能力和潜能的机遇，从而确立他们要为之奋斗的目标。许多青年科学家会选择自由的、独立的和多学科的研究，其他人则可能对实用性表现出更多的兴趣——他们或者试图在与经济界合作

的前提下寻找自己的前景，或者希望为在高等院校的职业生涯而早早地取得相应的资格。

为了支持青年人各种不同的职业生涯战略，德国政府一直试图为他们提供一个更为灵活的人才培养系统，该系统应该有助于发挥青年人的创造力，在科学界与经济界之间加速实际知识的转移，并为青年科学家提供能及早地独立担负起科学责任的机会；此外，还应该把正在进行的国际合作计划包括进去。总之，要有助于提高德国的科学地位和对青年人才的吸引力。

为此，联邦教研部组织了对《高等院校公务员法》的修订，主旨在于通过引进“初级教授”职位，使青年科学家在30岁（比现行做法提早了10年）时就有机会独立地开展研究或教学活动。此外，尽管联邦教研部不直接参与单项奖学金或个人资助金的分配，但他们还是借助公共经费为德国科学组织的人才计划提供了有力的支持。

单项奖学金或用于个人的资助金的额度确定及其分配，是德国资助组织（如德国研究联合会）的任务；资助形式包括以奖学金方式支付或按劳动合同以薪酬方式支付。但无论是奖学金还是薪酬，都不得用于改善个人的“研究条件”。

为了确保德国研究的“杰出头脑”地位并赢得更多的国际科学精英，德国科学组织在“研究与创新公约”中预先规定了有关继续发展结构化、高品质和有国际竞争力的青年科学家培养措施。

早在2007年，联邦和州政府就已确定，要借助新方法和新举措加强对科学系统后备青年人才的培养，并力争尽快实现“量”和“质”的增值，从而成功地完成“研究与创新公约”预定的目标。德国政府鼓励科学组织增强自己的责任心，并继续发展相应的资助措施，尤其要把注意力放在以适当的方式发挥科学系统妇女的科学潜力上。2008年，联邦和州政府又提出了如下建议：科学组织要有针对性地寻找国外的青年科学家，特别是要在所及范围内力求通过研究活动的有效增长来赢得更多有天赋同时也拥有卓越专业知识的人才。

2009年，联邦和州政府一方面充分肯定了德国科学组织所具有的高度责任感，另一方面又要求他们继续保持科学后备人才培养的连续性和可持续性，并且不要受青年科学家短期培训的约束，切实为人才培养工作赋予最高的优先权。

2010年德国政府重申，面对日益激烈的国际竞争和人口的老龄化发展趋势，今后起决定性作用的是，增强并继续发展科学，同时也要加强人事政策方面的国际竞争力，提供有吸引力的学术研究课题、杰出的指导与工作环境、卓越的基础设施和资源等框架条件。

此外，联邦和州政府还希望科学组织能够进一步加强对非科学人员的职业培训工作，以确保科学研究工作所必需的非科学专业知识的潜力。政府方面肯定了亥姆霍兹联合会的相关成就，并赞成莱布尼茨科学联合会为自己规定的目标；同时还认为弗朗霍夫协会和马普学会为保证研究中所必需的非科学专业知识潜力而进一步提高培训比率的做法是很有必要的。因此，政府方面建议开展跨组织的联合培养。

（二）德国研究联合会和高等院校

德国研究联合会的主要任务，就是为高等院校及相关研究机构的科学研究提供政府资助。因此，德国研究联合会的所有目标也主要是通过高等院校来实现的。

在德国，通常所说的青年科学家主要是指已经取得博士学位的科学工作者；较宽泛的理解也常把正在攻读博士学位的人归入青年科学家的范畴。所以，一般意义上的人才培养，首先是着重支持有天赋的和忠诚的大学毕业生继续深造。对德国而言，培养人才的前提条件，就是在高等院校设置博士学位课程或开设研究取向的进修课程。以往的惯例是优先考虑大学的奖学金获得者，并为他们提供基本（博士生）的奖学金和一次性研究费用。此外，他们还有可能获得其他补贴，如旅行费和托儿费。然而。自 20 世纪 90 年代起，为与国际学位制度接轨，德国开始了学位制度的改革——在所有高等院校正式引入国际通行的学士学位和硕士学位。但是，在人才培养方面，德国的重点仍然是加强博士和博士后的培养。

1. 研究生院和博士生院

作为对德国大学传统的博士阶段学习的一种改革措施，研究生院项目始于 1990 年。每个研究生院一般有 10～15 位教师，20～25 位博士生。除了自己的专业导师以外，高校通常还会从本院教师中再为每位学生指定一位“第二导师”。学生必须参与高校的科研项目，同时也要修完教学计划规定的博士生课程，整个学业时间不得超过三年。德国政府通过德国研究联合会为研究生院提供资助，支持的力度平均为每年 20 万欧元左右。这笔经费除了用来发放学生的奖学金以外，还可以邀请外单位的学者来校讲学，支付学生出差和召开学术会议的费用等。

图 5-2 反映了近年来德国研究联合会资助的博士生院和研究生院的变化趋势。德国研究联合会规定，为研究生院提供的资助将分三个阶段执行，每阶段的资助期为 3 年；经考评合格后即可开始下一阶段的资助；但每个研究

生院的资助期不得超过9年。

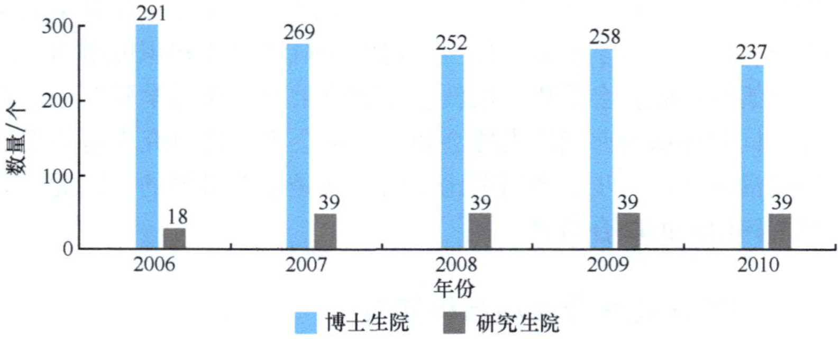

图5-2 德国研究联合会博士生院和研究生院的变化趋势

资料来源：Gemeinsamen Wissenschaftskonferenz. Pakt für Forschung und Innovation Monitoring-Bericht 2011. http：//www.gwk-bonn.de/fileadmin/Papers/GWK-Heft-23-PFI-Monitoring-Bericht-2011.pdf［2011-07-20］

博士生院是德国研究联合会近年推出的一项培养青年科学家的重要举措。德国研究联合会在博士生院项目控制方面所遵循的目标是：在未大幅提高资助计划总额度的前提下，加强整个资助计划。所采取的主要措施是，要求并支持博士生院更多地把奖学金式的资助关系转换为薪酬式的雇佣关系，即降低奖学金博士生的比例，提高合同博士生的比例。伴随着研究生院尤其是新型博士生院的建设，以及部分自设博士生培养机构的形式，德国结构化博士研究生培养计划正在日益显露出其深远意义和巨大影响。

2. 其他举措

德国研究联合会对所有与取得相应资格有关的教育阶段进行了一系列的改进，以唤起和培养青年人对科学活动的兴趣。所有举措均兼顾到两大趋势：其一，职业生涯模式的“路径依赖”正在变弱；其二，科学、研究、教育和技术开发等领域的全球化。这两个方面的发展趋势均要求德国研究联合会提供的资助方式更加灵活化和模块化。由于“研究与创新公约”使该联合会的预算得以持续增长，所以，该联合会在培养青年科学家方面不仅有了更加广阔的活动余地，也得以陆续推出了一系列促进青年人才培养的项目，例如：

（1）研究奖学金。资助优秀青年学者在德国境内外从事专题研究，最长资助时间为2年。

（2）海森堡计划。该计划的主要资助已获得教授资格的杰出青年学者从事科学研究。资助期最长为5年。该计划的主要目的是使已获得教授资格的杰出青年科学家，能安心地从事科学研究工作。除了正常的奖学金以外，他们还可以向德国研究联合会申请用于购买设备的经费。通过该计划的资助，青年学者能获得组建科研工作小组的能力。

(3) 艾米·诺特计划的国外奖学金。该计划帮助取得博士学位的青年学者，通过自己亲自领导青年科学家小组，积累研究能力，以具备高校教师的工作能力，争取教授资格，尽早开启独立科学研究之门。资助期限一般为5年。受埃米·诺特计划资助的科研人员在资助期内必须到国外进行科学研究，培养自己独立搞科研的能力，回国后领导科研小组，承担一定量的教学任务，为通过教授资格考试创造条件。

(4) 特别研究领域（SFB）的青年科学家小组项目。该项目的目标是使青年学者在一定期限内具备在某个特殊研究领域进行独立研究的能力。它能使高等院校不同学科的研究人员自发结合，进行可获德国研究联合会资助的、大型跨学科的合作研究。特殊研究领域的一项重要任务是在科研攻关的同时培养博士生和博士后。除此之外，高等院校还在特殊研究领域的框架内为那些不具备科研条件的年轻人设立青年科学家小组，为他们提供实验场所、最基本的工作条件及日常经费，并向德国研究联合会申请人员和设备经费。政府对青年科学家小组的资助年限不超过5年。

针对不同的学习或工作阶段，德国研究联合会还借助相关的资助计划，为青年科学家提供了多样化的培训机会。诸如，为大学生启动的科学职业生涯培训，为德国研究联合会资助项目中的学生提供学术协作培训等；在博士生院，则将授予博士学位的课程与可执行的课题或跨专业的研究和学术项目结合在一起，进而开创了结构化博士学位教育的成功模式，并有可能将这一模式用于特别研究领域的研究项目中。

总而言之，随着“研究与创新公约”的经费的增长，不仅青年项目单项措施的资助在不断增长，而且该联合会的资助总额也有了大幅度提高。德国研究联合会的协调资助程序正在为青年科学家创造卓越的研究环境。

（三）大学外研究机构培养青年科学家战略

1. 马普学会的结构化青年人才培养

马普学会通过研究计划和国际博士学位研究课程来培养青年科学家。谁在其专业领域里已获得了卓越的成就，他就能获得在一个独立青年科学家小组里担任科学领导职务的资格。相关研究计划一般为期5年。马普国际研究学院（IMPRS）开设的国际博士学位研究课程有助于促进或强化国际科学合作。凭借与大学的合作，马普研究所为博士研究生提供了合作培养人才及开展联合研究的机会。

在培养青年人才方面，马普学会的青年科学家小组是一个重要的驱动力。正是因为得到了“研究与创新公约”所提供的经费支持，这一举措才得以进一步实施。奥托·哈恩小组则是个例外情况：经过2006年的重新设计之后，自2007年起才开始由“研究与创新公约”经费给予支持：奥托·哈恩小组的成员首先要从奥托·哈恩奖章和奖金的获得者中挑选；拿到国外奖学金的青年科学家也可以在任选的一个马普研究所或一个有期限的小型工作组里获得一个研究职位。

2009年，“研究与创新公约”增加的经费，使马普学会得以不断扩大各级青年人才的培养，并设立额外的博士生学院、马普研究组（包括独立青年科学家小组）和奥托·哈恩团队。

自1999年以来，马普学会与大学在合适的地方共同建立IMPRS。自2006年以来，IMPRS的扩建过程主要得益于“研究与创新公约”经费的支持。到2009年，已设立的IMPRS总计为58个，参与这些IMPRS建设的有70个马普研究所和35所综合性大学的77个系。另外，马普学会还创办了13个新博士生院；在结构化研究生培养阶段内，已培养出了大约700名博士研究生。

在博士后培养方面，自1969年起，马普学会就开始创建备受国际社会关注和欢迎的独立青年科学家小组——2009年后统一更名为“马普研究组”。在“研究与创新公约”范围内，马普学会还设立了课题公开招标的研究组——安排在有外部专家参加的国际研讨会上进行招标，这就使世界上特别有前途的青年科学家及知名学者的合作网络有机会挂靠在其选定的马普研究所下。通过这种方式，马普学会可以灵活地拓展其研究特色，并且为德国赢得国际上十分抢手的青年人才。

2009年，马普学会又相继成立了12个新研究组，从而使研究组总数上升至103个。自2005年以来，凭借马普研究组计划，采用课题开放竞聘模式，共有58位取得了W2级资质的青年科学家顺利地通过4轮筛选走上了青年科学家小组的领导岗位。

凭借“研究与创新公约”的支持建立新的奥托·哈恩研究团队：该计划支持获选并已取得博士学位的青年科学家，在国外从事一段研究工作后再返回马普研究所组建自己的工作团队。这种方式不仅使青年科学家得以获得国际研究经验，而且有助于吸引那些特别适合的、在国外工作的德籍青年科学家回到德国从事研发工作。2009年新组建了3个奥托·哈恩团队，从而使该研究团队的数量达到了12个。

长期以来，马普学会努力培养青年科学家，并取得了傲人的成绩。由于该学会定期举行国际招聘以引进杰出人才，因而成为最受青年专业人员欢迎的雇主，并且在历次“宇宙奖”［现改名为“索菲亚奖”（Sofja Kovalevskaja-

Preis）］中被推选为自然科学领域最受喜爱的雇主，甚至有马普研究所入选《科学家》杂志世界最优秀雇主的名单。

2. 弗朗霍夫协会推出吸引卓越科学家的新计划

弗朗霍夫协会着重培养技术与自然科学专业的大学毕业生。该协会致力于8个研究领域中的产品研制、生产工艺及相关的专门化技术的开发，直至它们的市场成熟，得到普遍应用，因此，其培养的专门化人才可以获得在产业界某项工作中负起重大责任的资格。在弗朗霍夫研究所工作的年轻人也有机会取得相应的学位。

2007年，德国弗朗霍夫协会推出了旨在吸引和资助卓越科学家的“吸引力计划”，以便有目的地招募新人和培养有创新思想的杰出外来科学家，吸引一切可以被争取到弗朗霍夫协会来工作的各类人才；提高领导人员的技能；发掘开辟新业务范围的能力；提高实验室的收益（经济收益、许可证收入、新创办公司）；使科学家小组工作的焦点放在先行研究工作阶段和创办小组自己的知识产权保护机制方面；为应用研究和经济界赢得基础研究人才。

弗朗霍夫协会“吸引力计划”的目标是：①强化协会在最优秀人才竞争中的地位；②有针对性地招募和培养有创意的杰出技术专家；③管理人员的专门培训；④培养具有开辟新业务潜能的新能力；⑤关闭转移漏洞——为应用研究和经济界赢得基础研究人才。

该计划资助的对象偏重于具有领导品质并对继续开发研究成果充满创意和希望的知名科学家，具体条件和标准有：迄今的成就和声望；能够对发展创新产品提出令人信服的创意；与弗朗霍夫研究所的协调性（研究所和研究人员尽可能共同申请）；博士生毕业论文。这也是由“研究与创新公约”经费来支持的项目，可以为受资助的卓越的外部科学家在任意一个适宜的弗朗霍夫研究所里专门设立一个新的工作组。资助程序如下：每年进行一次“3+2”年的资助招标，具体资助分3个阶段实施，每个团队每年获资助50万欧元；3年后，对于通过了评估的研究小组将继续给予一定资助，并鼓励该小组逐步独立；5年后，如该小组在弗朗霍夫研究所有发展前景，就再给予资助，反之，则或创办为新的公司或直接转入工业界。从2007年至2009年已经招标了40个这样的工作组。

3. 莱布尼茨科学联合会的联合培养

莱布尼茨科学联合会以各种不同的方式培养青年科学家。该学会目前有78个独立的科学、法律与经济研究所及科学服务机构。

为了使水平特别高的大学毕业生和青年科学家愿意来莱布尼茨机构工作，该联合会为他们提供最好的工作条件和最优越的继续培训条件；为了培养青年科学家，莱布尼茨科学联合会的成员单位无不付出了极大的努力。这一成功首先反映在博士研究生的数量上——截至2008年12月31日，已培养出1890名博士生，其中49%是女性。仅2008年就授予了425个博士学位；此外，还有36名莱布尼茨机构的研究人员取得了在大学授课的资格。

同时，莱布尼茨科学联合会还通过竞争程序把部分“研究与创新公约”经费直接分配给研究所，加大了培养青年科学家的力度。此外，莱布尼茨科学联合会把部分“研究与创新公约”经费直接用于结构化博士生的培养，从而使莱布尼茨研究生院（LGS）的培养模式取得了巨大的成功。迄今，由“研究与创新公约”经费资助的研究生院已有17个。实践证明，莱布尼茨博士研究生院的结构化博士生的培养模式是非常有效的。

2010年1月，在波恩的德国成人教育研究所，即莱布尼茨终身学习中心（DIE），莱布尼茨科学联合会为毕业生提供继续教育的实证研究学院正式开始运营——向入选的奖学金生提供面向未来的继续教育和终身学习培训课程。该学院由DIE与马尔堡大学教育研究所共同承办和运营，它的另一个重要合作伙伴是杜伊斯堡大学埃森校园职业与继续教育中心。

4. 亥姆霍兹联合会的培养战略

亥姆霍兹联合会青年科学家培养战略的一项重要内容，就是建立独立的青年科学家小组。其科研成果一旦得到了认可，他们就可以获得自由、良好的研究环境和有保证的工作前景。同时，该联合会还与大学紧密合作，共同培养科学接班人，诸如：①为博士生提供结构性的专业教育；②引导青年科学家尽早进行独立性的科学工作；③为“亥姆霍兹联合会—高等院校—青年科学家小组”提供有期限科学职务的选择权，即最优秀的青年科学家有权选择亥姆霍茨联合会的无期限科学职务；④除科学家本人的成就外，研究团队的成就也要接受评价。

作为德国最大的科研机构之一，亥姆霍兹联合会平均每年录取1800名各专业的博士生，提供近千个博士后工作机会。在博士和博士后奖学金的设立上，该联合会同德国学术交流中心（DAAD）合作提供限期12～36个月的Helmholtz-DAAD博士和博士后奖学金，主要涉及地球与环境、生命科学、关键技术、物质结构、交通与航天等领域的研究。奖学金生可以充分利用各研究中心良好的科研基础设施。此外，如地球观测系统（EOS）等具体课题，以及德国癌症研究中心和德国生物技术研究中心等，也不断提供博士和博士后招收项目。

亥姆霍兹联合会各研究中心均为科学家、工程师和技术人员提供成为中心客座科学家的机会，最受欢迎的是健康、地球与环境、能源、空间与交通、物质结构或关键技术等领域的研发人员。亥姆霍兹联合会各研究中心都能为客座科学家提供优良的基础设施和良好的科学工作条件。这种合作的结果是每年产出500多件专利。

（1）支持所有培养阶段的青年人战略。亥姆霍兹联合会制定了一项支持所有培养阶段的青年人战略，以期实现“研究与创新公约”既定的重要目标——加强对青年科学家的培养。为此，该联合会凭借“研究与创新公约”增加的经费建立了“推动与网络基金”，而青年科学家小组计划和亥姆霍兹学院（Helmholtz-Kollegs）则都属于该项基金资助项目。自2006年起，作为对攻读博士学位资助的强化与补充措施，亥姆霍兹联合会正式开始在亥姆霍兹研究中心开展研究生院的招标工作，并利用“研究与创新公约”的经费为自然科学技术职业教育研究中心提供经费支持。

（2）未来的人才——取得各级资格的青年人培养。亥姆霍兹联合会把广泛的人才管理定义为其组织文化的重要核心，而其组织文化的基本要素还包括唤起儿童对自然科学的兴趣、尽早让青年科学家融入研究、最优秀青年科学家享有选择权及科研管理人员的能力培养等。除个性化培养之外，诸如改善工作条件及优化青年人才的工作环境（重点放在培养年轻妇女和职业与家庭的协调工作上）等，也被纳入人才培养的范围。相关青年科学家培养的跨中心措施，是支持各研究中心的多样化培训和继续教育活动，如学生实验室、博士研究生计划和博士后的培养等。

（3）亥姆霍兹青年科学家小组。青年科学家小组由大研究中心和高校共同设立，共同聘请小组负责人。青年科学家小组模式为国内外最优秀的青年科学家提供了最好的工作环境，并使之有机会在研究密集型环境中设立和领导自己的工作团队，从而在早期开展独立的科学研究并有机会获得一个无限期的职位。亥姆霍兹青年科学家小组的资金配置每年约为25万欧元，其中的一半来自“推动与网络基金”。每个青年科学家小组的资助期限为5年。自2003年第一次招标以来，亥姆霍兹联合会已建立了156个这样的青年科学家小组。许多青年科学家小组的主持人还与大学合作伙伴紧密协作，在高校举办讲座和专题研究班，并获得了大学教授资格。

（4）亥姆霍兹博士生班和博士研究生院。作为执行国家结构化博士生培养计划的重要举措，亥姆霍兹联合会推出了博士生院计划。博士生班或博士生研究院是亥姆霍兹研究中心与大学共同设立的青年科学家培养机构，并根据合作协议各自承担相应的责任和义务。遵循共同科学利益和科学杰出性要求，博士生班或博士生研究院的培养期限一般为3年。由“推动与网络基金”经费建立的研究生院将是该联合会开展跨学科青年科学家培养的顶层结构。借助这些研究生院，在相应的博士学位课程之外，亥姆霍兹联合会所有的博士研究生都能够获得跨学科深造的机会，从而取得对其科学或经济界职业生涯至关重要的关键能力。

（5）虚拟研究所。亥姆霍兹联合会和德国高校校长联席会议主席联手支持亥姆霍兹研究中心与高等院校合作建立虚拟研究所，并希望借虚拟研究所加强高等院校与大研究中心在研究能力上的互补，从而形成具有国际影响力的研究中心。虚拟研究所的参与各方在研究课题上进行分工，在课题管理上实行统一管理，在青年科学家培养上实行通盘资助，并为他们的培养制订了特别方案。截至2012年，该联合会共资助了99个虚拟研究所，投入近7亿欧元。其中约有5600万欧元流入高校，有61所德国高校的326个合作伙伴参与其中。①

（6）亥姆霍兹国际研究生院。亥姆霍兹感染生物学国际研究生院是专为培养从事生物医学感染研究的青年科学家而设置的。它是欧盟“玛丽·居里行动项目”的一个子项目，并从2004年起启动了对“感染”领域青年科研人员的高技能培训。这个面向青年科研人员的项目是由亥姆霍兹感染研究中心、汉诺威医学院（MHH）及汉诺威兽医学院联合承办的。除实验室培训和撰写博士论文外，学生们还将参与一整套定制的项目，包括研讨会、讲座、亥姆霍兹暑期培训班及周末研讨会等。此外，学生们还将学习与现代科研事业息息相关的经费财务、专利事务及管理等技能。

（7）与德国学术交流中心合作建立新的奖学金。为吸引更多的外国优秀人才，德国亥姆霍兹联合会与德国学术交流中心合作建立了一项新的奖学金。经费由亥姆霍兹联合会负责提供，德国学术交流中心对申请者进行初选并安排奖学金生在德国的居留。奖学金获得者——尤其是来自国外的博士生和博士后——将有机会在亥姆霍兹联合会的一个科研工作组从事1～3年的研究活动。该奖学金共有40个名额，学科领域涉及土壤与环境、健康、关键技术、材料结构及交通和宇宙空间等。

（四）德国科学组织人才培养举措的成果

1. 结构化博士研究生的培养

德国对学位实行极其严格的管理制度，除获得授权的高等院校外，科学组织均没有授予学位的权力；因此，他们培养的博士生均须由相应的高等院校授予博士学位。尽管如此，独自创办或与高等院校合作创办博士生院或研究生院，仍然是德国科学组织执行国家结构化博士生培养计划的唯一手段。

---

①Helmholtz-Gemeinschaft. Helmholtz fördert Zusammenarbeit mit Universit ten in elf neuen Virtuellen-Instituten. http://www. helmholtz. de/aktuelles/presseinformationen/artikel/artikeldetail/helmholtz _ foerdert _ zusammenarbeit_mit_universitaeten_in_elf_neuen_virtuellen_instituten/[2012-06-29]

截至2010年底，以四大科学组织为主创办的博士生院和研究生院已达243所（表5-1），其中由“杰出计划”资助的为68所（与高校合办）。

表5-1 德国科研组织博士生院/研究生院的数量 （单位：所）

机构	结构类型		2005年	2006年	2007年	2008年	2009年	2010年
弗朗霍夫协会				6	10	7	7	9
亥姆霍兹联合会	博士生院/研究生院总计		47	40	41	33	48	49
	其中	“杰出计划”			12	12	13	12
		其他院校			29	21	35	37
马普学会	博士生院/研究生院总计		43	103	109	122	126	131
	其中	德国研究联合会		54	50	49	48	49
		“杰出计划”			10	19	20	20
		马普国际研究院	43	49	49	54	58	62
莱布尼茨科学联合会	博士生院/研究生院总计		38	39	43	32	43	54
	其中	“杰出计划”	38	37	37	23	27	36
		莱布尼茨研究学院		2	6	9	16	18

除了研究生院之外，德国科学组织还有一系列与获得博士学位有关的单项资助措施，如颁发专项奖学金或者以雇佣形式参与相应的研究计划等。

在这方面比较特殊的是弗朗霍夫协会。该协会并没有把注意力放在博士生院或研究生院上，而是更多地让博士研究生直接融入到研究项目之中，以便在具体的应用研究活动中培养他们观察和解决科学问题的能力。同时，该协会经常有针对性地为博士生举办各类研讨会，为他们提供能够较早地了解在获得博士学位之后其职业生涯的各种机会。

与以往相比，无论是在结构性计划之内还是其外，各科学组织2010年培养的博士研究生人数均实现了大幅度的增长：平均增长率达到了13%。其中，莱布尼茨科学联合会甚至增长了37%；若与2005年相比，其增长率则高达163%（表5-2）。

表5-2 德国科学组织培养的博士生和已授予博士学位的人数 （单位：人）

机构	项目	2005年	2006年	2007年	2008年	2009年	2010年
弗朗霍夫协会	在读博士生	941	1 076	1 204	1 618	1 776	1 883
	授予学位	218	196	236	280	295	324
亥姆霍兹联合会	在读博士生	3 454	3 813	4 124	4 521	4 797	5 320
	授予学位	622	703	753	756	848	783

续表

机构	项目	2005 年	2006 年	2007 年	2008 年	2009 年	2010 年
马普学会	在读博士生	3 790	4 018	4 308	4 629	4 927	5 259
	授予学位						
莱布尼茨科学联合会	在读博士生	1 344	1 468	1 515	1 604	2 229	3 063
	授予学位			230	425	453	527
在读博士生合计		9 529	10 375	11 151	12 372	13 729	15 525

2. 博士后的培养

德国四大科学组织对博士后的培养主要有两个目标：一是培养其为青年科学家小组的负责人；二是培养其为与高等院校联合聘任的初级教授。

1）初级教授

除马普学会和弗朗霍夫协会有权与高等院校联合聘任教授外，亥姆霍兹联合会也在特定领域享有教授的选择与决定权——有时还会与经济界开展相关的合作，莱布尼茨科学联合会则专门设立了莱布尼茨大学教授职位。

2）独立青年科学家小组

自马普学会于 20 世纪 60 年代创立青年科学家小组以来，到 21 世纪初，青年科学家小组这一培养青年科学家的模式已逐渐被德国其他科学组织普遍采纳（图 5-3）。

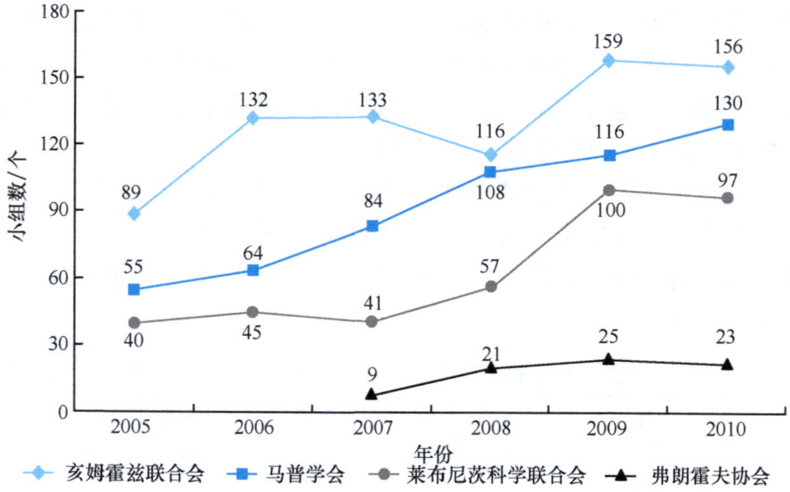

图 5-3　德国科学组织独立青年科学家小组的发展态势

资料来源：Gemeinsamen Wissenschaftskonferenz. Pakt für Forschung und Innovation Monitoring-Bericht 2011. http：//www.gwk-bonn.de/fileadmin/Papers/GWK-Heft-23-PFI-Monitoring-Bericht-2011.pdf［2011-07-20］

青年科学家小组是由一位青年科学家担纲的、有资助时限的独立科学研究小组，资助年限通常为5年。设立青年科学家小组的目的在于鼓励并支持有潜力的青年科学家在早期独立开展其感兴趣的科研工作。受资助的青年科学家须经相应的课题招标程序并经过严格的评估方能产生。

多年的青年科学家小组实践表明，这一青年科学家培养模式是卓有成效的。在资助期结束时，绝大多数青年科学家小组都能较好地完成其研究课题并提交相应的研究成果；青年科学家小组的负责人也大多成为职业科学家或大学教授，还有一部分转入了经济界并成为企业研发或技术革新的骨干甚至带头人。

3. 在职培训与管理人员进修

德国科学组织非常重视对在职人员，尤其是青年管理人员的在职培训和继续教育。亥姆霍兹联合会建立了专门化的管理人员学院，并推出了针对最高领导层——项目主持人及研究所与研究室的负责人——的继续教育计划和青年科学家小组负责人指导计划，旨在强化其管理能力。莱布尼茨科学联合会则与德国研究联合会共同建立了专供莱布尼茨机构负责人进修的管理学院，使其得以对其战略发展规划目标和相应的框架条件开展深入的研究。

德国科学组织还推出了大量开展专门化职业培训的促进举措，并且在“研究与创新公约”期间，使实习生的绝对数量增加了5%。截至2010年，德国科学组织自身的平均培训率也始终保持在4.5%左右（表5-3）。

表5-3 德国科学组织在职培训人数和培训比率

项目		2005年	2006年	2007年	2008年	2009年	2010年
弗朗霍夫协会	在职培训人数/人	423	448	450	453	478	484
	比率/%	3.0	3.5	4.3	4.0	3.8	3.4
亥姆霍兹联合会	在职培训人数/人	1572	1613	1663	1663	1262	1614
	比率/%	6.6	6.8	6.8	6.4	5.6	5.6
马普学会	在职培训人数/人	577	584	594	308	596	608
	比率/%	5.0	3.8	4.5	4.4	4.2	4.1
莱布尼茨科学联合会	在职培训人数/人	352	349	349	365	428	470
	比率/%	2.6	2.5	3.4	3.9	3.3	3.4
合计		2924	2994	3056	2789	2764	3176
平均比率		4.6	4.5	5.2	4.6	4.4	4.5

三、青年科学家的国际流动

在科学技术迅猛发展的今天，科学人才的全球性流动不仅已经成为无法阻挡的国际化潮流，同时也成为各国政府与社会各界亟待慎重应对的巨大挑战，一方面要不遗余力地从世界各地招揽高精尖科技人才，另一方面又要想方设法阻止本国科技人才的不断外流。德国也不例外。

德国联邦统计局2010年的统计数据显示，到2009年，德国移至海外的人数已经连续两年超过了移入的人数，而且在移出的人员中高素质人才居多。2009年，移入德国的人数为72.1万人，而从德国移居海外的则高达73.4万人。尽管德国已经放宽了对移民的限制，但是，德国的总人口仍呈负增长趋势。尤其值得注意的是，在移居海外的德国人中，有2.4万人去了瑞士，1.3万人去了美国；这两个国家均具有很高的生活水准和极为挑剔的移民政策，只有高素质的人才有可能移民到那里，这表明德国正在失去更多最优秀的人，比如医生和科学家。尽管德国已经修订了《移民法》并采取了鼓励技术移民等补救措施，但是2010年的统计数据仍显示德国仍然存在着十分严重的专业人才匮乏的问题，其中最紧缺的是工程师——有3.4万个空缺的工程师岗位，其他诸如数学、信息、自然科学和技术领域的空缺岗位也高达6.5万个。同时，由于联邦和州政府已经开始施行高等院校扩招计划，因此在未来15年内，德国高等院校将会产生3万多个空缺岗位，其中空缺教授岗位则多达1.6万个。

（一）利用全球化促进德国研究

德国的研究立足于国际竞争。近年来，德国政府和科学组织特别强调以“引进人才”来消除“智囊流失”带来的隐忧，不仅格外重视法律、制度等框架条件的建设，而且投以巨资提高外聘高级人才的薪金待遇，从而赢得了众多国外的顶级科学家。

联邦教研部在其专项计划范围内——如“生物未来计划”等——目标明确地推进青年竞赛活动，为提高德国研究地位成功地招徕了许多相关技术范围的顶尖科学家，并把他们从国外请到德国来工作。

在欧洲这一级的层面上，联邦政府在维护德国研究体制的前提下积极参与塑造欧洲研究空间，并为清晰地勾画出“欧盟第六框架计划”的轮廓做出了贡献；其后又在积极参与“欧盟第七框架计划”的筹备工作。从联邦政府的角度看，今后课题优先权范围内的跨国合作也必须是框架计划的重要组成部分，以此作为对欧盟委员会关于框架计划应该聚焦于面向未来课题范围的主张所做出的积极回应，并表示要为获得和提高欧洲竞争力作出决定性的贡献。

（二）资助青年人到国外留学

越来越多的德国年轻人希望他们的一部分学业能够在国外完成。为此，2010年联邦教研部为“达·芬奇计划”等有关欧洲职业教育一体化的教育计划提供的资助经费增加了300万欧元，其中80万欧元流向了“达·芬奇计划”。与2009年相比，德国政府为“达·芬奇计划”投入的追加经费增加了三倍之多，由此，2010年获得资助的受训者人数也比上年增加了2000多人。政府资助使这些年轻人有可能在一家外国企业参加3～9个月的生产实践，并获得相应的专业、语言资格证明及附加的工作资质证明。

联邦教研部的议会国务秘书布劳恩（Helge Braun）强调指出：谁抓住了在国外积累专业经验的机会，谁就为他以后的职业生涯奠定了重要的基础。时至今日，具有跨学科和国际经验的高水平专业技术人员，不仅备受大企业集团的青睐，而且在中小企业也颇受欢迎。此外，一次在国外停留的机会还可能使受训者发现德国以外的职业前景。

德国的同行协会、职业学校和企业都已认清了这种发展趋势，并在相应的培训活动中越来越频繁地以“提供国际附加技能资格证明”为前提招徕受训者，尤其是“国际管理”或“欧洲工艺助理”等专业，受训者的先决条件之一是有在外国学习的经历。

联邦教研部就是希望借助这种大规模支持年轻人到国外留学的促进措施，来支持与创新有直接关系的职业培训工作，并在2007年就公开宣称向欧洲开放德国的职业培训。此举的目标是，到2015年使德国获得外国培训资质的人数实现翻番。对于德国的“双轨制”培训体系，特别是已经取得巨大成功的“达·芬奇计划”而言，联邦教研部的追加经费将产生巨大的推动力。

除此之外，在职业教育范围内，德国联邦教研部还为与法、英、挪威及荷兰等国签订的双边交流计划提供资助。

（三）大力争取美加地区德裔学者回国效力

2007年，德国学术国际网（GAIN）在美国圣弗朗西斯科举办的第七届年会上郑重地向与会的230位德裔青年学者宣布，目前是德裔青年科学人才回国效力的绝好时机。德国学术国际网由德国研究联合会、洪堡基金会和德国学术交流协会联合组成，旨在吸引目前在美国和加拿大工作的德籍学者参加其组织的各类联谊活动，进而争取他们返回德国定居和工作，为他们提供优良的工作条件，并使之为德国科技发展贡献所长。

GAIN的重要举措之一是为海外德裔青年学者提供1万个教育或科研领

域的高级职位，其中3000～5000个职位是伴随联邦和州政府共同甄选出的杰出大学产生的；此外，“2020高校公约”也为他们提供了在学术界工作的机会。另外，欧洲研究理事会也为德国青年科学工作者提供了一批额外的工作机会。为了吸引海外学者回国，德国学术国际网还兼顾到科学人员子女的教育、安排及其眷属的就业问题。在这方面，它尽可能提供机会，让夫妇两人均能从事学术工作，又能兼顾家庭。GAIN年会将会从一个延揽德国学人回国的活动转变为反映德国学术制度的机制，而这个转变可以说归功于后进学者。

（四）大量国际科学精英选择到德国攻读博士学位

据2007年德意志学术交流中心和高校信息系统有限公司联合进行的“德国学术科研国际性”调查结果显示：2006年德国的外国留学生人数为248 357人，比2005年增加了2000人。留学生主要来源国依次为中国、保加利亚、波兰和俄罗斯。根据中国留学生网站2012年的报道：在2005/2006冬季学期里，德国高校改革引入的国际学士硕士专业数量出现了大幅度的增长。与2005年夏季学期相比，新学制专业的数量增加了29%，达3797个，占到了德国高校专业总数的34%。2011年在德国高校注册的外国留学生人数首次超过25万人，所占比例为全德国高校学生总数的11%。德国成为仅次于美国和英国的世界第三大留学目的地国家。

德国高等院校的改革与创新是依法进行的。在改革与创新过程中，均注意到不能对现行有效的体制、制度，尤其是专业人员队伍造成大的冲击。改革不能全盘否定过去，创新更不能“一刀切”。因此，德国高等院校的改革与创新，既没有造成其基本体制大面积的动摇与坍塌，也没有导致其教研队伍的涣散与溃败。

第六章
知识与技术转移

自人类开始掌握“工具”以来，知识与技术转移就一直伴随着人类文明与社会进步的发展进程，而科学与技术则是社会进步的基本源泉。科研的最终目标是为社会进步和经济发展服务，而知识与技术转移则是科技成果转化和实现国民经济发展目标的主要途径和手段，在国家创新体系的构建中占有十分重要的地位。面对严峻的金融与经济危机，德国更是将希望寄托于研究与创新和知识与技术转移的强化上，因为科学在相当范围里能为使创新成功地实现商业化作出贡献；同时，在知识与技术转移方面，还不能仅仅将注意力聚焦于工程科学和自然科学上。在德国，服务产业对于经济增长和促进就业的推动作用正在日渐凸显出来；对于服务业而言，则不仅要掌握一定的技术，更要掌握大量的知识。因为现在的服务创新往往是知识密集型的，而且这些知识又经常是由一些不起眼的技术革新引发的。

一、政府促进知识与技术转移的法规和政策措施

（一）加强科技立法，实施宏观调控

德国政府对科技成果转化实施宏观调控的主要手段包括框架条件和经费资助。实际上，这应该是以社会需求（国民富裕）为基础、以市场效益（经济与就业增长）为目标的各国政府的不二法门。在科技成果转化方面，除了《专利法》、《版权法》等一系列与科技有关的专门法之外，德国其他诸多法律之中都有关于促进科技进步、保障经济发展的规定；特别是对专利、商标和版权等，均从政府层面直接予以协调和保护。

德国《专利法》只把发明专利列为保护对象，而对实用新型与外观设计则分别依据《实用新型法》和《外观设计法》予以保护；在植物新品种及其培育方法保护方面，也订立了专门的《植物品种保护法》。德国《专利法》对发明专利的保护范围相当广泛，除了诸如科学发现、智力活动或计算机程序、疾病诊断与治疗方法等，其他技术领域内的发明均可申请专利保

护。但德国为获得专利权所设定的条件却是非常严格和明确的。

此外，在推动企业专利工作方面，德国政府还专门制定了《雇员发明法》，其要旨有二：雇员取得发明后有义务及时通知雇主，雇主则应在规定时限内表明是否接受该项发明；雇主不接受或逾期未表态，则雇员拥有其发明并可申请专利。自2001年始，联邦政府通过法律修正案对大学和国立研究机构的专利所有权及使用权作出进一步确认，即该两项权利归属研究机构而不是个人，但完成发明的个人得以分享获益的30%。总之，完备的法律体系为德国科研成果的转化提供了广阔的空间和强有力的国家保护。

近年来，德国政府越来越重视专利及知识产权保护工作，除不断通过法律修正案使德国《专利法》等专门法与国际惯例接轨外，还坚持推动欧盟建立统一的《专利法》。这是由于一方面德国的专利技术在国外正面临越来越多的仿冒，另一方面现有专利制度的一些痼疾妨碍了创新潜力的发掘和发展。就此，联邦经济技术部科学咨询委员会在其2007年的《专利保护与创新鉴定报告》中特别针对专利保护和制度创新提出了相应的建议：既要加强专利保护，又要促进合法竞争；同时，要大力推进欧洲专利体系的建设与改革，简化申报程序，降低申报专利的成本，并尽可能早地订立《欧洲专利法》。

（二）国家相关技术转移政策的演变

从20世纪50年代后期开始，联邦政府就以签订科研合同方式为科研计划提供经费资助。通常科技计划与项目的公共资助比例不超过50%，其余部分须由项目实施单位（不包括高校和国立科研机构）自行筹集。当时，德国政府对公共研发项目研究成果的所有权政策是：考虑到项目资金来源于纳税人，项目研究成果应当让社会公众无偿使用。当时国立科研机构也可以对公共项目研究成果申请发明专利，但必须与政府共同享有专利所有权，因此很少有国立科研机构开展发明专利申请等知识产权管理与保护工作。

这种政策导向的直接后果是：虽然确保了社会公众对公共研发项目研究成果的共享性，却严重阻碍了知识技术成果的商业化应用。原因有二：一是公共研究项目领域的知识产权申请非常少；二是由于这些专利授权都是非独占许可的，因而也削弱了企业对专利成果进行商业化开发利用的积极性。

20世纪80年代以后，面对世界经济不景气和高新技术的挑战，在政策导向方面，德国的科技政策适时地调整到以促进社会结构和经济结构合理化为目标的方向上来。为了促进知识技术成果的转化，政府推出了新的公共研发项目管理办法。

与旧办法相比，新项目管理办法在知识产权管理方面增加了以下内容：

（1）国立科研机构在申请项目时必须提交项目研究成果产业化应用表。在表中要对研究成果产业化应用的可能性进行评估，并对今后研究成果管理模式和商业化应用机制进行描述。项目经费中增加研究成果申请专利等保护和管理费用立项。

（2）国立科研机构可以对项目研究成果要求完全知识产权。

（3）如果国立科研机构不想对项目研究成果申请知识产权授权，必须及时告知政府，以确保各级政府可对成果采取适当的知识产权保护措施。

（4）国立科研机构必须与发明者共同分享项目研究成果商业化应用的收益。

（5）各级政府不再收取项目研究成果商业化应用的收益。

（6）研究成果对欧盟内部企业授权一般没有限制，对欧盟以外公司的专利使用授权必须得到德国政府许可。

对于多方共同参与的联合研发项目，除各方分别与项目管理办公室签订资助协议外，各方之间还必须签订合作合同，约定各自的权利和义务，内容包括资助额度、项目执行时间、工作计划、项目组织协调、成果转化计划和现有知识产权等。

从20世纪90年代后期开始，政府科技创新战略的重点之一是强化国立科研机构专利技术成果的商业化应用。为了对国立科研机构承担的公共研究项目的专利技术成果给予更好的保护和管理，德国政府还有针对性地制定了一系列政策措施，诸如：

（1）定期发布大学发明专利申请授权情况的国际比较研究报告。

（2）在接受各级政府资助的公共研发项目经费预算中增加知识产权申请和保护费用开支项。

（3）联邦教研部出台公共研发项目研究成果管理与转化应用管理条例。

（4）联邦教研部与联邦经济技术部联合推出“知识创建市场”行动计划，规定大学有权获得其科研人员的发明并有权申请专利，大学教师可从其发明的成果转化收益中获取30%。

（5）指定24家专利服务及代理机构对高等院校的专利申请和保护事宜给予法律和商业化应用方面的咨询与指导，以推动高校的知识与技术转移活动。

（6）在全国范围内建立起专业化的知识产权管理培训和信息服务网络平台，加强知识产权管理与保护实践案例和成功经验的交流。

（7）会同经济界推出涉及法律、产业、技术和展会等诸多领域旨在进一步加强知识产权保护的《预防战略》。

（8）2006年，德国政府首次出台了旨在大大缩短并加快从开发到市场进程的“高科技战略”，从而为科学界和经济界之间的知识与技术转移提供了政府资助的优先权；同时，还推出了促进德国技术转移的一系列措施。

（9）捆绑科技界和经济界的力量：显著改善科技界和经济界之间的交流，为“创新区域”建立技术主导型合作项目，促进优秀创新机构的联网，奖励中小企业的研究项目。

（10）改善创办高科技企业和创新基地的条件：支持创新型企业与研究机构的互动，改善创办企业的启动条件，为新技术型企业提供资金和市场便利，改善风险投资环境，建立中小企业参与政府研究项目的机制，完善有利于技术转移的税收体系，进一步消除行政干预。

（11）支持新技术的快速推广：促进高校和研究机构科研成果向市场转化，完善欧洲专利体系，加强对原始创新的专利保护。

2007年，德国科学委员会借题为“有关科学界和经济界交互作用的建议”的研究报告，提出了进一步加强知识与技术转移的政策性建议：

（1）为强化科学界和经济界之间的知识交流，作为一种特别手段，要鼓励建立非项目取向的持续性战略伙伴关系，并使高等院校、研究机构和企业都能从中获利。

（2）由政府与私人投资建立的基金应该有助于广泛鼓励创意直至其接近市场成熟水平，并明显改善研究成果和发明将其转换成新产品的方法。

（3）进一步从制度上为知识与技术转移提供可靠的保障并完善相应的激励机制，例如，普遍适用能力取向的经费分配方式，或普遍施行工资条例中关于W级报酬的规定，特别是对女科学家。

（4）把知识与技术转移作为战略目标置于高等院校和科研机构的总体发展规划中，并且要按照科研、教学和知识与技术转移重点及各个机构的特征等基本要素，对研究及相关人员分别进行绩效考核。

（5）为了提高利用科学发明的可能性，德国乃至欧洲的《专利法》应对采用专利技术的新产品在专利使用期方面普遍适用“宽松时限”。此外，还应该推动德国《专利法》与国际惯例接轨，并鼓励研究成果报告在出版之后即行申报专利。

（三）制订促进知识与技术转移计划

2001年4月，一项综合举措“知识创造市场”规划正式出台，并由联邦教研部和联邦经济技术部共同实施。该项规划推出了一些新的资助方案，目的是加强工业界与科学界之间的联系，强化活动的开展。其后，联邦教研部又进一步出台了促进高等院校和公共研究机构研究成果转化的“商业化攻势”主题规划，而联邦经济技术部则相继推出了“项目创新”（ProInno）、“创新网络”（InnoNet）和“产业联合研究”三个促进计划。这些计划共同的重点都是加强对公共研究机构和企业间研发合作的引导。

“商业化攻势”主题规划范围内的直接研究补助金，通常提供给由企业和公共研究机构组成的联合研究组织，以加强企业与研究机构的合作，并促使它们建立长期的合作关系或研发同盟。

“创新网络”和“项目创新”计划的目标都是改善中小企业和研究机构之间的合作，并且创立一种综合合作方式。前者要求合作项目至少要有 4 家中小企业和 2 家公共研究机构参与；后者则重点为中小企业和公共研究组织的合作研发项目提供基金。而“产业联合研究”则是为德国东部的企业研究提供资助的专项计划。

此外，德国政府其他的一些研发促进计划也非常重视工业界和科学界的合作，例如，旨在扶持由工业界和科学界组成的“地区专项基金”体系（这些基金资助的大部分项目都是合作研究项目）的“创新区域”和“创新地区增长支持”计划，以及旨在强化中小企业与公共研究机构合作关系的“NEMO 计划”等。

为加大高等院校的专利申请和保护力度并加快专利技术的商业应用，联邦经济技术部于 2001 年启动资助计划，指定了 24 家专利服务代理机构为高等院校、中小企业、创业者和发明家提供与专利申报和技术转移有关的法律及其运作指导，并帮助其申请专利或进行商业推广。至 2006 年已有近 7000 个企业和创业者得到支持，接受咨询的 75% 的发明申请了专利，为受益企业创造了 1500 多个工作岗位。此外，2007 年 9 月，德国官方还公布了科研合作示范合同，为企业与科研机构进行合作时提供参考，一定程度上为企业节省了法律成本。

2008 年，为了借助加强知识与技术转移来帮助中小企业尽快解决经济危机的困扰，德国政府还推出了旨在促进中小企业之间及其与高等院校和大学外研究机构开展研发合作，同时鼓励他们参与国际研发合作的“中央中小企业创新促进计划”（ZIM）。

ZIM 计划对企业研发项目的资助形式有两类：一类是企业（或研究机构）单独研发或 4 家以下的企业（或研究机构）合作研发项目；另一类是 2 家研究机构以上或至少 4 家企业的联合研发。对第一类研发项目的资助比例为项目总投资额的 35%～50%（企业项目）或 100%（研究机构项目），每个项目资助上限为35万欧元；对第二类研发项目的资助比例不变，促进金额上限为200万欧元。对于国内企业和国外合作伙伴共同进行的研发项目，德国企业可以申请资助。根据计划，有创新能力的企业将优先获得风险资金。德国政府将出资5亿欧元，资助有创新精神但缺乏资金的中小企业进行科研创新，资金状况相对吃紧的东部企业将得到优先考虑。据官方统计，2009年9月德国有20多万个工业和服务性企业属于创新型企业，其中大约3.5万个企业开展了经常性的科研和创新活动。

该项计划为创新型中小企业推出了前所未有的激励措施，协助其应对全球经济危机。在2009年和2010年两个财政年度里，联邦经济技术部又为该计划追加了9亿欧元的资助经费，使与之相关的资助经费总额达到15亿欧元；加上其他面向中小企业的研究和创新计划，经济技术部投入的资助经费总额达到了22亿欧元。

另外，《商业用途创意保护计划》、《联邦经济技术部专利服务计划》、《法律咨询与授权服务计划》、《知识产权申请费用资助计划》、《打击产品与品牌侵权行动》等行动计划，也为科研机构、中小企业和独立发明人提供了知识产权保护方面的支持。

二、促进知识与技术转移的新措施

（一）通过税收优惠分担企业的创新风险

联邦政府主要借助为包括高科技企业在内的中小企业提供税收优惠和财政补贴两种方式来分担企业的创新风险。

在税收优惠方面，一是实行有利于中小企业的累进税制；二是对一半以上的手工业企业免征营业税，对流动资金不超过一定数额的小企业免征流转税；三是提高中小企业的折旧率。相较而言，德国更重视税收优惠政策，对50%以上的中小企业实际上已免除了营业利润税。

在财政补贴方面，一是借风险资本为中小企业增加资本金，二是为新建的中小企业提供资本金补贴——企业的原始创新项目最多可申请40%的政府补贴，对有些科研项目还强制性地要求研究机构与企业共同申请（企业要投入60%）。补贴金的来源是多样化的，如基金会、国家投资银行或其他风险资本；补贴方式则有补贴、借贷和参与等。无论是税收优惠还是财政补贴，目的都是通过分担企业的创新风险以促进企业的发展，从而确保国家的经济增长并增加就业。

对于发明人，德国法律则规定其发明由公司或企业转化后，应给予一定比例的提成以资奖励，并仅需缴纳6%的所得税。

（二）科研报酬专项资助项目

2007年，联邦政府推出了“科研报酬”专项资助项目，目的是为科研机构已完成的研究成果再提供相当于原研究项目资助经费1/4的资助，支持对研究成果的进一步开发、技术转移和商品化工作。

同年，政府还启动了“科研绩效”新资助措施，旨在鼓励公共科研机构进一步扩大其知识与技术转移能力，促进科学界特别是大学和公益性科研机构与经济界开展更为开放且更加紧密的合作，并把科学界与中小企业的合作置于显要位置。“科研绩效”新资助措施的资助总额为1亿欧元，主要用于新的、附加的特别是有助于改善中等企业公共科研合作能力的知识与技术转移活动。

此外，联邦教研部还公布了关于公益性研究机构的“研究奖金”（须在批准后两年之内使用的奖金）指导方针。“研究奖金”是在联邦政府“高科技战略”范围内进行跨技术领域资助的重要手段，目的是发掘公益性研究机构与经济界广泛合作的附加潜力。

“研究奖金”指导方针的主要内容：首先，申请“研究奖金”的对象是未曾获得过联邦和州共同资助的、具有独立法人地位的公益性大学外研究机构。其次，公益性研究机构必须把“研究奖金”用于新的、附加的、“非经济方面的”知识和技术转移范围内，尤其是以下计划：

（1）改进、保护和使用研发成果的措施——使研发成果合法化和研制其保护战略，以及有关保护知识产权的许可证发放战略；

（2）以增强和扩大经济使用可能性及其范围为目标的研发活动（特别是有关改进技术和工艺基础的）——内部组织技术的可行性分析研究和开发新领域及其相关技术、技能的研究；

（3）加强和提高技术应用及合作方员工能力的项目，包括人力资源的资格培训、特殊专业科学与技术工作者的继续教育项目，以及实现合作协议所需的专项培训；

（4）加强跨区域的研究合作和与公共研究机构的联合、特殊专业的联络和宣传工作，在科学会议、科学讨论会和专题学术讨论会上扩散研究成果。

（三）“科学研究创新潜力的有效性”新资助措施

2010年，联邦政府推出了一项旨在提高“科学研究创新潜力的有效性”（VIP）新资助措施。它是联邦科技部为进一步推进“高科技战略”而采取的一种新资助举措，是专为高等院校和由政府提供资助经费的研究机构而推出的。一般而言，一个有效性研究项目最多可以获得 50 万欧元的资助，资助的最长期限为 3 年。

在“从实验室到市场”的道路上，联邦教研部希望能及早地借 VIP 新资助措施来填补以往资助措施中的漏洞：针对高等院校和研究机构为数众多的科研活动，对具有潜在可利用价值的研究成果进行早期鉴别，以期为其后的知识与技术转移奠定基础。VIP 新资助措施的资助重点是高等院校和公共研究机构的科学家，以及能够开辟“新技术途径”和“新用途”及具有经济潜力的研究成果。

（四）加强创新集群建设，促进知识与技术转移

2006 年，联邦政府根据“高科技战略”重新部署了其创新政策：“高科技战略”的口号是“发动创意”。其战略要旨在于鼓励各种革新创意，以此创造一种良好的创新氛围，把这些创意和科研成果迅速地转化为新产品、新工艺和新的服务。联邦政府推出的集群政策旨在支持来自科学界与经济界的合作伙伴把他们的创意迅速转换为新产品和服务，更好地利用其现有的科学技术优势，促进经济和就业的同步增长。

在创新集群的形成及发展方面，德国已经取得了很多成功经验，并且在此基础上形成了一些激发创新的新动力。在创新集群的所在地，所有贴近项目的工作已经实现了“一体化”。把经费投入到相应集团之内能够实现的、特别有吸引力的项目上，有助于大大提升既定经济目标取向的网络化。集群在创新系统中的作用、集群内部的监测指标直至集群融资的渠道及能力等问题，既是集群管理所要积极面对的挑战，也是集群能够取得成功的重要因素。

2010 年 2 月，在联邦教研部部长组织的集群会议上，与会专家认为，关于集群政策的必要性，可以从以下三个方面来考量：第一，集群政策应该注重其效率，该政策除了要能产生直接影响之外，还应该通过强大的经济效益来产生更大的间接影响。第二，集群政策应该是经济政策的重要组成部分，促进集群及其技术研发活动，必须有助于推动研发计划，并使其所在区域得以在创新竞争中占据关键位置。第三，集群政策必须有助于区域知识结构调整并促进一批实力强大的创新集群的建立，因为知识结构必将对经济发展产生巨大的影响，而一批实力强大的集群则能提高德国的竞争力。同时，专家还指出了集群政策可能面临的风险：首先，要避免对集群的错误理解——因为实际上已经出现了一些诸如让技术专家来领导集群的言论和倾向；其次，

要防止滥用集群政策或者将其肆意扩张，否则就会产生“冲淡计划”的危险。政府的集群政策必须为经济发展的过程提供必要的支持，但是政府却不能把所有集群的兴起与发展都全部掌控起来。对不同的集群及其发展阶段，也应该有区别地提供不同的高额资助经费。对于一个处于兴起阶段的集群，还必须辅以其他支持性措施，以使其在激烈的竞争中得以立足。为了能有效地满足某些特殊的单项要求并为各个不同阶段的集群提供有效的支持，集群政策必须强调两个方面：其一是兴起阶段资助；其二是提高其效率或可操作性资助。所有这些都只能通过调整集群的行业、地区及其所在位置来实现。

截至2010年，德国成功的集群有近数百个（含弗朗霍夫协会的19个创新集群）。创新集群模式已在高技术领域普遍推广，并被证实是最为有效的创新组织形式。弗朗霍夫创新集群模式是联邦政府发起尖端集群的榜样。联邦政府继推出“高科技战略”之后，又推出了以发展高科技战略为核心的“尖端集群竞赛活动”，将选出最有发展前景的15个创新集群并冠以尖端集群名号，给予重点专项资助，以期大力发展尖端技术，抢占国际尖端技术市场，确保德国的经济繁荣和国民富裕。截至2010年，联邦教研部已经在两轮竞赛中选定了10个尖端集群。2008年9月胜出的第一批5个尖端集群是：莱茵-内卡河中心地区“有机电子论坛”；萨克森“冷硅-能量效率创新集群”；莱茵-内卡河中心地区“细胞与分子医学生物技术集群”；汉堡中心地区“航空集群”和德国中部“太阳能硅谷集群”。2010年1月胜出的第二批5个尖端集群是：达姆城、凯泽斯劳滕、卡尔斯鲁厄、萨尔布吕肯和瓦尔多夫地区“软件集群”；巴伐利亚“慕尼黑生物技术集群”；巴伐利亚“欧洲纽伦堡大都市区域医疗硅谷集群”；巴登-符腾堡“西南跨行业技术集群”；鲁尔区“鲁尔物流效率集群”。

2011年4月7日，德国总理默克尔在召集的第二次“创新对话”会议上说，联邦和州借助有针对性的资助计划来支持区域创新集群建设与发展的各项举措，已经取得了初步成功；同时，联邦政府的尖端集群竞赛活动正在促使德国最有能力的集群成为国际顶级小组。为了继续改善联邦、州和欧盟的集群促进举措及其效果，联邦政府要求迅速建立国家的集群支撑平台，以期借助这一平台改善集群计划及其效果，并有助于经验交流。

三、知识与技术转移的新模式

如前所述，当前的技术转移已不同于传统的技术成果转移；技术研发与技术转移也不再是截然不同的两个阶段，而是日益融为一体；科技界和经济界之间的壁垒已经被打破，技术研发方与技术受让方则正在凭借“联合”或“结盟”而逐渐合二为一。因此，知识与技术转移的模式也在不断地变化中日臻完善起来。在德国，除企业自身的研发机构外，负有把研究成果转移到产业部门责任的研发机构通常包括高等院校、大学外研究机构、私营研究机构及一些临时性研究组织和能够在技术转移活动中发挥重要作用的中介机构。

（一）知识与技术转移的基本形式

纵观当前德国科学组织和研发机构的知识与技术转移活动，其基本形式主要有以下 5 种。

1. 培训与继续教育

其实，无论采用哪种方式，都可以成功地进行知识与技术转移。然而在德国，所有这些形式中首推高等院校和科研机构的培训活动。德国的杰出大学不仅是诺贝尔奖的锻造者，同时它们培养出来的大多数杰出的毕业生都要参加社会实践，也就都有机会参与知识生产、技术革新或者知识与技术转移活动。

德国是一个非常重视培训与教育的国家，近年来更是提出了建设“教育共和国”的目标；同时，政府要求高等院校和科研机构在制定教学大纲时必须充分考虑到受教育者今后参与知识与技术转移活动的可能，并安排适当的教程和社会实践。此外，许多科研机构的工作人员也在其研究范围内对进行与经济界相关的、创新取向的研发工作作了很充分的思想准备。实际上，新的研究成果与方法经常能够被大学毕业生很有效地转入到其实践中。有鉴于此，德国政府还在推动博洛尼亚教育体制改革的进程中，要求经济界与培训机构保持紧密的合作与计划的协调一致。

2. 合同研究和指导

在知识与技术转移方面，德国的合同研究和指导有着悠久的历史和成功的实践。特别是在一些世界知名的专业领域，诸如化学、机械制造业和汽车制造业，大学与大学外研究机构之间，以及大学或大学外研究机构与第三方之间，在知识与技术转移实践中始终保持着良好的合作关系。

通过各种机构，诸如弗朗霍夫协会研究所、产业联合研发机构等，借助合同研究和指导所进行的知识与技术转移活动，德国创新系统在国际比较中占据了一定的优势地位。企业也经常能够得到大学或科研机构研究人员在这方面所给予的大力支持。此外，史太白经济促进基金会也因在合同研究和指导方面的成功而闻名于世。

3. 战略性合作

迄今，战略性合作被视为一种有效的知识与技术转移形式。因此，联邦政府、科学界和经济界尤为重视并加速推动各种类型的战略性合作，特别是国立与私营合作伙伴之间建立的长期机构式合作。这方面较为典型的案例是德国电信局实验室（T-Labs），它是由电信公司和柏林理工大学联合设立的研究实验室。其他例子还有达姆理工大学的 Merck 实验室和海德堡大学的 CaRLa 催化实验室。

对于在不同文化、法律框架条件和资源配备基础上建立起来的战略性合作关系而言，合作的各方都会面临着巨大挑战。因此，德国政府特别注重为建立公私合营伙伴关系的科研机构和大学提供一个很宽松的自由空间，尤其在出版研究成果方面。由于战略性合作往往是长期的，并聚集了拥有互补性的研发实力，公私合营伙伴关系能够创造出很多的机遇。因此，德国政府十分重视从政策上积极支持此类战略伙伴关系，企业和科研机构也愿意在更广的范围里推广公私合营伙伴关系的经验。

4. 发放专利权使用许可证

发放专利权使用许可证是知识与技术转移的另一个重要形式。但是，发放许可证任务又有其独特的复杂性：首先，对于发放许可证一方而言，谁想获得许可证，谁就必须具有出色的市场知识并拥有良好的销售网络；其次，由于发放许可证与获得许可证二者之间必须在利益方面寻求合理的平衡点，因此，协商许可合同常常是一件极为艰巨的任务。长期以来，德国经济界和科学界在发放专利使用许可证方面已经积累了丰富的经验，并确立了合适的合作模式。

5. 创办新企业或衍生公司

创办新企业是一种持续进行知识与技术转移的特别形式，它使原始知识得以快速且有效地被转移并应用。德国的高等院校有着创办校办工厂的悠久历史。第二次世界大战结束后，在高等院校复课之前，很多校办工厂已经率先复工了。近年来，大科学组织的研究机构也热衷于通过创办新公司或衍生公司来推进知识与技术转移活动。

所谓衍生公司是指研究机构以技术、设备或资金入股的公司；新公司则是完全独立的公司。无论新公司还是衍生公司，都可以使用研究机构的科研设施，并得到研究机构的技术指导与扶持。

（二）知识与技术转移的典型组织形式

由于德国校外非营利科研机构在研究领域、研究方向，以及与工业界联系程度上有很大差别，因此，在科研成果的专利申请和转化方面，做法也不尽相同，大致可分为集中和分散两种管理模式。集中模式使成果管理机构精干、高效，而分散模式则使更多的科研成果能得到专利保护，并最大限度地发掘技术转让的潜力。

为了加速技术尤其是生物技术和基因技术成果的工业应用，德国还迅速地建立了一批附属于大学及其研究所的、专门从事技术转移问题研究的技术转移研究所，此外，还建立了一批新的横向学科交叉中心，其任务首先是参与相关研究机构的科研任务和技术转移工作。这些学科交叉中心得到了德国政府和经济界的全力支持。

1. 德国的技术转移中心

德国技术转移中心是一个全国性的技术转移组织，分布在联邦各州，大体上每个联邦州都有一个这样的机构。例如，石勒苏益格-荷尔斯泰因州技术转移中心是在该州经济技术和交通部指导下开展工作的，其运行经费一半来自政府，即该州的科技基金会，另一半来自工商协会。技术转移中心主要为研究机构和企业提供技术咨询和技术成果转让等方面的服务，如举行技术洽谈会，组织展览会及开办技术交易市场等。

2. 知识与技术转移转让信息平台

1）创新论坛

“跨区域市场联盟”的别称是“创新论坛”。德国政府设立该项资助的目的，是扶持德国东部地区由经济界、科学界、社会各界、政府部门及用户自发组织的科学研究与技术开发成果的管理机构，并为东部地区引进以提供科学技术知识为主的创新网络或者企业联盟。获得创新论坛资助的条件：①必须反映地区经济、科学与技术的特色与优势；②有助于提升地区的经济与科技能力，发掘地区的市场潜能；③属于地区级“创新区位”项目并得到州政府的支持。

创新论坛最积极的参与者主要是技术型中小企业、技术中心、大学和科研机构。在为期 6 个月的资助期结束后，这些创新论坛中的绝大部分仍在积极运行。例如，2001 年资助的 15 个创新论坛中有 7 个订立了合作运营合同，还有 5 个则完全可以独立运营了；2003 年资助的 17 个创新论坛中有 13 个订立了合作运营合同，完全能够自负盈亏、独立运营的则有 11 个。

2）技术联盟协会

1994 年成立的德国技术联盟协会是德国科学界技术市场化的全国性网络。该协会是由德国技术与专利销售代理处及其他技术转移机构共同建立的联合组织，其经费主要由联邦经济技术部提供。目前，该协会已有 28 个成员，其中有提供技术成果的科研机构、技术联盟及其合作伙伴，也有经常获得技术或专利许可的企业及企业组织；该协会代理的科学组织有200多个，拥有近10万名专利权科学家。该协会常年举办大型展示会，向企业介绍德国各大学和大学外研究机构的所有创新研究成果。该协会与其他伙伴联盟（德国各类工业组织）或欧洲知识转移机构的密切合作，除了有助于推动技术转移外，也有益于优化使用各种相关的基础设施。在与技术联盟的合作下，德国高等院校和大学外研究机构与其市场代理处一起向德国的企业家介绍各种技术成果，共同推进技术转移。

2008年4月，根据联邦经济技术部的委托，德国技术与专利使用代办处与德国技术协会正式联盟结成了一个新的联合集团，开始合作在科学界与经济界之间架起沟通的桥梁。

3）技术与专利使用代办处

技术与专利使用代办处（PVA）是一个根据德国相关私法和公法条款的规定而建立的独立法人机构，负责为企业展示国内高等院校和大学外研究机构的全部创新性研究成果，并直接承办相关的技术转移事宜；在科学界和市场之间的交叉点上，PVA负责有经营前景的发明专利的市场化运作。因此，在获取专利技术或研究成果，以及对专利技术和研究成果实施法律保护方面，PVA既是高等院校和大学外研究机构的最佳销售伙伴或中介，又是经济界熟悉并信赖的对口联系人。

自2007年9月起，德国工业联合会、技术与专利使用代办处及技术联盟协会开始借助网站并通过E-mail服务方式为用户免费提供最新的创新和尖端技术。该网站汇集了几乎所有德国高等院校和各类大学外研究机构的研究成果，并由来自技术联盟的100多个网络创新管理员负责为企业提供具体的帮助。

4）其他多样化的技术转移组织形式

在直接援助中小企业的技术转移活动中发挥着重要作用的另一组织是德国工业研究联合会。它的目标是资助有利于中小企业的应用研究和技术开发，其支援中小企业的核心功能包括：提供满足中小企业需求的技术转移体系运转机制，提供一般中小企业无法获得的创新与高科技市场的通路。

自20世纪70年代始，德国就要求附属于大学的应用研究中心（即AN机构）要注意填补科技成果市场化过程中商品原型研发的空白，而AN机构则主要以委托研究的形式从事面向市场的衔接工作。此外，政府还鼓励大型公司以外包的形式与小型公司及风险资金合作，以期尽可能地将技术研发的风险外部化，以确保研发活动能够顺利进行。此类技术研发与技术转移活动在生物产业领域尤为活跃。

四、技术转移体系

（一）国家技术转移管理体系

在德国，负责知识产权保护和管理的政府部门主要有：联邦司法部、联邦教研部、联邦经济技术部和德国专利商标局等。联邦司法部总体负责联邦政府和欧盟层面的知识产权保护法律和知识产权协议等。联邦经济技术部负责管理国家社会经济领域和国际贸易政策中所有涉及知识产权的具体事项。联邦教研部主要负责大学、科研院所等国立科研机构研发创新过程中的知识产权保护和知识技术成果的转化与应用等方面相关管理政策的制定，以及国家总体创新环境的建设等。德国专利商标局及其分支机构则具体负责知识产权保护方面的日常管理和中介信息服务等。为了确保实现信息共享，德国专利商标局建立了专门化的专利信息服务平台，在全国设立了20多个信息点，提供只计成本价格的信息服务，并且对学生完全开放。这种信息服务，使大学、研究机构和企业在申请与实施专利过程中，能够方便、低廉地掌握专利申请和保护信息，并有效地对专利进行保护，且有助于专利的实施。

为了促进科技界与产业界的结合，联邦教研部借助一批科技中介组织来加强对科技项目、科技成果和产权的管理，促进产业界主动与科技界沟通，并在实务上推动技术转移与成果推广。德国科技中介推动技术转移的首要方式，是直接与企业签订研究合同。这一方式具有两个优势：一是基本保证了整个研发过程及未来技术转移的资金需求；二是研发主体同企业保持沟通，取得的研发成果大都是针对企业的，因而技术转移大都能顺利完成。

（二）典型机构技术转移

德国的技术转移体系是建立在其科研体系基础之上的，与科研体系的紧密联系是其最大的特征和优势，这是因为许多科研机构不仅从事技术创新活动，而且也深入到技术转移和推广的工作中。高等院校和研究机构还主要承担与其主要业务相关的知识与技术转移工作，为此必须拟订和执行关于与经济界合作、使用研究成果及相应的知识产权战略，并切实解决好交互作用。科学机构和企业之间的交互作用，已经不只是在个别项目范围内点对点地进行或者只是短期发生作用，而是在已确定的长期战略合作伙伴关系的基础上日益增强。

另一大优势是技术转移体系与广大中小企业的合作是广泛而深入的，德国的中小企业数量多、科技水平高，技术创新是企业战略的重中之重，除内部研发外，寻求外部技术转移服务是其开展技术创新的第二大途径，德国大多数企业都接受过技术转移服务，并且与技术转移机构保持长期的服务关系。另外，这个体系是以各领域的科学家和工程师组成的专家团队为人力支撑的，这是其高水准服务的首要前提。史太白技术转移中心和弗朗霍夫协会、马普学会、亥姆霍兹联合会、莱布尼茨科学联合会等著名科研机构便是其中的典型。

1. 史太白技术转移中心

自 1971 年起，德国就开始通过史太白经济促进基金会（1868 年成立，1971 年重建）来按照地区性需求为应用性研究提供资金支持和相应的咨询服务。该基金会是根据德国《民法典》注册登记的非营利性组织，迄今一直保留着史太白先生的思想与价值观：企业的伙伴、促进创新的信息和咨询源泉、技术和知识的中心。1998 年，史太白经济促进基金会为了迅速扩大商业活动领域和规模，成立了史太白技术转移有限公司，下设多个中心。史太白技术转移中心鼓励并促进科技界和商业界相互合作、知识共享，通过市场的方式使技术和知识成为有用资源，从而弥补了创新体制运作中的空白。

史太白技术转移中心采用扁平式的管理结构，总部史太白经济促进基金会是非营利组织，注重公益性，主要制定服务准则，并指导和督促下属专业技术转移中心按基金会章程提供服务；下属的专业技术转移中心都是企业，完全是市场化运作，自负盈亏，能迅速处理客户需求。

史太白经济促进基金会对各专业技术转移中心的帮助包括：通过基金会得到项目和任务；与外界的合作项目由基金会承担风险；利用基金会的信誉将各领域的教授吸收为基金会成员，使其服务易被社会接受。在技术转移中心发展过程中，政府也提供了三方面支持，起到了非常重要的作用：一是享受税收优惠，德国《税法通则》第 51 ~ 68 条规定了非营利组织享受税收优惠的条件；二是拨款资助。这对于史太白技术转移中心的发展壮大非常重要。

史太白技术转移有限公司对各专业技术转移中心负管理责任。综合性的大型项目通常由史太白技术转移有限公司组织，选择一些专业技术转移中心开展分工合作。而每个技术转移中心都是独立对外的，均可直接与委托它工作的企业进行联系，贴近客户提供服务，有很大的灵活性。

其技术转移中心的主要服务项目有：中短期项目，为客户提供技术或市场开拓方面的专门咨询和信息；委托各专业技术转移中心进行的中长期研究开发项目，也可以向专业技术转移中心借人到企业从事研究开发工作；提供在职培训（目的是向企业提供前沿技术和专业知识，使企业员工掌握管理战略方法）和评估服务（一是对专门项目进行评估，二是对企业进行全面评估）。所有服务项目都是有偿的，收费没有统一标准，通常与服务对象协商确定。

史太白技术转移中心的活动由一个州发展到德国全境，由国内扩展到国外，开始面向全球提供技术与知识转移服务。它们提供的服务是柔性的，以适应多变的市场需求。为了达到这样的目的，史太白网络不断扩大规模，成立新的技术转移中心，并不断更新服务产品。

各专业技术转移中心每年将净收入的一定比例上交总部，目前为9%，这是史太白经济促进基金会的主要经济来源。史太白网络收入从1983年的235万欧元增长到2008年的1.24亿欧元。

转移中心从1983年的19个发展到2008年的765个，它们活跃在各个领域和学科，多数有综合型大学、应用科学大学或合作教育大学的教授参与。史太白技术转移中心已在40多个国家建立了专业技术转移中心，包括美国、日本、法国、意大利、澳大利亚、英国、阿尔巴尼亚、印度、波兰、西班牙等，覆盖五大洲。国际化发展策略有助于史太白技术转移中心在更大范围内整合资源，为客户找到合适的技术和伙伴，更好地为企业提供专门服务。

2. 弗朗霍夫协会技术转移的特点

弗朗霍夫协会是德国最重要的专利申请和专利拥有者，仅在2009年弗朗霍夫研究所就申报了680件（2008年得到专利的为675件）新发明，其中向德国专利商标局申报了500件（2008年为522件）。截至2009年德国专利总数为5200件，用于德国市场的有效专利累计为2470件，有效使用协议数量增加到2100份。在2009决算年度，弗朗霍夫协会获得许可收入7800万欧元。

技术转让是弗朗霍夫协会的一项重要任务。为了开辟与产业界合作的渠道，一些弗朗霍夫研究所还设立了技术示范中心，向经济界介绍关键技术，包括有关的信息、新技术应用及实施的可能性，以及实际应用的演示，并辅以短期培训、提供解决具体问题的技术方案等，同时，也为企业联合会与其咨询机构组织专业活动提供必要的服务。这就缩短了研究所与企业间的距离，有利于双方增进了解并开展合作研究。此外，弗朗霍夫协会还经常举办一些向社会开放的讨论会和讲习班，向公众传播科技知识和科学技术。为了担保技能与专利权的坚定利用和使用，弗朗霍夫协会实现“结果取向的知识产权（IP）管理”。整个专利战略过程支持研究所及其组织的市场取向和使用专利。

1）技术转移的组织形式

开展“合同研究”是弗朗霍夫协会实现技术转移的主要手段。合同研究由一个或几个研究所来进行。同时，弗朗霍夫研究所还经常与委托企业一道开展“联合研究”，这类联合研究其实是最快捷的知识与技术转移，因为其研究成果往往已经是成熟的生产工艺或产品了。该协会对中小企业的技术转移，则大多集中于某一特定的专业技术领域——如技术改造或技术升级、完善新产品的性能及生产工艺；也可以是综合性应用技术，诸如生产线的设计或者工业机器人的开发等。

弗朗霍夫协会也设立了一些从事技术转移的专门机构，如弗朗霍夫系统与创新研究所的“专利工作组”。这个工作组负责建立了一个德国专利技术数据库——汇集了由联邦教研部和其他公共机构资助的研发项目所取得的全部专利技术，并凭借专利发布会或展览会寻求对相关专利感兴趣的企业用户。

此外，该协会还设立了许多专门负责为大学、企业和研究机构的专利发明人及个体发明人提供指导与服务的“专利使用小组”，帮助他们联系专利律师、寻求产业合作伙伴并签订研发合同。这些专利使用小组往往具有双重身份：对研究机构而言，它们是推动科研成果向企业转移的导航员；对企业而言，它们又是发现适宜专利技术的雷达站。

2）重视向中小企业的技术转移

弗朗霍夫协会的创办宗旨之一，就是高效率地应用研究成果。一般而言，弗朗霍夫研究所只承担企业委托的研发工作，因此，其应用和转化研究成果的主要方式，就是根据企业特别是中小企业的需求和委托，通过与企业签订研发合同来解决其遇到的技术难题。双方在签署的研发合同中规定了预期的研究成果及相关费用，并重点界定了知识产权的归属及使用范围等。借助这种合作形式，该协会为企业特别是中小企业提供了大量富有创新性并具有实用价值的科研成果。对那些不具备独立研发能力的中小企业而言，弗朗霍夫研究所是它们实现技术创新最重要和最理想的依托。

实践证明，这种“合同研究”是将知识转化为生产力的一条捷径。企业（特别是不具备研发能力的中小企业）往往可以通过“合同研究”实现其生产工艺或产品的升级换代。借助于弗朗霍夫协会的“合同研究”，委托者得以共享弗朗霍夫研究所先进的试验及生产设施、雄厚的技术积淀及其高水平科研人员的技术服务与指导。

为了开展多学科、跨学科的联合研究及相应的知识与技术转移活动，弗朗霍夫协会还将其研究所按领域组成了 8 个联合研发集团。各集团内的研究所在学科、项目、人员、设施及技术转移等方面开展联合攻关或密切协作，使企业得以快捷地获得为其量身定制的研发成果或技术解决方案，极大地满足了企业特别是中小企业的技术及工艺需求。

3）技术转移工作的特点

（1）激励研究人员开展技术转移。为激励研究所特别是研发人员开展技术创新、申报专利和技术转移活动，弗朗霍夫协会规定，专利研发人员可以从专利的许可证收益中获得不低于20%的奖励。

（2）重视国际合作研究。弗朗霍夫协会引进先进技术的重要途径之一是开展国际合作研究。为此，该协会在美国设立了弗朗霍夫美国研究中心和合作研究所。中心的总部设在密歇根州的普利茅斯，目前已开展的合作研究有：与密歇根州立大学合作进行的土层及激光应用技术项目，与波士顿大学合作进行的制造技术项目，与特拉华大学合作进行分子生物学项目及与马里兰大学合作进行的软件实验项目。

（3）建立战略合作平台。长期以来，弗朗霍夫协会坚持不断探索新的技术转移模式。当前其技术转移活动的重点之一，是为科学界和经济界搭建长期的战略合作平台。战略合作平台的首要任务，是组织企业和研究机构联合开展耗时长、投入大的重大工程项目的研发，如正在进行的“智能家园”项目就聚集了50多家企业和研究机构，形成了“大兵团联合作战”的局面；其次是组织研究机构、大学、汽车制造商及供应商进行复杂机电产品及其相关制造系统的联合攻关。

（4）为企业预测技术开发的方向及前景。这是该协会为企业服务的主要内容之一。根据该协会的预测，企业得以对技术改进或改造、引进技术或购买许可证的“时机”、“时效”及“风险”等，作出适时的正确判断，从而降低引进技术的成本和风险。

3. 亥姆霍兹 Ascenion 技术转移公司

截至2011年初，亥姆霍兹联合会共有17个研究中心，每个研究中心都有专业的知识与技术转移机构。这些技术转移机构都是各中心根据课题谱的不同而自行设置的，有些仅仅是人员很少的技术转移办公室，有些则是拥有30多名职员的专业化技术转移机构。

2001年，亥姆霍兹联合会的4个研究中心与Ascenion公司的子公司共同创建了“生命科学研究促进基金会”，从而创造了技术转移的新模式。这一创新不仅体现在其组织模式方面，而且也体现在其专业领域的定位方面（生命科学）。这一新模式可以应对生命科学领域技术转移活动极高的要求，即在生命科学领域，一项实验室成果——如新药物、新治疗技术及器械等——转入实际应用，中间还必须经过严格的临床试验，而这一过程通常要持续4年之久。所以，技术转移的参与方都需要耗费很长一段时间和数目可观的资金——往往会以风险资本形式投入。

为了战胜这一挑战，Ascenion 公司组织了一支由技术管理者、分析家、营销专家、法学家和管理顾问构成的精干团队，他们中的许多人都有生命科学的学科背景，与当地亥姆霍兹研究中心的科学家和专利部门紧密合作，共同完成研究成果的商业鉴定、申请专利权保护并将其推广到国内外的市场上。

Ascenion 公司是全德国生命科学领域唯一一个提供技术转移与相关服务的企业。它负责支持若干个亥姆霍兹研究中心，帮助它们把研发人员的创意乃至诸如新药等技术成果或专利转换为成熟的市场产品。此外，它还为新公司或衍生公司的创始人提供必要的帮助，或为其实现独立给予强有力的支持，如介绍合作企业，与企业进行磋商，协助签署技术许可协议或合作协议等。

Ascenion 公司总部设在慕尼黑，并在柏林、不伦瑞克、汉堡、汉诺威和纽贺堡设有分公司（图 6-1）。

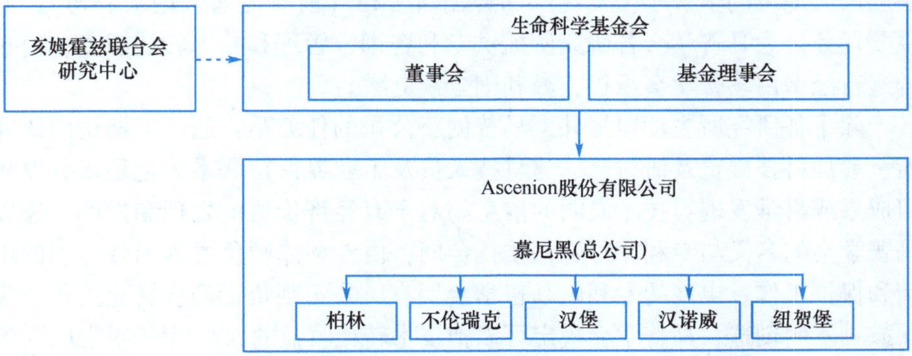

图 6-1　Ascenion 公司的组织结构

资料来源：http：//www. helmholtz. de/forschung/technologietransfer/ansprechpartner/externe_ partner/ascenion_ gmbh

如图 6-1 所示，亥姆霍兹联合会的生命科学基金会是 Ascenion 公司的独家股东。属于该基金会的有德国癌症研究中心、德国灵长类研究中心、亥姆霍兹传染病研究中心、环境与健康研究中心、马克斯·德尔布吕克分子医学研究中心及德国食品研究所。而这些机构与该基金会没有建立公司法的关系，不过由其董事长或基金理事会总经理出席代表，而且还可以针对像经费使用等问题，共同作出主要决策。

Ascenion 公司还负责管理亥姆霍兹研究中心在约 15 家公司里的技术股份，并为其产业伙伴提供了由 700 多项专利技术和产品共同构成的、有商业前景的投资组合方案，其中有诊断与治疗癌症、心血管疾病和阿尔茨海默病的方法，抗体、医疗技术、生物与环境技术、植物育种技术及一些专用工具和软件等。

Ascenion 公司这一生命科学领域专业化的技术转移公司已成为德国知识与技术转移机构成功的典范。迄今，已有 17 个研究机构在共享 Ascenion 公司的技术转移服务——这些机构不仅有亥姆霍兹联合会的研究中心，而且还有莱布尼茨科学联合会、汉诺威医科大学及德国传染病实验与临床研究中心（Centre for Experimental and Clinical Infection Research，TWINCORE）。此外，在已移交了克劳斯教授关于小鼠遗传克隆研究成果的基础之上，Ascenion 公司还负责协调医学基因组研究计划中的技术转移工作。

4. 马普创新公司

马普学会是德国最大的公益性基础研究组织，其科学家有义务把他们的研究成果提供给大众使用。为介绍和推广自己的研究成果，学会创建了拥有独立法人地位的全资子公司——马普创新公司（前身为嘉兴创新公司），其主要任务是为马普学会各研究所提供专利咨询、管理和技术转让服务；公司的运行经费由马普学会承担，赢利则全额上缴。

除了各研究所主动申报外，马普创新公司的任务是：通过定期访问研究所、参加科技展览及研讨会、与科技人员及工业界保持联系等途径来获取科研成果或科学发现与技术发明的信息。对于有经济价值的发现和发明，还以马普学会的名义与专利律师签订委托合同，由专利律师负责国内外专利的申请和保护工作。申请的专利归马普学会所有，公司则负责经济转化工作。为了鼓励发明创造，马普学会规定可以把技术转让收益的 30% 用于对发明人的奖励。

1）组织形式及其人员构成

作为马普学会全资投入的子公司，马普创新公司由一个咨询委员会和一支工作团队组成。目前，咨询委员会由科学界、产业界、风险资本与政界的 10 名一流专家组成，他们分别来自联邦和州政府的经济技术部、马普学会及其研究所、有关的基金会、大型公司或企业及美国。

马普创新公司的工作团队则由学科专家、经济专家、资深律师、专利管理及其他相关人员组成，其中大多数人都拥有硕士及以上学位，有些人还拥有博士或者 MBA 头衔，都是具有深厚学术背景和丰富实践经验的专业人才。

2）马普创新公司的经费、业绩考核与激励机制

（1）经费使用。马普创新公司的运行经费完全由学会承担，公司盈利全额上缴。马普学会每年为创新公司拨付的预算经费主要用于三个方面的开支：①日常管理和项目支持；②聘请专家的费用；③非营利的宣传及公关活动。

与申报专利相关的费用则由研究所负担。专利许可的收益分配比例是：马普学会 33%，发明人所在研究所 37%，发明人 30%。

（2）业绩考核。马普创新公司的业绩考评主要包括以下基本指标：①受理并代为申请专利的发明或研究成果的质量；②签订的技术转移协议的数量；③马普学会的技术许可收入；④对马普研究所知识产权与技术专利业务的参与度；⑤公司开展的培训业务。

（3）激励机制。作为马普学会的全资子公司，马普创新公司的主要任务是协调马普学会科学家与其商业合作者的关系，为科学家和企业寻求最佳的合作伙伴，充分挖掘科技发明的价值，推动科技的进步与发展。因此，该公司凭借许可证收益分配政策、合作协议、创建高科技创业者基金（High-Tech Gründerfonds，HTGF）等手段，实现了从研究、开发到市场化等三个方面对科学家的全面激励。

对发明者而言，可以通过“发明者许可证最低收益率保障”获取不少于 30% 的许可证收益；对科学家和企业而言，可以通过“与商业机构的合作协议”找到适宜的合作伙伴，并获得贯穿知识产权转移、转换全程的咨询服务；对有意成立创新公司的创业者而言，也可以在马普创新公司的监督下，申请高科技创业者基金——每个项目可获得最高为 50 万欧元的投资种子资金，以创立基于许可技术的创新公司。

5. 莱布尼茨科学联合会知识与技术转移主要形式

知识与技术转移是莱布尼茨科学联合会的重要责任之一。该联合会旗下的莱布尼茨研究所以多样化的方式开展着知识与技术转移活动，诸如与企业合作，签订委托研究合同、提供咨询与技术服务、发放专利或技术成果使用许可证、联合创办新公司等，自己营销知识产权或通过举办展览会、讲座等方式把知识和技术直接转入社会。此外，莱布尼茨研究所还十分注重为科学界和经济界的研发人员提供技术指导，并帮助他们处理有关知识产权和专利保护方面的具体事务。莱布尼茨科学联合会知识与技术转移的主要形式如下。

1）提供创办企业咨询

莱布尼茨科学联合会鼓励其研究人员创办与莱布尼茨研究所脱钩的创新型企业。为此，莱布尼茨科学联合会专门制定了支持创办企业计划和与之相关的激励措施，如提供技术支持与科研设施支持，协助处理与许可证及技术转移相关的事宜。在创办公司的每个阶段里，莱布尼茨技术转移机构始终是创业科学家的对口联系人，也为创办企业提供咨询服务，无论其对象是单位还是个人，都可以是免费的。

2）创建莱布尼茨应用实验室

对企业而言，倘若能够把研究成果迅速地转化为产品、工艺或服务，就能对其市场竞争力产生决定性的作用；于是，莱布尼茨科学联合会创建的应用实验室就成为研发人员和企业实现技术成果转化的前沿阵地。莱布尼茨研究所不仅在一些高科技领域居于国际领先地位，而且还通过贴近产业的研究与技术转移来促进成果转化的进程。借助应用实验室提供的各种科研设施，研发人员既能够将其创意转化为产品，又能进一步完善其生产工艺或开拓出新的服务项目。因此，应用实验室在创意与工艺的交叉点上，把研究机构与企业紧密结合在一起，从而得以把研究成果转化为实用的产品模型或工艺样板。应用实验室还大力开展跨区域研发合作，并以此为起点，为广大研发人员和企业提供了快捷有效的技术开发与技术转移相结合的研究组合形式。该联合会推行的“面对经济的科学”技术转移计划也得到了联邦交通、建设和城市发展部的资助。

3）建立莱布尼茨微电子学转移联合集团

莱布尼茨微电子学转移联合集团是德国微电子研发领域著名的技术转移机构。该集团把莱布尼茨科学联合会有关微电子与光电子研究所的研发工作聚合在一起，大力推动以企业为价值取向的研发合作，从而使其研发成果能够有针对性地实现商业化，并迅速开辟新的产品销售市场。通过与莱布尼茨微电子学转移联合集团的合作，企业能够迅速、准确地找到合适的技术研发合作者，或快捷地获得所需的新技术成果。近年来，在莱布尼茨微电子学转移联合集团的大力推动下，莱布尼茨研究所的技术成果已经被广泛应用于信息与通信、医疗、能源与环境、交通流动和安全等诸多工业领域。

（三）知识与技术转移问题与改进

德国的技术转移体系，既有非营利性的作为全国性公共服务平台的德国技术转移中心和完全市场化运作的史太白技术转移中心，又有半官方半市场形式的弗朗霍夫协会等科研机构。截至2010年底，德国已有各类技术转移和中介咨询机构3000多家，形成了纵横交错的科技咨询网络，极大地促进了技术转移工作的开展。这些咨询机构从事着的内容广泛的技术转移活动，包括新技术转让、信息转让、技术人员转让、帮助建立新技术企业、培训技术人员和管理人员等。

德国政府于2002年对《雇员发明法》的修改在大学中受到了极为热烈的欢迎。尽管这一修改经历了一个逐渐适应的过程，却也渐渐产生了一个关于知识与技术转移组织及流程的有效模式。实践证明，早期产生的技术与专利使用代办处往往存在着许多缺陷。以下问题都是今后需要继续予以完善的：

首先值得注意的问题是，由于只是德国政府在推动技术与专利使用代办处的工作，州政府在这方面尚未承担相应的责任，不能为知识与技术转移工作提供长期的保障，致使迄今也没能建立起知识与技术转移方面稳定的系统构架与标准化的工作流程；而且，迄今也没有对德国政府的知识与技术转移资助进行过独立的评估。今后，州政府也要担负起促进知识与技术转移的责任，同时，要尽快对联邦政府的知识与技术转移促进措施开展全方位的评估。

转移机构的工作人员有时需要完成多种复杂的任务。但是，由于所能得到的报酬太低，许多转移机构就只能使动一些“称得上是”有经验的人。因此，必须把相关的科学家吸收到知识与技术转移过程中来。这就需要站在科学家的角度对有些旧的制度（如薪酬、待遇等）作重新调整，以使知识与技术转移机构能够引进高级专门人才。

国际比较显示，德国在知识与技术转移方面还有巨大的改进潜力。首先，要对正面及负面的经验作出正确的鉴别，才能通过适当的政策支持知识与技术转移的优化。其次，还必须彻底拆除官僚壁垒，以使有望取得成功的知识与技术转移模式能够顺利实施。

在知识与技术转移方面，有必要为大学和科研机构提供更大的活动空间、更多的自由度和灵活性。

鉴于知识与技术转移的主体有可能快速陷入法律的“灰色地带”，德国政府加快了《科学自由法》的立法进程，并在该法生效前为相应的组织解决方案创造了更多的自由空间。

近年来关于知识与技术转移的研究已经有了重大改变，人们的着眼点也不再像以往那样把技术转移简单描述为分成先后阶段的线性模式——根据这种模式，从创意的产生、产品的设计、研发及工业化流程，到申报专利、许可证授权及至工业化生产等，都是彼此独立的不同阶段，并且是按照时间顺序递进完成的。实际上在绝大多数情况下，知识与技术转移的供需双方都在自觉或不自觉地朝着自己的对方异化，以致很多时候供需关系也变得模糊不清了。然而，这种异化的根本动因，仍然在于转移的成本和效率。这种异化使得技术转移的双方不再是传统的买卖关系、委托关系或简单合作关系，取而代之的则是联合、联盟乃至当下最“时髦”的战略伙伴关系。

换言之，从创新研发到技术转移的有关阶段及其各个子过程往往是相互交织、相互重叠、同步进行的，而且在其间与其后的学习推广和知识拓展阶段，又是循环往复、交互作用的。这种关于研发创新与技术转移过程的“新回路模型”暗示：在所有参与研发创新与技术转移活动的人和机构之间，始终存在着一种长期的相互依赖作用。所以，不能将创新过程简单解释分解为纯粹的技术开发和与技术转移两个过程，因为技术开发和技术转移仅仅是对相互作用的、复杂的创新过程中两个主要阶段的抽象概括。实际上，与创新相关的各个层级的不同要素，都存在着对整个创新机制、阶段、步骤与路径的正向或者负向反馈机制。正是凭借这种反馈机制，政府、高等院校、研究机构及企业才得以对其知识与技术转移政策、战略、规划、组织及方式等作出适时的调整，从而提高知识与技术转移的效率，并降低技术转移的成本和风险，进而促进经济与社会的发展和进步。

第七章

国际科技合作

科学研究为战胜全球所面临的许多巨大挑战作出了重大贡献。许多社会领域的国际交流正在越来越快地向前推进，而科学研究领域的国际合作也愈发具有重要的意义。因此，联邦政府研究与创新政策的目标，就是要把建设知识经济社会的意愿与使欧洲成为世界上最具竞争力的区域紧密地结合起来，强劲地把握住日益彰显的国际化机遇。为此，联邦政府推出了科学研究国际化战略，并以其作为德国科研政策的核心要素。

对德国而言，国际科研合作的中心点恰恰是与世界上重要伙伴国的双边合作，这一点也将在德国科研政策中日益占据显赫的位置；而双边合作的重点则是那些具有高度发展动力和巨大未来市场的，以及拥有战略性科学技术资源的国家。双边合作通常要在科学技术合作范围内进行，而目前正在运行的长期交流计划和联合科研项目则处于十分突出的位置。同时，网络和集群联合及中小企业大力参与的技术合作，往往会成为创新的源泉。

一、联邦政府的科学研究国际化战略

2008 年通过的联邦政府科学研究国际化战略涵盖了“高科技战略”、“研究与创新公约”和“杰出计划”，从而构成了联邦政府研究与创新政策的基本要素。在联邦政府（以联邦教研部为首）和联邦州政府与科学界及经济界的代表达成共识的基础上，科学研究国际化战略和相应的计划互为补充，共同为提高应用措施的效果作出了贡献。

（一）战略目标

经济与社会的全球化使国家研究和教育系统面临新的挑战。在重要的未来研究领域建立国际合作伙伴关系，不仅有助于德国在科学与创新领先地区

注：本章涉及的部分数据来自德国联邦教研部国际办公室及其年报，http://www.internationales-buero.de

中的定位，并推动德国的可持续发展；还能为解决全球性问题作出决定性的贡献。在此背景条件下，联邦教研部的国际办公室（IB）及接受委托的德国宇航研究中心的项目管理机构（PT-DLR），在联邦教研部的统一协调下，为德国高等院校、研究机构和创新型企业的国际网络化提供必要的支持。为了实施联邦政府的“高科技战略”，以及与之相关的、由联邦教研部不断强化的、德国政府既定的“科学与教育国际化战略”，国际办公室发挥了十分重要的作用。2010～2013 年，本届政府进一步强化和发展了“高科技战略”和“科学与教育国际化战略”。国际化战略的主要目标是系统开辟国际合作的机遇。联邦教研部资助德国科学家的全球性科学活动，并通过各种国际网络计划和项目，为德国高等院校、研究机构和企业创建一个有助于国际合作的框架范围。

国际化战略明显改变和扩大了国际办公室的远景，并使之得以在国际合作战略及项目和计划的构想、实施和评估等方面，充分展示和发挥其核心能力。例如，在联邦教研部用于国际合作的相关试探性和开创性资助措施方面，国际办公室负责具体经费的配置工作等。为此，国际办公室在 2009 年发布了 20 多个官方公告。国际办公室的日常工作主要就是国际化战略的构想、实施、总结与监督等。

国际化战略突出的目标范围如下。

目标范围 1：加强与世界上最优秀研究机构的合作研究。国际办公室最重要的任务之一，就是推动德国研究机构或科学家加强与国际上卓有贡献的研究机构或科学家的合作，以此提升德国的科学能力。它有利于促进德国高等院校、研究机构的国际化，对德国科学地位的提高具有重要的意义。此外，还要促进德国乃至外国科学家特别是新生力量的流动。国际办公室的另一个任务是，通过与联邦教研部等职权部门及其他项目管理办公室的对话方式，不断推动相应专项计划的国际合作。

目标范围 2：开发德国研究网络、创新集群及中小企业的创新潜力。在国际化战略范围内，这是一个具有卓越意义的任务。在这一目标范围里，国际办公室致力于把所有相关活动聚焦于与国际经济行为主体有关的新知识的强劲开发上。随着开创性国际伙伴关系集群资助计划的公布，在国际办公室的支持下，第一批资助措施已在 2009 年初成功实施：在 2009 年 7～12 月，通过国际办公室，联邦教研部共为德国研发网络和创新集群与其外国伙伴共建的 12 个开创性国际伙伴关系集群提供了资助。

目标范围 3：对于那些抱负不凡的发展中国家与新兴国家，德国希望与其加强合作并共同建立其未来的科学与经济中心。为了能更好地解决区域性和全球性问题，应该强化与这些国家在研究和科学领域的合作。首先，必须根据区域挑战的实际情况，选出更为灵活的专业课题，以便更为有效地推进彼此间的科学合作。此外，联邦教研部支持国际办公室制定出一项与发展中国家合作的教育与研究政策总体方案，其核心内容应包括拓展教育、研发合作方面的协同作用，加快这些国家的可持续发展，建立教育与研究政策方面的国际对话机制等。作为特殊措施，国际办公室要寻找机会，更好地把发展中国家（重点是东南亚地区）绑定在多边融资与资助计划之中，并尽可能更好地予以整合。为此，国际办公室已经就联邦教研部的资助重点“集成的水资源综合管理”（IWRM）计划拟定出了切实可行的建议。此外，当前国际办公室还为正在非洲两地区（非洲西部和南部）建设的区域研究中心提供支持，这两个中心均致力于研究与气候变化后果有关的解决方案。总之，德国必须在国际上承担起更多的责任，更好地战胜诸如气候变化、能源资源的稀缺和传染性疾病的蔓延等全球性挑战。

目标范围4：其一，鉴定紧迫的科学行动范围；其二，确定与新兴大国可持续发展有关的政策动力并营造政策对话的良好基础。在这方面，国际办公室已将注意力更多地放在了与南非、俄罗斯、中国、印度和巴西等国进行可持续的国际对话上。其三，国际办公室要与重要的多边委员会和组织（OECD、联合国、八国集团及二十国集团等）共同协作，做好有关德国应对全球挑战的战略定位。

从2008年开始，德国在利用研究与创新国际网络化的可能性方面已经取得了具有重要意义的成功。较为典型的事例诸如：①为提高国际竞争力和赢得或争取国际及德国的顶尖研究人员而创设了“洪堡教授席位”这一国际奖项；截至2010年底，已授予了21个洪堡教授席位。②通过联邦教研部发起的“尖端集群竞赛活动”使德国的创新能力具有了更高的国际显示度；同时，正是这样的集群才称得上是谋求令人信服的国际化计划的赢家。③借助与发展中国家的合作开辟了新的国际合作途径，如在与撒哈拉以南非洲国家的合作中设计和设立“灯塔性”示范项目——气候变化后果考察中心，以及探索有关创新性健康研究网络促进举措等。

其他联邦部门也已实施科学研究国际化战略，例如，外交部的对外科学政策，以及联邦经济合作与发展部推出的“创造机遇——发展未来”设计蓝图。在“研究与创新公约”范围内，对国际化战略的拓展也是个重要的行动领域，为此，德国科研组织（弗朗霍夫协会、亥姆霍兹联合会、马普学会、莱布尼茨科学联合会）及研究资助组织（德国研究联合会）也都制定了各自的国际化战略，以期通过国际行动措施提高其科研活动的质量、效率和能力。

（二）外交科学政策及措施

2009年8月，德国外交部通过的“2009年外交科学政策计划”进一步强调，在加强与最理想的合作伙伴国联系和交流的基础上，要更加重视结成战略合作伙伴关系，进而推动与这些国家科研机构的研发合作。近年来，为加强与这些国家的联系和交流，德国政府及科学组织主要采取了以下促进举措：

（1）建立德国科学与创新家园。在政府的支持下，德国科学组织的驻外办事处致力于在当地建立科学与创新家园，以求加强与所在国科研机构的联系、交流和研发合作。

（2）建立驻外的杰出研究与教学中心。德国政府支持高等院校在其既定合作伙伴国家里建立新型的杰出科学机构，即融研发与教学于一体的杰出研究与教学中心，以便形成科学合作的“灯塔”网，在加强与伙伴国科学与教育合作的同时，以积极的姿态参与国际人才竞争，旨在早期发现，重点培养，进而为己所用。

（3）为大学生、博士生及与之相关的研究项目提供具有吸引力的奖学金。此举的目标在于通过新的奖学金计划为更多优秀的国外大学生提供到德国学习、深造并开始其科学职业生涯的机会。此外，德国还为来自冲突地区的研究生设立了特别奖学金，不仅为他们在德国的学习提供支持，还为他们学成返回自己国家后参与政治危机解决方案或经济建设提供一定的支持。

（4）强化校友之间的联系——主要由德意志学术交流中心和洪堡基金会负责推进。为了建立并维护好世界各地留德学者的密集型联系与交流网络，继而进一步简化很多项目的国际合作程序，德意志学术交流中心和洪堡基金会正在勾画新的方式与方法。

德国外交科学政策的目标之一，是扩大和巩固德国与世界各国的伙伴关系，尤其是具有长期发展前景的战略伙伴关系。为此，在全球科学网络化的进程中，德国旗帜鲜明地确立了下述两项基本原则：

第一，共同迎接全球性挑战。面对当今世界一系列的全球性挑战，诸如气候变化、能源供应、粮食与食品安全、金融与经济的稳定等，德国政府一再强调，在应对共同挑战时必须争取实现全球的一致性，以期共同寻找解决全球问题的答案。在此基础上，要求德国所有科学家都要保持并增强与世界同行的联系与交流——不仅共同增长知识，而且还能使他们增强对不同社会与文化的了解，以此营造全球性科学家网络，赢得更多的国际合作伙伴和朋友。

第二，通过知识转移促进创新。跨国界知识转移不仅能更为有效地彰显科技竞争力，有助于在国际知识与技术市场上谋求领先地位；同时，也能更为有力地促进国内经济与就业的增长。因此，通过全球科学网络加速跨国界知识与技术转移，并实时获取所需的知识与技术信息，就成为德国大力推进全球科学网络化进程的重要原则之一。

德国在外交领域的科学政策及举措如下。①

（1）流动与交流：面对面的知识交流。来自世界各地的青年大学生获得了在德国做短期或长期学习与研究停留的研究奖学金。

（2）合作的结构：牢固的伙伴关系。通过对德国和外国科学机构或者在国外创办的德国大学之间密切伙伴关系的支持，捆绑技能和增强交流。

（3）世界各地的办事处：感兴趣者之窗。关照对德国和德国教育与研究产生兴趣的国际合作伙伴，为他们提供相应的咨询服务，并使世界主要地区的对话伙伴更深刻地认识德国。

（4）维护校友会的联系：建立可持续发展的网络。帮助遍布世界各地的德国校友建立联系，并巩固相应的合作伙伴关系——建立遍及全球的、有专业特色的世界性校友网络。

（5）使德语成为一门基础外语与科学语言：联络与沟通。共同交流和相互理解的基础是有一种共同的语言，因此，要在国外推广使用德语。

（三）加强与国际精英的科研合作

德国政府一再强调教育与科研基地的质量进一步提高到世界最高水平，因此在增强国家的杰出性方面，备受关注的是扩展和深化与世界一流科学家、专业人员和研究院所的合作。时至今日，德国的大学与研究已经使德国成为最有吸引力的世界区位之一，而德国研究人员更是备受世界各国欢迎的合作伙伴，但德国政府仍要求两者之间的相互联系与紧密结合，必须保持在高水平之上，并且必须得到进一步的发展——只要是在目标明确和有机会的地方就要实现国际联网；此外，还要凭借相应的表决程序更加强劲地融入欧洲进程，诸如参与“欧盟研究框架计划”或其他大型项目。

全球化不仅强化了全球性竞争，也开辟了新的机遇和探索领地。如今，世界各地的许多很有诱惑力的合作伙伴已有了相应的合作场所，通过与国际精英的科研合作不断地促使德国在科学和经济之间推动杰出创新的全面发

①Die Initiative Auβenwissenschaftspolitik 2009. http://www.auswaertiges-amt.de/diplo/de/Aussenpolitik/KulturDialog/Aussenwissenschaftsinitiative2009/flyer.pdf

展。近年来的实践表明，框架条件的不断改进——例如实施欧盟关于为研究目标而准许研究人员居留的方针，以及自 2009 年 1 月 1 日以来使在德外籍研究人员的家庭成员能更容易地进入德国劳务市场等，已经产生了十分积极的影响。外交部、联邦教研部和联邦经济合作与发展部的促进举措，如资助德国学术交流中心和洪堡基金会等中间组织扩展其激励措施，为德国研究联合会得以融入全球性知识循环创造了先决条件。洪堡教授席位（拥有 500 万欧元奖金的德国研究国际奖）仍然是赢得世界研究精英并使其融入德国高等院校科研与教学工作的卓越范例。

（四）开辟国际创新潜力

德国政府一贯支持企业、科研机构和高等院校参与开辟国际创新潜力，以使其能够在世界性的竞争中更好地进行定位。这里要特别强调的是其创新政策的两项核心任务，即有效地利用全球知识来促进自主创新的发展，并使德国的创新产品和服务能够顺利地进入国际市场。这就要求必须塑造有益于促进国际创新合作的框架条件，以及促进德国创新主体与世界性伙伴的网络化建设；此外，框架条件还必须有益于德国科研成果的利用和国外知识的增补，并支持公共研究和企业研究的交叉点，即创新过程的发展。事实上，联邦教研部以此为基点发起的“尖端集群竞赛活动”，有力推动了德国尖端集群的国际化；同时，也通过杰出尖端集群为德国的创新区域作了很好的宣传。而且，在双边和多边的层面上及在欧盟背景下，联邦政府“高科技战略”的相应课题及一系列目标明确的促进措施，也有力地推动了创新活动的国际化进程。

在开辟创新潜力的过程中，高水平专业技术力量扮演着十分重要的角色。除高等教育之外，职业培训与继续教育也是德国企业提高创新与竞争力的关键因素。所以，要特别重视职业培训与继续教育的国际化，尤其要重视与创新过程和关键能力相关的职业教育的出口。成功的教育出口不仅有助于推进国际化战略，还能够在其他市场上成功地为国内企业提供技术服务，因为在当地扩散技术也必须依赖安装、运行或管理等方面的高水平技工。除帮助企业进入德国教育提供方所拥有的全球市场之外，该举措的中心目的是使德国创新型企业能够顺利赢得世界各地的专业技术精英。

（五）持续加强与发展中国家的合作

出于对总体关联性的考虑，在与发展中国家进行教育、科学和研究领域合作的过程中，德国还希望通过国际化战略来拓展职业培训、第三级教育，及科学与研究等方面的新型合作，不仅要不断维护并提高合作的质量，还要积极参与发展中国家生产设施的建设和扩展。为此，德国的教育、科学与研究机构正竭力推进与发展中国家合作伙伴的网络化，并为共同解决现有的全球性问题打下必要的基础；同时，还根据不同国家和地区合作伙伴的不同需求来选择合作的方式和范围。更具特别意义的是：不断调整和耦合与德国及伙伴国家不同参与者有关的促进举措，以便使之能够更好地嵌入多边合作的进程。早在2008年1月，联邦教研部和联邦经济合作与发展部就为塑造政府部门间的协调行动而签署了一项部门协议，其中特别强调了在教育、科学和研究领域要坚持并加强与发展中国家的合作，而相关调整的核心就是要加强职业培训。

国际化战略强调的另一个目标是加强与撒哈拉以南的非洲国家及阿拉伯国家的合作。在撒哈拉以南的非洲地区，联邦教研部已经为正在进行的项目，如区域气候变化能力中心项目、与非洲伙伴一起实施的合适土地管理项目等提供了资助经费，此外，还着力推动在非洲的不同地区建设相应的基础设施和相互间的联网，并已将其纳入与德国或国际科研活动相关的科研计划。与此同时进行的其他项目还有：受外交部和联邦经济合作与发展部委托、由德国学术交流中心在非洲设立的专业中心，以及2009年6月设在阿卡拉的加纳-德国发展与健康研究专业中心——它是德国在加纳、坦桑尼亚、刚果、纳米比亚和南非等5国建立的5个中心网络之一。

根据联邦经济合作与发展部的委托，联邦物理技术研究所、联邦地学与自然资源研究所是德国发展合作的执行组织，在计量学、能源、地质学、原料与矿业、地下水和土地、地理风险等专业领域，二者负责为联邦经济合作与发展部提供专业咨询和建议，并执行相应的特别是与发展中国家的技术合作项目。

（六）承担国际责任和战胜全球性挑战

21世纪的人类正面临着对全球产生重大影响的巨大挑战，气候变化和物种减少共同威胁着我们的未来。于是，采用安全的、低成本的和环境友好的能源、食品及其他资源，构建可持续的经济与国民供给，就成为系统性的任务和开展国际研究合作的基础。

国际研究合作还能决定性地应对另一个全球性的挑战，即世界人口的迅速增加；同时，绝大多数工业化国家及其设定的新议题也都面临着一个共同的问题，那就是：在未来的10年里，与在职年龄段（15～65岁）的人口相比，65岁以上人口的比例将大幅度增长，即人口老龄化问题。要应对这些挑战，除了迄今普遍受重视的健康问题之外，还必须注重人口增长和老龄化对其他许多领域产生的影响。

许多国家的决策者都竭尽全力应对人口和老龄化问题带来的挑战，而德国则希望以其研究与创新潜力为世界的可持续发展作出更大的贡献。联邦政府不仅要可靠地护卫其科学政策的目标，而且要护卫其环境政策及对外发展援助政策的目标。

然而迄今，在全球挑战范围内仍然缺乏国际层面上的关于科研合作手段及适宜合作模式的基础知识。因此，联邦教研部坚持遵循双轨双线战略：一方面，将接受一系列应对全球挑战的欧洲及国际科研计划的约束；另一方面，又要在“管理”语境下在OECD范围内推动必要的“研究合作手段和适宜模式”的研究。

（七）横向措施

所谓横向措施，主要是通过国际监测提供关于世界性研究与教育的至关重要的信息和分析报告，以便更有效地利用国际合作的可能性促进德国科学与创新区域的继续发展。国际监测的主要手段是国际合作信息门户网站及“世界研究、技术与创新政策报告”方面的信息服务。

自2006年起，德国的创新地位便以“德国制造——创意之国”为品牌而呈现在世人面前了。其最重要的手段之一是为期两年的国际合作课题及相应的国际竞赛活动（2010～2012年主题是生产技术和医疗技术，范围是印度和俄罗斯）。2009年，在联邦教研部的资助下，德国学术交流中心、洪堡基金会、德国研究联合会和弗朗霍夫协会共同组建了研究市场销售联合集团，并通过大量的单项措施确保驻外德国科学组织与中介组织的话语权和选择权。同时，由联邦教研部资助的双边科学年也为提高德国在国外的显示度作出了重大贡献（2010/2011年度是德-巴科学、技术和创新年；2011/2012年度是德-俄教育、科学与创新年）。

需要指出的是，驻外大使馆的科学负责人也以特别的外交方式成为德国研究政策的代表，在德国与各个伙伴国之间的交流与沟通、维护联系及与之相关的新闻报道中，他们都扮演着十分重要的角色。为了加强驻外联络处的工作，改进所有重要的驻外科学、研究和创新研究机构各自为战的局面并为他们提供必要的担保，联邦外交部、教研部、研究与中介组织及德国工商总会已经就建设“德国科学与创新之屋”一事达成了协议，第一批“德国科学与创新之屋”的建设地点分别选在了莫斯科、新德里、纽约、圣保罗和东京。

二、加强双边与多边合作

(一) 双边合作

1. 与欧洲国家的合作

与欧洲国家的合作对德国具有十分重要的意义；同时，对许多欧洲国家而言，德国也是合作的优先伙伴国之一。对联合计划和互利课题的筛选有益于塑造欧洲研究区。联邦政府相关行动措施的目标就是要以欧洲国家为主要目标国着力实施其国际化战略，特别是要加强与世界各地精英的研究合作（目标范围 1）并开辟国际创新潜力（目标范围 2），即联邦教研部和联邦经济技术部特别支持与中欧、东欧和东南欧共同开展的国家及欧洲资助计划中的研究项目。并且，德国竭力塑造欧洲研究区的这些行动，还得到了教育和科研领域国际合作计划的支持。

当前在欧洲开展多边合作的典型范例，是“波罗的海战略”和“欧盟多瑙河地区战略”。这些包括第三国在内的战略，旨在使所有的参与者共享共同的议程和表决行动，并更好地充分利用区域的潜力。2010 年，联邦教研部依据“波罗的海战略”的要求公布了“与波罗的海邻国的伙伴建设和扩展创新研发网络的创意竞争”计划，公开阐明了在“高科技战略”的国家需求范围内，联邦政府将大力推动有波罗的海邻国参与的学科交叉研究，以及促进创新研发网络发展、开辟区域和地区创新潜力的立场。

在与欧洲伙伴合作执行重要计划的过程中，德国特别强调合作结构的多样性和专业的宽泛性。诸如：除德国之外还有 12 个欧洲国家共同参与的欧洲项目“X 射线自由电子激光器”，将于 2013 年在德国汉堡电子同步加速器研究中心竣工；同样，由欧洲数国联合建设的国际反质子与离子加速器研究中心（FAIR），也将在 2015 年加入达姆城重离子研究协会；此外，计划建在瑞典的、有若干欧洲国家加入的“欧洲裂变中子源机构”（ESS），以及当地现有的和计划建设的研究基础设施，都为扩大相关的合作提供了卓越的基础；同时，在 2010 年，为了能够在材料和结构生物学领域的联合研究中更好地使用同步加速器与中子辐射源，德国还与瑞典签署了一份关于“Röntgen Ångström 集群”的备忘录。

通过项目和单个培养计划，德国学术交流中心和洪堡基金会为科学与研究界的流动和合作作出了重要贡献。驻外德国人文科学研究所基金会为法国、英国、意大利和波兰的历史、文化、经济与社会科学领域的研究提供资助，并促进德国与各国间的相互理解。

德国研究联合会为有10多个欧洲国家参与的国际博士生院提供资助。其他机构，特别是马普学会、亥姆霍兹联合会、弗朗霍夫协会和莱布尼茨科学联合会及联邦政府部门的研究机构，也都有其双边合作项目。在卫生事业研究方面，欧盟提供了宽泛的资助，而联邦疫苗与血清研究所和罗伯特·科赫研究所，正是其重点资助的对象——它们是隶属于联邦卫生部的政府研究机构。联邦政府研究机构利用其在各个研发领域的各种国际联系，为获得和研制高效率的基础设施作出了很大的贡献；同时，它们还参与了国际科学资助金的竞争，并且在具有普遍性的重要国际领域提供其工作成果。

1）法国

在欧盟国家中，法国是德国最重要的合作伙伴。区域层面上的合作由德-法部长会议进行双边协调，而德-法科研论坛则有利于促进科研基地的联网与合作的继续发展。在2011年柏林第四届论坛上，来自科学界与经济界的代表分为12个工作组，拟就了双方共同兴趣范围内的提议，主要包括气候与能源、非能量的原料、生物经济、健康和民用安全等。联邦教研部部长莎宛在德-法部长会议上签署了一份协定，承诺在2012年为德-法研究基金提供2700万欧元。

在机构层面上，大量的伙伴关系和协定都能证明德法两国的紧密关系。在马普学会和法国科研中心之间，有科研实验室和研究小组范围的密切合作；德国研究联合会也努力维护与法国伙伴——主要是法国科研中心和法国国家科研署——的紧密合作。

在第四届研究论坛上，两国科研组织缔结了4项合作协议：法国国家健康医学研究院与德国癌症研究中心在里昂设立了一个癌症联合研究小组，该研究小组与马克斯·德尔布吕克分子医学中心在马赛共建了一个免疫学研究小组；弗朗霍夫协会与法国国家信息与自动化研究学院签署了一项联合开发基于构图与模型计算机程序的协议；亥姆霍兹环境研究中心和尤利希研究中心则分别与法国的4个研究组织就观察全球海区变化的双边合作研究计划达成了协议。

自2005年起，弗朗霍夫协会就与法国卡诺研究所协会建立了合作关系。而联邦教研部和法国国家科研署也在联合资助计划（2009～2011年）中设立了“卡诺-弗朗霍夫计划”课题，其重点有民用安全、环境、能源、健康、信息与通信及交通技术等。

在专项计划层面上，联邦教研部和联邦经济技术部设立了多样化的合作项目。欧洲研究区植物基因组网（ERA-Net Plantgenomics）制定了欧洲植物基因组联合科技合作（Plant-KBBE）计划，西班牙、葡萄牙和加拿大都参与了该计划。于 2011 年开始的联合招标也已制定出了撒哈拉沙漠以南非洲地区的三边合作计划（德-法-非洲）。

德国阿尔弗雷德·魏格纳北极海洋研究所与斯匹次卑尔根群岛（挪威）上的新奥尔松法国极地研究所的合并，则是基于伙伴关系开展研究与技术领域合作的另一个典型范例。

由德法共同承担的德-法高等院校组织（DFH）和马克·布洛赫中心（CMB），担负着两国科学资助中的一些重要任务。DFH 资助联合大学课程的建设，并在与德国研究联合会的合作中创建联合博士生院；CMB 则与德-法社会科学研究中心（位于柏林）进行人文与社会科学领域多学科方向的研究和后备人才的培养。

2）英国

除法国外，英国也是欧洲研究区和德国创新政策的重要合作伙伴，在各个层面上，包括政策、经济、科学和文化等方面，均有大量的与主题和咨询建议相关的资料。英国希望更深入地参与“欧盟第七框架计划”，同时也坚定地谋求教育与科学的国际化。有很多德国公共机构，如德国学术交流中心、德国研究联合会、洪堡基金会、弗朗霍夫协会、德国工业联合会、同业协会和德国大型企业等都在英国设立了代办处。德国和英国是互享特权的合作伙伴，目的就是要在全球竞争中成功地立足于新的创新领域。

3）波兰

与波兰合作的基本方针是在和平共处的基础上密切双边关系，在健康、环境和可持续研究及人文与社会科学等领域，都设立了相关的合作课题。在 2008 年设立了第一个德波研究论坛并联合发表了可持续研究声明后，两国在由联邦教研部发起的、有中东欧其他国家参与的持续对话背景下，举办了一次可持续领域研究项目的联合招标，并引起了巨大的共鸣。通过这次招标活动，研究项目的经费得以增加，双方的合作进一步加强。

2010 年 11 月波兹南双边论坛的主题是生态创新，在欧洲各相关课题的基础上，欧盟的波兰轮值主席深化了合作方的双边联系。其间，驻德累斯顿的弗朗霍夫材料与射线研究所（IWS）和弗朗霍夫综合生产激光项目中心则与弗罗茨瓦夫理工大学建立了紧密的合作关系。

作为共同创办者，波兰与联邦和勃兰登堡州政府一道在 2006 年创立了德-波科学基金会。自 2008 年秋季该基金会正式启动资助活动以来，已为德-波科学项目提供了 300 多万欧元资助经费。2011 年，两国政府正式批准了以基金形式开展科学合作的相关协议。设立该项基金的目的是促进德-波人文、文化、法律、社会与经济学等领域的科研合作，并在一些基本问题上与各国达成共识。

2. 与独联体国家的合作

在实施联邦政府国际化战略的过程中，与独联体国家（苏联解体后成立的国家）的合作具有突出的意义。这种合作往往立足于德国科学组织、高等院校和创新型企业与该地区伙伴国家，特别是与俄罗斯之间历史悠久的密切关系。

合作的基础是与苏联签署的政府间科学-技术合作协定，该协定于1987年生效，并被其后成立的国家视为继续有效。其间也与单个国家（如与乌克兰1993年、白俄罗斯1996年、乌兹别克斯坦1998年、亚美尼亚2011年等）签署了独自的双边协定。

独联体国家的传统实力在自然与工程科学领域，而德国与它们的合作则包括几乎所有的科学、研究和技术领域——除狭义的科学合作之外，还包含创新能力、科学结构、职业及大学教育系统的继续发展等，即使是在该地区的一些国家仍处在转型与改革过程的背景下。合作的重点国家是俄罗斯和乌克兰；近年来，中亚和高加索山以南地区的国家则日益成为合作的新焦点。从一些伙伴国家的角度看，德国在许多研究领域是它们最重要的国际伙伴。

1）俄罗斯

基于地缘政治意义、经济增长动力与其巨大的科学潜力，俄罗斯成为德国最重要的国际合作伙伴之一。在2005年4月，两国通过《教育、研究和创新领域德-俄战略伙伴关系联合声明》进一步强化并拓展了成功合作的政治意愿。2009年，通过对政府间科学-技术协定的修订，塑造了能够确保为将来的合作提供有效支撑的框架条件。两国科学交流日益活跃的特别表现是“德-俄教育、科学和创新年”，它是根据两国政府的倡议在两国所有重要科学组织大力参与下启动的，时间从2011年5月至2012年5月。

两国开展研究合作的核心和众多双边项目的基础是，联邦教研部和联邦经济技术部与俄罗斯科学部部长所签署的诸如光学技术、海洋与极地研究、生物技术、核反应堆安全与终端研究、环境与可持续研究等领域的专业协定。同时，根据俄方的要求，自2011年起德方明显扩大了与俄罗斯的合作。执行联合项目的经费则由俄罗斯科学部和联邦教研部——在CLIENT计划科目下——共同拨付。

在结构层面上，德国和俄罗斯也拓宽了合作，即不仅开展双边合作，而且共同吸纳其他国际伙伴参与合作。目前，欧洲X射线自由电子激光器和国际反质子与离子加速器研究中心这两座国际大型研究设施，正在德国加紧建设，而俄罗斯则是其中卓越的合作伙伴。自2009年以来，联邦教研部还资助建立了新的研究所，其中的佼佼者是Ulrich-Schiewer-Labor für Aquaökologie实验室，于2010年5月建立，其研究目标是更详细地了解波罗的海的生物过程，以便为有效地维护这一敏感系统进行行为抉择。

为了有针对性地资助两国中小企业的协作，从2007年起，德国和俄罗斯还联合推出了一批创新项目，为中小企业与科研机构共同开发新产品和新技术直到市场成熟提供全程资助。双方分别委托联邦教研部国际办公室和俄罗斯小型创新企业支持基金会共同实施相关的资助计划，迄今已有约50%的项目得到了资助。

德俄科学合作的其他组成部分，是德国科学与研究组织的各种计划和项目。其中最具代表性的项目有：德国研究联合会的“双边博士生院”资助计划，数量正不断增加的“亥姆霍兹-俄罗斯联合研究小组”，以及洪堡基金会和德国学术交流中心的德-俄青年科学家培养计划。德国研究联合会、亥姆霍兹联合会和德国学术交流中心设在莫斯科的联络处则为强化双方的合作关系作出了积极的贡献。

2）乌克兰

德国和乌克兰在科学、技术和创新及教育等领域的合作，有着悠久的历史。除俄罗斯外，乌克兰是独联体国家中德国最重要的合作伙伴。在欧盟的邻国政策范围内，德国与乌克兰的合作还兼有卓越的附加意义。双方研究与技术合作的重点是：材料研究和新颖技术（特别是纳米物理/纳米技术/纳米生物技术）、海洋研究（德-俄科学家共享两国的科研考察船并执行共同的研究项目）、生命科学（包括医疗技术）及环境和可持续发展研究。在联合招标的基础上，2011年推出了约30项由联邦教研部支持的双边流动措施。根据联邦教研部的委托，科研合作的对话伙伴还有责任为当地的合作提供支持。

3. 与亚洲-太平洋地区的合作

作为目前世界上最有活力的地区，整个亚太地区的政治、经济和科学意义正在迅速增长。对德国和欧洲而言，该地区——但首先是单个国家，诸如日本、中国、韩国和印度等——将不仅会成为重要的合作伙伴，而且也将成为有力的竞争者。作为全球性知识区域之一，凭借高校培训、科学产出或专利申请增长率一如既往地大幅度飙升，该地区的作用也在同步加大。尽管日本与德国相比仍有差距，但是德国研究人员却最愿意与之合作，其次则是澳大利亚和中国。当然，诸如韩国、新加坡和新西兰等国，也都是很强大的合作伙伴。联邦教研部不仅非常看重多年来与中国、印度、越南、印度尼西亚、新西兰和澳大利亚等国的成功合作，同时还对亚太地区近年来的强劲变化进行了持续性的跟踪，如与新加坡或中国台湾等研究地区的合作。

联邦政府国际化战略的目标是以不同伙伴国的“国情”为基础的。德国的国家合作目标是，与非欧盟国家共同参与欧盟项目及相应的协调活动，此外，要使之逐渐嵌入欧洲的研究范围。所以对德国来说，要与其他欧洲伙伴一起，致力于把握一切机会以强化德国与亚太国家的科研关系。经由长期交流计划和联合研究项目的支撑，联邦政府正大力支持德国研究院所建设联合研究与教育机构，借以巩固曾数次达到最高科学水平的既有协作，并使德国研究区在亚洲更有显示度。就对该地区框架条件的持续性适应过程的意义而言，联邦教研部的长期项目战略还将吸纳更多的国际发展组织，包括形成集群雏形及大力吸纳中小企业参与技术合作，以期使人们得以迅速而具体地使用科学研究的成果。

1）中国

数年来，德、中两国间的教育和研究合作得到不断强化。现在的德国与中国的科学技术合作由联合政府委员会协调——至少每两年要开一次协调会议，主要是对进行中的生物技术、信息技术和微系统技术、激光与光学技术、材料研究和纳米技术、海洋研究与技术、终端研究、生产研究及环境技术和生态学、地球科学、文化遗产保护等领域的合作项目加以补充。

在“德-中科学与教育年”（2009/2010）活动期间，两国制定了2011年深化双边研究合作的新计划，例如，启动捆绑生命科学领域未来合作的德-中生命科学平台——正在发展的第二个平台聚焦于水研究领域。此外，2011年还就创新体系观察、评价和发展等新合作内容达成了共识。到2011年6月底，通过德-中政府间的第一次协商，两国的教育与研究合作又达到了一个高潮，期间共签署了关于职业教育、高校合作、创新研究、生命科学和可持续水管理等5项声明。2011年秋季，若干德国科学家还获得了中华人民共和国友好奖——对德方参与者为德中科学合作和友谊作出的巨大贡献予以表彰。

2）印度

联邦教研部在亚洲科学技术合作中的另一个重心国家是印度。2011年5月德-印政府间的第一次协商特别强调了双边合作的重要意义，并拓展了近年来双边合作的重点，除了已有的在生物技术、健康研究、材料研究和宇宙研究领域的合作项目外，新增加了环境研究、可持续研究、生产技术和物流研究及灾害和安全研究等领域的合作内容。通过联合资助计划，联邦教研部与印度政府的5个部门建立了长期合作关系。

2010年12月，双方在新德里共建了印-德科学技术中心（IGSTC）。该中心是德印双边合作一个重要的里程碑。通过IGSTC，两国政府每年各为交互技术领域的联合研究计划拨付200万欧元的支持经费，主要资助所谓“2+2”技术项目（两国各有一名学术伙伴和产业伙伴）。

为了激发更多德国学者对印度的热情，并使他们有更多的机会了解印度，联邦教研部还公布了“新印度之行”计划，资助他们去印度大学学习或开展客座研究，或者到印度企业进行实习。该项计划同样也为想去德国的印度学者提供资助。

3）澳大利亚

长期以来，澳大利亚始终是德国在各个研究领域里最稳定的合作伙伴，在澳大利亚的所有实验室中几乎都有德国人。而不伦瑞克理工大学和悉尼新南威尔士大学的“产品寿命管理”联合科学家小组，则被视为德澳合作中的一个特别范例。该小组的目的是在相关课题范围内协调好基础设施，以便更好地开展高水准的长期合作。自2009年以来，澳大利亚创新产业科研部推出了一项名为“激发创意——21世纪创新议程”的计划，其目标之一就是加强国际合作，并力求强化与欧洲，特别是与德国和法国的合作。

4. 与美国和加拿大的合作

与北美发达国家美国和加拿大的科学技术协作，对实施国际化战略起着十分重要的作用。与美国伙伴的合作已经延伸到了所有的科学与研究领域，包括大量的计划和已经获得资助的、各自在其他国家居留的科学家与学者。此外，还大量执行有关联合或互补性的研究计划，并开展内容丰富的传统的信息交流活动。

近年来，加拿大持续大幅增加研发投入，并使科研院所的配备有了很大的改善，资助组织及战略性资助计划也有了可观的增长。所有这些都使加拿大成为一个在教育和研究合作中令人感兴趣的和重要的伙伴。

1）美国

迄今德美之间的科学技术合作一直是分散组织的，并尽可能由科研组织、研究院所及研究人员独立运行。为了巩固这种合作并对其进行战略性调整，2010年2月，两国政府签署了一项科学技术合作协议。此外，在单个组织之间也签署了50多个双边合作协议。这些协议是德与美研究项目结成紧密网络的共同基础。

双边合作已经延伸到了所有研究、科学和技术领域，特别是宇宙航行、气候与环境研究及物理领域的基础研究。德国积极参与建造的国际空间站（ISS）仍然是宇宙航行领域国际合作的中心。

2001年7月，联邦教研部和美国能源部签署了一项等离子体密封研究领域的合作协定，这是在1998年部级研究部门间协定的基础上签署的第一个专项协议。

从2009年起，联邦教研部和美国国家科学基金会共同在计算神经科学领域推出了一项联合资助行动，而于2009年3月缔结的关于民用安全研究的政府间协定，则为这一重要领域的合作铺平了道路。

2008年7月，马普学会在美国开办了第一个国外研究所，即马普佛罗里达研究所；而15年来弗朗霍夫协会也一直活跃在美国。需要强调的是，两国还共同执行着一批各种学者和科学家交流计划（德方的参与者主要有德国学术交流中心、洪堡基金会、德国研究联合会和福尔布莱特基金会）。在职业教育领域，德美合作也不断加强，与之相关的重要课题有需经培训的“绿色”职业、机电一体化领域的合格标准和终身学习等，首先涉及的是教育体制的渗透性及职业教育与大学教育之间的交叉点。

通过设立和共同使用科学大型仪器，与美国的合作也在多边层面上进行。为此，美国不仅与加拿大一道参与了DESY的建设，还参与了欧洲核子研究组织大型强子对撞机（LHC）的建造。德-美科研机构合作建设的项目还有南极的冰立方微子望远镜和智利阿塔卡玛的大型毫米波天线阵（ALMA）射电望远镜。

2）加拿大

早在1971年，德国就与加拿大签署了一项关于科学技术合作的政府间协议；2001年则经由部长级联合声明，把两国科学技术合作的主题进一步扩大到了诸如新材料、光子和绿色生物技术等领域，并特别强调要将青年科学家的培养与合作项目捆绑在一起。目前，双方合作的重点聚焦于绿色生物技术、光子/光学技术和纳米技术，并且正在为燃料电池主题筹备新的联合研究项目。此外，还将在以下领域开展合作：

（1）在地球科学领域，联邦地球科学与研究所与加拿大地质调查所将首先执行海洋和地球环境技术及极地地质学领域的联合研究项目。

（2）德国宇航研究中心直接与加拿大航天局合作。合作重点是机器人制造技术领域的研究，共同使用雷达数据和相互使用地面站。

（3）2009年签署的亥姆霍兹Alberta计划商定持续开展油砂和煤利用方面的合作。

（4）基于全球性挑战，一些多边项目的重要性正在日益突显，如环境与海洋研究、宇宙航行和气候保护等。

在迄今仍未彻底解决考察船安全风险的前提下，德国驻加拿大使馆正与位于加拿大的香港华民航空公司筹办一个以集装箱安全为主题的研讨会，以期在这一领域开辟新的德加合作。其他欧盟国家也对该课题产生了浓厚的兴趣。此外，促进科学家流动的举措也成功地强化了德加合作。

5. 与中南美洲国家的合作

2010 年 8 月，联邦政府以“德国、拉丁美洲和加勒比：联邦政府的计划”明确地发出了信号：其核心目标是强化与该地区的合作。

德国与拉丁美洲科学与教育专家之间的强劲交流，以及双边创新论坛和其他活动，都有助于更好地利用创新潜力，并使德国研究在国际上更具显示度。

自 2009 年秋季开始，在联邦教研部的支持下，马普学会的“科学隧道”已先后在智利、阿根廷、墨西哥和哥伦比亚等国进行了巡展。

1）巴西

在对外教育和研究合作中，德国在拉丁美洲最重要的伙伴国就是巴西。两国政府共同发起的“2010/2011 科学、技术和创新年”，对德巴合作给予了持续的推动，并使其具有了更高的显示度。

在传统上，环境与可持续性研究是德巴合作的重点，与之相关的范围宽广的科研计划，都由联邦教研部从专项计划中拨付经费。2010 年，双方在生物多样性、水资源管理和土地使用管理等不同的主题范围内开展了双边合作。马普化学研究所与国家亚马孙河研究协会合作建成了亚马孙高塔气象观测站（ATTO）。联邦教研部为该项目提供资助的目的是，预测未来的气候发展趋势并了解生物圈和大气层之间的关联与影响机制。

德国与巴西科学技术合作的基点是 1996 年签订的《科学研究和技术发展双边框架条约》，以及若干单项补充协议和具体化的实施细则。2010 年，双方又进一步商定了未来合作的重点领域，即生物技术、生产技术、纳米技术、航空航天研究与技术、工业工程学、环境、可再生能源及教育和培训等。从对与自然灾害和创新管理有关联的风险预防措施中，能够很清楚地看到强化双边合作的巨大潜力。

为了促成重点领域的科学家交流，联邦教研部和巴西科学技术部的国家研究理事会还将每两年披露一次相关的资助情况。此外，联邦教研部鼓励科学界向巴西宣传德国的研究地位和技术转移措施。

2）智利

德国和智利之间科学技术合作的基础是 1970 年的政府间协定。自 1999 年起，联邦教研部和智利国家科学和技术研究委员会每年都要公开发表双边科学技术合作方面的联合资助公报。此外，联邦教研部还拨出占其智利资助总额 25% 的经费帮助智利的 4 个地方组织一同加入了欧洲南天天文台合作项目。

2010 年，弗朗霍夫协会作为第一个外国科研机构赢得了智利政府国际杰出中心的迁移招标；2011 年 8 月，弗朗霍夫协会设在智利的系统生物技术中心便正式在智利圣地亚哥举行了开幕仪式。南半球的第一个弗朗霍夫中心的创始者，是弗朗霍夫分子生物学和应用生态学研究所。系统生物技术中心的智方伙伴是智利天主教大学（瓦尔帕莱索）、塔尔卡大学和智利基金会。该中心的研究领域是渔业及水产养殖、用于农业的纳米技术及能源技术。

在 2009 年春季，德国大学校长会议和智利伙伴组织 CRUCH 签署了一项德-智博士研究生项目协议，同时还联合设立了 4 个博士生院，专业方向分别是农业经济学、天体物理学、心理学和生物学。

3）墨西哥

早在 1974 年 2 月，双方就签署了关于开展研究、技术和教育合作的政府间协定，从而奠定了德墨合作的基础。当前，德墨合作的重点课题有生物技术、环境技术、气候保护和可持续发展、生产技术、信息与通信技术、海洋研究与技术，以及再生能源和能源经济效益方面的基础性研究。联邦教研部、联邦经济合作与发展部和墨西哥国家研究技术理事会一道，共同为科隆高等专科学院及圣路易斯波托西自治大学的环境与资源管理国际硕士课程提供经费，这是双方合作的顶级项目之一。

另一个成功的科学技术合作范例则是设在切图马尔（位于尤卡坦半岛上）的卫星接收站。德国宇航研究中心与墨西哥的合作伙伴共同在切图马尔和墨西哥城建成了必需的基础设施和一个使用卫星数据的远程勘探小组，相关数据将有助于人们实时了解并防范跨区域的森林火灾。

6. 与地中海和非洲的合作

鉴于社会与政治发展趋势及应对全球性挑战的特殊需要，德国与地中海和非洲国家的双边科学研究合作正在逐渐占有越来越重要的地位。在多边层面上，德国既参与该战略的制定，又参与其执行；无论是在双边层面还是在区域和多边层面，都应该继续扩大和加强科学研究合作。

与地中海南部地区国家的双边合作多集中于土耳其、以色列、约旦、埃及和摩洛哥；在撒哈拉以南非洲地区的国家中，南非是最重要的合作伙伴。

1）土耳其

土耳其是联邦教研部开展国际合作的重心国家之一。双方力求首先在高校及研究院与产业界之间的创新和科学转移领域进一步深化和加强科学技术的合作。以往德国与土耳其的科研合作，主要是制定和执行特别资助手段及共同研究基金，目前，与土耳其研究合作的重点首先是环境与水技术、生物技术与健康及能源与材料研究。从有关课题的双边研讨会和研究会，到开展

“欧盟第七框架计划”或联邦教研部的资助计划等一系列促进措施，已经足以为德-土新伙伴关系保驾护航了。

2010年建立的德-土大学、联邦教研部和土耳其交通部就支持德-土联合信息/通信研究中心（DTZ）签署的合作协议，以及关于合作的其他规定和创建联合协调小组的谅解备忘录等，都强调了这种新伙伴关系。

较为突出的还有德国研究联合会与德国学术交流中心及洪堡基金会与土耳其签订的双边协议和资助计划，以及300多所德-土高校间的合作关系；而增加两国高校间的欧盟奖学金（ERASMUS）合作并互设双硕士学位大学课程等，则是推动双方科学研究合作的另一个成功范例。德国还在许多欧盟第三国的项目中与土耳其进行合作。

2）南非

联邦教研部在撒哈拉以南非洲地区的双边合作重点是南非，从1996年起就开始支持与该地区的双边科学技术合作，并一直保持着稳定发展趋势。时至今日，双边合作已经形成了广泛的课题谱，诸如可持续研究、南极周围地区及海洋研究和天文学研究等，同时也包括技术取向的领域，如材料研究和生物技术等。可以称之为合作范例的应该是能源高效利用EnerKey项目，这是一个旨在制订能源问题持续解决方案的综合性项目，其中包含了技术、经济、生态和社会问题等诸多子课题，重点则是可用于南非豪登省巨型城市的可持续能源规划。

2012年4月德-南非科学年正式启动，成功的合作定将进一步推动未来的双边合作。

7. 与非洲的德-法三边合作

在2009年第三届德-法研究论坛上，联邦教研部就与法国教研部决定强化德国、法国与非洲国家间的协作。其后，它们很快便就4个不同的课题范围（健康、农业/食品安全、环境及应用数学/计算机科学）制定出了德-法-非三方关于撒哈拉以南非洲地区战略性研究计划的建议，并随后得到了2011年2月发表的德-法准备措施资助公告的支持。该计划的首要目的是在现有双边合作方式的基础上，研究建立三方合作的方式与研究方法，以便有助于解决非洲地区迫切的发展问题，同时也把非洲生产能力的建设等要素一并包括在该计划之内。

近50年来，德国与以色列的科学与研究合作早已发展成为两国关系的重要支柱。如今的合作不仅极富多元化特征，并且充满了活力。联邦教研部和以色列科学技术部的合作始于1973年，自2001年起，在德以合作中又增加了联邦教研部与以色列工业贸易劳动部（MOITAL）的协同作用，2005年德国联邦环境部也加入了德以双边合作。德以国际合作的重点集中于自然科学和技术领域，诸如环境技术（特别是水技术）、癌症研究、生物技术、信息与通信技术、海洋与地球研究及民间安全研究等。2011 年 6 月，随着两国政府间有关产业研发，以及职业培训和继续教育合作协定的签署，联邦教研部和以色列科学技术部重新安排了双方的合作。40 多年来，德-以职业培训合作计划使两国的职业培训专家得以深入开展经验交流，编制创新方法并使之接受实践的检验。

在产业研发方面，为鼓励中小企业间的合作，从 2010 年起追加了德-以联合“尤里卡计划”招标项目，通常每年举办两次，而且由工业贸易劳动部的科学咨询办公室（OCS）为以色列的企业提供资助，或者在联邦经济技术部的中央中小企业创新计划范围内为德国企业和科研机构提供资助。

自 1964 年以来，德以双边合作的支柱，首先是密涅瓦基金有限公司（Minerva-Stiftung GmbH）；从 1986 年开始，增加了德-以科学研究与大众基金会；1997 年以来则更多倚重于德以项目合作。德-以科学研究与大众基金会资助几乎所有科学学科的尖端研究，而这些学科每年都要在两国的青年科学家计划范围内交换优先权。

在 2010/2011 学术年里，第一批奖学金生已经在耶路撒冷大学里开始了他们的研究工作。这项奖学金生招标活动每年进行一次。

多年来的合作实践证明，除了联邦教研部的合作计划外，德国研究联合会、洪堡基金会、德国学术交流中心和各种私立基金会的大量活动，都是德以研究合作的重要保障。

（二）多边合作

1. 多边组织和计划

面对全球性社会问题的挑战，在面对共同的问题和跨国问题的观点方面乃至达成共识方面，特别是在共同目标的定义方面，国际研究政策对话的意义正在日益增长。为顺利实施后续规划和必要的促进措施，以及组织国际科学合作计划（如教科文组织推动的联合国大学），或者制定出基于知识的一揽子政策建议（如 OECD），还要按照国际标准对正在运行的研究与创新（包括政策制定）活动进行监测和评估（如 OECD、教科文组织）。

1）八国集团

八国集团（G8）是由国家元首与政府首脑参与的非官方联合论坛，因此既没有独立的秘书处，也不是机构化的国际组织。G8 的成员国是德国、法国、英国、意大利、日本、美国、加拿大（从 1976 年起）和俄罗斯（从 1998 年起）。此外，欧洲研究委员会及欧洲议会常务主席（从 2010 年起）也参加 G8 会议。G8 会议决议的特点是不具备法律上的强制性，也无权配置资源和经费；但是，对于国家资助经费的分配和国际研发合作而言，峰会却有着重要的推动作用。在德国轮值主席主持下，2007 年海利根达姆 G8 峰会作出决定，强化在先进国家和发展中国家之间的科学技术合作。在科学和研究国际化战略范围内，德国联邦政府以若干项具体计划实施了这一决议。

近年来，越来越多 G8 国家的科学组织实现了网络化。G8 国家的科学院每年都要发表向 G8 国家政府首脑提出的建议。自 2010 年以来，资助组织（G8 国家研究理事会首脑）先后发表了“百亿亿次计算”（Exascale Computing）（由德国研究联合会主持）和可持续生产材料经济效益领域的联合资助公报等。

2）OECD

OECD 的首要任务是帮助成员国实现经济增长，力求在经济增长、社会稳定和良好的公共管理等三轴线之间保持平衡。

OECD 的 34 个成员国包括美国、加拿大、墨西哥、智利、澳大利亚、新西兰、日本、韩国、以色列、挪威、冰岛、瑞士和土耳其，以及当前 27 个欧盟成员国中的 21 个——包括 OECD 创始会员国德国，今后可能会接受俄罗斯加入。从 2007 年起，OECD 开始深化与新崛起经济大国中国、巴西、南非、印度尼西亚和印度，以及东南亚地区国家的合作。

在研究领域，无论是在政策上还是在专业上，OECD 都是提供国家计划和地区信息及进行经验交流的有益平台。在与联邦教研部取得一致意见的前提下，德国科学组织的全体人员或者由德国组织在一起的研究人员，组成 OECD 团队并承担相应项目的研究工作。

与欧盟相比，在促进国际科研协作方面，OECD 并没有自己分配经费的资助计划，而是通过制定出总体分析和建议来施加影响的。此外，在德国的鼎力支持下，OECD 还制定了为战胜全球性挑战（如气候保护）而改进多国研究与技术合作框架条件的报告。

近年来，OECD 全球科学论坛也大大促进了德国研究计划的发展。例如，在 OECD 全球科学论坛内部，联邦教研部与西班牙一同推动并轻松地执行了国际临床研究工作。2011 年 10 月，联邦教研部提交的 OECD 工作报告指出，OECD 研究领域最重要的成果是完成了有关的计划，如制定了改进指标，创建了国际交流电子平台；接纳了环境友好增长地平线战略（绿色增长战略）；公开发表了 OECD 纳米技术合作组的第一份研究报告《关于重要新兴国家的创新政策报告》。在 OECD 关于东南亚创新体系的报告（2011）里，既研究了单个国家，又将区域作为整体加以研究——进行这项工作的经费由联邦教研部、日本文部科学省（MEXT）研究部及“欧盟第七框架计划”下的 2008 年启动的东南亚-欧盟网络（SEA-EU-NET）共同提供。

3）教科文组织

作为由主权国家组成的国际组织，教科文组织有通过促进教育、科学、文化的国际合作以维护和平与安全的任务。教科文组织有 195 个成员国，德国是 1951 年成为其成员国的。

教科文组织以大量长期的科学项目支持探究和保护人类的生活环境，此外，还推动环境研究领域的国际合作（人与生物圈，MAB）、政府间海洋学委员会（IOC）协调海洋研究、探究地质史过程（国际地质相关计划，IGCP）及水循环和合理管供水系统研究（国际水文计划，IHP）。德国是国际水文计划委员会、人与生物圈协调委员会和政府间海洋学委员会的成员。

2011 年 6 月 27 日，德国在德累斯顿举办了“生物圈、未来：生物圈保护区和气候变暖”会议。第 36 届教科文组织总会议一致通过了《德累斯顿生物圈保护区和气候变化宣言》。

德国坚定地支持 2004 年实行的国际基础科学计划，借助于该项计划，诸如化学、物理、数学及其他非联合国组织管辖的工程学等课题，都能得到发展机会。根据相关计划，在与德国的教科文组织委员会达成一致后，各联邦部陆续设立了 4 个相应的全国委员会。

2011 年 10 ~ 11 月在巴黎第 36 届教科文组织总会议上，德国成为国际水文计划委员会的委员。

2. 驻德的联合国机构

目前，常驻波恩的联合国办事机构共有 18 个，位于联合国校园内，此前曾是政府办公区。

1）环境与人类安全研究所

1973 年的联合国全体会议决定建立联合国大学（UNU）。作为科学家的国际团体，联合国大学是联合国的思想工厂，并且在学术界和联合国之间发挥着重要的桥梁作用。联合国大学所在地是日本东京。

环境与人类安全研究所（UNU-EHS）是联合国大学 13 个国际研究与培训中心之一，专门从事自然灾害和持久威胁人类安全的环境变化原因及预防措施战略的跨学科研究，并负责制定和执行有关减少易受伤害及自然灾害管理的计划。通过和环境与人类安全研究所建立紧密的合作关系，德国研究机构相关领域的研发能力得以纳入国际合作和发展中国家的人文生产设施建设之中。

2）联合国大学欧洲中心

建在德国波恩联合国校园里的联合国大学欧洲中心（UNU-ViE），是联合国大学日本东京总部之外的第一个校区。它是增强联合国大学在欧洲的影响力的一个重要基石。与其他联合国系统的小组、国际与区域组织一样，欧洲中心也与政府、企业、高等院校和科研机构，首先是欧洲基金会建立了良好关系。自 2007 年 3 月以来，波恩大学和联合国大学通过联盟协定建立了合作关系。

目前，与波恩大学研究发展中心的多维合作，已带来了非洲和中亚地区的一批联合项目。欧洲中心的活动还致力于推动、支持和协调人文生产设施及知识转移项目，并为此编制了若干项欧洲、非洲和中亚及多个联合国大学研究与培训中心之间的科学交流计划。

3）国际全球环境变化的人文因素计划

国际全球环境变化的人文因素计划（UNUIHDP）是一项学科交叉的国际科学计划，由联合国大学的欧洲中心负责执行。除联合国大学外，该项计划的领导者还有国际科学理事会（ICSU）和国际社会科学理事会（ISSC）。其目的是在全球环境变化背景下，对社情研究和经济领域的研究进行世界性的协调。

其他驻德国的联合国机构还包括：

教科文组织国际在职教育中心（UNESCO-UNEVOC）；

教科文组织国际海洋学委员会（东-北大西洋、地中海和毗邻海域）；

联合国志愿人员组织（UNV）；

联合国气候变化框架协议秘书处（UNFCCC）；

联合国防止沙漠协议秘书处（UNCCD）；

联合国保护野生动物迁移协议秘书处（UNEP/CMS）；

联合国保护非洲-欧亚迁移水鸟协定秘书处（UNEP/AEWA）；

联合国保护北海和东海小鲸鱼协定秘书处（UNEP/ASCOBANS）；

联合国维护欧洲蝙蝠群体协定秘书处（UNEP/EUROBATS）；

联合国国际预防自然灾害-促进预警平台国际战略秘书长办公室（UN/ISDR-PPEW）；

联合国海啸预警系统建设国际协调小组秘书处（UNESCO/IOC/ICG/NEAMTWS）；

联合国区域信息中心联络处（UNRIC）；

联合国国际旅游组织持续旅游发展咨询处（UNWTO）；

联合国灾害管理与应急反应天基信息平台（UN-SPIDER）；

世界卫生组织欧洲环境与健康中心（WHO/ECEH）。

3. 其他国际小组和计划

1）可持续研究——国际对话

2009 年，为建设国际可持续发展高端论坛，联邦教研部组织了“绿色人才”竞赛活动。该项活动是针对世界范围内可持续研究所需的卓越人才而举办的。之所以选择德国高级专家评奖委员会来评选每年的“绿色人才”奖获得者，是因为他们的科研工作为战胜诸如气候变化、能源萎缩和严重的环境污染等全球挑战作出了决定性的贡献。迄今，卓越人才申请书的数量一直在迅速增加（2009 年 156 份，2010 年 234 份，2011 年 331 份），所属国的范围也在不断扩大（2009 年 43 个，2010 年 56 个，2011 年 58 个），所有这些都表明“绿色人才”竞赛活动的影响正在日益扩大。

“绿色人才”奖的特色之一，是获奖者可以在德国可持续研究的重点区域环游 10 天。他们在停留期间可以参观高等院校、科研机构和企业，认识各个技术领域不同方向的研发项目，会见德国著名的专家，与德国青年科学家建立联系。凭借联邦教研部提供的经费，获奖者得以继续推进自己的研究工作，继续加强可持续研究领域的跨国交流。“绿色人才”奖获得者还可以在德国进行最多为期 3 个月的研究停留。

2）政府间气候变化委员会

政府间气候变化委员会（IPCC）是由世界气象组织（WMO）和联合国环境规划署（UNEP）建立的，并向这两个机构的所有成员国开放。

在世界各国大量科学家的参与下，以当前的科研成果为基础，政府间气候变化专门小组负责拟就有关气候变化和气候保护与适应的科学报告。对德国乃至世界各国而言，这些报告是制定气候政策的极有意义的信息依据。联邦教研部为由波茨坦气候影响研究所的 Edenhofer 教授与古巴和马里科学家一起领导的适应变化的气候条件和降低气候变化的措施工作组驻德国办事处（技术支撑单元）提供相关活动的经费。

在德国完成的科研工作对制定政府间气候变化委员会气候报告作出了重大贡献。获得联邦教研部和联邦环境、自然保护和核安全部资助的德国政府间气候变化委员会协调部门，支持德国研究小组将自己的研究成果融入政府间气候变化委员会的报告之中，并帮助德国舆论界向公众及国际社会传播政府间气候变化委员会的研究成果。

3）《联合国气候变化框架公约》

1994 年 3 月 21 日，《联合国气候变化框架公约》（UNFCCC）正式生效，迄今已有包括欧盟国家在内的 194 个国家和地区加入该公约。该公约的目的是控制温室气体在大气中的浓度以避免严重的自然灾害——特别是人类对气候系统干扰所导致的灾害，首次为全球气候保护奠定了有约束力的国际法基础。

为了实施和继续发展该公约，每年都要举办缔约国会议，以便就减少温室气体排放的义务进行协商。

在日本的第三届缔约国会议上通过的《京都议定书》，是全球气候保护的重要里程碑。根据该项协议，与1990年的水平相比，2008~2012年，发达国家必须将其温室气体排放量至少降低5%。除排放目标外，《京都议定书》还作出了一些新规定，如排放争执的解决——借助于清洁发展机制，参与发展中国家的合作项目，以期为可持续发展和降低排放量作出贡献等。

截至2011年，已有193个成员国批准了《京都议定书》。美国是发达国家中唯一永不加入《京都议定书》的国家；早在2007年，德国就达到了《京都议定书》所规定的目标，即与1990年相比，二氧化碳排放总量降低了21%。

4）联合国可持续发展委员会

联合国可持续发展委员会（CSD）始建于1993年，而其筹建工作则始于1992年在巴西里约热内卢召开的"地球峰会"。因此，可持续发展委员会监督议程的实施和继续发展等，都与里约热内卢密切相关。连同德国在内，联合国可持续发展委员会共有53个成员国；每年举办一次主题专家会议。

5）《全球维护生物多样性及其持续利用公约》

在1992年里约热内卢的联合国环境与发展大会上，170个国家（包括德国）通过了《全球维护生物多样性及其持续利用公约》，即《生物多样性公约》。该公约的主要宗旨有3个：保护生物多样性；持续使用其组成部分，即在不威胁生物多样性的前提下长期使用；合理地分配并使用优势基因资源。

在本次会议上，大量的协议首次得到了国际法的承认，即生物多样性必须纳入民族国家的主权范围，并要对最终资源及濒临灭绝资源作出详尽描述。为了达到公约的目标，并保护下一代能够继续使用这些被作为生活基础的资源，发达国家与发展中国家要承担同样的责任。在每两年举办一次的缔约国会议上，缔约国应该报告其执行公约规定的具体举措和相应的工作程序。在2010年日本名古屋第十届缔约国会议上，最终确定了"2011~2020生物多样性保护目标"，即"爱知目标"。

6）全球生物多样性信息系统

在OECD生物信息学大科学论坛工作组的推动下，一个世界联网的全球生物多样性信息系统的创意已逐渐成形。德国于2001年即加入全球生物多样性信息系统（GBIF）成为其正式成员。

全球生物多样性信息机构的任务是：建立自由的和世界各地都能使用的生物多样性数据，即协调、推动和支持相应软件的开发及信息加工节点的国际联网，为自然历史博物馆、图书馆和数据库增补海量的生物信息数据。

十多年来，在建设和继续发展德国全球生物多样性信息机构的基础设施方面，联邦教研部资助的重点是按照较大的动物与植物组而确立的7个“信息接点”；最近则有土壤动物学在线信息补充系统的建设、DNA条码技术的应用和检测，以及来源于正进行科研项目的生物多样性数据与全球生物多样性信息机构数据库的连接等。

7）人类前沿科学计划组织

人类前沿科学计划组织（HFSPO）是根据日本政府的倡议、由经济大国首脑会议决定建立的，其经费由12个国家和欧盟共同承担。目的是促进生命科学领域的创新性基础研究，聚焦于活体组织的复杂机理，从分子生物学到认知神经科学。此外，该组织还支持国际科学家小组项目并颁发研究奖学金。

8）国际可再生能源机构

2009年1月在波恩成立的国际可再生能源机构（IRENA）聚焦于发达国家和发展中国家扩充可再生能源方面的研究。总部的代办处设在阿联酋的首都阿布扎比；自2011年10月以来，在波恩设立了国际创新技术中心（IITC）。该中心分析可再生能源的技术成本与标准，并负责制定开发提纲、战略和技术开发路径，支持各国政府建立有效的技术与创新政策。迄今，该中心的大部分费用都是德国承担的，2012年所提供的运行费为300万欧元（约合400万美元）。①

除积极参与上述国际组织外，德国凭借参与欧洲共同计划——如“尤里卡计划”或欧洲“科学和技术研究合作计划”（COST）等——来加强并深化与欧洲国家的双边研发合作。德国还希望能在世界上承担更多的研究政策责任，为此，不仅要加强与G8国家、OECD国家尤其是新兴大国之间的对话，还要积极参与由不同研究政策促成的多边合作计划并为之提供必要的资助。表7-1列出了2009年德国联邦教研部资助的国际合作项目数量及资助经费额度（不包含各科学组织及其研究机构的国际合作项目数量与经费支出），图7-1则显示了德国联邦教研部资助的亚洲国家合作项目数量与资助经费额度，显然，中国和印度是德国国际合作重要的亚洲伙伴国家。

①Bundesministerium für Bildung und Forschung. Bundesbericht Forschung und Innovation 2012. http://www.bmbf.de/pub/bufi_2012.pdf[2012-06-10]

表 7-1　2009 年联邦教研部国际科技合作计划的资助项目

（按区域和专业领域分）　　　　　　　　（单位：项）

专业领域	中东和非洲①	亚洲和大洋洲	独联体国家	欧洲②	美洲	西欧	总计
环境研究与技术	46	55	33	16	57	0	207
生物科学与技术	21	66	36	2	28	0	153
健康与医学	12	46	36	9	23	0	126
新材料	16	16	27	4	16	0	79
信息与通信技术	14	22	15	10	8	0	69
物理与化学技术	10	9	28	2	1	0	50
地球科学	9	20	3	4	7	0	43
教育	5	30	0	1	2	0	38
海洋与极地研究	5	12	2	0	12	0	31
能源	11	7	3	4	6	0	31
制造技术	6	9	4	5	1	0	25
纳米技术	2	8	10	1	1	0	22
物质性能	5	10	3	0	3	0	21
交通研究	2	4	0	1	0	0	7
安全研究	0	1	3	0	0	0	4
创新	0	2	0	0	0	0	2
其他专业领域	13	50	4	5	21	1	94
项目独立行动措施	17	34	9	14	11	3	88
总计	194	401	216	78	197	4	1090

①土耳其、以色列、阿拉伯国家和非洲；②中欧、南欧和东欧国家

资料来源：http://www.bmbf.de

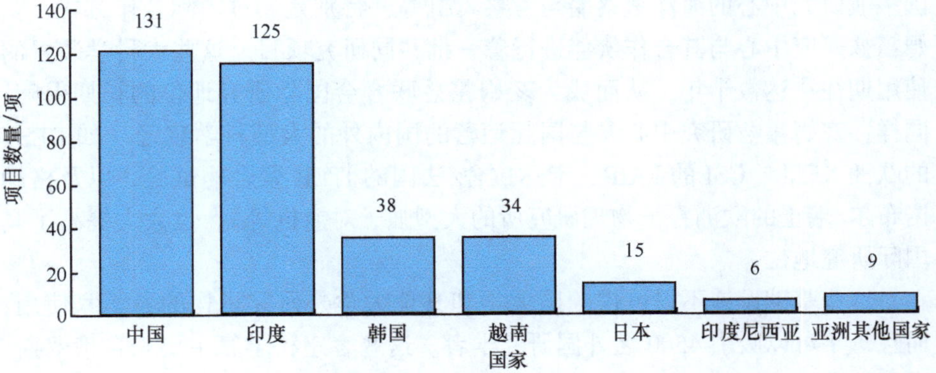

图 7-1　联邦教研部为亚洲国家提供的项目数量（2009 年）

资料来源：Wissenschaft Weltoffen 2011 Daten und Fakten zur Internationalitäten von Studium und Forschug in Deutschland

4. 依托大科学装置开展国际合作

依托大科学装置开展国际合作，是德国政府促进科技国际化的一项基本

国策。近年来，德国政府陆续通过了一批新建或扩建大型科学研究基础设施的计划，并启动了新一轮大型科研基础设施的建设。

德国不仅希望成为在本国科学家领导下的、数个欧洲国家或国际大型装置的所在地，还鼓励德国科学家大力参与国外大型装置的设计、建造和运行，争取获得一批大科学装置的科学领导权，以便在总体上逐步促使更多的欧洲组织和国际组织参与德国国内研究机构的科研工作，为德国科学系统的进一步国际化作出重要贡献。迄今，大多数大型科学装置再也不可能由一个国家单独进行规划和给予经费支持了，尤其是在欧洲，这类大科学装置应作为欧洲多国的一揽子计划或由国际组织发起建造，并向国内和国外的更多用户开放。

鉴于存在财政资源的限制，要求每一个国家都营造用于基础研究的大型仪器和设施是没有意义的。在建设和经营巨额设备方面，要通过国际合作为其分担费用，使之发挥最大作用，并通过分工来加速研究进程。因此，德国联邦政府主张要更为有效地组织现有的国际研究机构，并竭力使其与国家的研究活动相一致；今后要在欧盟范围内讨论大型仪器的建设与投资问题，以便尽可能按国际分工分别承担责任。

亥姆霍兹联合会建设并运行着一批举世无双的大型仪器和研究基础设施，它们可用于健康研究、地球与环境研究和自然灾害预报。该联合会已经拥有了 20 多座大型科学装置，投资额度从 3000 万欧元到 1 亿欧元不等。借助于这些基础设施，诸如德国电子同步加速器研究中心（DESY）和重离子研究中心（GSI）的加速器或阿尔弗雷德·魏格纳极地与海洋研究中心和德国宇航研究中心的海洋考察船与考察飞机等，特别是通过国际合作方式，亥姆霍兹研究中心与其合作伙伴进行着一批共同研究项目。这些大科学装置的使用期往往达数十年，从而成为亥姆霍兹联合会国际研究地位的长期保障；同样，亥姆霍兹研究中心参与国际运营的国内外的大型科学装置（如 DESY 的欧洲 XFEL、GSI 的 FAIR、卡达拉舍/法国的 ITER 聚合物试验，以及格勒诺布尔/瑞士的欧洲粒子物理研究所的大型强子对撞机等），也大大提高了其国际研究地位。

这些基础设施不仅可供德国大学和其他大学外研究机构的科学家使用，而且每年可以吸引 4500 名外国研究学者。这些客座科学家主要来自俄罗斯、中国、欧盟国家（如波兰、法国和意大利）及印度等。此外，德国还在国际上招募博士研究生、青年科学家小组领导人及创新型研究人员。这些设施还可以供来自世界各地的客座研究人员使用。该联合会的研究基础设施直接提升了德国科学的研发实力，不仅是技术进步的直接驱动者，也使德国研究的国际地位达到了前所未有的高度。

1）欧洲核子研究组织的大型强子对撞机

2008 年夏季，由欧洲核子研究组织（CERN）负责建造的世界上最大功率的粒子加速器——大型强子对撞机正式启用了。作为欧洲研究基础设施路线图的重要组成部分，这台世界上最大功率的粒子加速器共有 4 个实验装置（ALICE、ATLAS——回型 LHC 实验装置、CMS——紧凑型 μ 子螺旋型磁谱仪和 LHCb）。大约 1 万名科学家和工程师为大型强子对撞机的建设作出了贡献，而亥姆霍兹联合会的研究人员则在其中发挥了决定性的作用。

欧洲核子研究组织是大规模科学合作的成功范例。德国是欧洲核子研究组织成员国中交纳会费最多的国家，其科学政策的一个重要支柱就是支持德国科学家积极有效地参与欧洲核子研究组织的研究活动，并希望更多的德国青年科学家能够在 LHC 上进行尖端研究，获得预期的成果；使高水平的年轻科学家能够在与工业界有着密切联系的、国际一流的高技术范围内展开自己独立的研究工作；使他们不仅在运行大型科学仪器方面获得经验，而且为他们今后的科学职业生涯奠定坚实的基础。此外，LHC 还可以为德国青年科学家提供开展国际合作的绝佳机会。

2）X 射线自由电子激光器

2009 年 11 月，来自东欧和西欧 10 个国家的科技部长和国务秘书在德国汉堡正式签订了有关欧洲 X 射线自由电子激光器（XFEL）建设和运营的国际合作协议。协议规定了欧洲 XFEL 项目的基本原则，明确了各国的经费比例，并授权欧洲 XFEL 责任有限公司负责自由电子 X 射线激光装置的建设和运营。这套造价达 10 亿欧元的 XFEL 是欧洲最重要的基础研究设施之一。只有通过广泛的国际合作，这种大规模研究设施才能得以实现。XFEL 的建造对促进国际科学合作具有非常重要的意义。到 2011 年，该项目的合作伙伴已达 14 个，分别是丹麦、德国、法国、希腊、匈牙利、意大利、波兰、俄罗斯、瑞典、瑞士、斯洛伐克、西班牙、匈牙利和中国。

作为 XFEL 的驻在国，德国（联邦政府、汉堡市及石勒苏益格-荷尔斯泰因州）将承担 XFEL 建设经费的 54%，俄罗斯承担 23%，其余国际伙伴则各承担 1% 到 3.5% 不等。XFEL 项目不仅汇聚了充裕的建设资金，而且汇聚了各国有助于项目开发、建设和运营的专业知识、技术经验及人才。德国政府希望通过 XFEL 等一批重大基础设施项目的建设，大大推进德国科研基础设施建设与运营的国际化进程，并为德国吸纳更多的国际顶级科技人才。

3）达姆斯塔特科研中心反质子与离子研究装置

2010 年 10 月，根据德国科学委员会的建议，来自亚洲、东欧和西欧的 9 个国家签署了关于在欧洲建设反质子与离子研究装置（FAIR）的联合协定，所有签署国将共同参与 FAIR 的建设和运营。由于 FAIR 已被纳入欧洲研究基础设施路线图之中，所以，很多打算参与其中的科研单位早在建设协定签署之前，就已经开始了前期准备和研究开发。FAIR 最终落户于德国的黑森州，其建设和运营费用高达 10 亿欧元，德国将承担其中的 3/4。此外，俄罗斯是最大的国际参与国，将出资 1.78 亿欧元。FAIR 有限责任公司已在协定签署后正式成立，各协定签署国都是股东。

FAIR 是欧洲基础研究方面最重要的大型科研装置之一，它亦是世界上唯一可以提供各种科研可能性的平台。它能够吸引更多杰出的科学家到德国来，无论是年轻后备人才还是已取得重大成就的教授。这样大规模的科研设备只能通过国际合作得以实现。共有 12 个国家希望参与该项目的建设，除已签署联合协定的德国、芬兰、法国、印度、波兰、罗马尼亚、俄罗斯、瑞典和斯洛文尼亚等 9 国之外，中国、英国、沙特阿拉伯和西班牙等都计划参与到该项目中来。

正如德国外交部的国务秘书 Ammon 博士所指出的那样，通过东欧、西欧、北欧及亚洲各国的参与，该联合协定及 FAIR 项目具有了更高层面的政治意义。作为 FAIR 最大的国际合作伙伴，俄罗斯作出了杰出的贡献；而印度的参与则使德国在该项目上的国际合作被成功地拓展到了亚洲，进一步凸显了该项目的国际意义。

三、国际科技合作的经费投入与结构分布

近年来，德国政府用于国际合作的经费支出呈上升趋势。与 2005 年相比，2010 年国际合作支出的增幅达到了 16.15%，年增长率为 3%（图 7-2）。同时，为承担国际义务（包括国际组织会费及相关费用），德国联邦政府每年也要支出一笔高达 10 亿欧元的经费（表 7-2）。

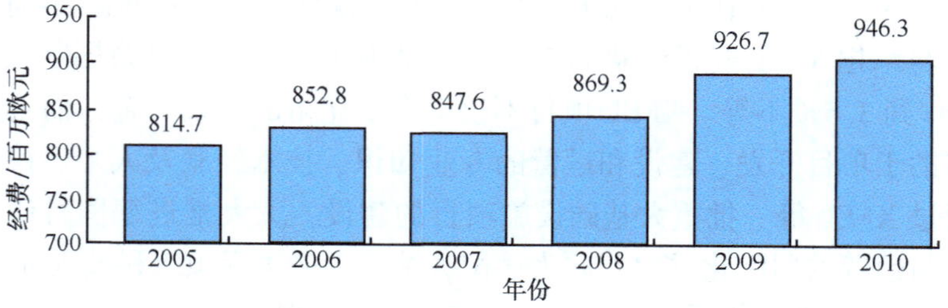

图 7-2　德国联邦政府国际合作经费增长趋势（2005～2010 年）

资料来源：Bundesministerium für Bildung und Forschung. Bundesbericht Forschung und Innovation 2010. http：//www. bmbf. de/pub/bufi_ 2010. pdf［2010-06-20］

表 7-2　德国联邦政府向国外提供的经费（2005～2008 年）

（单位：百万欧元）

项目	2005 年		2006 年		2007 年		2008 年	
	总额	其中研发	总额	其中研发	总额	其中研发	总额	其中研发
国外经济协会和企业费用	115. 8	115. 8	78. 8	78. 8	81. 2	81. 2	99. 9	99. 9
国际组织会费国外其他费用	919	898. 3	842. 3	919. 1	899. 8	871. 9	929. 1	901. 5
合计	1034. 8	1014. 1	921. 1	897. 9	981	953. 1	1029	1001. 4

资料来源：Bundesministerium für Bildung und Forschung. Bundesbericht Forschung und Innovation 2010. http：//www. bmbf. de/pub/bufi_ 2010. pdf［2010-06-20］

作为代行政府职责的德国最重要的研究资助组织及政府研究经费的托管人，德国研究联合会也承担着为相关国际合作项目提供资助的义务。表 7-3 列出了该联合会 2010 年支出的与国际合作有关的经费，主要用于相关国际活动的筹备、组织及差旅方面的支出（不包含具体研究项目的经费），图 7-5 也显示了 2005～2010 年联邦政府国际合作经费的增长趋势。

表 7-3　2010 年德国研究联合会的国际科学关系项目数与费用

项目	正在执行项目数/项	批准的经费总额/百万欧元	新批准的项目数/项	批准的经费总额/百万欧元
Mercator 客座教授	90	3. 8	45	3. 4
国际合作的筹备	1331	7. 3	676	6. 8
德-以项目合作	14	1. 1	8	6. 6
国际组织会费	55	8. 4	55	8. 4
在德举办的国际科学活动	453	7. 3	453	7. 3

资料来源：Stifterverbandes für die Deutsche Wissenschaft. FuE-Datenreport 2012：Analysen und Vergleiche. http：//www. stifterverband. info/statistik_ und_ analysen/wissenschaftsstatistik/publikationen/fue_ datenreport/fue_ datenreport_ 2012. pdf［2012-12-12］

1. 德国技术研发的国际支出与收入

当前的技术贸易往往是伴随着技术研发的国际合作而发生的。在欧洲范围内，德国是最大的国际合作研发经费支出国之一，同时也是最大的技术出口国。总的来看，德国在与欧洲和中、北美洲及亚洲伙伴的技术贸易中均实现了“顺差”。2008 年，德国技术贸易的顺差由 2004 年的 7. 57 亿欧元增长到 29. 58 亿欧元，几乎净增加了三倍（表 7-4）。

表 7-4　德国对各国、各地区的技术研发支出与收入[按经济部门、国家（地区）集团和政府分，根据支付结算统计]　（单位：百万欧元）

地区	2004 年			2008 年		
	收入	支出	差额	收入	支出	差额
欧洲	2549	2492	57	3666	3225	441
欧盟国家（27 个）	2072	2298	-225	2856	2912	-57
欧币成员国	947	1595	-648	1267	2028	-762
比利时	151	64	87	197	185	12
芬兰	10	29	-20	10	43	-34
法国	350	596	-246	409	611	-202
希腊	10	11	0	13	14	-2
爱尔兰	46	11	35	28	47	-19
意大利	49	195	-146	146	300	-154
卢森堡	1	6	-5	2	8	-6
荷兰	148	201	-53	159	197	-38
奥地利	20	376	-355	95	503	-407
葡萄牙	20	8	13	54	18	36
斯洛文尼亚	0	2	-1	3	5	-1
西班牙	134	92	42	142	85	56
非欧币国家	1125	702	423	1589	884	705
丹麦	13	47	-34	45	48	-3
瑞典	64	141	-78	230	132	98
英国	315	437	-122	375	505	-129
其他欧洲国家	477	195	282	811	313	498
挪威	18	21	-3	12	17	-5
独联体	1	26	-26	6	36	-30
瑞士	447	134	313	774	223	551
土耳其	10	7	3	15	15	0
非洲	8	30	-22	11	25	-14
美洲	1593	1481	111	3337	1505	1831

续表

地区	2004年			2008年		
	收入	支出	差额	收入	支出	差额
北美洲	1368	1446	-78	3012	1443	1569
加拿大	17	105	-88	18	171	-153
美国	1351	1341	10	2994	1272	1722
中美洲	211	7	204	302	12	290
墨西哥	211	5	206	292	8	284
南美洲	14	28	-15	23	50	-27
阿根廷	0	7	-7	1	12	-11
巴西	13	17	-5	18	31	-13
智利	1	1	-1	1	4	-4
亚洲	609	248	360	1022	474	548
中国	94	16	78	106	85	22
日本	459	149	310	671	157	514
韩国、朝鲜	21	14	7	98	17	81
中国台湾地区	5	4	1	9	20	-11
大洋洲和极地地区	4	18	-14	9	49	-40
澳大利亚	4	16	-12	7	47	-40
总额	5033	4276	757	8237	5280	2958

资料来源：Bundesministerium für Bildung und Forschung. Bundesbericht Forschung und Innovation 2010. http://www.bmbf.de/pub/bufi_2010.pdf[2010-06-20]

2. 多国联合项目的资助新模式

欧盟国家多边合作是德国对外科技合作的重点。德国作为许多国际科学组织及机构的成员，参加了大量的世界范围的科学技术合作计划，其中优先考虑的是国家计划及协调合作项目，集中使用人力、物力、财力资源，促进多边合作。许多国家组织及科学机构，除与技术水平相当的国家合作外，还促进向新兴工业国家及发展中国家的技术转让与技术发展援助。德国积极参加 OECD、国际能源机构、国际原子能机构、教科文组织、政府间海洋学委员会、联合国可持续发展委员会、《联合国气候框架公约》、政府间气候变化委员会、世界气象组织、“人类前沿科学计划”、国际农业研究咨询小组等国际科学组织及机构的活动。

参与重大国际联合项目也是德国科学研究国际化战略的要点之一。“国际空间站"、"国际核聚变"和"人类基因组"等国际合作项目，开启了多国联合开展大型科研项目攻关的新篇章，而德国则不仅是这些国际重大研发项目的积极参与国和赞助国，而且还竭力主张为此类联合研究项目推出新的资助模式。

2010年初，在德国研究联合会的主持下，G8国家的大型研究资助组织（G8-HORCs，以下简称G8研究资助组织）正式启动了多国联合项目计划的第一次公开招标"百亿亿次/秒"项目①，即下一代最快速度超级计算机研究项目。通过该项计划，G8国家的科学家们可以在相关的新资助计划中添加一个共同的研究项目，并因此申请研究资助经费。参加此次招标试点的研究人员主要来自德国、法国、英国、日本、加拿大、俄罗斯和美国。

在德国研究联合会的协调下，此次招标采取了完全不同的新模式：科学家可以不必再单独地在其所在国向多个组织申请资助经费，他们可以联合起来共同向一个主管组织申请资助经费。这一新资助模式将使更多的多边联合研究项目成为可能。因此，在该计划的范围之内，G8还将为致力于探索和利用超级计算机的适宜性应用软件多边联合研究项目提供资助。自2011年2月起，G8研究资助组织将要为8～10个多边的临时性联合研究组织提供为期2～3年的经费资助，每年可供每个参与者使用的资金大约为50万欧元。

2012年，G8研究资助组织还将按照同样的模式为新的既定课题进行3次公开招标，并希望能够在年中为一些尚无明确预定目标的共同项目提供资助。德国研究联合会则表示，德国也将向所有课题开放其"多边计划"。

3."欧洲之星"促进计划

德国积极倡导和建立欧盟研发促进体系，加大德国的实际投入。根据《欧盟条约》第169条及"研发促进框架"，21世纪初以来，欧盟整合了原有的促进机构，相继成立了一些促进平台，比较知名的是"尤里卡计划"，除保加利亚以外的所有欧盟国家，以及俄罗斯、挪威、瑞士、土耳其、以色列等共38个国家加入了该计划。尤里卡委员会对参与企业来自两个国家以上的项目进行咨询、指导，帮助其申请欧盟和成员国的高科技发展基金，以及申请优惠研发贷款等。在此行动项下，2008年成立了主要面向中小企业国际研发合作的"欧洲之星"促进计划。该计划期限6年，预算为4亿欧元，分别来自各个成员国和欧委会，其中德国为3000万欧元。

企业申请"欧洲之星"研发资金的前提是：

（1）至少两个注册地在上述38个成员国的中小企业；

① http://www.dfg.de/service/presse/pressemitteilungen/2010/pressemitteilung_nr_05/index.html

(2) 申请项目投资额至少占企业总投资额的10%或从事研发工作的人员最少占员工总数的10%；

(3) 民用、以实际运用为目标的高新技术项目；

(4) 企业能够自筹总投资额50%的资金；

(5) 项目研发时间最长3年；

(6) 研发成果至多在项目结束两年内推向市场（生物医药除外）；

(7) 不是被成员国拒绝促进的项目。

合作研发的企业随时可向位于布鲁塞尔的尤里卡委员会秘书处递交申请“欧洲之星”研发资金的申请表。申请审核分为两个阶段，第一阶段由两位独立专家审核书面文件，第二阶段由独立的专家委员会进行内容审核，最后由尤里卡委员会决定项目名单。对中小企业的促进额上限为其项目总投资的50%，对大学或研究机构的促进额上限可达100%。为加强欧盟各国行业协会的联系，推动联合研发项目，欧盟创建了Cornet网络，即紧密联系各国的行业协会，加强交流，推荐审核合作项目。目前已有来自17个国家的23个行业协会加入了该网络。Cornet规定，申请促进的合作项目应至少来自3个欧盟国家，合作持续时间最多两年，研究成果应在欧盟内推广。

四、国际化人才战略

（一）科学与教育国际化人才战略

教育与研究对外国优秀人才的吸引力、科学与教育人员的国际流动、培养青年科学家的自身成就、杰出的教育质量，以及优良的研究工作与学习条件和有竞争力的待遇等，共同构成了德国科学与教育国际化战略之人才战略的基本内容。

德国政府不仅把“杰出性”视为国际化战略之人才战略的核心，而且还推出了一系列相应的资助手段，其中包括洪堡教授职位和其他一些措施，诸如马普学会、弗朗霍夫协会和亥姆霍兹联合会等研究组织都取消了对有关奖项的颁奖限制并扩大了研究资助的范围等。所有这些都是为了能够顺利地招募到外国的顶级科学家。尽管特殊的政策目标会对既有的流动模式产生一定的影响，但是，借助于特殊的促进措施，在兼顾竞争各方利益的前提下，德国还是希望能够通过特殊的政策目标来进一步提高科学系统的能力和吸引力。

1. 培养青年科学家国际化

欧盟尤其是德国实力的保持和提升有赖于大力培养科学接班人。攻读大学的年轻人（总数大约为300万人）多于美国（220万人）；欧盟成员国每年约有8.5万名博士毕业生（占大学生总数的2.8%），而美国仅有4.4万名（占大学生总数的2%；中国为2.4万名）。

德国位居世界5个顶尖国家之列，因此，在国际流动性大学生中，大约有80%的人愿意把德国作为其求学的首选目标地；在国际教学吸引力比较中，德国仅次于美、英两国而居世界第三位。2006年，在德国学习的外国大学生占全德大学生总数的9.5%。不过，值得注意的是：在OECD国家比较中，德国的外国博士生比例只排在第15位，处于平均水平之下。调查显示，未来国际流动性大学生的人数将从2000年的180万人增加到2025年的720万人。为了进一步扩大德国研究区位的国际影响，必须采取相应的措施大力提高德国教育对国际流动性大学生的吸引力。2008年德国到国外留学的人员分布及本国外国留学生的分布分别见表7-5、图7-3。

表7-5 全球化教育流——10个最重要的留学生输出国与接收国（2008年）

（单位：人）

国家	在国内的外国人											在国外的该国总人数
	美国	英国	德国	法国	澳大利亚	加拿大	独联体	日本	意大利	西班牙	其他国家	
中国	118 962	55 222	25 479	20 852	71 496	39 171	9 189	77 916	2 997	689	125 780	547 753
印度	94 664	25 901	3 644	1 038	26 520	10 357	4 314	513	627	113	17 109	184 801
韩国	69 198	4 031	5 138	2 292	6 270	383	661	23 290		92	4 109	115 464
德国	8 917	13 625		6 918	1 934	119	196	445	1 591	1 830	57 762	94 408
土耳其	12 043	2 370	23 881	2 270	319	937	345	166	465	56	22 607	65 459
法国	7 058	12 685	5 784		1 027	6 325	87	489	1 013	1 884	26 730	63 081
独联体	4 911	2 646	12 501	3 347	618	165		352	949	817	31 192	58 983
日本	34 010	4 465	2 234	1 908	2 974	2 169	146			148	4 795	52 849
美国		13 895	3 304	3 228	3 055	9 941	98	1 955	368	651	15 833	52 328
马来西亚	5 434	11 727	900	593	18 576	813	2 516	2 012	17	5	8 840	51 434
其他	269 276	189 303	162 657	200 990	97 846	112 464	125 751	19 430	60 246	58 621	759 947	2 056 533
总计	624 474	335 870	245 522	243 436	230 635	185 399	143 303	126 568	68 273	64 906	1 074 705	3 343 092

2010年，德国联邦教研部公布的一项研究结果显示，到德国留学的外国学生比例正在逐年上升。其中，中国留学生占外国留学生的比例高达13.8%，位居第一。统计数据表明，德国大学对外国留学生颇具吸引力。实际上，从1997

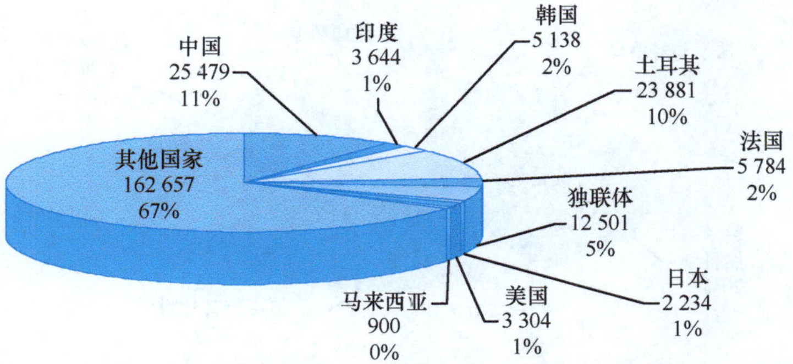

图 7-3　德国的外国留学生分布（2008 年）

资料来源：Doppelt so viele deutsche Studierende gehen ins Ausland. http://www.bmbf.de/press/3025.php. 2010

年起，德国的外国留学生数量就已呈现上升趋势了；然而，自 2004 年起，上升的速度却有一定的减缓，因此，联邦政府陆续推出了诸如放宽“绿卡”限制以鼓励“教育移民”、增加毕业后的留驻时间（放宽到两年，找到工作后还可以顺延）等举措，以期吸引更多的外国留学生到德国学习、工作。到 2006 年，外国留学生及在德国长大的移民后裔大学生总数已经达到 248 357 人；而外国留学生占大学生的比例也上升至 12.5% 了。

在赴德国学习的留学生中，有一半以上（51%）来自欧洲；其次来自亚洲，占 31.9%；来自非洲和美洲的分别占 11% 和 5.7%。从国家来看，中国留学生所占比例最大，高达 13.8%。紧随其后的则是保加利亚（6.6%）和波兰（6.5%）。

从留学生在德国学习的专业分布看，除医学与健康科学领域较薄弱外，其他专业大体上处于相对均衡的状态。这从另一个方面表明了德国的高等教育在国际上还是颇具吸引力的（图 7-4）。

德国政府一方面鼓励高等院校大量吸纳外国留学生，另一方面也鼓励德国的大学生到国外学习和工作，以期获得相应的经验并回国效力。因此，近年来世界各地的德国留学生人数始终保持着上升势头。图 7-5 显示了在国外的德国留学生分布情况。

2. 国内外科学家与研究学者的国际流动

德国除了需要坚实的宽口径的高等教育，还需要具有世界影响力的尖端大学，以使德国在国际上对大学生和研究人员更有吸引力。联邦政府和各州政府已经达成一致，共同在三个方面进行资助：在各大学有特色学科的基础上使大学从体制上向尖端大学继续发展，德国政府通过国家补助的形式帮助

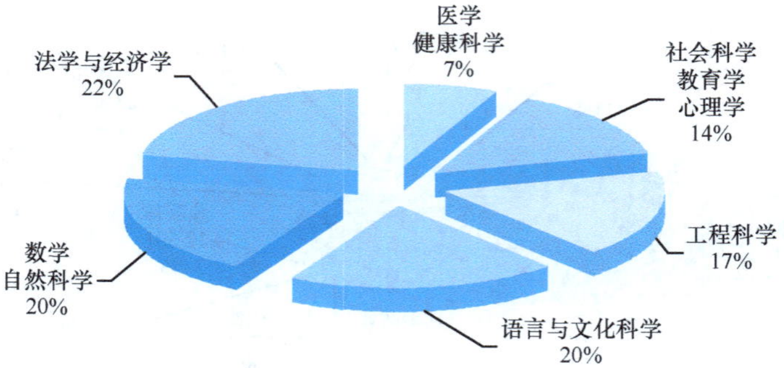

图 7-4　在德学习外国留学生的专业分布（2009 年）

资料来源：Wissenschaft Weltoffen 2011 Daten und Fakten zur Internationalitäten von Studium und Forschug in Deutschland

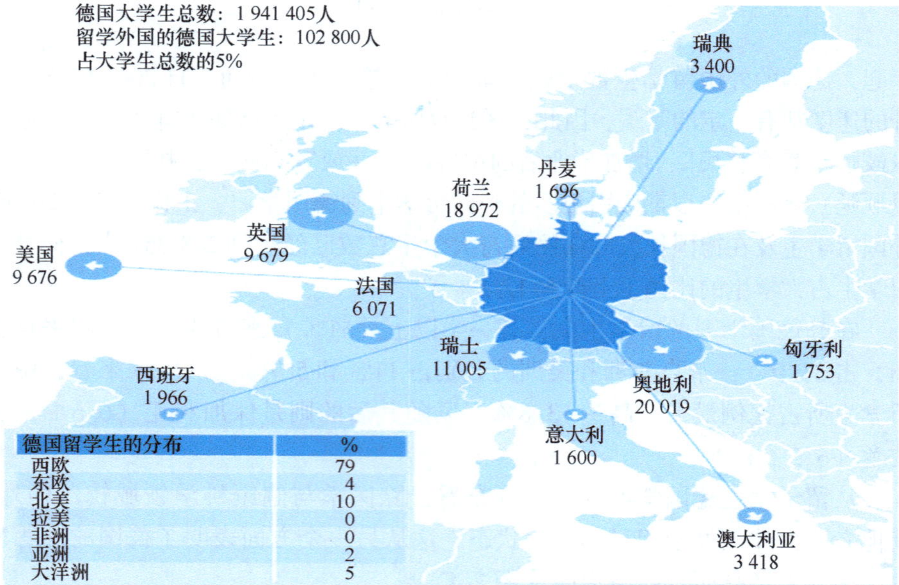

德国留学生的分布	%
西欧	79
东欧	4
北美	10
拉美	0
非洲	0
亚洲	2
大洋洲	5

图 7-5　在国外的德国留学生分布示意图

资料来源：Wissenschaft Weltoffen 2011 Daten und Fakten zur Internationalitäten von Studium und Forschug in Deutschland

企业引进人才，提高研究人员的待遇，尊重科研人员；通过建设尖端大学吸引最聪明的头脑；通过提高大学生比率、进一步资助青年科学家、促进人员流动等措施来大力开发科技人力资源。

2009 年，在德国获得 35 个科学组织资助的外国科学家达 29 757 人，与 2008 年相比增加了约 3500 人（获得资助的停留）。资助数额的提高首先是德国研究联合会、亥姆霍兹联合会、德国科学交流中心和马普学会付出巨大努力的结果。增长数额最大的是来自欧洲国家的科学家，每两个欧洲科学家中就有一个获得资助的停留。客座科学家最重要的产出国是俄罗斯、中国、美国和印度。首先获得资助的美国科学家人数明显增长（图 7-6）。约一半外国客座科学家在德国停留一年之久，1/5 的人停留期超出 2 年期限。但是，大学教师和资深的科学家时常限制在最长不超过 3 个月。53% 获得资助的科学家从事数学与自然科学专业领域的工作。法学、经济学和社会学家及工程学家只占 1/10。

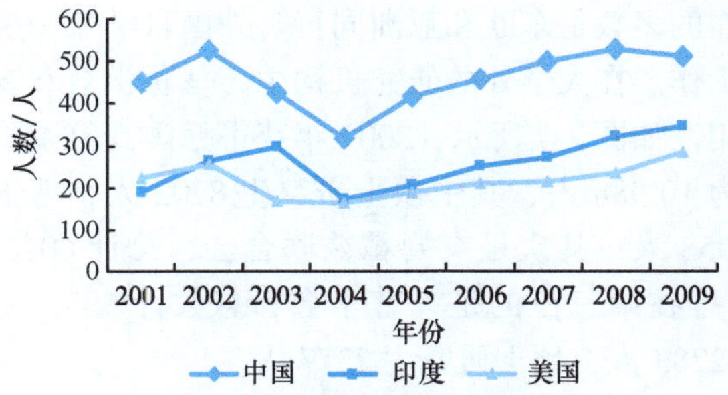

在德国的外籍博士后重要来源国

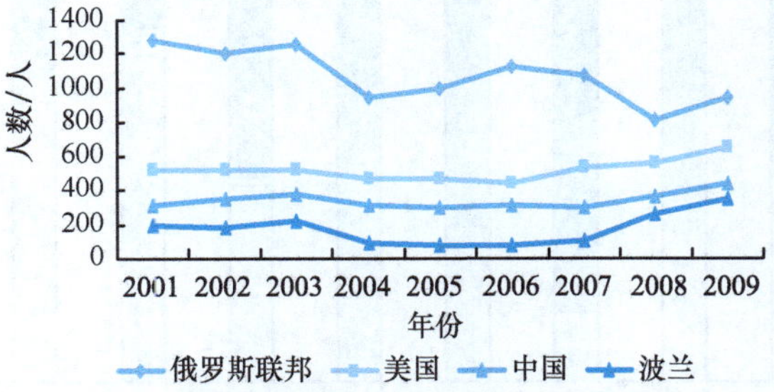

在德国的外籍科学家/大学教授重要来源国

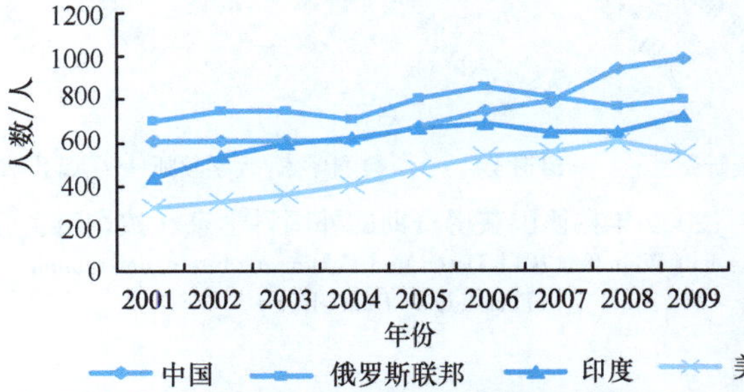

在德国的外籍硕士研究生重要来源国

图 7-6　在德国的研究人员重要来源国（按资助群体分）

资料来源：Wissenschaft Weltoffen 2011 Daten und Fakten zur Internationalitäten von Studium und Forschug in Deutschland

2009 年，在德国高等院校工作的外籍职员达 28 593 人，占所有大学员工人数的 9. 5% 。在校具有外国公民身份的人员中教授的比例接近 8% 。除教授外，其他 63% 的外国员工是全职的。从专业看，数学和自然科学专业的外籍人员占的比例最高。比例最低的是法学、经济学和社会学。绝大多数外国职员（占 35%）来自西欧国家，约 1/4 来自东欧，1/5 来自亚洲。国家表上排在最前的是中国，其次是奥地利、意大利和俄罗斯。在语言与文化学、法学、经济学和社会学领域工作的人员主要来自欧洲，而在自然科学、医学和工程学领域工作的多数是东欧和亚洲同行。外国科学家一般在高等院校和大学外研究机构工作。在大学外的研究机构中，马普学会和亥姆霍兹联合会起了特别大的作用。如图 7-7 所示，2009 年获得德国高等院校资助的外国科学家人数最多，为 10 988 人，其中硕士研究生 8202 人，博士后 728 人，科学家/大学教师 2058 人；其次是亥姆霍兹联合会，总计 6072 人，其中外国科学家 3902 人；排在第三位的是马普学会，总数计 5831 人，其中科学家 1171 人，博士后 2283 人，硕士研究生 2377 人。

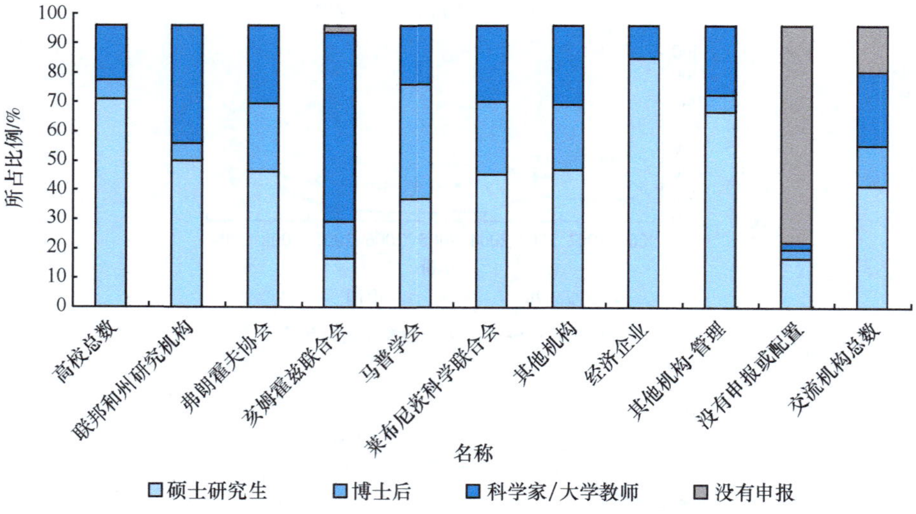

图 7-7　2009 年在德国获得资助的外国科学家（按东道主分）

资料来源：Wissenschaft Weltoffen 2011 Daten und Fakten zur Internationalitäten von Studium und Forschug in Deutschland

对在德国的外国科学家停留的资助，数学与自然科学领域继续占据特别重要的地位。在 2009 年，约 53% 的获得资助的科学家要分派给与此相近的专业。数学-自然科学学科在这期间在所有的资助群中表现明显，但最突出的是博士后及资深的科学家和大学教师。与此相反，获得资助的群体中工程学家只占1/10。语言与文化学家的比例也不高。

获得资助的外国科学家约一半在高等院校及大学外研究机构工作。当然，在高校攻读博士研究生要比在大学外研究机构里工作更常见。对所有获得资助群有利的是，客座科学家大量集中在综合型大学，在专科高等院校的却相当少。科学家在大学外研究机构，主要是马普学会和亥姆霍兹联合会的研究所完成他们的学业。

如图7-8所示，2009年在国外的6291名德国科学家得到了26个科学组织的支持，这在流动资助中是一个新的高值。大部分（占2/3）资助来自德国学术交流中心和德国研究联合会。有1600名获得资助的科学家是在西欧和美国毕业的，只有1/10的科研旅行去了亚洲。极少的居留科学家是从非洲国家和澳大利亚毕业的。多数硕士研究生在国外只停留一年，而博士后有一半的人却长于12个月。高校教师中有1/3在国外停留超过一年。总之，获得资助的国外停留，3/4的有关德国科学家都不到一年。

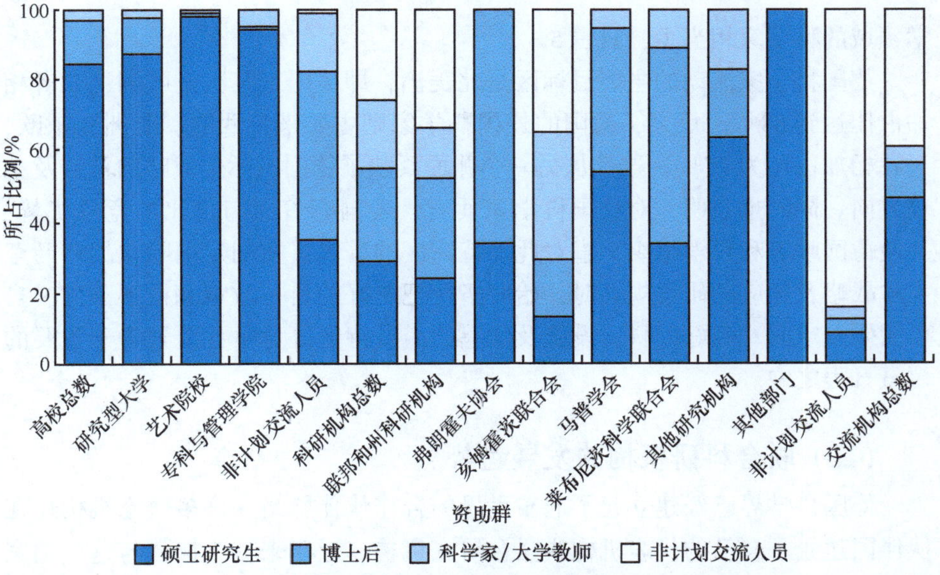

图7-8 2009年在国外获得资助的德国科学家（按资助群分）

资料来源：Wissenschaft Weltoffen 2011 Daten und Fakten zur Internationalitäten von Studium und Forschug in Deutschland

资助国外停留的最重要国家是美国，英国、法国、瑞士和意大利也起了特别重要的作用（图7-9）。这些区域的方向对所有资助群都有利。

2009年获得到国外资助的科学家中，每3个科学家中就有一个属于语言与文化学专业群。占类似份额的还有数学-自然科学学科；反之，出自工程

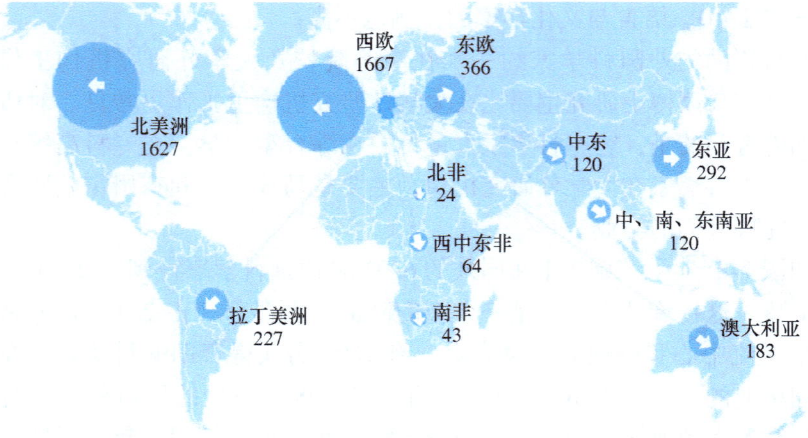

图 7-9　2009 年在国外获得资助的德国科学家分布示意图（单位：人）
资料来源：Wissenschaft Weltoffen 2011 Daten und Fakten zur Internationalitäten von Studium und Forschug in Deutschland

学领域的科学家相当少，只占 5%。

德国科学家流动的主要目标区是北美洲，即美国，其次是欧洲；二者相加占比达到 84%。反之，德国的外国科学家则主要来自西欧、亚洲和东欧，三者相加占比为 77%。这就从另一个侧面反映了德国国际化战略的重点及主攻方向。同时也表明，对德国科学家而言，美国有着无与伦比的竞争优势，并使德国政府和科学组织一直对此保持高度的警惕：在制定国际化战略乃至人才战略及相应的研发规划时，始终坚持把友好的科技政策和框架条件、自由的研发空间、良好的科研设施及优厚的人员待遇等竞争性要素置于重要的议事日程之中。

（二）联合科研机构的发展趋势

德国科学界已经建立起了遍布世界的合作伙伴脉络，许多研究机构还在伙伴国建立了自己的代表机构或联合研究机构。近年来，为加强与这些国家的联系和交流，德国政府及科学组织主要采取了以下促进举措：要求设在国外的德国科学协调机构落实国际化战略，实时地向德国经济界和科学界介绍国外的科学与创新活动，并有目的地为德国大学、研究与创新区位做宣传。

2007 年 10 月，德国研究联合会在美国新设的纽约办公室正式对外开放。它是德国在美国的代表机构，内有德国总领事馆、德国学术交流中心、卡尔杜伊斯堡协会（CDG）和各高等院校的代理机构等。当前利用纽约得天独厚的优势，德国最大的研究组织确定了以下 3 个核心目标：一是强化与北美和加拿大高等院校、研究机构和科学家的联系；二是创造一个从学术交流会到专家会议直至高层对话的双边活动论坛；三是进一步加强对美、加两国年轻科学家的咨询工作，以便他们了解德国高校基地的变化，以及科学生涯的可能性和前景。

亥姆霍兹联合会的一些措施，同样是直接以促进国际联网为目标的。此外，既定目标区研究中心及相应的研究领域还得到了分别设在布鲁塞尔、莫斯科和北京的 3 个驻外办公室的支持。这 3 个驻外办公室是代表该联合会参与国际事务的主要机构，也是德国科学界开展国际合作的重要支柱。在布鲁塞尔创立办公室的目的是提高该联合会申请欧盟计划的成功率，并对塑造欧洲研究政策产生影响。该办公室的工作人员支持各研究中心及相关研究领域与欧盟机构（如欧洲议会、欧盟委员会）的网络化，并对有关资助计划和具体申请进行评估。此外，他们还维护与其他研究组织代办机构和驻当地的联邦/州代表机构之间的信息交流。设在北京和莫斯科的亥姆霍兹办公室同样也是与重要伙伴国的联络点。它们不仅支持亥姆霍兹联合会，而且还支持联邦政府和其他德国研究组织建立并维护与这些国家的联系。

弗朗霍夫协会自 2008 年以来先后在奥地利、意大利和葡萄牙创建了子公司，并对美国的分公司进行了扩建；此外，还通过成立弗朗霍夫可持续能源系统中心（CSE），大大提升了设在美国的 6 个弗朗霍夫中心的能力，并进一步增强了与麻省理工学院的合作。2010 年，通过在新加坡理工大学设立弗朗霍夫数字媒体互动项目中心，其与新加坡的合作关系实现了长期化、制度化。弗朗霍夫系统生物技术中心在智利设立的弗朗霍夫智利研究基金会也已开始运营了。

马普学会当前国际化战略的核心是强化科学家的合作与交流，以及与伙伴国家共建联合研究所。此外，还要尽量增加重要合作目标国的市场份额或业务量。近年来，马普学会正在加速推动在外国建立新研究所（由外国第三方资金提供经费）的进程。马普学会推出的另一项新结构要素则是在国外建立马普国际研究中心。在科学合作计划的范围之内，这些中心提供了一个合作平台，使相关的马普研究所及其外国合作伙伴——明显超越了一般双边关系的合作伙伴——得以通过这个平台介绍各自的知识、经验和专家的鉴定，并通过互补性的组合方法和知识来创造附加的科学价值。目前，在马德里、温哥华、东京、浦项（韩国）和德里（印度）等地，这样的马普国际研究中心正在加紧建设，其他的国际中心也在筹备中。

2007 年 11 月，马普学会评议会决定在美国佛罗里达建立第一个国外研究所。新建的马普佛罗里达研究所坐落于佛罗里达大西洋大学（FAU）的校园里，与斯克利普斯研究所为邻。佛罗里达州的棕榈滩就允诺将在今后10年内为新建的马普研究所投资8700万美元；此外，佛罗里达州政府也将为其提供9000万美元。佛罗里达州希望通过“佛罗里达创新奖励基金”制订一项广泛的计划，以期把最好的生物技术公司和研究机构招徕到佛罗里达州，并使该州成为世界上最先进的生物技术区位。

早在2005年，在国际生物医学领域久负盛名的斯克利普斯研究所就被成功招徕到大西洋大学落户；而马普学会正是看好与斯克利普斯紧密合作的前景才决定在佛罗里达州设立新研究所的。所长将通过既定的招聘程序在马普学会科学会员中产生。新研究所将成为马普学会旗下第一个具有独立法人地位的研究机构；同时，马普佛罗里达研究所还将通过一项客座计划为国际著名研究人员提供实验场所。马普学会主席强调指出，创办这一具有独立法人地位的研究所是马普学会国际化战略的一部分。凭借马普佛罗里达研究所，我们可以在世界上最重要的科学大国站稳脚跟了。马普学会不仅要在最高度发展的竞争体制中显示其科学能力与竞争能力，而且还要继续扩大马普学会在国外的市场。

五、国际科技合作产出分析

在国际比较中，国际合作论文的数量及其在国内论文总数中的占比，往往是反映一国科学与教育国际化程度的重要指标之一。图7-10反映了世界部分国家1996~2008年国际合作论文的增长趋势。其中，美国由于在总量上占有绝对优势，尽管其国际合作论文所占比例不高，但是仍是全球国际合作论文最大的生产国；此外，除了英、法两国能与德国相较之外，其他国家则显然处于弱势地位。从1996年至2008年，德国的国际合作论文实现了翻番，德国2008年的论文几乎有一半来自国际合作研究。

从2万余篇增加到4万余篇，德国国际合作论文占比也由1996年的32%增加到2008年的48%。毫无疑问，其间德国科技与教育的国际化取得了极大的进展。

这里有两点值得我们特别注意：首先，中、日、韩三国的国际合作论文无论是在绝对数量方面还是在占比方面，均远远落后于美、英、德、法四国；其次，尽管新加坡和南非的国际合作论文在数量上仍大大低于中、日、韩，但是在占国内论文比例方面却是高得惊人。与德国相比，这些年来，无论是在研发人员与研发机构的数量上还是研发投入规模上，中国均已大大走在了德国的前面，但是，尽管国际合作论文在数量上有较大的上升，但是占比却呈下降趋势（由近20%下降到14%）。

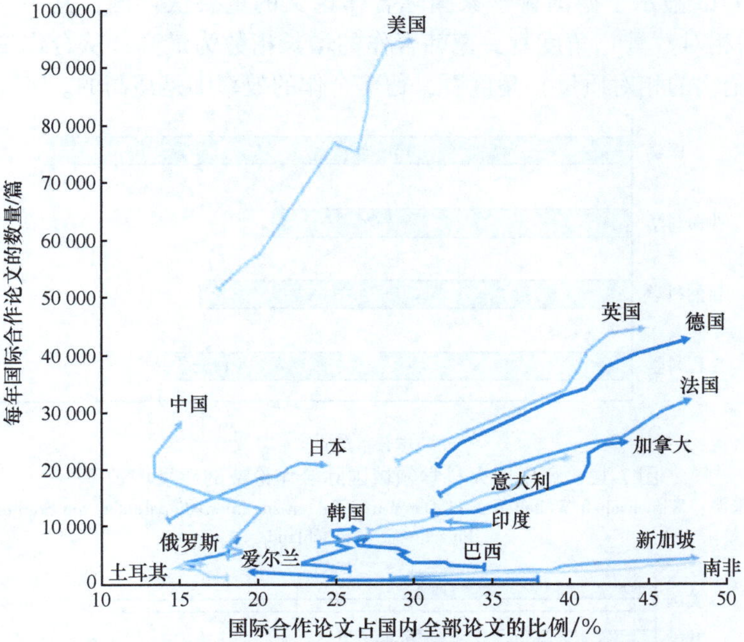

图 7-10　世界部分国家国际合作论文增长趋势（1996～2008 年）

资料来源：Wissenschaft Weltoffen 2011 Daten und Fakten zur Internationalitäten von Studium und Forschug in Deutschland

图 7-11 反映了德国四大科学领域国际合作论文所占比重及其 1996～2008 年的变化情况。其中医学领域表现出较强的增长趋势，尽管自然科学数量居多。

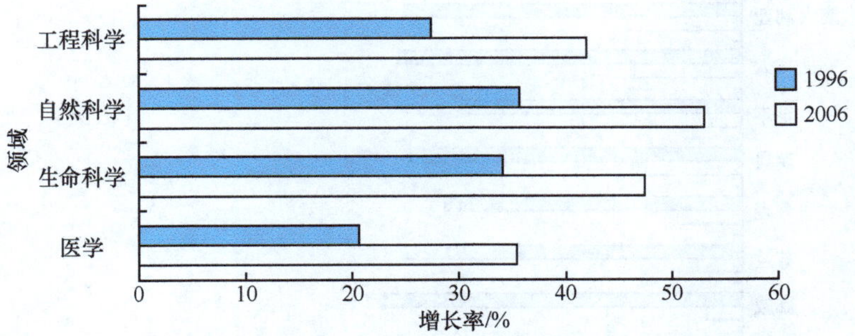

图 7-11　德国四大科学领域国际合作论文所占比重

资料来源：Wissenschaft Weltoffen 2011 Daten und Fakten zur Internationalitäten von Studium und Forschug in Deutschland

图 7-12 则反映了四大科学领域国际合作论文的增长态势，同样是医学领域占据了高位，年度增长率在 5.5% 以上。

图 7-13 显示了德国科学家国际合作论文的重要伙伴国，其中，从增长（论文的相对数量）角度看，德韩合作的增长指数为最高；从合作论文被引频次（论文的相对质量）角度看，德美合作的效率则是最高的。

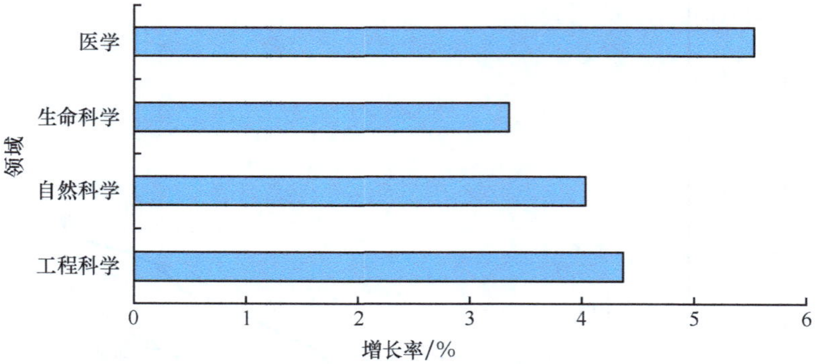

图 7-12　德国四大科学领域国际合作论文的年度增长率

资料来源：Wissenschaft Weltoffen 2011 Daten und Fakten zur Internationalitäten von Studium und Forschug in Deutschland

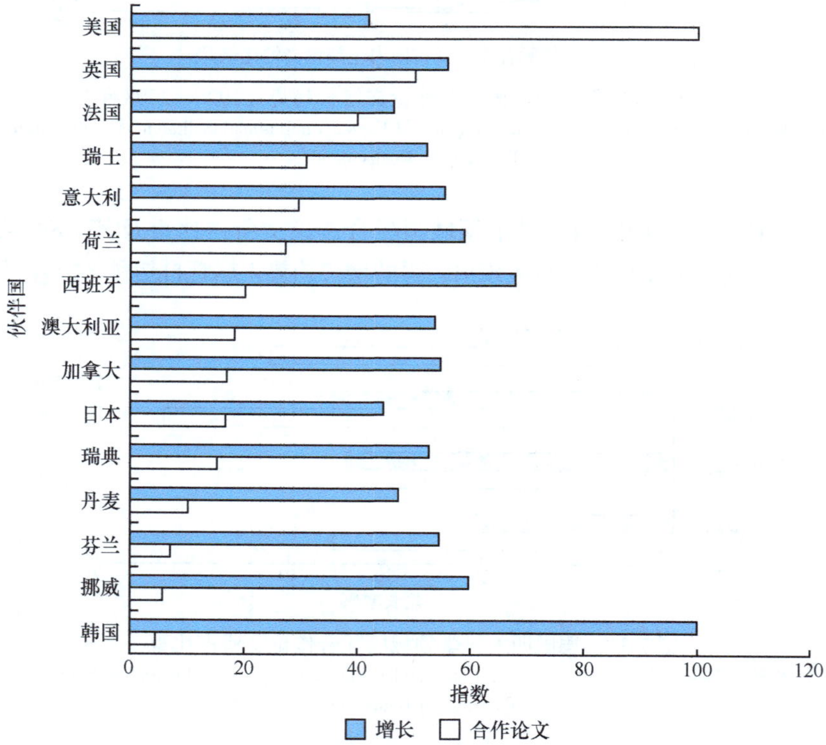

图 7-13　德国科学家国际合作论文的重要伙伴国

资料来源：Wissenschaft Weltoffen 2011 Daten und Fakten zur Internationalitäten von Studium und Forschug in Deutschland

再从2010年欧盟27国“创新联盟记分牌”（IUS）所提供的德国在25项指标中的得分情况来看，在其中两项与国际化程度有关的重要指标［即国际合作论文和世界科学论文被高引用率TOP 10%（科学出版物的显示度）］的年均变化方面，德国的得分（前者为6.3，后者为2.8）均大大高出了欧盟27国的平均水平（图7-14）。

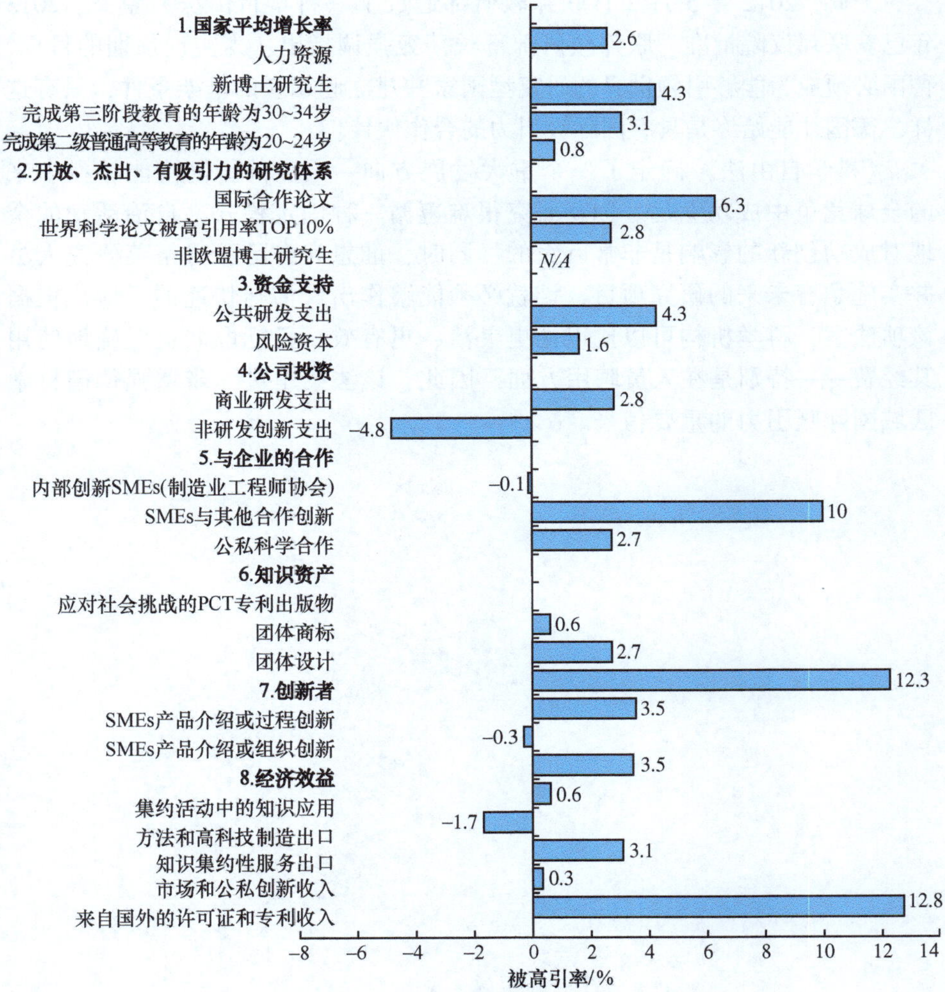

图7-14 德国IUS指标的年均变化

资料来源：Wissenschaft Weltoffen 2011 Daten und Fakten zur Internationalitäten von Studium und Forschug in Deutschland

综上所述，德国在许多方面已实现了国际化，但在某些方面还是存在着一些原本可以避免的官僚障碍和壁垒，例如，在招募外国员工方面，即使是在欧洲层面上也还存在着一些基本障碍，比如说享有同等社会保险待遇问题，或者配偶工作许可程序的复杂化问题等；而且，用于非欧洲候选人的相关费用也一直在激增。在支付科学家及科学组织领导成员工资方面，仍然受到公务员工资协议的约束，而这些工资协议则是完全没有国际吸引力的。因此，德国常常不能从国外赢得举足轻重的科学家和科学管理者。

为此，2012 年 5 月 2 日联邦教研部通过了《科学自由法》草案，2013 年已获联邦议院批准。联邦教研部部长莎宛强调指出：为实现预期的目标，德国必须成为能够引领世界的研究型国家并建立起相应的框架条件，只有这样，德国才能始终是具有国际吸引力的合作伙伴！

《科学自由法》确定了一个重大发展方向——使科研机构能够在未来的全球竞争中成功立足。创新研究很难遵循一种固定模式，自治活动的余地对成功创新的影响是非常巨大的；同时，谁想为自己赢得精英研究人员并实施孕育未来的研究项目，谁就必须能够作出灵活与快速的反应。根据该项法案，科学机构可以比以往更灵活、更有效、目标取向更明确地使用其经费——特别是在人员聘用方面。因此，该法案是进一步增强德国科学区域国际吸引力的重要信号。

第八章

德国近期的科技创新举措

一、联邦科研管理体制的重大调整与改革

（一）设立科学联席会议

2007 年 6 月，德国联邦和州政府首脑决定设立科学联席会议（Gemeinsame Wissenschaftskonferenz，GWK），其前身是联邦-州教育规划与研究促进委员会（BLK）。2008 年 1 月，科学联席会正式成立。它的建立标志着联邦和州对公共科学与研究资助的重新组合。联邦和州科学联席会议的新组织也是 2006 年 9 月 1 日生效的“联邦资助制度改革”的结果。该项改革为《基本法》第 91b 款做出了进一步的明确说明和延伸。从此，借助科学联席会议，德国联邦和州政府得以共同商议它们所遇到的重大科学问题，明确科研战略目标，研讨科学体制并作出相关的决策或决定。科学联席会议除了具有跨区域扩大科学对话的意义之外，也使得联邦和州政府可以协力资助：①大学外研究机构与科学研究计划；②高等院校的科学与研究计划；③高等院校的科研基础设施，包括大型设备。

德国联邦和州政府希望借助于科学联席会议致力于完成上述任务，为此，要竭力推进政界、科学界与经济界的合作，力求在国家、欧洲和国际科学与研究政策领域对共同触及的问题进行密切的协调。科学联席会议应该研讨和决定重大的科学政策问题，并针对能够影响整个科学体制的社会与经济问题或者具有决定性意义的战略性问题，组织大范围、多样化、有深度的科学研讨会与社会对话。

科学联席会议所遵循的目标是，处理联邦和州共同涉及的所有和科学与研究政策及战略、研究促进和科学体制有关的问题，包括能对整个科学体制产生“量”或“质”的影响的、跨组织性的问题。此外，联邦和州政府相互告知有关这方面的规划和决定。

科学联席会议的代表应是隶属于政府职能部门或国务秘书层面上的人士。

科学联席会议的办公室设在联邦总理府，由秘书长领导。秘书长和其他公务员共同接受联邦总理的监督。秘书长也被赋予了监督其他公务员的职责。①

科学联席会议办公室的领导人（秘书长、副秘书长）由全体代表选举产生；选举委员会负责筹备选举；所有代表都享有提名权。选举委员会由科学联席会议主席和联邦及州政府的各一位代表组成。

办公室负责公务员的雇用或解雇。根据办公室领导的提议，经联邦和州政府相互协调后，可以为科学联席会议派遣或借调公务员。秘书长既是办公室公务员的主管，也是公务员的监督者（图 8-2）。

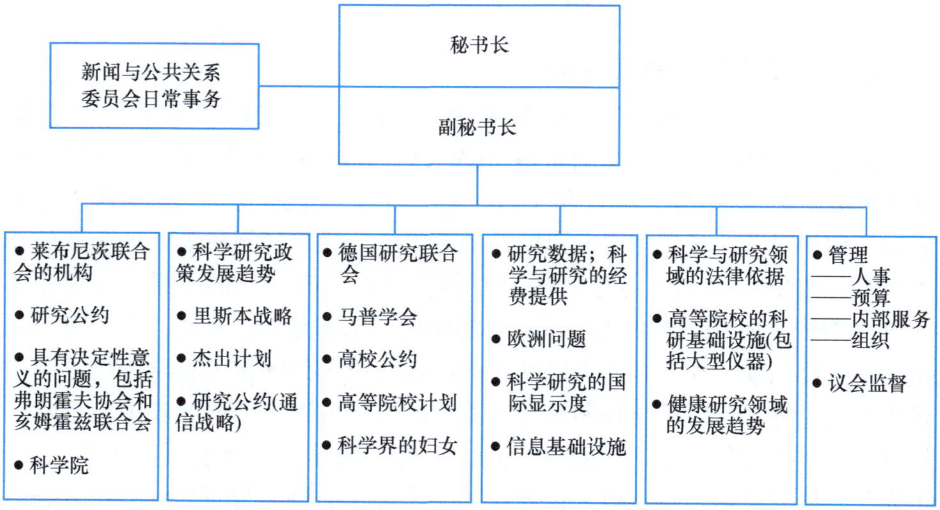

图 8-2　德国科学联席会议组织系统图（截至 2011 年 2 月）

资料来源：http://www.gwk-bonn.de/index.php? id=259

根据联邦与州政府的协议，科学联席会议的代表每两年更换一次，新代表将从联邦政府和州政府的成员中产生。科学联席会议设常务主席（由联邦政府代表兼任）和轮值主席（由 16 个州政府的代表轮流担任）。

办公室需要的编制与职位及收入与支出预算，均纳入联邦预算。秘书长与科学联席会议主席应首先就科学联席会议的预算案达成一致意见，经全体会议批准后再提交给联邦总理。科学联席会议的预算由秘书长负责执行。预

①Die Initiative Außenwissenschaftspolitik. 2009. http://www.auswaertiges-amt.de/diplo/de/Aussenpolitik/KulturDialog/Aussenwissenschaftsinitiative2009/flyer.pdf[2009-08-02]

算的支出应以联邦规定为准。对预算的审计结果应抄送给各州政府。

3. 设立研究与创新资助咨询部

2008 年 7 月 28 日，德国联邦政府设立了一个独立的研究与创新资助咨询部（简称资助咨询部），高等院校、研究机构和企业均可通过免费电话简单、快速地了解到研究与创新资助的情况。资助咨询部对德国联邦、州和欧洲委员会所有重要计划的资助方法和途径及支付条件等问题，都能提供明确的答复。资助咨询部明确表示要启动准确的引导以便为申请者提供必要的支持，并面向研究、开发和创新领域的“新资助申请者”，帮助他们“拆除”申报过程中可能遇到的“官僚作风”障碍；尤其是研究型中小企业必须在创新进程中作出迅速和灵活的反应，所以，资助咨询部还将为企业可能遇到的经济专业问题提供附加的导航服务。作为创新资助计划的专门咨询机构，资助咨询部要更具透明度，并尽量为企业特别是中型企业争取更多的时间。

资助咨询部推出了自己的网站，借以刊登有关资助可能性的必要信息、与递交申请有关的所有文件范本、联邦政府正在进行的和已决定的研究项目，以及已获得资助项目的研究报告。资助咨询部将得到联邦教研部、联邦经济技术部，以及联邦环境、自然保护和核安全部，联邦交通、建设和城市发展部的支持。

（二）新建国家科学院

2008 年，联邦政府不仅成立了国家科学院，还成立了国家工程科学院。随着这两个国家科学院的成立，德国与其他工业化国家实现了科学技术工作的接轨，这也是适应“全球化”绝对必要的一步。通过这两个国家科学院，德国的科研网络得以自然且深入地延伸到其他国家的科学院。

1. 德国国家科学院

德国重新统一后，德国政府和科学界的领导人一直认为，有必要成立一个正式的国家科学组织以便为政府提供科学咨询，并在国际科学事务上代表德国。由于莱奥波迪纳科学院（Leopoldina）为国家科学院，原本就在德国和国际上具有一定的规模，且其大部分成员同时又是其他联盟或学会的成员，因此于 2008 年 2 月由联邦和州联席会议任命为国家科学院，作为全国性科学组织。

莱奥波迪纳科学院是欧洲最古老的、延续至今的科学院，也是世界历史上最悠久的自然科学与医学科学院，同时还是世界上极其重要的国际性科学组织，今天，它是正式注册的公益性协会组织。目前国家科学院有 1220 个成员单位，下设28个学部和4级学科学团（表8-1），成员遍布30多个国家，主要来自于德国、奥地利和瑞士等国家。国家科学院在舆论界也有很高的知名度，至2011年先后有169位诺贝尔奖获得者，如玛丽·居里、达尔文、爱因斯坦、歌德、亚历山大·冯·洪堡、尤斯图斯·冯·李比希（德国化学家）和马克斯·普朗克（德国物理学家）等。

表8-1　德国国家科学院28个学部及院士人数（按学科级学团分）

学科级	学部名称	院士人数/人
一级学团	1. 数学	61
	2. 信息科学	32
	3. 物理	97
	4. 化学	126
	5. 地球科学	81
	27. 工程学	24
二级学团	6. 农业与营养科学	24
	8. 有机生物和进化生物学	80
	9. 遗传学/分子生物学和细胞生物学	80
	10. 生物化学和生物物理学	72
	13. 微生物学和免疫学	82
	14. 人类遗传学和分子医学	39
	15. 生理学和药理学/毒理学	65
	11. 解剖学和人类学	31
三级学团	12. 病理学与法医学	51
	16. 内科和皮肤病学	92
	17. 外科学、矫形外科学和麻醉学	59
	18. 妇科学和儿科学	44
	19. 神经科学	64
	20. 眼科学、耳鼻喉科学、口腔学	50
	21. 放射学	25
	22. 兽医学	29
四级学团	23. 科学与医学史	40
	24. 科学论	19
	25. 经济学和源自实践的社会科学	29
	26. 心理学和认知科学	29
	28. 文化学	32
合计		1457

注：生态科学（即第7学部）正处于调整阶段，因此暂未单独列出院士人数

截至2011年4月，德国国家科学院共有来自世界30个国家的约1400名会员（即院士），其中85%来自医学和自然科学领域，15%来自人文科学、行为科学与社会科学。目前，德国国家科学院共有外籍院士433名，其中，瑞士籍院士约占院士总数的8%，美国籍院士约占7%（图8-3）。

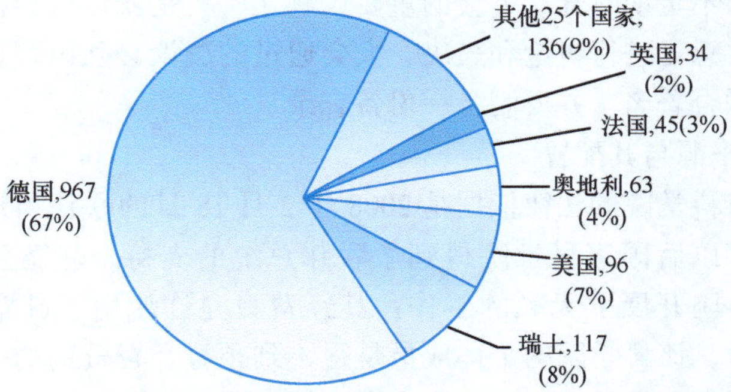

图8-3 德国国家科学院的院士分布情况（1960~2011年）

1）目标与任务

国家科学院的目标是：通过国家和国际合作促进科学发展，并按传统促进“人与自然”的和谐发展。为了达到这一目标，它组织开展各类科学活动，任命相关的科学委员会并公开发表取得的科学成果；此外也颁发科学奖项和奖励，注重培养青年科学家。被正式命名为“国家科学院”之后，在由国家科学院加入的国际委员会里，国家科学院是德国科学界的正式代表；在国内，它负责引进社会和政界基于科学的咨询与建议。①

2）组织结构

国家科学院的1/4还多的会员来自国外。他们是由主席团根据院士的提议以层层选择程序选入的。每个会员根据其科学学科隶属于一个学部，而每个学部则从会员中推选出一名评议会代表。评议会由来自其他科学组织和社会的著名人士组成，其任务是审查工作报告并决定国家科学院的科学战略。

主席团由院长、4名副院长、4名秘书和3个其他成员构成，其任务是制定主席团、评议会会议及会员大会的议事日程。主席团成员由评议会以书面形式的秘密投票选举并经多数票通过而产生。院长和其他主席团成员的任期为5年，只允许连任一次。院长和副院长组成承担法律责任的董事会；只有在董事会多数成员的参与下，方可提交具有法律约束力的声明。

---

①http://www.leopoldina.org

院长主持主席团和评议会会议及会员大会。院长的副手由在职期限最长的副院长担任，另由一名副院长兼任财务主管。

大会是会员的一个平台。会员通过主席团获悉当前的活动并通过大会参与有关国家科学院目标与发展的讨论。根据国家科学院章程的规定，会员大会将视需要而不定期召开。大会的重要议题之一，是就评议会提出的国家科学院章程修改意见进行讨论和表决。大会通过的决议必须由院长和其他一名主席团成员联合署名，并要制备一份备忘录。

3）经费来源与其配置

建立国家科学院的法律依据是 2008 年 2 月 18 日的联邦和州科学联席会议决议。自那以后国家科学院得到了联邦总统的支持。遵循公共福利的目标，国家科学院开展了无私的工作；其经费只允许使用于其章程规定的目标。就此而言，该科学院的个体成员是得不到预算经费资助的。任何人都不得在国外以国家科学院目标的名义支出预算经费，或享受过高的额外补贴照顾。联邦政府承担国家科学院预算的 80%，其余 20% 由科学院所在的萨克森-安哈尔特州政府承担（图 8-4）。

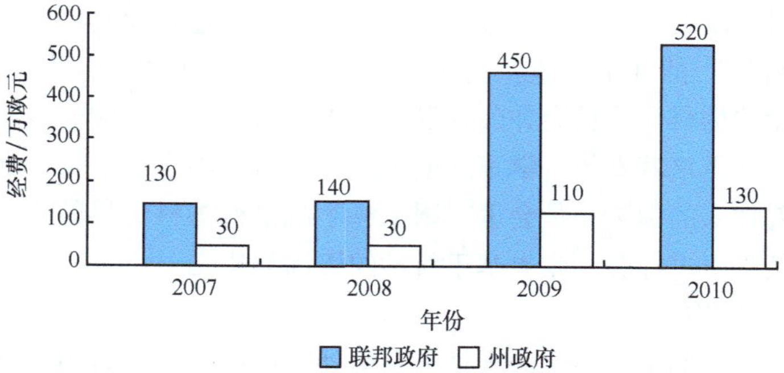

图 8-4　国家科学院预算经费来源（2007 ~ 2010 年）

资料来源：Leopoldina-Mitglieder und Nobelpreisträger 1903-2010. http：//www. leopoldina. org/fileadmin/user_ upload/leopoldina_ downloads/Nobelgeburtsort. pdf［2011-05-12］

4）德国国家科学院的作用

2008 年 7 月 14 日，在正式决定建立国家科学院之后，作为科学政策和社会咨询机构，在国际科研组织和科学活动中国家科学院将是德国科学界的正式代表。除传统的科学任务外，国家科学院还担负着两项重要使命：其一，对外，在由国家科学院加入的国际委员会里代表德国科学界；其二，对内，负责提供基于科学的社会与政策咨询。联邦和州科学联席会议主席、联邦教研部部长莎宛博士称：建设国家科学院是德国加强研究基地建设的、具有里程碑意义的重要举措，是政界和科学界赖以进行长期对话的重要通道。

在与德国工程科学院和8个区域科学院的协调和配合之下，国家科学院开展了广泛的社会与政策咨询。更重要的是，要对事关社会政策的迫切问题作出有效的答复，政策咨询范围则要视社会、经济和科学上具有深远意义的课题而定。

国家科学院的一个中心任务是针对当前科学和科学政策、社会和经济咨询等的政策，诸如气候变化、营养、疾病防止和健康、人口变化、全球经济制度、冲突研究或自然资源等主题，提交战胜迫切的社会挑战的声明和建议，以及阐明重要的未来问题，而这些问题则可能是既无法预料的，也缺乏科学解决方案的。关键在于要及早认识、分析和相应地评论科学界已显露出的也许将来会产生巨大社会意义的重要发展趋势。

今后国家科学院科学咨询的最高目标是，从科学角度出发，跨专业和跨学科地协调与探讨人类所面临的迫切的未来问题。完全独立地展示出未来社会科学重要的主题、介绍公共政策和科学成果也是其今后的重要任务之一。为此，国家科学院必须与其他科学机构，诸如柏林-兰登堡科学院、其他州科学院及国家工程院和德国其他科学组织等紧密合作，可以向负责具体工作的协调委员会提出课题建议，议会和当局也可以要求其提供相关的科学鉴定。

为了促进科学家之间的跨学科讨论并传播相关的科学知识，国家科学院还要与大学、研究所和其他科学院共同主办专题讨论会和会议——专题讨论会应该是跨学科规模的，并使人们更容易获得跨越专业界限的最新科学知识；而会议则应深化讨论更具专业特征的问题。

在全球化时代，对于诸如能源、气候变化或健康等科学主题均需推出跨越国界的政策性措施。通过与其他国家科学院的合作，德国国家科学院将大力促进相关主题的国际交流；另外，还要通过共同会议或G8国家与政府首脑峰会发表科学咨询报告。为了实现这些目标，在有其他国家科学院（如英国皇家学会、法国科学院、中国科学院或美国科学院）参加的国际合作组织中，国家科学院要加强与世界各国的协作。

国家科学院自2008年正式代表德国科学界和科学基地以来，通过对全世界的开放彰显了德国的科学能力，并为基于知识的政策咨询及科学界和公共社会之间的协调作出了贡献。它始终坚信，德国科学机构的实力要通过更大范围的合作加以聚合和优化，同时在合适的地方组织各研究机构特别突出的专家对相关课题进行鉴定，还将为德国科学家与其他国家科学院和科学组织进行合作提供协调平台。

2. 德国国家工程院

2008 年 1 月 1 日，德国正式诞生了其历史上的第一个国家工程科学院——德国工程院（Deutsche Akademie der Technikwissenschaften，Acatech）。国家工程院是由德国科学院联盟的工程科学成员大会转制而成的，并开始正式接受联邦和州政府的共同资助，即机构式资助。国家工程院的总部设在柏林，此外还在慕尼黑设立了办事处；设在慕尼黑的业务部门和柏林办公室负责协调工程院的各项工作，并向感兴趣的公众介绍工程院的课题。工程院的另一项使命是为德国科学家与国际科学组织实现网络化提供支持。

1）工程院的由来

1873 年，德国著名的工业发明家、企业家恩斯特·维尔纳·冯·西门子成为皇家科学院的正式成员，从此，作为一个专门科学学科的工程科学开始初露端倪；1890 年初，数学家菲利克斯·克莱因递交了德国第一份关于在哥廷根科学院技术专业的基础上建立工程科学院的方案，可是没有被当局采纳；直到 20 世纪初，工程科学才因其鲜明的应用自然科学属性而被视为一个独立的学科。然而，直到 20 世纪 90 年代建立德国科学院和工程院的提案才被正式纳入联邦政府的议事日程。

2001 年 4 月，7 个德国地方科学院的主席决定在德国科学院联盟的旗帜下，把所有的国家工程学活动全部捆绑到“科学院”的层面上。2002 年 2 月 15 日，德国科学院联盟旗下的工程学成员大会宣告成立，并正式注册为公益性科学社团法人，并决定以“Akatech”为其名称的缩写，其后不久又改为“Acatech”，以求与其技术特征和“科学院”高度一致。

2008 年，德国国家科学院和工程院先后成立了。可以说，为了创建国家科学院和国家工程院，德国数代科学家付出了 100 多年的努力。德国工程院不仅是德国工程技术方面的权威组织，同时也是科学界、经济界、政界及公众之间开展对话与交流的平台。

庞大的卓越科学家网络，既是德国工程院赖以生存的基础，也是其肩负的重要使命之一。此前，工程院的会员均是因卓越的科学成就与很高的声誉才被纳入该组织的；今天，他们则是工程院的支柱。工程院的科学家大多来自工程和自然科学领域，也有一些科学家来自人文与社会科学领域——主要涉及学科交叉的工程问题；他们主要是来自高等院校、科研机构和企业的优秀科学家，并以公益取向的方式在国内外代表德国工程科学界。

截至 2011 年底，德国工程院共有来自工程学、自然科学及人文社会科学领域的 362 名杰出院士。德国工程院在教育和知识、生物技术、能源与资源、健康技术、工程学基础问题、信息与通信技术、材料科学和材料工程、交通、纳米技术、生产制造和安全等领域从事相应的科研课题研究，同时，也为政府与社会提供广泛而权威的科学和社会政策咨询等。

2）任务与组织结构

工程院是以独立法人形式注册成立的。它的一个重要任务是就工程学和有关未来的技术问题提供政策与社会咨询；此外，要为应对重大社会问题及技术疑难问题，尤其是全球经济和生态问题，提供有效的解决方案。

换言之，德国工程院的具体任务包括：就工程科学与技术政策方面的重大课题和未来课题，为政界、经济界和社会公众提供广泛的、有权威性的科学咨询与政策建议；大力促进科学界与经济界之间的对话；就与国家有关的重大工程科学问题进行表决；对外独立代表德国技术科学方面的利益；支持科学界和经济界之间的知识转移；制定培养技术与自然科学后备人才的全面战略，支持青年工程师的培养。自工程院成立以来，在培养熟练的专业人员方面已经取得了明显的进步：2010 年冬季学期，攻读工程科学的大学新生人数已经增加到 61 000 人，提高了 9%，在机器制造方面，第一学期的新生已超过了 11%，而攻读土木工程的更是高达 16%。

为了使公众充分了解“孕育未来的技术”对经济和社会的潜能，并理解和接受新技术及其新产品，工程院经常举办学术交流会、专家论坛、特邀嘉宾座谈会或专题研讨会，并且通过公开出版物发表其研究成果、咨询意见、建议或其他科学通讯。

德国工程院下设三大机构：成员大会、评议会和主席团。

成员大会是工程院的最高决策机构，决定工程院的目标和工作方式并选举产生主席团。主席团由 15 人组成，其中 4 人应从评议会选出；主席团负责指导工程院的日常工作。评议会也由成员大会选举产生，评议委员大多是来自技术型企业和联盟及大型科学组织的知名人士；评议会主要负责为战略性和方向性问题提供咨询和建议，并关注与德国经济界和其他科学机构的交流、合作——尤其是知识转移活动——及相应的鼓励措施。在课题网络里，工程院的成员负责研制项目或编制相应的项目小组；评议会则委派专家进入这些项目组进行指导，或提供相应的支持；主席团也可以指派专人跟踪特别项目。

德国工程院的组织结构充分显示了科学与经济间的相互作用。工程院院士经常与执行跨学科项目的外部科学家开展协作——通过经济界和社会实践家的力量来提升工程院的实力。因此，作为面向国际的科学机构，德国工程院不仅能结合德国的价值创造前景来应对全球面临的挑战，而且能为解决全球性问题作出自己的贡献。

无论在国内还是在国外，德国工程院均以自治、独立和公益取向的方式代表德国工程科学界的利益，自其成立之日，便确立了以下 4 个工作重点。

（1）科学建议：就有关的未来工程研究课题为政府和公众提供科学决策咨询与政策建议。

（2）实用转移：为科学界与经济界的交流提供一个平台。

（3）后备人才培养：承担为工程学领域培养接班人的义务。

（4）工程学问题表决：德国工程院代表国家和国际层面上工程科学的利益，把来自科学界和经济界的最优秀人才召集到一起，就重大工程学问题进行讨论和表决，并为科学界与经济界交流中产生的可持续性创新提供必要的支持。

2011 年 2 月，德国工程院主席团通过了一项工程院国际行动纲要，其要旨在于阐述 2012 年的基本战略重点和国际合作方面的远景。通常情况下，工程院的研究报告和建议有助于基于数据和事业取向对社会上至关重要的、与未来有关的课题和问题开展广泛的探讨和对话，以权衡机遇和风险。无论是从德国工程科学利益的代表出发，还是从科学家的责任及其使命出发，德国工程院都尤为关切德国社会发展的长期前景，因此，工程院格外重视“来自创意的创新”和“来自创新的机遇”，并致力于使之兴旺发达。

在咨询方面，工程院坚持独立性和透明度：所有工作结果都公开发表，而且要详细说明这些结果是如何得到或实现的，以及有哪些专家参加了相关的研发工作。同时，德国工程院的所有支持或社会咨询与建议，都是基于科学的、独立的、保持政治中立的和公益取向的。

3）政策与社会咨询指导方针

德国工程院的基本目标之一是，为工程学和技术政策的未来问题提供政策与社会咨询，并且，由工程院提供的分析与建议应该有助于政界作出适宜的决策。

德国工程院的愿望：德国的创新能力和技术能力都是世界顶级的。作为持续增长和繁荣昌盛的保证，工程学享有广泛的社会认可度。技术已经被理解为德国文化的重要组成部分了，因此，在政界和社会上技术援引问题都将是无成见的，并能够在当前阶段基于相关知识进行讨论或给出令人满意的答复。

对德国工程院而言，国际合作具有非同寻常的战略意义，而且，与国外科学院、科学组织和科学网络开展合作，都要为加强国家地位和提升国际地位服务。无论是工程科学和技术政策信息的交流，还是科学界与经济界之间的对话，在这两个层面上考量创造经济价值的前景都能产生一些战略性课题，其中课题焦点能够产生与国家和国际合作伙伴共同执行的具体项目；而国家焦点则能够使科学政策锁定那些具有重要意义的国家。此外，德国工程院还积极参与“欧盟研究框架计划”的塑造，并且在工程科学和技术政策问题上为欧盟委员会提供咨询和建议；同时，加强与其他国家科学院的协作也是其重要的工作内容。

4）经费来源

根据2008年联邦和州政府签署的《关于科学联席会议的管理协议》第三条第二款的规定，以及有关共同资助德国工程院的执行协议，德国工程院经费的主要来源是联邦和州政府提供的机构式资助、捐款和有关项目的第三方经费（图8-5），其经费开支见图8-6。

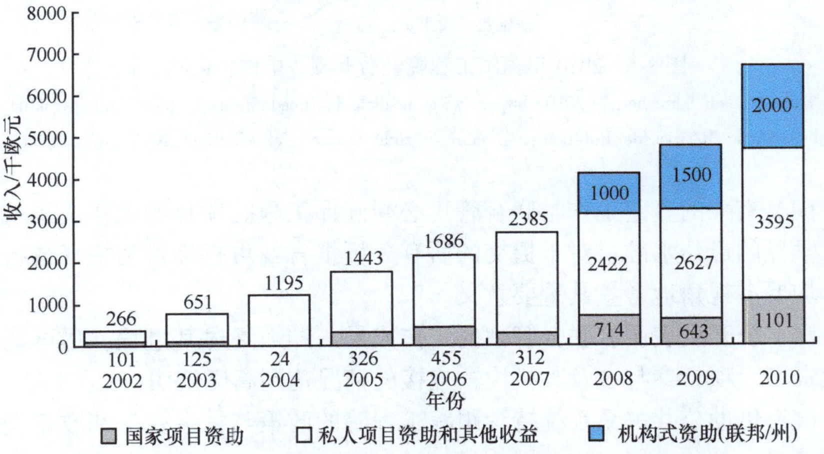

图8-5　德国工程院及其管理执行机构的收入（2002～2010年）

资料来源：Acatech Jahresbericht 2010. http://www. acatech. de/fileadmin/user_upload/Baumstruktur_nach_Website/Acatech/ root/de/Publikationen/jahresbe richt/acatech_Jahresbericht_2010. pdf[2010-12-10]

自德国工程院创立以来，经过一系列的增选，工程院正在坚定地不断成长壮大起来。时至今日，德国工程院已有来自全德地方科学院、高等院校、科研机构和企业及来自国外的大约300个会员单位了。德国工程院2011～2012年度的各项工作的指导方针是：

（1）关注由科学院执行的咨询，尤其是当前阶段的科学热点问题。

（2）为至关重要的课题编制项目小组方案，其专业能力应尽量达到最高水平，既要适当考虑科学界的前景，又要考虑到经济界的前景。

（3）为防止由是否公平而产生猜疑，应该公布相关咨询项目所有参与者的利益和背景。

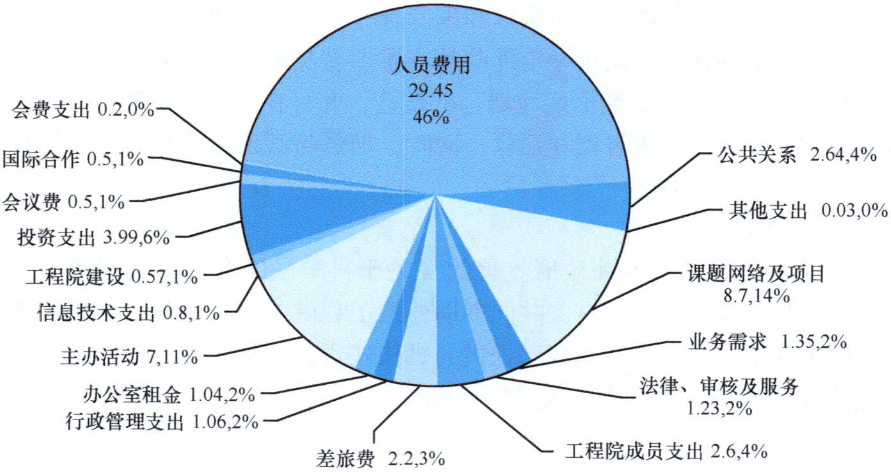

图 8-6 2010 年德国工程院经费开支（单位：亿欧元）

资料来源：Acatech Jahresbericht 2010. http://www. acatech. de/fileadmin/user_upload/Baumstruktur_nach_Website/Acatech/ root/de/Publikationen/jahresbe richt/acatech_Jahresbericht_2010. pdf[2010-12-10]

（4）有关的鉴定工作与联合管理必须确保工程院项目的工作成果能够达到科学界的最佳水准；对于提交的所有分析报告及可行性行为抉择或行为建议，均要多视角地考量其重要意义。

（5）公开发表所有联合管理的工作成果，详细阐述其过程，尽可能使经费投资者、项目参与者及其机构式连接的情况达到高度透明。

（6）借助公共关系系统持续跟踪工程院的政策与社会咨询和政策交流工作的情况。

（7）如果是在委托的基础上完成了一个咨询项目，那么工程院期望委托者能够恰当地向公众描述咨询结果，并对不同的解释说明理由。

二、新的研究与创新政策及举措

（一）创新与增长政策纲领

2009 年 5 月 6 日，德国联邦教研部部长莎宛在柏林宣布了政府关于创新与增长的 8 点政策纲领，并强调指出：此前政府推出的“创新与增长规划”确立了未来政府创新政策最重要的发展方向，是今后国家创新战略的重心。8 点政策纲领的主要内容如下所述。

（1）进一步加强教育体制建设。必须使德国教育系统更有能力，全力推动适合 21 世纪要求的发展，为教育崛起扫清障碍，使每个年轻人都能得到必要的教育与培训，不断提高高水平专业技术人员的比例。

(2) 继续执行三项计划。“杰出计划”、“研究与创新公约”、“2020 年高校公约” 给科学系统带来了前所未有的动力。所以，要继续坚决执行这些计划；尤其是在最近几年内，要竭力增加大学新生的数量。

(3) 继续贯彻执行 “高科技战略”。在科学界、经济界和政界的推动与相互制约下，“高科技战略” 产生了良好效果，经济界和公共部门对研发的投入有了明显提高，同时，在就业方面也取得了非常积极的发展。因此，必须坚定地继续发展和扩大 “高科技战略”，重点是健康/营养、能源/气候保护及安全、流动性和通信。

(4) 大力推动德国东部的创新。首先增加新联邦州的创新促进措施。德国联邦议院批准今后几年继续追加经费，以便扩大新联邦州的尖端研究与创新。随着哈勒的国家科学院和以气候与可持续性研究为方向的波茨坦可持续发展研究所的诞生，新联邦州的尖端研究在国际政策及国际影响方面逐渐显示出其重要地位。

(5) 建立创新友好的税收制度。德国需要创新友好的税制，推广研究和发展税收促进措施，改善企业家和创新型中小企业的框架条件。为此，需要一个总公约——除了对有关企业税制进行改革、对关于风险投资的相关法规进行修订之外，还必须采用研发税收资助手段，诸如引入 “税收抵免制度”、免除创新企业启动时期的社会保险税等，以加快创办新公司的数量、改善其生存的框架条件，对经济增长与就业产生积极的影响。

(6) 促进专业技术力量移居德国。本届立法会议任期内采取的一个重要措施，就是对移居德国的高水平人才收入底线（50 000 欧元）的执行情况进行检查和评估。德国迫切需要保持对世界各地优秀人才的吸引力。

(7) 科学自由计划。在国际竞争中，必须为德国高等院校和科研机构的重塑创造条件和活动余地，以便使之能够保持其国际竞争力。所以，必须进一步推进科学自由计划，加快《科学自由法》的立法进程。

(8) 积极参与欧洲创新战略。必须尽快将德国研究嵌入 “跨大西洋关系” 和 “国际发展合作” 中。①

（二）联邦和州采取的共同行动措施

联邦和州政府首脑的一致目标是，到 2015 年，把德国教育和研究总费

①Neues Wachstum durch Forschung und Innovation. http://www. hightech-strategie. de/_ media/mr _ 20090506. pdf［2009-05-07］

用占 GDP 的比例提高到 10%（其中教育占 7%，研发占 3%）。下述这些行动将为此作出决定性的贡献。其中前三项计划是 2009 年 6 月 4 日由联邦和州政府首脑在“科学联席会议建议”的基础上通过的。

1. “2020 年高校公约”第二项目阶段

2009 年 6 月，联邦和州政府决定继续执行“2020 年高校公约”。第二阶段的一个重要目标是再创造 27.5 万个大学学习位置，联邦和州政府则将平均为每个大学学习位置提供 2.6 万欧元。2010 年 3 月，联邦政府决定除继续提供其他经费外，还将通过中止服兵役与短期民事服役等举措来满足大学学习位置的需求。此外，从 2007 年到 2010 年，联邦政府用于大学学习资助的经费已经翻了一番，而在第二阶段为扩大大学学习可能投入的资助总额将达到 47 亿欧元。

在引进“2020 年高校公约”之前，高等院校有责任自己承担用于执行项目的间接费用（一般管理费），而由德国研究联合会资助的、关于抵偿与资助有关的间接附加和变量项目支出研究计划的申请者，则可以享受项目总结算带来的便利和利益，即对通过项目资助投入的基础设施（如空间、保养、软件或能源成本等）和非直接项目人员的其他合作人员的一次性补偿。实施“2020 年高校公约”后，所有项目均可按照 20% 的比例结算间接项目支出；在 2015 年 12 月底以前，项目总结算的间接项目支出由联邦政府提供资助。在 2013 年 10 月前，将在德国研究联合会经验报告的基础上，对与其他配备有关的事宜作出决定，目的是保持资助的延续性并使各州政府也为项目总结算提供资助经费。

2. “研究与创新公约”

在“研究与创新公约”中，联邦和州政府允诺将竭尽全力为享受机构式资助的研究机构提供财政规划的安全性，即在“研究与创新公约”第一期执行期间（2006～2010 年），确保每年对研究机构（亥姆霍兹联合会、马普学会、弗朗霍夫协会和莱布尼茨科学联合会）的资助至少增加 3%。2009 年 6 月，联邦和州政府首脑决定，继续延长“研究与创新公约”的效力，且在 2011～2015 年，为研究机构提供的资助经费每年至少增长 5%。同时，联邦和州政府还允诺为一些特殊需要，诸如研究机构创办新企业或者其他公共机构，提供一种必要的、新形式的资助。总之，从 2010 年到 2015 年，为了继续执行“研究与创新公约”，联邦和州政府将提供总额为 49 亿欧元的专项资助。

3. “杰出计划”

“杰出计划”不仅促进了科学界的竞争，而且成为大学行政部门和委员会的一种竞争手段。该计划的前两轮招标已经发挥了非常积极的促进作用，并引发了许多新的创新结构。因此，2009 年 6 月 4 日，联邦和州政府决定将该项计划延续至 2017 年，目的是希望进一步扩大该计划对德国科学体制，特别是高等院校已经产生的积极效果。为此，从 2011 年到 2017 年，联邦和州政府将为此提供总额为 27 亿欧元的专项资助经费，其中联邦政府承担 75%，受助高校所在州政府承担其余的 25%。该项计划将继续贯彻迄今的 3 条资助方针，即研究生院、杰出集群和杰出大学。对于该项资助的申请者，都将被施以科学的引导，无论是新提出申请的还是再次提出申请的，都能获得平等的机会。满足这三个标准的学校属于顶级学校，得到人人向往的杰出大学称号。

“杰出计划”的 3 条资助方针如下。

（1）研究生院。研究生院服务于青年科学家的培养，在广泛的、跨专业科学领域范围内创造和优化授予博士学位的条件，同时，有助于综合性大学科学重点的建设。计划的第一阶段资助了 39 个研究生院。

（2）杰出集群。杰出集群的目的是捆绑德国大学地区的科研潜力。在杰出集群中，不仅各大学机构，而且高等院校与大学外研究机构和产业伙伴的联合与合作才是关键点，目的是使大学特色变得更加鲜明，培养杰出青年科学家，更好地为其设计职业生涯远景。第一阶段为 37 个集群提供了资助。

（3）杰出大学。杰出大学旨在建设具有国际竞争力的精英大学——无论是就大学机构还是就精英集团而言。在第一资助阶段里共有 9 所大学获得了资助。其方案的主要内容包括持续扩大、发展并改善其长期战略，诸如尖端研究和后备人才培养；批准方案的前提是，这些大学至少拥有数所研究生院和一个杰出集群。

4. 教学质量公约

2010 年 6 月，联邦和州政府启动了“改善学习环境和提高教学质量项目”。由此，“2020 年高校公约”获得了第三根支柱，即到 2020 年联邦政府将另外提供 20 亿欧元的高校环境与质量专项资助。该项资助不涉及提高高校的生产能力，而是专门用于改善高等院校的条件、加强对大学生的指导和提高教学质量，尤其是要改进高等院校对教学、照管和指导方面的人事配备，并加强对现有人员的继续培训。该项计划部分也被视为对某些批评的正面回应，即批评“2020 年高校公约”仅在数量上对增加的学生作出了反应，可对教学质量却没有给予同样的重视。

高等院校必须制订出未来 10 年有关改革的方案，明确认识到所要面对的各项挑战。而此前，通常并没有就此提供过足够的资源。在博洛尼亚改革过程中，对高校教师和科学工作者的调整，使很多教师受到了较大的束缚，很难再为研究或其他任务提供必要的工作时间。确切地说，在转换到学士与硕士课程之后，在与照管有关的费用方面已经增加了不少的“赤字”。在博洛尼亚改革过程中，尚未使大学学习的结构与其他各有关方面得以系统地适应。

三、研究与创新政策的权力分配调整

2011 年 2 月，德国研究与创新专家委员会公布了《联邦制度和研究与创新政策》研究报告。报告指出，《基本法》第 91b 条第 1. 3 款规定，允许联邦和州政府在“国家支出”中促进研究执行，并根据一定的分工标准安排共同的协作任务和承担筹资义务。德国面临由联邦制度所导致的联邦和州政府在研究与创新方面缺乏明确的原则性分工、各州相对独立及财力极度分散（即州政府各自为政，全国很难形成统一的财政框架）等现状，长期以来一直存在着迫切的改革需求：不仅在机构式资助方面，而且在项目资助方面，联邦与州之间既要有分工，又要有合作，还要与德国市场经济制度所确立的基本原则保持一致。因此在研究与创新政策方面，该报告对联邦和州政府的权力分配的改进提出了如下建议。

（一）机构式资助的调整

必须尽快建立完全合理的联邦和州的共同机构式研究资助制度。迄今，联邦和州之间在财政方面的分割制度已经难以为继了。而且，以该制度为依据的、为大型研究组织提供经费的比例（其间存在着很大差别），也是在数十年之前围绕着当时各州的财政状况而形成的。因此，不少人主张用统一的概念来替代目前有差别的并遭强烈抵制的筹资分配方案。然而，更进一步的检验则表明，迄今，关于共同促进科学研究的框架协定所规定的各联邦州分担大型科研机构经费的比例，并未超出各州的经济能力，即使有些偏差，也都保持在可容忍范围内。

为大型研究组织筹措经费的不同模式，都是建立在所有参与方可以接受（或达成妥协）的基础之上的；而且，各方不必经常对其进行重新协商，从而使之保持相对稳定性。对每次协商而言，可选方案必须要有说服力，而且还要顾及财政与政策成本，并尽可能适用简易的审核程序。在这种情况下，通常也就不会再准备所谓的备用方案了。

另一个问题是对科研机构的经费分配能否始终令大型研究组织信服。研究结果表明，科研机构大多出于对其工作需求的实事求是的考虑，而非简单要求动用国库；科研机构一直希望能够为它们开辟这样一种可能性：还有一种另类的和可供任意支配的筹资分配方案，这一方案应该能够满足科研机构的特殊需求，并被所有参与方共同认可。换言之，联邦和州政府机构式资助的财政分配制度应更具灵活性。

建议：立足于保障科研机构的工作连贯性，在机构式资助方面，要重新考虑有关大型研究组织对其科研机构的经费分配办法，并特别注重发展研究所的专业特色。

（二）项目资助协调机制的改革

从宪法的角度看，联邦政府和州政府都可以为研究与创新提供资助。理论与实践经验的分析表明，联邦政府的资助更多地或更容易向特定的领域倾斜；反之，州政府的资助则更多地或更容易向项目倾斜。问题在于，州政府也需要保留对特定领域的资助。事实上，几十年来联邦和州政府的研究与创新资助始终存在着上述问题，为此，德国科学委员会对双方资助活动权限调整提出了几点建议。

1. 协调联邦和州政府项目资助的活动

与机构式资助相反，对于研究与创新项目资助而言，始终缺乏一个有约束力的框架制度。虽然可以通过每年两次的联邦和州技术与创新专家委员会的例会加以协调，但它仍然仅仅是联邦和州为了解并讨论联邦制度相关机制的现状与发展的非官方“平台”。换言之，迄今，无论是联邦政府还是州政府，均未出台正式的、有关研究与创新资助义务的法令、方针及相应的程序甚至文件。诸如德国对机构式资助进行投票表决的例子表明，需要创办一个协调联邦和州资助活动的“表决委员会”，但却不必为此再建立一个新的官僚机构。

对德国的研究与创新政策而言，科学联席会议是负责协调联邦和州活动的重要机构，不仅主管联邦和州项目资助活动的协调，还将负责提供与之相关的各种信息。在协调联邦和州资助活动方面，科学联席会议具有丰富的宝贵经验；除了项目资助外，还要负责处理许多具体事务。相对于机构式资助的协调而言，项目资助的协调则要复杂得多——关键就在于没有相应的制度框架。

另一种可供选择的补救措施就是成立一个新的协调小组。诚然，倘若科学联席会议里能够有一个作用良好的、足以担负起相应协调义务的小组，也就无须再采取其他补救措施了。这里所建议的“协调”，其基本目的在于改进联邦和州的互补性。一方面，已有分析表明，必须使各州能够完全适应联邦的项目计划；这样，各州就得以在有限的预算基础之上避免与联邦计划重复，并把他们的活动重点放在改善框架条件和信息提供等方面。另一方面，迄今，所谓“协调”过程大多走的是“非官方”途径，所以在其“开放”的过程中，既不能协调联邦的活动，也很难使各州塑造自己的活动空间。对研究与创新资助而言，无论是进行资助项目的招标还是“引进”项目计划予以资助，都需要一定的准备工作时间，因此，在实际资助过程中难免会产生项目内容的重叠或因内容重叠而导致的取消资助等问题。

建议：为了协调联邦和州在项目资助方面的活动，科学联席会议应享有管辖权，即可对联邦或州的研究与创新资助机构的资助活动加以协调。

2. 科研项目资助规则与相关法律保持一致

从用户的角度看，名目繁多的资助规则仍然是令人费解的。即使所遇到的许多令人不愉快的“名目”经常被归咎于联邦制度，例如，对联邦政府研究机构的资助等，存在着客观上的不公平问题。但是，通过对相应法律框架的调和或完善，以及对繁多的资助规则加以简化，就能有效地解决诸如此类的问题。

建议：在联邦和州项目资助活动的协调范围内，应该使研究与创新资助计划的资助规则与相应的法律框架保持一致。

3. 联邦和州政府之间紧密协调

为改进联邦和州之间的项目资助并使之尽可能协调一致，还必须关注这样一个问题，即处理好“资助经费接受者”与堵塞创新过程中的“资助漏洞”的利害关系。换言之，就是既要能理想化地着手解决应用性基础研究领域的技术问题，又要能有效地防止一种创新产品的市场流通被人为地阻断。倘若州的资助计划能够担负起“侧面掩护”的任务，鼓励把技术成果转移给当地重要企业，那么，已转向基础研究的联邦计划就必将产生更好的经济影响。

建议：州与联邦应该在凸显成效的领域里实现更为紧密的协调，共同实施创新政策和技术转移计划。

4. 建立一个全国性资助数据库

尽管当前联邦教研部研究与创新项目的资助总额、单项资助经费接受者及项目的具体内容等都被系统地列入了数据库（项目资助信息系统，PROFI），但各州的资助数据并没有被汇集进去。因此，有必要建设一个对政策具有决定性意义的资助数据库，使之成为协调和控制计划的信息基础，并为对资助目标的评估提供有价值的服务。

建议：建议建立一个全国性资助数据库，把联邦、州及镇还有欧盟等所有资助经费流入德国的研究与创新资助的情况都能汇总进去，并且在原则上这一资助数据库的数据可供对国家资助计划的评估使用。

（三）建立网络和集群监督机制

最近一个时期，联邦和各州政府纷纷通过集群与网络促进措施推出了一批追加的、通常不会以这一形式进行的研究与创新活动。集群与网络促进措施把有关的专项计划资助与扩建网络并增加其控制作用的资助融合了起来。显然，对于在研发活动中出现的“集群”和“网络”这种机制，政府始终坚持鼓励与扶持的立场，并早在20世纪90年代就通过“生物区域计划”及“尖端集群竞赛活动”等促进举措积累了足够的经验，因而在当前能够举足轻重地驾驭“高科技战略”，并驾轻就熟地推出与之相关的技术政策。此外，各州也能把握住利用可供使用的适度经费、通过集群与网络资助来谋取重大纵向效果的机会。实践分析表明，联邦和各州政府都有大量网络和集群的资助计划。在这方面，联邦政府聚焦于重大的国家发展计划，而州政府则聚焦于对区域发展具有重要意义的计划。尽管如此，在实践中还是出现了一些资助背景及其他方面相互重叠的计划。如前所述，在这方面仍然存在着很大的协调余地，且有必要创造更高的透明度。鉴于诸如纳米技术资助计划等方面所产生的一些质疑，应该使联邦和州政府之间相应的协调工作实现制度化，以帮助创建一个切实有效的、能够顾及联邦和州两级不同目标的资助系统。

针对上述问题，德国科学委员会建议：在扩大科学联席会议的任务时，设置一个由联邦和州部委任临时组成的有关“集群”研究小组。

此外，为了优化由联邦和州资助的研究与创新集群和网络的总系统，该小组应特别关注对集群的资助及集群在不同发展阶段对网络的选择，为集群与网络制定相应的质量标准，并重视对独立研究机构进行的跨项目评估工作。由于缺乏可靠的、能够搜集所有集群与网络资助重要信息的平台，因此，很难看到关于集群与网络资助的实际情况和全貌。此外，除了联邦和州的单项计划外，对集群与网络开展系统的、高标准的和科学的评估将是十分有益的——这些计划对创新政策的意义尤为重要，所以，应该制定出透明的、便于协调和统一贯彻执行的、高质量的标准。

建议：为了把德国的集群与网络基地作为国家创新体系的主要发展因素之一，要尽可能地把查询费用和非透明度降至最低，上述研究小组首先应该在强调科学专业知识的前提下，把关于全联邦完整的集群与网络背景的数据和信息编入数据库并使之步入正轨；其次是要支持建设可供公众使用的互联网信息结构；最后，采取切实有效的激励措施，鼓励相似主题集群和网络开展合作。

（四）大力支持中小企业

有关中小企业的创新资助，由于它们更贴近市场但在技术上也许只会产生少量的溢出效果，所以，从理论的角度看，中小企业创新资助似乎更适宜固定在州一级。然而，鉴于部分联邦州相对有限的融资力度，联邦政府不宜从这一活动范围抽回资金；特别是对新联邦州，那里正在打破区域的限制，努力提升各产业内中小企业的实力，并已引起了联邦政府的高度关注。凡是与国家经济结构和发展目标有关联的，诸如与产业发展有关的连带研究，依其种类划分的资助还是固定在联邦一级为宜。恰恰是关于中小企业的资助使人们认识到：德国的研究与创新政策可以从对联邦和州的资助进行更好的调整过程中获得收益。更为明显的是，各州实际的配置系统往往取决于联邦政策及相应的框架条件和资助措施。在这一关系下，一个明显的问题是，联邦政府的一部分研究与创新政策缺乏应有的连续性；同时，州一方资助经费的投资者与作为资助经费接受方的科研机构和企业，也有必要共同促成相关计划的稳定性。通过改进协调工作，可以避免在联邦与州计划之间产生“裂缝”或哪怕是暂时性的“重叠”。当然，报告显示了有关联邦和州一级资助经费投资者所提出的质询和关于联邦与州之间的协调工作应实现制度化与国际化的要求，并多次通过报告所列举的各种实例阐明了其利益、必要性和现实性，以及在政治和行政体系中应开展的工作。

建议：与以往相比，特别是在具有明确的国家发展战略意义的，而且是联邦政府匹配重点的领域，中小企业应该得到联邦及州政府更多的支持。对单一对象的协调进程也应提供较为充裕的资金，以确保创新活动的连续性。同时，在中小企业创新资助活动中，有条不紊地开展“跨方案评价”也将是十分有益的。

（五）州政府制度性改革

在研究与创新资助中，与之有关的政府部门必须拥有相应的财政能力，而且还必须是由联邦制度所保障的。倘若国库的回旋余地受到了很大的限制，那么，有一部分财力薄弱的州就很难承担起它们的任务。所以，在联邦和各州政府之间应该有一个合理的权限划分，以避免产生难以预料的“不良影响”，并尽可能减少因经济上的适度资助而给相关区域及其居民带来的一些不利因素。显而易见的是，倘若某个州的财务状况紧张，就有可能难以承担其义务，甚至放弃原本有利于其地方的资助活动。这时，如果联邦政府承担起了为其中小企业的研究与创新提供资助的任务，那么，它们就有可能在其他方面提供力所能及的资助。

以联邦制为基础，从技术的角度看，这种替代或许还可以说是合理的；但是，从理论的角度看，这种替代就只能是一种不得已的选择——因为这将有可能导致区域特色和信息优势的丢失。虽然可以站在研究与创新政策的立场上来呼吁对联邦州的布局进行一次改革，但那绝不是一个充分的理由。关于柏林和勃兰登堡合并的动议在1996年进行的全民公决中惨遭失败的例子足以证明，要在联邦州的层面上进行改革会遇到强大阻力。

建议：为了改进联邦和州在研究与创新资助方面的“权力分工”，有必要从联邦制度出发进行一次州政府制度性改革。①

四、《关于科研绩效评价与监管办法的建议》

2011年底，在德国科学委员会冬季会上通过了《关于科研绩效评价与监管办法的建议》，该建议的宗旨是使科研绩效评价与监管办法有益于促进不同目标的规划。在确定支持的优先权方面要慎重选择具有重大意义的主题，例如，在外部科学和内部科学之间，在宽泛性与拔尖者之间，特别是在既要肯定评价对象的复杂性又要降低评价费用，既要满足科学研究自由又要满足公众的知情权，还要阐明经济效益等相互关联的问题上。

（一）指导方针

1. 自我反思性

科学组织必须具备相应的制度机制（如报告制度和基准程序等），对自己要有足够的了解并给出恰当的定位；就其内部视角及对外说明理由和披露其研究成果的意义而言，还必须保证其战略、决策和学习与继续发展等举措的可行性及可操作性。大学外研究机构和高等院校内部评估能力的建设也必须包括在内。

2. 审核程序

评估与监控只是手段而不是目的。建立审核程序的前提是，能够对被审

①http://www.e-fi.de/fileadmin/Studien/StuDIS_2011/StuDIS_11_2011.pdf

核对象的功能、希望或不希望产生的效应、影响范围及对其他领域所产生的影响等，做出具有说服力的反思和阐述。要尽可能地将定期审查程序与其效果控制在科学研究的范围内，以降低其自行其是或被误用的风险。

3. 限制费用

所有相关人员必须重视的是，尽管审核程序必须满足复杂性、多样性和反思性等要求，但仍要尽力限制其费用，以便把所有参与者的经费负担降到最低限度。可以通过不同的具体措施（如协调不同的程序及数据采集方式等）来限制费用，而且这样做未必会不恰当地降低复杂性的要求。

4. 适当的测定时间

一方面要在科研过程的不可规划性之间寻求某种平衡，另一方面也要满足横向移动和定期说明理由的要求，为此，可以适当放慢评价过程的时间周期并保持适度的评价节奏。

5. 必须纠正误识

在科研绩效评价和监控方面，数量的增加并不一定意味着质量的提高。因此，相关的评价和监控程序必须把科研绩效的质量始终放在第一位。

6. 合适性

在制定科研绩效的评价与监控方法时，必须顾及高等院校和大学外研究机构“使命”的不同。只有这样才能使评价与监控方法同时具有除研究机构之外还能覆盖教学、服务及咨询等机构的任务特征，使之适用于不同的研究方向。

7. 包含各个层面的行动者

为使所制定的科研绩效评价和监控方法更为便捷并被广泛接受，就必须把所有层面的行动参与者包括在内，并在各层面之间建立起更好的沟通渠道。同时，要邀请特别的专业团体直接参与评价和监控方法的修订，只有这样才能把专业特征和特色与经济效率及效应有机地结合在评价和监控方法中。

8. 必要的财政条件

高等院校和大学外研究机构的基本经费，必须能使其足以执行研究与教学、青年人培养及依赖于其任务特色的服务等核心任务。只有有了相应的基本经费，才能保证其任务的长期性和安全性，使那些高风险的、非常规的和耗时的研究得到可靠的保障，并使研究人员得以灵活地转换其研究路线。

9. 确保吸引力

监控制度应有助于培养和赢得更多的青年科学家，并有益于其科学研究的独立性；对于高等院校而言，则应如同大学外研究机构那样，使之能为青年科学家提供具有吸引力的职业前景和工作环境。

10. 教学的考量

与科学系统的教学相比，高等院校的很多人更偏爱研究。为了遏制这种倾向，在高等院校层面及个人层面上亟待推出有效的教学激励机制，并建立旨在平衡教学与科研的监控手段。

11. 更多元化的监控途径

要尽可能全部保留宽泛和分散研究的监控手段，而金钱刺激和绩效的数量测定则不是最重要的，要尽量避免出现目标转移和其他不必要的畸形现象。

（二）具体措施

1. 有效监管科研绩效的办法

为了避免单一，尤其是金钱调节通道招致不尽如人意的失配，科学委员会建议使用多元化的调节手段，首先是要在自治的前提下确保自身调节和时间弹性方面具有相应的活动余地。

对科学界而言，自治和时间弹性是宝贵的资产；迄今，物质刺激与调节对科学家所产生的影响则经常被忽视。为此，科学委员会建议，应该给予研究者一定的自治权，并要视其学术生涯阶段及个人的需求而定：科学家应该有权得到一段有限的时间，以便有可能灵活地将其工作重心置于研究或教学之上；为了避免教学与研究的脱节，即使已将工作重点置于教学方面，也应该能够在一定程度上随时进行研究或研究转向。此外，还可以尝试较短时期的研究休假或教学休假形式。所以科学委员会建议，除建立研究休假手段之外，高校也应该强化使用教学假期手段；这不仅能使科学家享有更多的灵活性，而且还能为其研究动机提供强有力的激励。与以往相比，高等院校还要使其研究人员有更多可以自由掌握的时间，以便能更频繁地参与研究学院的教学或研究工作。此类灵活的职业生涯模式可以使高等院校在国内或国际科学家的竞争中占有一定的优势。

科学家要想长期进入科学系统，就必须经过相应的招聘程序，因此，高等院校与州领导应该引进高水平的公开的招聘程序，以便能够把不同维度的绩效管理（研究、教学与知识转移的业绩等）及对多元化和平等问题的考量等，都适当地包含在内。目标协议也可以是一个有意义的、结果取向的质量控制手段，并在不同层面（个体、媒介、机构、代办处等）上都可以使用。

合理使用目标协议的先决条件是提高领导能力，以便确立适当的目标，并力求避免片面追求数量或方向狭窄等倾向。

另外，科学委员会建议，要有目的地使用间接监管手段监测科学系统不同层面上的科研绩效。在顾及披露有关评价结果和业绩数据的前提下，要保留科学系统基于信誉而建立的大部分监管手段。要满足科学评级与排名的要求，并在机构层面给予相应的支持。为了在竞争中弥补声誉的不足，首先要把资深科学家置于优先位置；青年研究者则应能及早独立自主地执行研究项目，独自负责质量并能自己发布成果，同时，根据有关良好科学实践的规则，标明作者的青年科学家身份也是绝对必要的。

科学不端行为和不充分的研究成果，应首先得到科学界自身的确认。对于使用第三方经费时所发生的、已被证实的学术不端行为，资助机构（如德国研究联合会）应该检验核准可能性。对制定评价与监控方法，必须考虑其可能产生的影响和维护有关良好科学实践的标准。高等院校的评估方法则应力避可能产生的对个体研究成就承认不足的倾向。

2. 评估专家的多元化选择

作为以学术为导向的评价方法，在科研绩效评价和监控中，通常都会凭借同行评议做出最初的定性和定位。因此，同行评议是科研绩效评价和监控系统中不可或缺的重要环节。同时，同行评议方法又是很昂贵的，而且需要捆绑大量的资源，所以，使用该方法时总要很好地阐明其理由。此外，是否还有什么其他的评价方法可以用来替代同行评议方法呢？这些方法既要有能力防止出现错误的评价，又可以完全排除监控的失误。因此，关于评价方法的反思、评价质量的保证、确保评价结果的可信度和可靠性等重要指标，同样是不可或缺的。

这首先涉及评估专家的选择，特别重要的是要尽可能使国际专家小组实现其成员的多元化与专业上的相互衔接，并注意把青年科学家系统地包括在内。评估专家组应对同行评议方法如团队的优先权、小组的动力过程等典型问题有一定的敏感度。

3. 科研绩效指标的调整

近年来，科研绩效定量指标的意义正在日趋增长，而第三方经费和文献计量等指标则具有特别重要的意义。为了制定和使用科研绩效指标，科学委员会建议：科学界应该互相理解学科间的质量标准并为其提供证据，以便能展开对相关指标的使用、解释和继续发展的深入研究。应尽可能宽泛地去理解科研成果的概念，除知识与技术成果转移之外，还要把科研服务——与科研基础设施服务、出版商身份、团队工作和专家活动有关联的成果等包括在内。

科学委员会指出，某些研究活动因其数量的增加致使相应指标的边际效用被减弱了。因此，科学委员会正在考虑：在增加某项指标与提高研究质量之间，将不再希望从某个“专业特征”或“不同点”上建立一种线性关系了。

这一点也将适用于对研究成果的评估。例如，在授予学位方面就有这样的问题：尽管由导师指导的被授予学位的人数增多了，但指导绩效的质量却在某个点上开始下降了；这同时意味着第三方经费的增多不一定就能提高研究的质量。

由于某些“指标”只能显示研究的绩效性而不附带任何解释，所以，由高水平的人来做具体的解释工作总是非常必要的。对于定性信息和主观判断而言，只有在被解释清楚了的时候，才能成为有意义的“指标”，才能在很大程度上被视为对研究绩效的补充。因此，补充性的、首先是按一定方法获得的信息，也有必要成为被普遍采用的指标。除专家之外，还应该有帮助其向用户解释评价的通讯作者。

在个体层面上，对于研究成果的评价和酬金的支付，如与项目鉴定有关联，或与决定 W 级工资中的津贴尤其是与招聘程序有关联，则应该把定性信息及就内容而言的观点（最重要的出版物、科研和教学成果、知识与技术转移、为科研服务等）排在首要位置。在招聘程序中作出的决定，不能“仅仅”或“主要”以文献计量指标（如 H 指数）为根据。在评估个体的科研绩效时，绝对不能仅采用定量指标；对每类个体的评价，则应适当地考量不同的人生阶段和职业生涯级别等必要条件。

最后要考虑的是优化使用研究绩效指标，在目标发生了不可调和的冲突时，要竭力争取数据的最小误差。就这个意义而言，对某些指标作出硬性限制是尤为重要的。

关于主要指标的建议：

（1）文献计量指标。这一指标对支持熟悉的同行评议方法是完全有意义的。科学委员会建议，对使用文献计量学的指标要交给评估专家有关方法学提示或（至少逐条逐项的）包括具备相应方法知识的人士在内，使其能更加注重所涉及的特殊问题。对文献计量学指标的解释需要考量专业特性的出版文化、实践与战略只有通过同行是可能的，所以这项指标将经常只使用于同行评议过程中。

（2）出版物清单。出版物清单要对出版物的类型与内容及专业特色和出版战略做出具体的说明。它是在同行评议中对质量做出判断的一项重要指标。出版物清单可以被限制在一些既定出版物上。

（3）出版物数量。这一指标主要对出版物的数量作出说明，从而暗示科研的生产能力。在碰到疑难问题时，通常都会将出版数量作为绩效指标——对于传播科学知识而言，绝对需要采用“渐进战术”激励发表更多的出版物。根据不同专业的出版实践，对出版物的类型应该有所区分；本项指标应被编入相应的横向专业，即根据质量第一原则，将其置于其他指标的附属地位。

（4）引文数量。本项指标旨在对某出版物被公众所接受的效果作出说明，并应将其编入横向专业。不过，本指标有被操纵的可能（最常见的即所谓“联合引文”问题），而且，与说明作者的显示度及声誉相比，关于被引用出版物质量的说明则要少得多。

（5）第三方经费的数额。通常情况下，第三方经费指标（招徕与支出）有助于说明申请资助项目的质量并暗示申请者至今的科研绩效，但是，却很少就使用第三方经费所致的研究质量作出适时的说明。应该从横向专业角度对第三方经费进行评估，以便从不同专业特征及可能性角度对招徕第三方经费的实践进行考量。此外，还应该对第三方经费的分配实践进行评估：在定性鉴定过程中，通过竞争程序招徕第三方经费的权重是否高于通过非竞争程序分配的权重。科学委员会最后指出，对于第三方经费额度的评价必须注意以下问题，即在经费数量与研究质量（绩效）之间，不应再试图视专业特征及任务特色的不同来建立某种线性关系。

（6）第三方经费项目的清单。第三方经费项目的清单应对执行项目的类型及招徕第三方经费的战略作出说明。这样的清单应该尽可能限制在既定项目之上。在进行同行评议时，该清单可以被纳入对第三方经费额度作出定性及定量评价的补充指标之中。

（7）授予博士学位人数/取得大学授课资格人数。本项指标旨在对培养青年科学家的规模作出说明，而不是对培养青年科学家的质量作出的说明。基于可能发生的目标转移情况，作为科研绩效指标，本项指标在具体应用中可能会遇到一些问题。例如，在自动化的进程中（如叠层实体制造技术程序），通常情况下往往会首先考虑视不同专业特征和任务特色而设立某一评价“起点”，却很难反映出授予学位的数量与受监控的绩效质量之间的实际关联。因此，即使是在同行评议的过程中，这项指标也只能被视为在培养青年科学家方面所已采取行动措施的证据。

（8）研究奖、荣誉、发表重要讲话和大会学术报告。这样的列表经常被用来为被第三方认可和评价的科研绩效及某科学家所享有的声誉和知名度作出说明。一般情况下（特例除外），与执行“流行课题”之类的指标相比，本项指标应被置于优先位置。

(9) 专利数量和专利价值。专利数量指标有助于说明以适用性为出发点而产生的创新研究的绩效，但是，还要借助于有关专利价值的信息来作出综合评价；专利人自己则无须对专利的实际应用及成功与否作出任何解释。所以，本项指标最好与下述专利使用信息结合使用。

(10) 专利使用。来自专利的收益是在研究基础上产品开发成功的一项重要指标，就这一点而言，本指标足以为科研绩效提供定性证据。鉴于专利功能的多元化，在此基础上的指标应该不单单适合于对研究适用性作出评价。

4. 关于评估方法的改进

虽然在大学外或大学范围内定期进行的机构式评估通常只需每 5 ~ 10 年进行一次，但是，有关间隔时间的确定，仍应考虑到领导人员的聘任期限问题。因为伴随着评估时间间隔的增加，用于鉴定者及审定人员和公共机构的开支等就都会受到限制；而且对两次评估之间可能发生的变化也要进行合理评价，尤其要关注中期动向问题，并尽量避免作出简单肤浅的描述。无论评估工作是否已经开始，评估的委托者（联邦和州的投资者及承担机构）都要能适应相应的评价实践。

与以往相比，从免除有关个体和机构不必要的负担角度出发，评估委托机构和执行主管机关有责任对多元化的及既定的、不同类型的评估工作作更好的调整。在德国科学系统内部的结构化（联邦制结构及载体的多元化）基础上，这将是一个特殊的挑战。

正因为能够直接有效地指定和监控评估，并把其结果载入机构、计划或类似的继续发展之中，所以要特别强调评估方法的质量及评价的可靠性。评估的委托者不仅应该及早公开所使用的评估标准及方法、途径和程序，而且还要对有关决策的作用、影响乃至某些意想不到的效果等进行定期检查并作出必要的调整。在高等院校及机构的领导人层面上，必须注重其领导能力的提高，并尽可能同时实施从评估结果中引出的行为抉择，还要尽力弥补可能的专业性误识或失误。

评估工作必须以稳定的数据为基础——包括适当的公开出版物，并采取同行（学识广博的同行）评议方法来进行。对于同行评议而言，评估标准必须与具有特殊任务特色的评估对象相适应，而且还要适合某些超然于核心领域的研究，所以，无须强求评估标准的统一。与应该事先确定和公开发表一样的质与量指标的适度混合是主要的。专家们必须在程序初期了解评估标准和采用指标的功能。所有有关人员应该尽可能地同意参加该程序的可能性。评估的结果和由此得出的行为抉择应该公布。

5. 关于评级与排名的建议

在满足一定要求的基础上，排名只有做到具有透明度和可比性才能在竞争中发挥积极的影响，然而，绝大多数被人们熟知的排名却依然局限于某些单一的要求。所以，在制定有关研究评级与测试程序的进程中，科学委员会首先强调的是一些业已给出的重要建议：

（1）应该允许不同的专业团体以同行的身份参与评估程序与方案的设计和实施。

（2）每次评估都应该在多维的及广泛的科研绩效概念基础上以同行评议方法进行，并且要以公开的数据为基础和遵守一定的标准。在科研评级试点阶段结束后，科学会委员将对评级程序发表意见并给出进一步的建议。

6. 关于经费资源配置机制的改进

1）连续取向的高校融资

应该为高等院校提供经费，以便使其能够独立地、连续地执行良好的研究、教学与青年人培养项目和计划，并促使其在其他核心工作方面取得相应的成就，诸如转让、服务与基础设施等。为达到这一目标，科学委员会建议继续发展现有的融资模式。从科学委员会角度看，恢复到投入取向的经费配置原状，既不是主要目标，也不值得向往。取而代之的融资制度应该：

（1）按照透明度、同等待遇和溯源性校正原则来进行配置；

（2）必须考量高等院校为履行其核心任务而产生的负担和需求；

（3）在调整高等院校的配备需求时，不仅要根据大学生的需求，而且要附加为高校内部的良好研究提供持续性保障的原则。

只要制定了基于相关指标的高校基本经费分配机制，就应该把它作为科学政策目标的基础并予以明确的命名；而且不能在该名称下使用非绩效取向的指标，以免引起错误的印象，并要防止发生这样的事情，即虽然完成的是正常研究与教学任务，却被作为特别绩效给予了报酬。为了避免错误指导，对某些中心指标（如学生人数、博士学位人数和第三方经费的数目等）应该考量其边际效用是否正在下降。

此外，科学委员会建议联邦和州政府认真考虑第三方经费项目的中期实际费用，以及间接费用等融资问题。因为迄今的实践表明，某些第三方经费项目（尤其是基础设施、行政管理项目等）还需要通过基本经费为其提供所需的一部分资金，并把这部分资金先转换成一种能够收回成本的融资。只有这样才能为高等院校赢得足够的发展空间，以确保其战略得以持续发展。但同时必须注意的是，由基本经费转换而来的融资还要能满足项目间接成本的需求，并且不会导致基本经费的减少。

即使高校内部已经有了持续完成其核心任务的可能性，也应该对其经费配置方式作出明确的规定。在这一层面上的经费分配中，应该实行附加的专业特征区分标准。对于高校内部经费分配方式的继续发展而言，由于已经提出了有关专业的区分要求，则绝对必要的是：要在不同的参与层面及相关层面上，如大学领导、院系及专业领域、院长、科学家个人，建立新的对话论坛。

2）额外经费的管理

不仅在州的层面而且在高校和院系层面，都应该为推动某个战略目标提供额外的经费，即基本经费之外由其他来源提供的经费。就像在一些州里已经实行的那样，借助于目标协议或在目标明确的资助计划范围之内，基于研究合同来获取这笔经费。与固定资本相比，此类额外经费的分配可以是完全无条件的，但又不是任意分配的。

与这一额外经费相关联的激励目标，未必都是对尖端研究的资助：各州可以对其高校予以奖励——比如在某个既定战略领域取得了成功；而高等院校内部也能确定其他的管理目标，并且用奖金或风险资本来推进这些目标，比如特色的构成，尤其是非常规、高风险的创新性研究等。院系也可以利用这笔额外的经费有目的地为有特殊成就者提供资助或酬谢有突出贡献的科学家。

7. 大学外研究机构的融资

今后，在建设性科研政策目标及与投资者达成协议的基础上，应该尽可能保持大学外研究机构可预见的财政前景和可改进的框架条件，以便其有可能完成因各自使命而承担的特定任务。

1）W 级工资的评价能力

目前，整个 W 级工资系统正处于动态发展之中，并有待经过审查后完备其法律规定。而德国科学委员会则认为，高等院校当前仍然有一些亟待解决的基本需求：建设和继续发展内部的评价能力——对于决定成果标价和分配特别业绩的报酬，这些都是不可或缺的。

对个人成果的评判一定要放弃专用的定量指标。换言之，要找到并比以往更强劲地使用适宜的、有助于定性的自报告手段。尤其需要考虑的是，在 W 级工资的关系下使评价时间间隔得更大是否合适。科学委员会保留对 W 级工资系统的细节适时作出评价的权力。科学委员会指出，原则上不能用研究中的特别成就津贴来抵消招聘程序中出现的意外错误。

2）有关第三方经费筹资的绩效激励

第三方经费应能满足高校和大学外研究中重要的质量保证与竞争激励的需求，同时，也要在此强调为研究提供第三方经费的意义，即对基本经费的互补性和对高校核心任务的保障功能。此外，对由于太过依赖第三方经费所导致的研究融资的不良后果应该予以限制。

一定要保留德国现有第三方经费资助的多元化结构——包括特殊的、转向尖端研究的，以及依据合同程序而分配的各州科研经费的配置方式。将来还应该在第三方经费资助方法和主题方面适用较长的时限宽度；与以往相比，对于那些有变量需求的项目，则要为其提供更为宽松的运行时间。

8. 加强报告制度与数据系统的建设

为了减少与科研绩效评价和监控方法有关的费用，可以采取以下两种措施：第一，减少评估次数和相似的评估程序；第二，根据科学委员会的建议，改进和提高与研究成果有关的连续性文献资料汇编工作的效率。况且，从制度的角度看，这样一种文献工作也是科学系统进行自我反思、学习和提高科研能力的本质依据。

定期发表的、内容广泛且易于使用的研究成果文献资料，对所有的科学活动参与者都是十分有利的：科学家们可以借此满足机构领导一方的报告要求，而且被多次使用的数据也不会导致制作成本的增加。作为专业团体的成员，他们同样可以获得关于自己研究成果的一幅内容全面、广泛的完整构图。

在科学机构能够观察到其成果并知情的基础上，同样也可以通过相关基准的比较，作出关于这些机构继续发展和特色构成的战略性决定。科学政策的决策者最终也将获得关于资金保障方面的信息，以便于作出有关资源流和科学政策重点的决定，还可以及时获知其有关措施的实施效果。同样，基于广泛的数据基础，科学机构也可以对绩效评价和监控方法的预期与非预期的效果作出可接受的陈述。

总之，科学委员会认为，与评估和监控相关的文件系统还有很大的改进空间。一个良好的文件系统是监测程序得以正常运转和执行的基础。

科学委员会建议，要尽可能迅速地了解跨州收集数据的最低标准，对于许多地方高等院校及大学外研究机构正在建设中的报告制度要加大协调工作的力度。目前，科学委员会科研评级监管小组已经拟出了一项关于科研评价使用标准化数据的提议，并希望该提议能够成为进一步加强文件与数据系统建设的开端。

为了改进报告制度并使之不成为研究者的负担，在公共机构的内部及政策层面上，均迫切需要得到科学行政管理方面的支持。要在与科学界紧密协调的前提下继续发展和维护报告系统，使其能够为内部和外部的询问作出相应的回应，并为实施评估结果提供所需的支持。用于建立文件保护系统及对其进行维护而产生的直接费用或间接费用，均可以用提供数据所获收益予以抵偿。

五、联邦政府高科技战略与规划

（一）“2020 高科技战略”

基于2006 年出台的“高科技战略”国家科技发展总纲领，2010 年7 月，联邦内阁推出了题为“创意·创新·增长——德国2020 高科技战略”的后续发展纲要（即“2020 高科技战略”）。其目的是：一方面，要保持“高科技战略”整体规划的连续性；另一方面，也通过社会对话不断对该战略进行评估、补充、完善，并适时推出新的重点。

1. 聚焦于全球的挑战

“2020 高科技战略”的目的，是要使德国成为应对全球性挑战的先驱者，并对21 世纪所面临的紧迫问题提出令人信服的解决方案。为此，就必须坚持创新，特别是在气候与能源、健康与营养、流动、安全性和通信等最重要的五大国家需求领域（图 8-7）坚持不懈地进行创新，以推动新技术和服务产业的发展，进而推动全社会的变革。

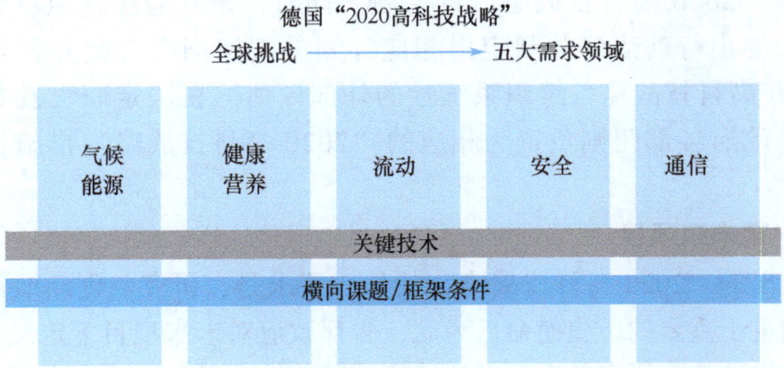

图 8-7　德国“2020 高科技战略”确立的五大需求领域

资料来源：Bundesministerium für Bildung und Forschung. Ideen. Innovation. Wachstum：Hightech-Strategie 2020 für Deutschland. http://www.bmbf.de/pub/hts_2020.pdf[2010-07-14]

创新不仅有助于国民生活得更好，有更高的品质，而且也将为经济带来创造新价值的潜力，创造高水平的工作岗位，并使德国的青年人才有更多的用武之地。因此，联邦政府的创新政策就是要大张旗鼓地推动上述五大领域的科技创新和经济增长，以期更有效地开辟未来的新市场；同时，还把对重要关键技术的资助及改善有关创新框架条件等均视为重要的国家目标。

实现以上目标的重要前提，是要有一个研发能力足够强劲的科学系统。于是，联邦和州政府相继出台了诸如“杰出计划”、“2020 年高校公约”、“研究与创新公约”等一批中长期科学规划，并且正在加紧制定《科学自由法》，这些举措都为推动德国的创新及科学系统乃至社会的发展作出了重要贡献。

为创造性人才提供更多自由发展空间的最好前提是，帮助他们把充满智慧的创意尽快转换成有市场的产品，或者是使成功的企业能够成为国际市场新潜规则的制定者。所以，德国政府的科学与研究国际化战略目标是，确保德国企业已有的领先地位，并与新形成的高科技地区和最有创造性的世界研发中心结为最佳的合作伙伴。简而言之，国家政策的目标就是要加强德国的创新地位并使其对研发密集型企业更具吸引力。

在 2008 年德累斯顿教育峰会上，联邦和各州政府就以下目标达成了共识：到 2015 年把德国的全社会用于教育与研究的经费总额提高到国民生产总值的 10% 。其中既包含了欧盟里斯本会议确立的目标——研发费用占国内生产总值的 3% ，也包含了联邦政府的目标——教育经费占国民生产总值的 7% 。这就是联邦和各州政府研究与创新政策的总路线。

由经济界与科学界的重要组织所组成的德国经济-科学联盟将全面跟踪并监督“2020 高科技战略”的实施。同时，该联盟还将拟定具体的创新战略，提出行动建议并制定出相应计划的实施细则。此外，今后还要对“2020 高科技战略”组织系统性的外部评估。在法定职责及财政预算范围内，政府各部门则负责为相应的“2020 高科技战略”措施提供资助经费。

2. 制定未来项目

新提出的“2020 高科技战略”的核心要求是，研究与创新政策必须开始逐步侧重于重要的历史使命。为此，联邦政府对未来项目下定义如下：最具重大挑战性的、国家单个需求领域中的示范性项目。这些未来项目都必须具有未来 10 年甚至 15 年发展的具体目标和远景。它们既要体现有关未来发展的创新战略，同时，又必须是未来发展的起点。换言之，未来项目不仅要符合关于未来可持续创新战略的长期要求，同时也必须是形成中期发展路线图的基础。所以，未来项目必须具有：①明确的研发重点；②拟出未来几年扩散创新成果的具体步骤；③提出改善研发框架条件的建议或方案；④对创新成果的经济及社会价值作出积极的评估。此外，还要把握国际，特别是欧洲科技与经济的未来发展态势，并提出相应的联合规划。

1）关键技术——创新驱动力

关键技术是重要的创新驱动力，也是新产品、新工艺及新服务得以实现的重要基础，因而尤其是确保经济增长和增加就业的重要基础。德国经济的未来能力取决于生物与纳米技术、微纳米电子学、光学技术、微系统技术、材料与生产技术、航天技术、信息与通信技术及服务研究等领域的发展能否占据国际领先地位。为了确保关键技术的成功，常常需要把技术创新与服务创新紧密地结合在一起。

然而，关键技术能否顺利发展又要取决于：①能否被成功地转入经济应用；②在生产中是否会对人类健康和环境造成危害或不利影响。所以，促进关键技术发展的举措更倾向于解决国家需求方面的“特殊问题”。

2）把“2020 高科技战略”引向欧洲

德国政府非常希望把“2020 高科技战略”的成功经验向欧洲扩散。因为德国并不打算在欧洲独领风骚；更确切地说，这是关乎在欧洲塑造共同的和连贯的创新政策的大事。

一项欧洲的创新战略应当以社会需求和全球挑战为依据。与国家创新战略相比，其价值首先在于要借助具有决定性意义的创新政策和措施，为实现欧洲目标作出贡献；其次，要立足于欧洲创立气候/能源、健康/营养、流动、安全和通信等欧洲需求领域。

此外，欧洲的研究和创新需要：①更完善的法律框架条件；②在欧盟预算里享有高度的优先权。

对欧洲而言，创新政策工具的首选应该是围绕全球技术与市场的主导目标形成战略伙伴关系，并且要让所有参与合作的伙伴都能够在合作与竞争之下实现某种有利可图的平衡。

欧洲需要建立卓越的、能辐射全球的欧洲尖端集群。欧洲创新与技术研究院（EIT）的第一批知识与创新联合中心（KIC）因德国的参与而得以大幅度扩张，从而也更有力地推进了“2020 高科技战略”的实施。

在与其他欧盟成员国和欧洲国家的相互交流中，德国参与了第八个“欧盟研究框架计划”和“增强竞争力计划”的制定工作；继而，欧盟又推出了跨国界促进措施以加强多边合作。德国政府赞成继续维护欧洲航天局（ESA）的自治，此外，还将竭力促成尽可能多的德国企业和研究机构参与欧洲研发计划。

无论是德国还是欧洲，都不可能“独自”应付全球性挑战；开发有竞争力的产品及开辟有前景的市场，都需要加强世界性的合作。

3. 创造良好的创新氛围

企业需要一种良好的创新氛围和稳定性的规划，二者都会对企业的投资决策产生深远的影响。然而，创新氛围和规划稳定性又往往取决于一些政策性的单项措施。对于有独创性的人而言，其成败则取决于整个创新过程都能有尽可能好的环境。所以，联邦政府的一个重要目标是：重新审视关于德国创新友好的现行法律和行政条例，也包括欧洲层面相应的法规；竭力塑造新的法规环境并施行更有效的激励措施，以便为发明和创新提供足够的自由空间，大大提升企业的创新力。未来政策性措施的重点如下。

（1）创办企业的框架条件。德国必须再次成为“创始人之国”（Gründerland），特别是要大大提高尖端技术领域的创办动力。因此，高等院校要尽力满足提高企业家智慧和创办企业文化的要求，并且借助于更好的指导和更有力的资助来支持在研究与科学基地周边创办新企业。另外，还要进一步改善年轻科技企业及其投资者的框架条件，并且，作为一体化教育的组成部分，应该把创办培训纳入各类学校，特别是职业学校和高等院校的基本教学课程。

（2）中小企业创新。德国需要大力推进中小企业创新能力的建设，尤其是要增强中小企业长期、持续参与研发活动的能力。政府资助的重点是中小企业相互间的和企业与科学界之间的可持续联合研发项目。按照联邦和州政府与德国经济-科学联盟签署的协议，在“中央中小企业创新促进计划”范围内，要继续推出关于技术开放和市场取向创新的促进措施，以及中小企业创新资助计划。此外，还要进一步加强竞争前研究，以便能够适时地为中小企业提供必要的信息、咨询和指导。

（3）创新所需的经费或风险资本。实现创新的绝对必要的前提是，提供尽可能充裕的经费。对于企业特别是中小企业和创新性创办企业而言，创新过程的最大障碍莫过于经费不足或者筹资渠道受限。在德国，风险投资市场与股权投资市场仍然过于薄弱，所以，必须为德国的风险与股权投资市场着力打造有国际竞争力的框架条件；同时，对于动员和鼓励风险资本的资助手段也要予以补充和强化。

（4）加强标准化和规范化的研究与实践。产品与服务的高品质及与之相关的安全性和可持续性问题，及至必需的透明度和可比性等，都要有一定的标准与规范。标准和规范是进入市场或者开辟市场所必须具备的条件，对于中小企业来说尤其如此。因此，标准化和规范化就成为德国日臻完善的研究与创新过程中不可或缺的重要组成部分。加强标准化和规范化的研究与实践，不仅有助于早期引导和鼓励企业确立将研究成果转化为有市场的产品与服务的目标，而且有助于企业迅速地把创新产品和服务推向市场。实际上，积极参与标准与规范的制定，也是德国经济界得以取得全球性竞争优势的要件之一。所以，在实施联邦政府有关标准化的政策和计划中应该有针对性地融入研究资助，以便充分地利用标准化和规范化所蕴藏的巨大潜力。

（5）创新取向的采购。按当前的估计，与创新有关的德国公共采购总额大约为230亿欧元/年。如果这些经费都能明确地用于与创新解决方案相关的产品或服务，那么一方面可以提高对经济加以宏观引导、扶持和管理的能力与效力，另一方面也有助于支持创新型企业的发展。总之，创新取向的公共采购必将推动创新产品的快速传播。

（6）培养合格的专业技术力量。创新政策取得成功的前提之一，是有助于培养出优秀、合格的专业技术力量。联邦政府的目标是，通过职业培训、专业继续教育与深造、加强大学教育等手段来巩固和加强德国专业技术力量的基础建设，以确保德国的未来能力。此外，为了给中等企业的工程师后备人才提供有保障的援助，联邦和各州政府还于2008年达成了有关"德国培养计划"的协议。

（7）促进知识与技术转移重要手段。新知识的生产是所有创新的开端。成功的创新往往得益于科学知识的快速而有效的使用。因此，联邦政府将进一步促进高等院校、大学外研究机构和企业间的交流，鼓励科学界与经济界实现更为紧密地耦合，以强化知识与技术的转移；研究成果必须能够被尽快地转化为市场上的创新产品并取得社会的普遍认可，成为终端用户的最佳选择。

促进知识与技术转移的重要工具是专利政策。联邦政府将继续对中小企业申请发明专利和实用新型专利给予适当的津贴和补助，鼓励企业使用高等院校和研发机构的研究成果，尤其要为中小企业的专利权交易提供有效的保障。

联邦政府将开始启动一项有关更经济地使用学院式研究成果并更好地挖掘其潜力的有效性新措施，此外，还计划研制新的"校园模式"资助手段。此举的目的是，使高等院校和大学外研究机构能够与当地的经济界凝聚在一起进行中、长期的研发合作；其他诸如尖端集群竞争和组建创新联盟等成功的合作模式也将继续得到大力推行。

（8）加强创新对话。只有通过对话才能使研究和创新被相关领域、行业乃至全社会接纳。所以，要设立新型的对话平台，使广大公众都能参与有关解决社会和全球重大挑战的未来技术和研究成果的大辩论；尤其是对于那些尚有争议的未来技术，应该在宽容的基础上对其展开实质性的讨论。这样的讨论才能使人们切合实际地估计个人或社会的风险与机遇，进而发现并达成可实现的共识。时至今日，自然科学、人文科学、法学和社会学之间跨学科合作的意义正在日益增大，而公民对话的结果亦将被一并包融在塑造国家需求领域的过程之中。

4. 国家需求研究领域

1）气候与能源

气候变化是人类面临的最大挑战之一，倘若我们现在还不采取防止全球变暖的有效措施，不对相应的适应措施进行研究，不努力加强全社会抵抗气候及环境变化的风险和后果的能力，那么，气候变化将会给地球人的生活条件带来难以估量的变化。

要想扩大人类的知识基础并有针对性地利用气候保护技术和适应性解决方案，就需要政界、科学界、经济界和全社会作出审慎的抉择以改变以往的生活方式和行为方式。为了制定出可行的决策和更有效地进行气候保护，联邦政府将大力强化与产业界和金融界的合作，为专用工具的研制和发展相应的组织提供必要的支持。对上述的“国家需求领域”而言，扩大国际合作——尤其是与欧洲的合作——也是特别重要的。未来的重大课题之一是向可持续能源供应转变。联邦政府对于强化使用可再生能源和能源经济的有效利用寄予厚望。要实现这一目标，就必须研发并使用创新技术。因此，气候和能源领域的研发是绝对必要的；而且，其与社会经济和社会生活的关联度也将日益提高。

“建设无碳的、有能源经济效率和气候适宜的城市”、“能源供应的智能化改造”、“使再生能源成为可与石油交替使用的能源”和“通过互联网降低能源消耗”等未来项目，都可以成为通向可持续气候政策和提高资源与能源利用率的有效途径。

2）健康/营养

人口结构的变化和慢性病的扩散将会对未来的社会产生巨大的影响，我们的卫生系统正面临着巨大的挑战。慢性病的探究、预防和治疗，不仅在德国，而且在全世界都是医学领域最重要的未来课题之一。政府的研究促使一方面必须集中于最突出的科学焦点问题，另一方面又不能使德国分布广泛的基础研究受到威胁。因此，要把营养研究与被视为具有决定性意义的探究、预防和治疗慢性疾病的研究融合在一起；研究与转移的核心问题及相关的规则，必须根据不同人群的需求作出明确的定位。为此，政府正在考虑制定有关个性化医学的新战略并建设功能强劲的专门性研究组织，因为恰好是在临床研究成果的合法化使用和更贴切的预防性研究方面，对个性化医学的需求尤为突出。其次，企业——特别是中小型企业——也必须把“健康管理”纳入其预防战略的范围内。因此，有关日常条件下的保健知识就显得尤其重要了。要合理地使用有限的资源来不断提高健康保障的质量和效率，诸如在医生短缺的农村地区要继续实验和发展远程医疗方式。

“通过个性化的医疗方式更好地治疗疾病”、“凭借有针对性的营养措施保障健康”、“老龄社会的独立生活问题”等未来项目，将对如何按照具体的目标有效地结合各项研究方针作出有示范意义的探究和启示。

3）电动汽车

研究预测显示：从 2004 年到 2025 年，德国的客运及货运能力增长了约 70%。为了将来能快速、安全和舒适地，同时又可以节能和高效率地运输客人及货物，德国需要新的流动形式。最重要的研究与创新重点是：开发推进系统、发动机燃料和储存技术；制造并广泛利用欧洲伽利略卫星导航系统；开发新的信息、通信与交通管制系统以使交通基础设施智能化；研究与节能有关的物流方案，大力普及移动式电子操作及服务系统；在把人及货物送达目的地的过程中尽可能降低能源消耗；开发能够有效降低交通噪声的技术。于是，“到 2020 年保有 100 万辆电动汽车”未来项目，就成为德国汽车制造业的一个新的里程碑——从通过市场引进混合燃料汽车与电动汽车，到拥有智能化公路信息与控制系统和电动汽车的市场主导地位。

4）安全

作为开放性社会和现代化工业国家，德国必须拥有更高的安全保障。时至今日，世界安全不断受到恐怖主义和有组织的犯罪、自然灾害与环境灾害及疾病大流行等方面的威胁，亟待作出更为有效的应对。为了保护现代民主社会，防范恐怖主义、阴谋破坏、有组织犯罪及自然灾害或其他意外事件造成的灾难性后果，就必须加强相关基础设施的建设，必须制订出防御危险和保护重要基础设施及商品链的新安全方案。为了保证决策与行动抉择的正确性，有时也需要一定的空间技术作为支撑。除了有助于预防威胁和创造安全的条件外，还要提供先进的安全技术产品和服务，使德国成为世界上专业能力强大、技术领先且特色鲜明的安全技术的主导市场。“更有效地保护通信网络”未来项目将提供新的、符合国家需求并与民主基本价值相适应的网络安全解决方案。

5）通信

在一个全球化的世界里，信息与通信是最有效的增值工具之一。而且，公民的信息需求又是现代社会——尤其是信息社会（即知识社会）——的重要基础之一。信息与通信技术领域今后的重点包括：未来的互联网技术，易于达成全球共识的技术标准，完善的相关立法，以及发展嵌入式全国路标系统。未来项目有“能源的智能转换”、“借助互联网减少能源消耗”和“世界知识的数字化及其体验”等，旨在充分发挥信息与通信技术的潜力，在提高效率的同时降低能源消耗，特别是要大大降低信息与通信设施与设备本身的能源消耗。

（二）重点专项高技术创新计划

1. 联邦政府第六能源研究计划

它确定了联邦政府能源政策的目标、重点及若干年内能源研究计划里的所有资助机制。该计划将为德国能源供应的适应性与现代化和提高能源生产率作出重要的贡献。这项新计划与能源政策密切相关，并以 2010 年底宣布的联邦政府“国家能源计划”确立的指导方针为依据。

2. 可持续发展研究的框架计划

联邦教研部的该框架计划特别重视基础研究与应用研究之间的结合，鼓励开发创新技术和制订克服全球性挑战（诸如气候变化）的方案。该项计划聚焦于具有较强增长潜力的领域，如可持续水资源管理及资源与能源的经济效益。其他重点是更高的原料生产力和国际研究合作，首先是与新兴国家和发展中国家的合作。

3. 生物经济框架计划

鉴于世界人口的不断增长，21 世纪的主要挑战是食品、药品、可更新原材料的生产与供应，以及在确保对气候进行有效保护的前提下保障“能量物质”的生产与供应。因此，由联邦教研部领导拟定了这项以知识为基础的、提高生物经济学领域的国际竞争力战略。这项有关生物经济的框架计划将生态学、技术开发与经济发展有机地结合在一起，将采取的重要行动范围包括：开发新能源、节约型产业的资源和新型再生原料、新药物，开辟可再生能源并使之成为最终的能源替代品，研究能满足人口增长所需的粮食供应的解决方案。当前的一项首要任务，是在土壤相同而气候不同的条件下，大幅度提高农业生产力和农作物的收益，大力发掘农作物增收的潜力并加快开发农业领域的创新技术。

4. 新的健康研究计划

2010 年联邦教研部推出健康研究计划的内容包括以下方面。

（1）个性化医学：制定有益于患者大范围施行个性化医疗的研究战略及保健与卫生系统研究的新方案。

（2）常见病：建设和扩大德国健康研究领域的交叉学科中心，加强对常见病的研究。

（3）加强预防研究。

（4）营养研究：掌握营养研究领域的基础知识，以便更好地了解食品和人体组织的相互作用，开发新型的功能性食品；增强德国食品工业的国际竞争力。

（5）基因组研究/系统生物学：扩大医学基因组和系统生物学的研究，制定新的研究战略；推动新的研究课题，并使之成为预防、诊断和治疗疾病的基础。

（6）保健业：加快保健业建设，并强化它的增长潜力，支持维护和扩大德国医疗技术及相关服务的市场主导地位；制订该领域系统化资助医疗技术的行动计划。

（7）老龄化研究：开展老龄化过程及其与疾病起因有关的复杂生物学研究。

5. 第三电动与交通技术研究计划

该计划的目标是成为能力最强的“电动”研究地区以增强德国地位。焦点是探究和研制新概念动力汽车、向电动汽车过渡、通信和交通管理系统，以及与“交替和安全的物流系统”有关的所有元素，在创新型流动技术的开发与研究领域建立新的“战略合作伙伴关系”和“创新联盟”。

（1）电动汽车：使德国成为电动汽车和通信的主导市场。作为欧洲最重要的汽车产地、技术领先企业的所在地及适应气候政策的先驱者，德国在推进新技术、加快创新型汽车进入市场的速度和规模等方面有很好的机遇，成为全球标准的制定者。为此，产业界与政界都支持向世界开放德国技术。除国家的“氢和燃料电池技术创新计划”（NIP）之外，还要大力发展电池技术和其他电动技术，以期能对国家“电动汽车发展计划”有所补充。同时，要在德国推动智能基础设施的引进或建设工作，如智能能源网络。还要通过信息与通信技术和电力网之间的密切合作，为通信、计费、导航及电动车电池等方面的管理需求提供相应的技术支撑。

（2）未来流动的总概念：要在已进行计划的基础上，如货运和物流国家总体规划、城市流动，以及与之有关的战略性伙伴关系和创新联盟计划等，规划并设计出今后可实现的“安全、可靠的总体交通系统”。可以预见的是，德国交通运输业的未来将首先因普遍使用欧洲伽利略导航系统而受益。

6. 国家航空研究计划

为了达到“减少航空交通对气候的影响”的共同目标，要进一步扩建产业界和科学界之间可持续的航空交通系统研究网络。这首先涉及新颖的轻质材料架构方式、驱动技术领域里的交替燃料发动机和空气动力学。产生于航空研究的新颖技术也将在其他国家需求范围中被首先使用。因此，航空技术过去、现在和将来都将推动其他行业的技术迅速发展。

7. 国家海洋技术总体规划

国家“海洋技术总体规划”将为造船业、航海和其他海洋产业提供非常好的技术创新环境。该计划的目的是开发海上交通控制与监测技术、海洋环境工程技术、海洋研究技术和其他海上技术、极地冰技术、水下技术及新的能量物质，如天然气水化合物，以期能够充分利用未来市场的杰出潜力。

降低铁路货运噪声的研发项目：有目的的创新将有助于找到有效的和成本低的解决方案，以尽可能降低铁路货运的噪声污染。

8. 2011 联邦政府民用安全研究计划

（1）制订保护现代民主社会的解决方案：开展“2020 高科技战略”中的国家需求范围（健康/营养、通信、气候/能源）及民间安全研究。此外，还要探究有关“安全文化”和“安全结构”的新方案，并进行一次以强化相关知识为目标的科学与社会对话。

（2）增强有鲜明特色的能力：重点是建设适当的科研基础设施并确立科研优势。研究的新领域主要涉及满足最终用户（包括私营基础设施运营商）特殊的安全需求等。要继续扩大并加强欧盟范围内的研发合作，以及与国际研究合作伙伴的联盟。

（3）制订防御威胁和保护重要基础设施的民用安全解决方案：主要包括预防和风险分析工具（如早期预警、预防级联效应和仿真工具的开发等）、意外事故或自然灾害的预防与应急系统。

（4）使德国成为民间安全解决方案领先的主导市场：为了达到这个目的，首先要加深对“确保安全”和“维护民主权利”之间关系的正确理解，找到“安全”与“自由”之间的平衡点；其次是发展规范化的安全技术，制定出相应的技术标准，并将其推广到世界各地。在安全产品及其专业服务方面，德国要成为国际公认的最佳合作伙伴。联邦政府除了支持重点研究计划外，还鼓励开发适合于小型和中型公司并且方便公共采购的创新性的安全技术。

9. 2010 联邦政府信息与通信技术战略

联邦政府于2010 年夏季拟定出一项关于德国未来信息与通信技术全面实现数字化的新战略，并且将与新 IT 峰会确立的新研究结构实现紧密的耦合，目的是更有效地捆绑并使用信息与通信技术力量，更好地实施诸如“信息与通信技术”等计划，加速实施与互联网和数字式数据保护有关的“灯塔项目”计划，加快教育、能源和流动智能网络的建设。

（1）信息技术峰会：经过调整之后，信息技术计划已开始的课题（目前包括数字社会的智能网格、云计算、新可视化技术、安全性和保护等）仍将继续进行。

（2）信息技术安全研究计划：通过继续执行IT安全研究计划（如保护重要的基础设施和预防互联网犯罪现象）及对它的补充和修订，进一步促进IT领域的安全研究。

（3）信息与通信技术云计算行动计划：探究、研制安全可靠的数字模型、保护机制和云计算模式并测试其科学水准，将通过与科学家有关的共同计划予以资助。

（4）智能电网：作为战略重点，将进一步为与能源和气候有关的信息与通信技术的研发提供资助。在这方面，要大力推动跨行业的合作，首先要探索能源和信息与通信技术之间（包括研究、开发及经济等全方位）的新合作形式。重点研究项目之一是与电气的或智能的“家居”相联结的“智能电网”。

（5）智能对象：促进从智能化产业（生产和物流）、智能机器人（应用服务）、智能保健（人居环境的智能化）到智能化消费（家居生活网络化）的研发。

（6）电子身份：对于日益技术化的行政业务及其管理过程而言，提高电子媒介的可靠性和对身份实行电子管理的准确性是绝对必要的。必须提供或配备灵活、可靠的诸如新身份证及其识别系统这样的基础设施，并使相应的软、硬件具有良好的协同效应。

（7）国家嵌入式系统路线图：德国高科技地区的未来经济能力将主要取决于日益联合的互联网及嵌入式系统的实力。而嵌入式系统的日趋联合及各系统的日益复杂化，则需要跨行业的合作和标准化的解决方案。为此，将研制国家嵌入式系统路线图，以规划相关的研究活动并提出相应的规范和标准。

（8）通信基础设施：由联邦政府负责的通信基础设施必须在技术上达到最新的水平，使之既有效率又安全。随着新技术的开发，还必须在互联网上开辟新的服务。在这些现代基础设施的基础上，要继续大力推进电子政府的发展，研究现代网络策略方面具有“探向性”的新概念。联邦政府的目标是，到2012年实现电子媒介的无损跨级管理。

（9）卫星通信：以宇航为支撑的技术能把全球连接在一起，如通过宽带进行数据联系而不必过度依赖地面基础设施——特别是在德国的个别欠发达地区。德国将提高其在光学卫星通信领域的能力，并以达到国际标准为目标强化相应的技术开发工作。

（10）信息与通信技术专业力量：信息与通信技术需要更多的青年接班人和熟练的专业力量。为此，联邦政府将制定明确的“中小企业信息与通信技术专业人才政策”，不断加大德国青年科学家在国外停留的可能性，并会根据需求为他们提供接受职业培训、进入高等专科院校或大学接受职业培训或专门化高等教育的机会。

（11）塑造互联网文化：首先，应该就互联网公共空间的社会、文化和法律问题进行一次大规模的社会对话，重点是把知识产权的价值真正植根于公共意识之中。其次，对版权所有者与使用者之间的权利与义务关系予以公平的调整；再次，实现书面文化遗产的数字化，特别是在欧洲范围内；最后，检验已被强化了的国家知识产权管理。

（三）高技术战略行动计划——未来项目

1. 气候/能源需求领域

（1）建设无碳的、注重能源经济效率和气候适宜的城市。以往的技术发展常常导致二氧化碳排放量的增加，进而引起气候变化，并使人口密集地区（特别是城市）人们的生活质量受到影响。相关未来项目将探索这样的区域发展模式，即在该区域内大力发展服务产业，并推动新技术的发展，包括推行技术革新以减少二氧化碳排放，广泛使用可再生能源并提高能源经济效率，尤其要在建筑物、交通和生产设备等方面有针对性地推出相应的节能减排措施，还要竭力扩大城市的植被面积。

与此同时，要制定出以可持续和气候适宜——直至“无碳城市”——为目标的城市基础设施发展规划。所谓可持续的城市基础设施发展规划，必须能够防止因城市发展而导致气候或环境发生灾害性变化那样的严重后果；以往的二氧化碳排放已经是不可逆转的事实了，但是现在人们却可以通过一体化措施对其进行有效的调整和控制。

（2）能源供应的智能化改造。可再生能源份额的大幅增长和能量生产的日益分散化等，导致了能源供应方式的深刻转变，到 2020 年，可再生能源将覆盖德国电力需求总量的 30% 以上。另外，在向可持续能源供应时代过渡期间，还需要智能网络技术的支持并能够提供可长时间储存的“电流”。只有借助于以 IT 技术为支撑的解决方案，对现有的供电网进行灵活的管理并提供具有兼容性的各类差异化存储技术，才能真正创造出可以有效利用的可再生能源的能量源——尤其是风能和太阳能；当然，还要使之与推广电动汽车相结合。随着新的供电网络、智能控制和差异化存储技术的发展，最终将实现总体能源供应方面最大限度的灵活化，进而使节能、保证供应和环境的可持续性保持同步发展。

（3）可再生原料是石油的替代物。地球上储备的化石能量源和原材料并非取之不尽、用之不竭的。现在我们需要加强对化石能源的保护，尽可能使用天然的大型水库，以及开辟可再生的能源和原材料。这将有助于我们维护地球的生态并为子孙后代创造宜居的空间。

2. 健康/营养需求领域

（1）通过个性化的医疗方法与方式更好地治疗疾病。医学的个性化是健康研究、卫生系统、健康保障和健康产业的一项重大挑战。它不仅关系到能否使患者得到有效的治疗、降低或减少副作用，而且还能更好地开发健康保障潜力，并促使企业形成新的商业模式。这方面的特别要求还包括数据保护和病人保护。

（2）通过有针对性的营养措施保障健康。有益健康的食物能帮助人类保持健康。继续发展营养学研究领域的基础知识，以便更好地理解食品和人生物体的相互作用，以及选择食品的决定性因素，有助于预防疾病或者减轻症状，从而提高人类的生活质量。同时，关于新营养学研究的资助计划也有增加的势头，目标是为开发新型食品奠定基础和增强德国食品工业的国际竞争力。

（3）老龄社会的独立生活问题。人口结构的变迁正在改变着我们的社会：尽管人会变老，但仍期望保持长久的活力，而且即使到了晚年还愿意独立生活。鉴于人口结构变化的结果对社会、经济和社会保险系统的影响，必须通过研究改变我们对老年人的传统理解。为了战胜未来的挑战和改善老年人的生活质量，我们需要创新。

3. 交通需求领域

到2020年保有100万辆电动汽车。关于“气候与环境”国际大讨论及对新驱动技术和燃料的选择，使人们对创新型汽车提出了更高的要求。汽车制造商与供应商都必须调整自己的战略，以长期保持和提高他们的竞争地位；必须发展全新的运输工具和能源储存与流动技术，同时，还必须对与其有关的基础设施进行重新设计。在该研究项目和应用试点范围内，德国将成为世界电动车市场的主导之一，并建设世界领先的信息与管理系统。

4. 通信需求领域

（1）更有效地保护通信网络。安全研究的成果将有助于保护我们的信息与通信网络以防止其损毁（如通过恐怖主义和犯罪行为），应该研制有关预防及防止、避免或减少损失的有效的组织形式和技术手段。现在最需要的则是，更为广泛地使用通信网络，在新技术的基础上开设国家需求的新的服务，为维护民主的基本价值而开发相应的解决方案。

（2）通过互联网降低能源消耗。2007 年，德国信息与通信技术领域的能源消耗已占德国电力消耗总量的 10.5%，如不采取相应措施，预计到 2020 年这一比例将增长至 20% 以上。该项目的目的是：使信息与通信技术的其他增长从当前不断上升的能源消耗中解脱出来，这就需要开发新的算法结构、新的节能芯片和有效的软件程序，并将它们尽快推向市场。

5. 安全需求领域

应重视世界知识的数字化及其体验。随着信息和新知识的迅速增加，未来几年，德国的经济和文化生活将发生更为显著的变革。互联网将为人们提供越来越多的非结构化文本，以及越来越多的音频和视频文件。为用户和数字通信提供新的发展机遇及免费获取信息等，将是未来知识型社会的核心基础。这就需要巨大的工作平台、新起点和新方法，以及新的服务模式和商业模式。

2012 年 3 月，德国联邦内阁通过了“高技术战略行动计划”，包括上述未来项目。这些项目遵循未来 10 ~ 15 年科技发展目标，是落实德国创新政策的重要手段。所有参与未来项目的联邦政府部门将与科技界、经济界合作，共同开发并落实未来项目。德国计划在 2012 ~ 2015 年为未来项目共投资 84 亿欧元。①

六、“科学研究创新潜力的有效性”新资助措施

2010 年 5 月，德国联邦政府推出了一项旨在提高“科学研究创新潜力的有效性”（VIP）新资助措施。该措施是联邦政府高科技战略的一种新元素，主要针对高等院校和由联邦政府提供资助经费的研究机构。一般而言，一个“有效性”研究项目最多可以获得 50 万欧元的资助，资助的最长期限为 3 年。研究人员也可以利用这项新资助措施，在技术上继续发展他们的创意，直至成为具有普遍影响力的“典范”。联邦教研部推出的新资助措施还有助于把学术研究的“创意”转换为“经济利用”，基础研究往往引发具有开创性的应用潜力；同时希望通过这项新资助措施，鼓励科学家为他们的研究成

①Bundeskabinett beschliesst Aktionsplan für die Hightech-Strategie. http://www.bmbf.de/press/3249.php [2012-03-28]

果开辟更为广泛的应用可能性，并使他们有可能跟踪其创意的应用发展，直至登上经济利用的巅峰。

VIP 新资助措施不仅能显示研究人员对创造新的经济价值所承担的义务，也能促使他们在科研工作之外独特的创新风格的形成。在“从实验室到市场”的道路上，联邦政府希望能及早地通过 VIP 资助来填补以往资助措施中的漏洞：针对高等院校和科学机构为数众多的科研活动，对具有潜在可利用价值的研究成果进行早期鉴别。VIP 资助着重支持具有经济发展方向和有特征的特别研究项目的过渡。

（一）项目资助方式

VIP 资助将以项目资助方式予以保障，资助期限最长可达 3 年。在可支配经费的范围之内，每项计划的资助额度按各自申请计划的要求而定；但是，每项计划的年度资助额一般不超过 50 万欧元（即资助总额控制在 150 万欧元以内）。

在执行该项资助的过程中，将通过“创新导师”的帮助，保证那些获得资助的计划能够始终沿着创新所要求的方向发展；同时，被资助项目的参与者也可以是那些曾经得到过战略性措施支持的、具有实际经验的科学家。

（二）项目资助的标准

VIP 资助将为所有研究领域的“技术可行性”或“研究成果的经济潜力”之类的论证性研究项目提供资助。例如：

（1）分析与评估项目或者可行性研究项目（特别是那些处于“概念检验”或者“技术检验”发展阶段的项目）；

（2）保证技术产品与过程能够沿着所要求方向继续发展的项目；

（3）适应“应用范围”或为某一技术开辟其他用途的项目。

VIP 资助的特别含义如图 8-8 所示。

“有效性”的前提是：一个可以预见的研究成果已被“发现”，并且经过了关于创意的“经济利用”价值的评估——也许已经申报了专利或是已被受理，尽管还不适宜发放许可证；同时，还没有与经济界进行研发合作，也还没有创办企业的计划或者还根本没有进行转换。

“知识与技术转移”不能被理解为“线性过程”，而应该被理解为是具有各种相互作用和反馈的“交互式过程”。以下对“知识与技术转移”的各个阶段作了描述。

（1）发现：对充满希望的研究成果进行鉴别的阶段。

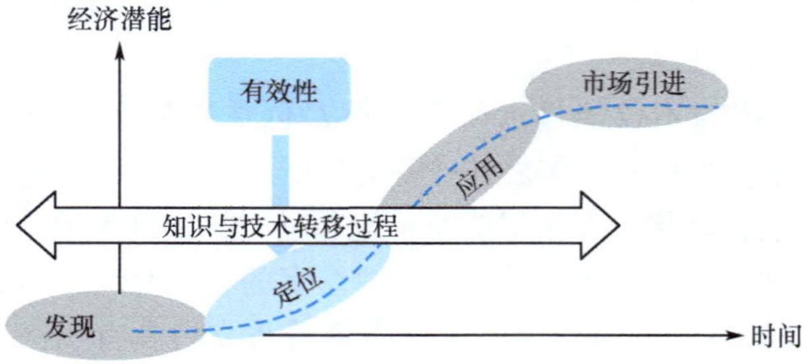

图 8-8　VIP 资助的特别指向（图中阴影部分）

Bundesministerium für Bildung und Forschung. Validierung des Innovationspotenzials wissenschaftlicher Forschung. http://www. bmbf. de/pub/foerderberatung_ des_ bundes. pdf [2010-05-30]

（2）定位：对技术的可行性、经济潜能及所能开辟的应用领域进行论证与评估的阶段。

（3）应用：把创新成果带入经济界或与经济界共同继续发展的阶段。

继而就是成功地把创新推向市场。在整个“知识与技术转移”的过程中要逐渐开发知识与技术的经济潜力，尤其在以下三个方面。

（1）技术开放：可以资助所有研究领域的项目，只要是关系到产品创新、过程创新或服务创新的。

（2）高风险项目，尤其是那些能对创新发挥良好的风向标作用的高风险项目都可以获得资助。

（3）创新导师，即能对所有项目负责并且拥有创新过程经验的专家。

该项资助措施主要支持贴近基础研究的项目。目的是通过联邦教研部、联邦经济技术部推出的“专项计划”或者出自基础研究的“创办企业计划”促进创新的发展。该项措施只针对：

（1）高等院校和国家资助的研究机构（弗朗霍夫协会、马普学会、亥姆霍兹联合会和莱布尼茨科学联合会）；

（2）产业界直接参与的项目；

（3）为项目团队提供“创新导师”；

（4）向只要关系到产品创新、过程创新或服务创新的所有学科开放。

总而言之，联邦政府想通过推出这项新资助措施，重点支持高等院校和公共研究机构的科学家。这项新资助措施的目的是，审查早期关于开辟“新技术途径”、“新用途”及“经济潜力”的研究成果。VIP 资助将在学术研究和经济利用之间架起一座桥梁，从而为基于技术的创新产品、过程或服务能够成功地继续发展创造先决条件。